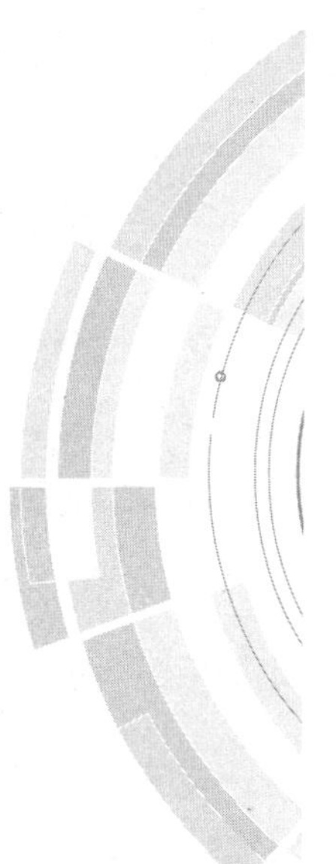

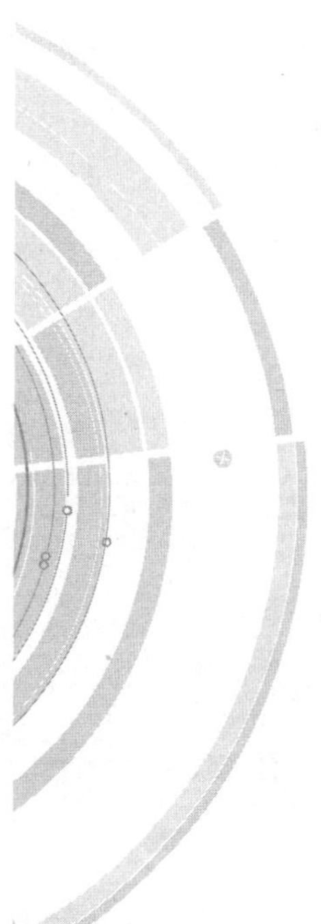

国家战略

“一带一路”热点问题深度剖析

郝玉柱 孙志伟◎主编

NATIONAL STRATEGY

Analysis on Hot Issues about the Belt and Road Initiative

中国经济出版社
CHINA ECONOMIC PUBLISHING HOUSE

·北京·

图书在版编目（CIP）数据

国家战略："一带一路"热点问题深度剖析/郝玉柱，孙志伟主编．
北京：中国经济出版社，2017.10（2023.8重印）
ISBN 978-7-5136-4806-6
Ⅰ.①国… Ⅱ.①郝…②孙… Ⅲ.①"一带一路"—国际合作—研究
Ⅳ.①F125

中国版本图书馆CIP数据核字（2017）第185042号

组稿编辑 崔姜薇
责任编辑 葛 晶
责任印制 马小宾
封面设计 任燕飞装帧设计工作室

出版发行 中国经济出版社
印 刷 者 三河市同力彩印有限公司
经 销 者 各地新华书店
开 本 710mm×1000mm 1/16
印 张 22.25
字 数 298千字
版 次 2017年10月第1版
印 次 2023年8月第2次
定 价 79.80元
广告经营许可证 京西工商广字第8179号

中国经济出版社 网址 www.economyph.com 社址 北京市东城区安定门外大街58号 邮编 100011
本版图书如存在印装质量问题，请与本社销售中心联系调换（联系电话：010-57512564）

前言

2015年3月28日，在国家发展和改革委员会、外交部、商务部联合发布《推动共建丝绸之路经济带和21世纪海上丝绸之路的愿景与行动》后，促进“一带一路”发展成为国家战略。中国流通经济杂志社结合刊物特色及栏目设置，及时组织并刊登了与“一带一路”相关的热点问题研究稿件。应广大读者的要求，现将近期已刊登的“一带一路”热点问题的稿件结集出版，以飨读者。

本书的内容共分为五个专题，分别是“一带一路”的宏观战略、物流创新、区域合作、企业策略和金融投资。在宏观战略专题中，阐述了“一带一路”与“长江经济带”战略构想内涵与战略意义，国家供应链发展战略，21世纪海上丝绸之路共建战略，从区域经济学视角看“一带一路”倡议，“一带一路”背景下我国贸易便利化水平及发展策略，以及中哈“丝路经济带”战略与“光明之路”新经济政策的对接等问题。在物流创新专题中，主要阐述了“一带一路”经济区现代物流体系的构建，基于LPI的丝绸之路经济带物流的绩效分析，“一带一路”倡议红利下跨境电商发展对策，中国与“一带一路”沿线国家的跨境物流协作，以及“一带一路”倡议架构下基于国际竞争力的物流发展模式创新等问题。在区域合作专题中，主要阐述了流通视角下丝绸之路经济带建设国内段的实施路径，丝绸之路经济带互联互通战略，互联互通的区域合作模式与路径，国际中转港战略优势、条件及实现途径，以及港口城市中欧班列可持续发展机制与对策等。在企业策略专题中，主要阐述了文化距离对中国企业落实“一带一路”投资战略的影响，“一带一路”倡议下中国企业海外投资风险及对策，“一带一路”国家的智力资本、财务资本与中国策略，以及中国国际服务贸易发展等问题。在金融投资专题中，主要研究了“一带一路”倡议下的中国对欧洲投资，丝绸之路金融法律合作，沿线国家的投资风险与应对策略，我国外汇期货市场建设，海上丝绸之路支点港口城市金融创新路径，以及中国开发性金融经验在“一带一路”建设中的互鉴性等问题。

本书的出版得到了北京物资学院应用经济学研究基地（编号：WYJD200903）的资助。在出版过程中，中国经济出版社的崔姜薇、葛晶同志做了大量工作，中国流通经济杂志社魏志勇同志帮助收集整理资料，在此表示诚挚的感谢。

郝玉柱　孙志伟

2017年4月12日

目录

第一章 宏观战略

第二章 物流创新

第三章　区域合作

第四章　企业策略

第五章　金融投资

第 一 章
宏观战略

“一带一路”与“长江经济带”战略构想内涵与战略意义

——兼论重庆在两大战略中的定位

陈文玲

（中国国际经济交流中心，北京市 100007）

摘要：“一带一路”倡议是随着我国成为世界第一大贸易体，成为世界制造业产值第一的国家，成为世界金融大国和创新大国应运而生的。“一带一路”倡议在陆上主要是依托国际大通道，以沿线中心城市为支撑，以重点经贸产业园区为合作平台，建设跨国界的经济通道；在海上主要是以重点港口为节点，共同建设畅通、安全、高效的运输大通道，也即经济走廊。“一带一路”倡议作为一个需要持续多年推动的大战略，具有非常重大的现实意义和深远的历史意义。“一带一路”倡议倡导建设命运共同体，我国将与“一带一路”沿线国家追求合作共赢的乘数效应。“长江经济带”战略实施的重点和目标在于，提高“长江经济带”沿线经济的竞争力、带动力、支撑力、辐射力、回旋力。“一带一路”与“长江经济带”战略充分体现了创新发展、协调发展、开放发展、绿色发展、共享发展的理念。在“一带一路”倡议和“长江经济带”战略中，重庆作为一个充满动感和活力的城市以及历史文化名城，需要充分利用自身独特的政策集成优势、对外开发开放优势、经济发展空间优势，实现一体化安排和一体化战略设计，打造高度发达的综合立体交通枢纽，成为内陆开放的高地、两大战略的交汇点和连接点以及创新发展的新引擎。

关键词：“一带一路”；“长江经济带”；战略构想；内涵

近几年我国提出了三大战略：一是“一带一路”倡议；二是习近平主席视察北京时提出的“京津冀协同发展”战略；三是李克强总理2014年4月到

重庆调研时提出的“长江经济带”战略。以上三大战略被称为“新三大战略”，实际上成为统领性的战略，特别是“一带一路”倡议。

一、“一带一路”倡议内涵及意义

（一）“一带一路”倡议的提出

“一带一路”倡议是习近平主席分别于2013年9月和10月提出的“丝绸之路经济带”与“21世纪海上丝绸之路”两个战略的组合。2013年9月，习近平主席访问中亚哈萨克斯坦，在纳扎尔巴耶夫大学演讲时提出了建设丝绸之路经济带的倡议，同年10月在东亚峰会上提出要共同建设21世纪海上丝绸之路，这两个倡议合在一起被称为“一带一路”。

“一带一路”重大倡议提出后，习近平主席在内部讲话、外部讲话、国际讲话中多次提到，“一带一路”是一个需要持续多年推动的大战略。

习近平主席提出的这个倡议，具有非常重大的现实意义和深远的历史意义。中国作为拥有几千年历史的文明古国，七八千年之前就有了独木舟。从河南出土的一些文物来看，旧石器时代距今一万年以上，人类的活动是绵延不断的。在四大文明古国中，现在只有中国是古代文明国家与现代国家的交替与融合，其他如古埃及、古希腊、古巴比伦等都已经消失。中国作为一个伟大的文明古国能够延续至今，是我们引以为荣的事，中国的历史传承本质上就是一种文化基因的流淌和传递。作为历史上的文明古国，新中国成立后60多年特别是改革开放30多年以来取得了快速发展，目前我国的GDP总量已经上升到世界第二位。2014年，我国GDP总量64万亿元，折合10.4万亿美元，占全球GDP的比重达到13.3%。全球GDP总量是77万亿美元，美国是17.4万亿美元，我国是10.4万亿美元，我国是美国的60%。即使目前我国经济增速下行（2014年增速7.4%，2013年增速7.7%，2012年增速7.7%，2012年之前平均增速9.6%），按照“十三五”期间经济增速保持在6.5%~7%且不突破6.5%底线的目标估算，预计2022年左右，我国的GDP总量就会超过美国，成为世界第一大经济体。然而，我国人均GDP目前仅排在第81位，即使我国GDP总量追上美国，人均GDP也只能达到美国的1/4，因为美国只有3亿人，而我国有13.6亿多人。

我国已经成为世界第一大贸易体，2014年国际贸易总额达到4.3万亿美元（而改革开放初期只有208亿美元），排在全球第一位，先后超过了韩国、日本，后来又超过了德国，现在超过了美国。我国国际贸易总额跃居世界第一位，而且成为120多个国家的第一大贸易伙伴，70多个国家的第二大贸易伙伴。中国制造、中国商品漂洋过海，走到了世界的各个角落，这是全世界接受中国、认识中国、感知中国的第一步，正是随着“中国制造”商品的输出，我国成为世界第一大贸易体。目前，我国已经成为世界制造业产值排第一位的国家，制造业形成了39个门类，拥有联合国产业分类中全部的工业门类，有220个商品产能居世界第一位。根据联合国工业发展组织对各国制造业产值的计算，2010年我国制造业超过美国，占全世界制造业产值的19.8%，美国下降到了19.4%。而在第二次世界大战时期，美国制造业产值曾经占到世界的50%，即使在我国改革开放初期，美国制造业产值也占全世界的33%。世界经济呈现出一种此消彼长的态势。

我国正在成为一个金融大国。2015年人民币成为国际货币基金组织（IMF）特别提款权（SDR）货币篮子中的第五种货币，之前里面有美元、欧元、日元、英镑。随着人民币国际化水平的提高和金融体制改革的推进，或许其他四种货币也有自己的考虑，即把中国的货币拉进来以推动我国金融市场的全面开放。目前，人民币在贸易结算中已经占到我国国际贸易总额的25%，可与32个国家的货币进行互换，互换额超过3万亿元。货币互换是不同货币债务间的调换，可降低筹资成本，防止汇率变动造成的风险和损失。我国与10个国家实现了货币直兑，在全球建立了17个人民币离岸中心、人民币结算中心、人民币清算中心。由此可见，人民币国际化的步伐是非常快的。

我国成为金融大国的第二个标志就是在国际货币体系、国际金融秩序变革中，在一些领域拥有了主导权，在尊重存量的基础上，更有效、更主动地设计和推动着增量改革。特别突出的是，我国建议并主导推动了亚洲基础设施投资银行的建设，其第一批创始成员国就有57个，这是中国外交战略的重大突破，也是我国推动现行国际金融秩序变革的一个重大突破。我国还主导倡议成立了金砖国家新开发银行，包括中国、印度、巴西、南非、俄罗斯五个金砖国家。成立金砖国家新开发银行是2013年习近平主席提出的倡议，2014年形成了五个国家共同的决定，2015年金砖国家新开发银行成立，总部设在中国上海，第一任行长由印度人出任，2015年9月已经到任，此后由成员国轮流执政。亚洲基础设施投资银行的第一任行长由中国人出任，是我国著名的金融专家金立群。亚洲基础设施投资银行的注册资本金是1000亿美元，第一期到位500亿美元，第二期到位500亿美元，中国所占份额大约是36%。金砖国家新开发银行的启动资金是500亿美元，由金砖五国各出100亿美元。此外，中国积极推动成立的上合组织金融机构，是我国和俄罗斯以及中亚、西亚等国家筹建的。2015年10月，李克强总理到欧洲出访，宣布我国加入欧洲复兴开发银行，欧洲复兴开发银行实际上从来没有对外开放过，这次李克强总理提出加入，尽管资金规模不大，却是我国与欧洲合作非常重要的方面。2015年，李克强总理到欧洲访问时提出，中国要加入欧洲的容克计划，投资欧洲基础设施建设，中国是第一个提出加入这个计划的。目前，中国金融开放的步伐非常快，主动进入国际市场争取有所作为，主动提出“中国方案”“中国议题”“中国理念”，这说明了一个大国的自觉、自重和自强。

中国正在成为一个创新大国，如果说以前的“中国制造”是低端产品，以后的“中国制造”将迈向中高端，过去中国的制造业总体处于价值链的中低端，以后我们要迈向高端。现在我国已经出现了一批中高端的产业或者说国际一流的产业、国际一流的企业、国际一流的产品，引领着中国经济的发展。如高铁，目前我国已与很多国家建立了合作意向，已建和正在修建的高铁占到了全世界高铁总里程的60%以上。在高铁领域，日本、德国与我国的竞争很激烈，特别是日本采取各种手段与我国竞争，包括降低价格如补贴、让利等。目前，我国面临的最大挑战是，日本正在谋划弯道超车，现已重启磁悬浮计划。日本打算用磁悬浮替代高铁，准备建设第一条磁悬浮列车铁路，从东京到大阪，时速是500~600千米。500~600千米指其一般时速，最高时速可达800千米。我国在高铁降速之后，最近可能会提速，提速后将达到每小时300~350千米。磁悬浮有一个特点是高铁无法比拟的，即高铁穿山洞必须是平行的，而磁悬浮可以爬坡，磁悬浮是不进入轨道的。中国是一个非常伟大的文明古国，在新的历史起点上焕发了青春，但也面临着非常严峻的挑战，被一些国家当成假想的敌人，特别是美国和日本，俄罗斯还不具备这种条件，目前还需要与中国合作。中国作为大国的崛起，必须向世界发送一个明确的信号，即中国会通过和平、合作、和谐、共赢的方式来实现中华民族的伟大复兴，要向全世界表明中华民族伟大复兴的中国梦与各国各民族的梦是相通的。这里的“梦”是梦想的意思，不是具体的人们对梦的诠释。我们的“梦”是中国的梦想，是追求更加美好未来的梦想，这个梦想与世界各国人民的梦想息息相通，表现了中国由经济大国迈向经济强国的正确的历史观、发展观、安全观和世界观。我国将通过“一带一路”倡议架起和平、增长、改革、文明四座大桥。

中国为什么要提出“丝绸之路”的概念？“丝绸之路”系中国创造，是我们的祖先延续下来的，现在“丝绸之路”已经成为一种文化符号。古代的丝绸之路，陆上主要有三条，其起点是西安，因为秦、汉、唐均定都在西安。其中，一条从西安到甘肃，再到乌鲁木齐，然后通过俄罗斯到里海；一条从西安到甘肃敦煌、古楼兰（古楼兰国在新疆），然后再到和田、到巴黎，中间还有一个岔道，到伊斯兰堡，最后到印度的新德里；一条从中间分线之后到巴格达，然后一直到古罗马、到威尼斯。在通往欧洲的这条道路上，有一条是到土耳其的安卡拉（土耳其的首府）、伊斯坦布尔；还有一条是到耶路撒冷、亚特兰大。可以看到，古代的几条丝绸之路有一个主线，但也有分支，代表了中国商品贸易的所到之处。在这种情况下，中国的古丝绸之路成为一种文化符号，即“交易”和“交换”，因为丝绸是古代中国在国际贸易中所交易的最主要商品。在世界制造史上，有很长一段时间中国制造都是领先的，其中就包括丝绸、瓷器、家具、造船、冶炼等。从古至今，中国在世界上的影响都是巨大的，其中非常重要的一点就是“中国制造”在世界上的影响。16 世纪到 18 世纪，欧洲贵族崇尚大量中国商品，如瓷器、茶叶、丝绸等。当时，中国商品无论走到哪里都是最昂贵的收藏品，“中国制造”成了当时代表财富的符号。那个时期，中国就是通过这种友好贸易方式，将自己的商品和文化带到了世界各地。这种文化符号所包含的是和平交往、平等交易、互通有无，是古代的一种互利共赢。

古代海上丝绸之路有两个重要起点，一个起点在广州番禺一带，这是明清以后海上丝绸之路的起点；另一个起点在福建泉州，当时我国的很多商品都是从福建泉州上船漂洋过海输入韩国、日本以及欧洲地区的。如大家熟悉的英国立顿红茶，就是源自中国武夷山的岩茶，是 16 世纪从泉州输出到欧洲的。福建岩茶传到欧洲后被作为宫廷饮料，然后经过若干年的发展，成为现在的红茶，形成了立顿品牌进入中国市场。一直以来，我们都认为英国的产品品质高，殊不知立顿的起源在中国，制茶工艺也是从中国传过去的。在日本，考古学家发现了很多日本收藏的古瓷器，其中来自中国的都是从泉州输出的。因此，古代丝绸之路这个文化符号不仅仅是中国的一笔财富，也是世界的一笔财富。明代郑和七次下西洋，实际上是通过海上的丝绸之路为其他国家带去了很多中国的产品，当时中国的造船业在世界上是遥遥领先的。当时，我国的造船业与河、海是一体化的，其出发地在江苏太仓，他们在河汉口造船，造成之后直接把船推入海中。我国造船技术领先，可以造出远洋船队，加速了我国与更远国家的交流和交易。

古丝绸之路这个文化符号，再次由习近平主席提出来，非常具有影响力、震撼力和号召力。这是因为，在此之前世界上先后已经有 28 个关于丝绸之路的设想或计划。如 2011 年美国的重返亚太战略叫“新丝绸之路计划”，主要瞄准中亚、西亚等地区，包括现在我们谈论的中国—中亚—西亚经济走廊；俄罗斯、印度、伊朗三国曾经提出过“北南走廊”计划，计划修建一条从南亚经中亚、高加索、俄罗斯到达欧洲的货运通道；联合国也提出过类似的丝绸之路计划。也就是说，在我们之前，联合国、日本、美国、俄罗斯以及其他国家或地区所提出的相关战略也叫“丝绸之路”。然而，尽管名称类似，但他们并不真正懂得丝绸之路的文化，不清楚这个价值符号的含义。比如，美国的新丝绸之路计划只是计划自己要到相关国家投融资建设一系列项目，获取一系列资产。2014 年，我国到哈萨克斯坦调研，与其总统战略研究所的专家交流时，对方就曾经这样问过我们：中国的丝绸之路是什么意思？你们有什么计划？在我们国家有什么打算？其实，当时我们已经开始着手研究“一带一路”倡议构想了，只是还不够成熟，当时国家发展和改革委员会、外交部、商务部共同发布的《推动共建丝绸之路经济带和 21 世纪海上丝绸之路的愿景与行动》还没有出来。因此，我们回答说，“一带一路”倡议是习近平主席向沿线国家发出的重大倡议，即以各国共同认可的价值取向，形成共同的认知，共同投入、携手共建更加美好的未来，这个倡议不仅是中国期待的，对参与各国都是有好处的。当时哈萨克斯坦的朋友告诉我们，美国的新丝绸之路计划是非常详尽的。从哈萨克斯坦、俄罗斯、土耳其调研归来后，我们撰写了供决策参考的内部报告。当时，国家正在制定“一带一路”倡议规划，规划的制定尽管动员了 40 多个部委，但主要还是基于国内的意见和建议。考虑到我们无法将自己的想法强加给其他国家，因此我们建议即使有了建议规划稿暂时也不要出台，否则一定弊大于利，应该内外有别，抓紧出台对外宣传“一带一路”重大倡议的文本，呼吁沿线各国协同推进，与更多国家和地区实施战略对接、规划对接、项目对接或市场对接。该建议被采纳。“一带一路”和亚洲基础设施投资银行的倡议之所以得到越来越多国家和地区以及国际组织的接受，与中国站在人类道义制高点上的主张以及恰当的推进方式有非常重要的关系。在已有的28个设想中，中国提出的倡议之所以受到各国关注，是因为我国“一带一路”倡议提出的共商、共享、共建原则深得人心。

（二）“一带一路”倡议的内涵

国家发展和改革委员会、外交部、商务部共同发布的《推动共建丝绸之路经济带和21世纪海上丝绸之路的愿景与行动》，实际上是代表党中央、国务院联合推出的“中国议题”“中国方案”或“中国声音”。这个文件非常清楚地讲述了“一带一路”倡议的重点和路线，大体上就是以中国为起点，然后形成一个连接亚欧两大板块的经济通道或经济走廊。其中，所谓的“丝绸之路经济带”就是我们在陆地上处理与相关国家之间的关系，形成像古代一样的陆上丝绸之路；所谓的“21世纪海上丝绸之路”就是一个海洋战略，是我国与全球更多国家和地区合作共赢的战略。如果说丝绸之路经济带还带有地缘经济色彩的话，21世纪海上丝绸之路就是一个全面开放的全球战略。初期我们提出的倡议主要针对欧亚板块，后来进一步扩展，不限定哪些国家可以加入。因此，21世纪海上丝绸之路并不仅仅局限于60多个国家、44亿人口，还会随着新伙伴的加入而不断拓展。国家的海洋战略是从黄色国土到蓝色国土发展与安全角度统筹考虑的，从沿海经济、岸线经济、浅海经济、深海经济到极地经济，这是一个大的战略布局。这样一个大的战略构想，不可能一蹴而就，不可能一年、五年完成。“一带一路”倡议体现了中国外交主动进取的新境界，是主动规划与主动设计，体现了一种大国的担当、大国的作为、大国的胸襟。

（三）“一带一路”倡议的重点路线

按照愿景和行动，中国倡议的“一带一路”主要包括六条大的海陆经济通道或者说道路。

1. 陆上通道

根据“一带一路”的走向，陆上主要是依托国际大通道，以沿线中心城市为支撑，以重点经贸产业园区为合作平台，建设跨国界的经济通道。丝绸之路经济带主要包括以下四条经济通道：

第一条是新亚欧大陆桥。之所以叫新亚欧大陆桥是因为亚欧大陆桥有好几条，而这实际上是第二条亚欧大陆桥。第一条亚欧大陆桥从俄罗斯也就是远东铁路通过西伯利亚，通过莫斯科到布列斯特，然后到华沙、柏林、鹿特丹，这是最先建设的一条以俄罗斯为主导、与欧洲市场对接的铁路。现在所说的第二条亚欧大陆桥，是以连云港为起点、与欧洲对接的铁路，我国有一个江苏沿海经济带，江苏沿海经济带就包括连云港、南通、盐城等地，起点是连云港，从连云港到郑州、西安、兰州、重庆等地，然后到乌鲁木齐，通过中亚再到华沙，最后到鹿特丹。第三条亚欧大陆桥正在修建，是从深圳到昆明、到达卡、到印度，然后再从印度到土耳其的安卡拉。安卡拉这一段非常重要，因为2023年是土耳其建国一百周年，其希望通过修通横贯全国的铁路来形成连接东西方的战略大通道。土耳其计划修建一条2000千米的高铁，连通亚欧，一边连接阿富汗，一边通过华沙到鹿特丹。土耳其是伊斯兰国家，是阿拉伯世界几十个国家的领头羊，其将自己定位为东西方的大通道，不仅要发挥陆上优势，还要借助海上优势，即海上咽喉要道——伊斯坦布尔的霍尔木兹海峡。其陆地上通过阿富汗连接后，再与中国连接，另一边连通华沙、鹿特丹，这样就可以左右逢源，充分利用自己的区位优势了。而且土耳其将之作为国家最大的战略，即到2023年土耳其建国一百周年的时候，成为连接中西方的战略大通道。对于这条通道的建设，我们应顺势而为，与土耳其的国家战略和规划对接。当然，从安卡拉到伊斯坦布尔533千米的高铁是中国铁路工程总公司承建的，修得非常好。亚欧大陆桥是我国“一带一路”倡议非常重要的通道。

第二条通道是中蒙俄经济走廊，即中国、蒙古、俄罗斯经济走廊，主要通过东三省，然后连接蒙古、连接俄罗斯，现在这条通道的建设也取得了很大进展。2014年，我们到俄罗斯访问时，俄罗斯智库远东研究所的专家提到，“一带一路”应与俄罗斯的远东铁路连接，否则“一带一路”就无法同俄罗斯产生联系，因为新亚欧大陆桥不通过俄罗斯，与俄罗斯没有连接点。2014年11月，李克强总理到俄罗斯访问，当时签约修建的铁路，其中一条就是要与远东铁路连接，这条铁路主要通过东北，与远东铁路连接，即与第一条通道亚欧大陆桥连接，另一条从黑龙江连接贝阿铁路，形成与俄罗斯一体化的中蒙俄经济走廊。这条经济走廊也与第一亚欧大陆桥、第二亚欧大陆桥有联系。习近平主席参加俄罗斯索契冬奥会时，普京曾表态支持中国的“一带一路”建设。2015 年，普京访问中国时再次表态支持中国的“一带一路”建设。目前，俄罗斯积极推进与中亚国家的一体化建设，在中亚国家中最先推进的是白俄罗斯和哈萨克斯坦，现在吉尔吉斯斯坦等五个国家也加入了，与亚欧国家共同推进关税同盟即关税一体化。

与此同时，俄罗斯首先提出，要在战略上“向东看”，即主动融入亚太地区。亚太地区是当今世界经济的中心，是世界经济增长最活跃、最有潜力的地区，也是人口最多的地区，而亚太地区最具活力的国家就是中国。习近平主席曾经指出，2009—2011 年，中国对世界经济增长的贡献率达到 50% 以上。目前，中国经济增速尽管有所放缓，对世界经济增长的贡献率仍在 30% 以上，仍是世界经济重要的动力源。俄罗斯“向东看”，一方面与美国、欧洲制裁俄罗斯有关，另一方面与其产业结构有关。俄罗斯的产业结构非常单一，主要以能源为主，在能源遭遇空前的价格暴跌后，俄罗斯陷入了经济衰退。关于能源价格的空前暴跌，之前有观点认为是美国和欧洲联手制裁俄罗斯的结果，因为俄罗斯经济结构单一，高度依赖原油等能源行业，但后来看并非完全如此。之前世界上最大的石油供应商是中东地区的阿拉伯国家，而现在不仅中东有石油，中亚也有石油，西亚也有石油，蒙古也有石油，俄罗斯也有石油，美国有页岩气，全世界都在研究风能、太阳能、水能、生物质能甚至海洋的潮汐能，世界能源格局发生了非常重大的变化。随着整个国际能源格局的重大变化，也即随着能源分布的多元化、能源供给的多元化、能源产品品类的多样化，随着世界石油供给地向西转移、需求地向东转移，中国、印度等新兴市场国家成为最大的能源需求者。中蒙俄经济走廊对我国至关重要，我国同俄罗斯签订了 4000 亿美元的能源供给大单，合同期 20 年。我国与俄罗斯不仅要有能源上的交易，将来还要与俄罗斯经济结构形成互补，这是一个全面的战略、全天候的战略合作伙伴关系。中国与 70 多个国家和地区建立了 70 多对伙伴关系，对于这种伙伴关系有 14 种提法，如全天候战略伙伴关系、全面战略伙伴关系、战略伙伴关系、合作伙伴关系，有时很难区分哪种伙伴关系更紧密一些。我国一直奉行不结盟政策，最近几年我国外交所遵循的一条重要原则就是结伴不结盟。结伴前行，但不结盟，关系近、关系铁、关系处于胶着状态就是实质上的结盟，否则中国的利益很难得到保障。因此，中蒙俄经济走廊非常重要。

第三条是中国到中亚、西亚的经济走廊。中亚历来是俄罗斯的势力范围，美国在中亚、西亚地区也渗透得很厉害。比如，哈萨克斯坦是俄罗斯主导的亚欧同盟第一个签约的国家，其领导人纳扎尔巴耶夫在俄罗斯没有解体之前就颇具影响力，他提出了一个“光明之路”战略，主动与中国对接。此外，哈萨克斯坦与美国也有联系。哈萨克斯坦一方面与中国合作，另一方面对中国也有所防备。历史上的《尼布楚条约》把我国很大一块土地割让出去了，其中就有一部分在哈萨克斯坦境内，其土壤条件非常好。总之，由于有纳扎尔巴耶夫率先提出的“光明之路”战略，俄罗斯也支持“一带一路”倡议，现在又提出亚欧可与“一带一路”对接，在中亚地区推进得比较顺利。此外，“一带一路”倡议在西亚地区推进得也比较顺利，西亚地区的阿富汗、阿尔及利亚等国家比较落后，大部分是追随者，实际上更希望搭便车。如果中国的丝绸之路经济带将中亚和西亚连接起来，再通向欧洲，就可以把更广阔的领域变成互联互通的经济走廊。

第四条是中国到中南半岛，也即通过南亚到中南半岛的国际经济合作走廊。这实际上是将来我国通过中南半岛进入印度洋的通道，可以形成“两洋”战略，一个是太平洋，一个是印度洋。如果我们一方面在太平洋有地位、有影响，另一方面在印度洋也有地位、有影响，战略纵深和战略回旋的余地就大多了。由于美国也谈重返亚太地区、重返太平洋，而中国本身就是太平洋国家，亚太经合组织也包括美国，于是习近平主席访美时曾对奥巴马说，太平洋足够大，能够盛得下中美两个国家。将来如果能打通经过南亚到中南半岛的通道，就可以打通中国从印度洋进入欧洲、进入世界的通道。

2. 海上通道

21 世纪海上丝绸之路主要以重点港口为节点，共同建设畅通、安全、高效的运输大通道，也即经济走廊。21 世纪海上丝绸之路主要包括两条大的通道，连接东南亚、南亚。

第一条是中巴经济走廊，从中国到巴基斯坦。中巴经济走廊对我国而言非常重要，因为巴基斯坦与我国关系比较密切，而巴基斯坦和印度两个国家之间矛盾较多，不过两个国家都对中国有共同需求。李克强总理称巴基斯坦为“巴铁”，就是铁哥们儿的意思。习近平主席于 2015 年 4 月与巴基斯坦签订了一揽子协议，共计 410 亿美元，包括巴基斯坦的能源资源开发、城市基础设施建设、产业园区和港口建设等。我国丝绸基金投资的第一个项目就是巴基斯坦的一个水电站。中巴经济走廊建成后，连接孟中印缅经济走廊，南亚到中南半岛的合作格局就会完全不一样了。

第二条是孟中印缅经济走廊，即孟加拉国、中国、印度、缅甸。孟中印缅经济走廊的建设非常重要，起点在我国云南省。最近我国批准了四个开发开放试验区，都在边境，其中云南省有两个，一个在瑞丽，开发开放区面积达到2000平方千米，作为孟中印缅经济走廊的起点；另一个是磨憨，在云南西双版纳，这里直接与老挝接壤，面积有1000多平方千米，最近将修建中老铁路。一方面，印度与中国都是金砖五国的成员，最近关系走得比较近；另一方面，新兴经济体和发展中国家均在加快发展，暗地里也在较量比拼。2014年，印度的GDP增速是6.9%，2015年是7%，也就是说我国的经济增速"破7"，印度的"上7"，因此国际社会上有不少国家为印度叫好，认为印度的GDP增速超过了中国。当然，印度的GDP总量只有不到2万亿美元，不及我国的1/5，短期内还追不上中国。不过，短期追不上不等于以后追不上，现在中国只能进、不能退。对此，印度社会有的持赞成态度，有的持不赞成态度，博弈正在进行。孟中印缅经济走廊首先要经过缅甸，一旦打通，便需要处理好我国与邻国缅甸的关系。目前，缅甸被美国、日本渗透得非常厉害。缅甸局势比较复杂，不过孟加拉国始终持积极支持的态度，由于其经济一直比较落后，因此非常希望搭便车。

（四）"一带一路"倡议的意义

中国提出的建设"一带一路"的重大倡议是开放的，是新形势下开展国际交往与合作的一种新思路、新探索，是各国携手共建世界新秩序和崭新国际关系的一种重要尝试。此外，特别需要强调的是，中国提出的构建"一带一路"倡议，是非排他性的，欢迎更多国家和地区响应，在各自的战略对接、规划对接、项目对接过程中，寻求发展的新机遇、新动力、新空间。战略对接、规划对接、项目对接的提法出现于2015年在重庆举办的亚欧互联互通产业对话会之后，当时提出下一步推进"一带一路"倡议需要实现10个对接，首先就是战略对接、规划对接和重大项目对接。这些思路被采纳后，推动了我国与"一带一路"沿线国家和地区战略对接的热潮，比如与哈萨克斯坦的"光明之路"对接、与蒙古的"草原之路"对接、与韩国的"韩国创意"对接，这些战略对接、产业对接将使我们的道路越走越宽。如果说中国提出的"一带一路"倡议一开始是重大倡议的话，那么现在就是共同推进、实施与建设。现在很多国家表示要与中国对接，德国提出德国工业4.0与中国制造

2025 对接，并形成了战略合作协定。中国提出了构建“一带一路”的倡议，更加主动地与其他国家和地区的区域经济组织开展合作，更加充分地尊重各国的发展道路以及加入其他经济组织的选择，这些理念和做法充分体现了中国的智慧。“一带一路”重大倡议的意义主要表现在以下几个方面：

一是将与沿线国家和地区携手构建命运共同体、利益共同体、责任共同体、情感共同体。构建命运共同体是因为只有合作才有利益；构建责任共同体是因为所有人都要对这个世界负责，都要提供公共产品；构建情感共同体是最难的，因为即使一个家庭内部都很难形成完全的情感共同体，而各国间文化差异很大，实现民心相通是最不容易的。我国的“一带一路”倡议是“五通”战略，最后一条是民心相通，所谓“民心相通”就是要建立情感共同体，寻找更多的情感交汇点，开创更加美好的未来。

二是通过推进“一带一路”倡议，促进沿线国家和地区发展战略实现相互衔接和对接。对接的目的是共赢，是促进经济要素有序自由流动、资源高效配置与市场深度融合，只有如此才能创造更大的发展空间和回旋余地。

三是可以和沿线国家及地区共同打造开放、包容、均衡、普惠的区域经济合作架构，这是国际合作以及全球治理新模式方面的积极探索，可为世界和平增加正能量。

四是可以共同携手应对国际政治、经济、军事等风险和非传统安全威胁。非传统安全威胁是对全世界的威胁，必须抵制，中国的态度和做法顺应了国际社会对中国在国际事务中发挥更大作用的新期待。之前，由于我国经济实力不够强大，在很多国际重大问题上基本都是弃权的，赞成票、反对票都不投。而现在，我们该赞成就赞成，该反对就反对，该发言就发言，该发声就发声，而且主动提出中国议题、中国方案，主动发出中国声音，讲好中国故事，这些都是积极的大国担当和作为。

五是将与沿线国家和地区形成国际国内互动、互通、互补的跨国界大区域和次区域的新布局，共同建设合作发展的新格局。

“一带一路”倡议是合奏而不是中国的独奏。中国提出建立亚洲基础设施投资银行符合当前以及未来的迫切和长远需求。到 2030 年全球基础设施投资需求将高达 57 万亿美元，其中水和水处理、能源交通建设领域约占 80%。世界银行研究认为，发展中国家每年的基础设施投资需求将达到 1 万亿美元。以非洲为例，目前非洲只有 40% 的民众用得上电，33% 的农村人口能够享受运输或交通，5%的农业用地得到灌溉，非洲每年的基础设施投资缺口达1000亿美元。根据美国土木协会的估计，到2020年之前，美国更新基础设施投资的缺口高达3.6万亿美元。根据亚洲开发银行的测算，未来8～10年，亚洲每年的基础设施投资需求将达到7300亿美元（世界银行的测算是8000亿美元），而亚洲开发银行和世界银行两个最大的金融机构在亚洲地区的基础设施投资总额只有300亿美元。2014年10月24日，亚洲基础设施投资银行由包括中国、印度、新加坡等在内的21个创始成员国签约共同决定成立，并迅速得到了57个创始成员国的响应，这并非哪个国家游说就能够实现的，也并非哪个国家抵制就能够阻挡的。

中国倡导命运共同体，这个命运共同体体现了四个方面的精神：一是和平发展是中华文化的内在基因；二是我们要在大国崛起进程中走出“修昔底德陷阱”，这是中国外交的新境界；三是全世界共同面对恐怖主义、极端主义、跨国犯罪、网络安全、重大自然灾害等非传统安全威胁和贫富失衡、收支失衡、全球协调机制阶段性失衡以及经济低速增长的新常态，这些风险和挑战是面向人类、面向世界所有国家的；四是中国文化提倡和而不同、求同存异、化异为同，这是中国大国胸襟在新时期的表现。

我国推进“一带一路”倡议，就是要寻找与各国之间的最大公约数。我国的做法不仅要符合人类发展的内在规律、国际交往的内在规律、世界经济发展的内在规律，而且要符合市场经济规律，因为全世界大部分经济体都实行的是市场经济，经济制度都是一样的，此外也要符合建立正常地缘政治与经济的内在规律。特别是随着我国成为世界第一大贸易体、第二大经济体，为同时驾驭国内国际两种市场，就一定要遵循新经济形态下商流、物流、信息流、资本流和人的自由流通、便利流通的内在规律。因此，“一带一路”倡议的核心就是“五通”，从某种意义上讲，这就是我们在全球化条件下的国际化大流通。

中国与“一带一路”沿线国家和地区追求合作共赢的乘数效应。所谓“乘数效应”，就是“1+1”并非等于2，而是要大于2。推进“一带一路”建设也会产生“乘数效应”，如果全球更多的国家能够实现政策沟通与政策对接，全球治理体系的重建就会容易得多，就会形成很大的能量，在推动全球治理机制合理化、常态化方面发挥更大的作用。如果我们能够与各国的战略实现对接，就可以同更多的国家形成战略合力，改变世界通过战争来解决问题进而获得利益的路径。如何规划才能与相关国家的战略实现对接呢？就是要通过合作推动具有共同取向的国家战略形成战略利益共同体，使各国都为投资者创造良好的平台和透明的管理环境，让互利共赢成为现实。当然这些规划都是各国自己制定的，投资者是企业，政府要给所有投资者一个明确的战略导向，中巴经济走廊的建设就是战略对接。习近平主席曾在讲话中指出，欢迎"一带一路"沿线国家和地区搭乘中国经济快速发展的快车，搭乘中国经济快速发展的便车。习近平主席出访美国、巴基斯坦、英国等国家和地区时都带了一大批企业，国家间签订的是战略协议，而具体项目则必须由企业来运作。美国也曾派专家到中国商谈亚洲基础设施投资银行问题，表示如果亚洲基础设施投资银行能够达到国际一流银行的运作水平，美国也愿意加入。通过更顺畅地与世界更多国家对接，实现宏观经济的协调和认同以及各国人民情感的沟通和认同，从而产生合作共赢的乘数效应。

二、长江经济带战略内涵与意义

（一）长江经济带战略的内涵

长江经济带战略蕴含了党的十八届五中全会提出的五大理念：

第一是创新发展。长江经济带依托黄金水道，可以打造成中国经济新的支撑带，使长江经济带成为具有全球影响力的内河经济带，培育国际竞争与合作的新优势。长江经济带包括 11 个省市，其 GDP 和人口均占全国的 40%，面积有 205 万平方千米，占国土面积的 1/5 多。长江经济带要成为一个创新的高地，成为国家未来可持续发展与从大国迈向强国最有力的支撑带。从创新能力看，长江经济带在全国范围内是最强的，而其中特别强的部分又集中在重庆、上海等地。我国的产业正在加快向中西部地区转移，中西部地区创新的高地是重庆，重庆的教育资源、人才资源以及开发开放的政策资源均优于其他地区，创新发展是推动长江经济带成为国家经济新常态下新引擎、新经济带的核心任务。

第二是协调发展。协调发展包括以下几层含义：一是东中西部地区互动合作协调发展；二是城乡一体化协调发展；三是发达地区与欠发达地区协调发展；四是黄色国土与蓝色国土协调发展。只有长江经济带能够全方位地诠释这样的协调发展理念。长江经济带东中西部地区都有覆盖，东部地区包括长江三角洲地区，中部地区包括长江中游城市群，西部地区以重庆为龙头，一直绵延到云南。当前，发达地区主要是长江下游，集中在东南沿海，欠发达地区主要集中在长江上游。推动长江经济带协调发展，使欠发达地区成为新一轮改革的前沿，特别是使云南、贵州等地发展起来，中国经济发展的回旋余地和空间就会进一步拓展。前一段时间，国务院曾经委托中国国际经济交流中心进行长江经济带战略评估，我们到重庆、云南、贵州、四川等地进行了调研，可以看到沿途具有很强的后发优势，正在实现跨越式发展，如重庆的大数据、汽车、电脑等产业发展都非常快。黄色国土和蓝色国土协调发展主要指要从内河走向远洋，我们有几条通道，一条沿长江入海，一条顺长江而上，还有一条是第二亚欧大陆桥。重庆不仅是中转站、交通枢纽，还是"一带一路"建设与长江经济带战略的先行者。

第三是开放发展。开放发展就是在我国沿海、沿江、沿边全面推进对内对外开放，充分推动长江内河连通海洋和我国沿边城市成为新的对外开放带，这是长江经济带战略的一个主旨。国家级经济技术开发区、高新技术开发区、开放开发试验区及新区主要集中在长江经济带，如最早的上海浦东新区、重庆两江新区、成渝经济合作区以及国家新批准的贵州贵安新区等，大多都处在长江经济带上。国家级高新技术开发区也大多分布在长江经济带。近年来批准的四个国家级开放试验区，其中有两个在长江经济带。因此，开放发展是长江经济带这条龙能否舞起来的关键。

第四是绿色发展。要把长江流域建设成生态文明建设示范带，修复、保护、建设长江生态环境，使之真正成为绿色生态廊道，引领全国生态文明建设。

第五是共享发展。通道支撑，融合发展，共享沿江综合运输大通道，共享"一带一路"设施联通、贸易畅通、资本融通的巨大机遇，共享长江流域联动发展、互补发展、一体化发展的新空间。长江经济带战略所确定的以上海为龙头的长江三角洲城市群、长江中游城市群、成渝城市群三大城市群，滇中、黔中等区域城市群，以及几个港口群，都体现了共享发展的理念。在共享发展方面，长江经济带比其他地方更具优势。

（二）长江经济带战略的实施重点

长江经济带战略实施的重点在于形成下面的五个"力"：

一是要提高长江经济带沿线的竞争力。这里的竞争力主要是指打造世界级产业集群，培育具有国际竞争力的城市，比如重庆、南京、武汉等都在朝这个方向发展，要使长江经济带成为能够充分体现国家经济实力的地区，真正具有与国际一流水平产业竞争的能力。

二是要提高带动力。长江经济带战略与“一带一路”倡议相互衔接、相互补充、相互支撑，形成了横贯东中西、连接南北方、对接国内外、带动全中国的新载体和新引擎。

三是要提高支撑力。所谓支撑力，就是可以形成快速的铁路网，连通南北高速铁路和快速铁路，形成覆盖50万人口以上城市的快速铁路网，这在长江经济带交通规划中有具体表述。要形成高等级、广覆盖的公路网，建成连通重点区域、中心城市、主要港口和边境口岸的高速公路网；要形成航空网络体系，包括上海国际航空港、重庆、成都、昆明、贵阳、长沙、武汉、南京区域枢纽功能。这是长江经济带战略综合立体交通体系规划提出的目标，重庆可以走得更快一些，不要仅仅满足于区域枢纽的定位，应当成为立体化、综合化、智能化的国际枢纽中心。

四是要提高辐射力。辐射力主要是指新形势下下游对中游和上游的递进辐射力，如长江经济带对东盟自贸区和孟中印缅经济走廊的辐射力。必须加强长江上游形成递进辐射力的辐射轴，形成世界级产业集群对中西部地区的辐射力。2015年11月，李克强总理出席东亚峰会，继续推进《区域全面经济伙伴关系协定》（RCEP）谈判，各方一致同意到2016年完成RCEP的全部谈判，届时将建成世界上最大的自贸区，超过美国主导的《跨太平洋伙伴关系协定》（TPP）。中国现在是主动破局和设局，出奇制胜，主动采取措施化解所面临的挑战与困难。2014年，习近平主席提出了启动亚太自贸区进程的倡议，得到了21个亚太经合组织（APEC）成员的响应，形成了会议的最终成果，这也是中国外交年所取得的巨大成就。美国主导的《跨太平洋伙伴关系协定》《跨大西洋贸易与投资伙伴协议》具有排他性，我国的对策是，一方面与APEC成员达成共识，向21个国家包括美国在内，提出了启动亚太自贸区进程的倡议；另一方面，在国内加快上海等自贸区试点，以适应更高标准的贸易规则。2016年，二十国集团领导人第十一次峰会（G20峰会）在杭州召开，中国又主动提出了三项议题，包括研究世界经济发展的新动力、创新发展、建立宏观经济政策协调机制等，这些都是全世界共同面临的问题。中国与东盟自贸区的升级版已经确定，东盟10国再加上中、日、韩、澳大利亚等6个国家，形成RCEP，即东亚经济一体化。2015年，我国完成了与韩国的中韩自由贸易区谈判，以及与澳大利亚的自贸区谈判。目前，我国已与12个国家和地区签订了自贸协定，与7个国家即将完成谈判，与4个国家正在启动谈判。我们不仅加快推进RCEP进程，而且加快推动中、日、韩自贸区进程。韩国与中国之间的贸易之前是比不过日本的，而现在我国已经成为韩国第一大贸易伙伴，日本降为中国的第五大贸易伙伴。目前，韩国、印度、澳大利亚成为我国最重要的贸易伙伴，我国与东盟之间的贸易额占到了亚洲贸易额的60%，这对日本而言也形成了比较大的压力。长江经济带发展起来后，将产生非常大的辐射作用。邓小平同志在批准浦东开发区时曾经讲过这样一段话：把浦东发展起来了，可以带动上海的发展，上海发展起来了，可以带动长江三角洲地区的发展，进而带动整个长江流域的发展。这实际上是要分三步走，第一步是浦东和上海的发展，第二步是长江三角洲地区的发展，第三步是整个长江流域的发展，现在处于第三个阶段即整个长江流域的发展。整个长江流域的发展对中国未来经济可持续发展，对中国在世界上的地位和作用影响很大。

五是要提高回旋力。我们提出要增加经济的韧性和回旋力，沿长江城市一定要用好这种力量，特别是长江中上游地区，之前的发展空间就比较大，比如重庆的发展空间就很大，在这一点上东部和西部一些地区是无法比拟的。成渝城市群、长江中游城市群、长江三角洲城市群三大主城市群，再加上黔中、滇中两个区域性城市群，构成了长江经济带的五大城市群。这些城市群发展起来后，将带动区域形成若干经济发展的战略高地、吸引外商直接投资的战略高地以及产业集聚发展、集群发展、集约发展的战略高地，让中国经济发展回旋的余地更大。

三、重庆在“一带一路”与长江经济带战略中的定位及作用

（一）重庆的定位和作用

当前，重庆经济发展在全国是一枝独秀，在全国经济下行压力加大的情况下，逆势而上，有很多鲜活可贵的经验值得学习。重庆在“一带一路”倡议和长江经济带战略中的定位和作用主要表现在以下几点：

一是高度发达的综合立体交通枢纽。重庆在横贯东西、沟通南北、通江达海、便捷高效的长江经济带综合立体交通走廊上具有重要的地位和作用，

可通过立体化、综合化、智能化、现代化方式发展高度发达的交通枢纽。2014年，重庆航空旅客吞吐量近3000万人次，东航站区第三跑道投入使用后可以达到4500万人次，国际航线现在有36条，通达33个城市，当然其国际化程度仍然略低。高速铁路有渝京、渝成、渝怀、渝西等线路，四通八达，高速公路通车里程2525千米。港口吞吐量也比较高，2014年达到了14685万吨。重庆作为铁路、公路、水运的交通枢纽，如何推动其成为一个综合立体化的交通枢纽，并把信息化加进去，成为交通的先导，对重庆而言至关重要。

二是内陆开放高地。应在陆海双向开放中成为具有先发优势的内陆开放战略高地，如重庆的渝新欧国际铁路联运大通道走在了前面，其内陆开发开放是最早试验的。重庆有国家级经济开发区、国家级高新技术产业开发区、国家级两江新区，还有3个国家级一类口岸、3个国家级保税区，这些都为重庆成为内陆开放战略高地创造了非常好的条件。

三是两大战略的交汇点和连接点。重庆处于丝绸之路经济带、中国—中南半岛经济走廊、长江经济带"Y"字型大通道的连接点。这些国际物流大通道和重庆、云南、东南亚三大国际贸易大通道都是畅通无阻的，2014年重庆始发的渝新欧班列达到130班，2015年远远超过了这个数字，去程班列稳定在每周3~4班，回程班列稳定在每周2班。

四是创新发展的新引擎。重庆现在是国家中心城市，但凭借自身先发优势，未来随着重庆的发展，成为一个国际化、立体化、综合化的交通枢纽港，以及综合优势的发挥，有望成为世界级城市。重庆现在有世界级产业集群，如"5+6+800"的世界级智能硬件制造产业集群，有全世界规模最大的汽车产业集群，年产量超过400万辆，有100多家零部件供应商。成渝城市群是一个跨区域的城市群，重庆与四川成都一定要同城化、一体化发展，要实现重庆与成都的共同发展与互利双赢。重庆还是国家级页岩气综合开发区，目前页岩气的开发一定要把握好度，要参考国际能源价格走势，也就是说既要看资源条件，也要看生态条件，更要看国际价格走势。之前我们吃过这方面的亏，就是因为不懂得国际营销，很多商品都在国际价格最高的时候买进来，国际价格最低的时候卖出去，因此经常赔钱。而实际上，国际营销需要战略思维，需要进行历史的纵向对比，不能只看当前，将本月与上月比，或者今年与去年比，这样是永远看不清的。其实，宏观调控也存在同样的问题，经济政策的研究、制定与调整，也需要这种长周期，也需要历史的纵深感，既要有横断面的分析，即国际横向比较分析，也需要历史纵向的研究和分析。

（二）重庆的优势

目前，重庆已经形成了自身独特的优势，这种优势主要集中在五个方面：

一是政策集成优势。重庆是长江经济带、“一带一路”、西部大开发、成渝统筹城乡发展等国家重大战略的交汇点，具有政策叠加优势。当然，要用好这种政策叠加优势，或许需要一个部门把所有面向重庆的国家政策梳理好，形成一个政策体系，在新形势下形成一种政策叠加优势，使重庆成为丝绸之路经济带、21 世纪海上丝绸之路海陆统筹的战略支点，成为长江经济带上游和西部地区的经济中心，成为立体化、综合化、智能化、现代化的交通枢纽，成为国家海洋发展战略的产业腹地。

二是对外开发开放的优势。重庆是西部地区发展最快的省（市/区），2015 年 GDP 增速 11%，是全国各省（市/区）中最快的。近六年来，重庆进出口贸易增加了 10 倍，吸收外商直接投资 1000 亿元，世界 500 强企业有 247 家进驻。因此，重庆开发开放的先发优势，特别是渝新欧班列，是“一带一路”建设和发展前期最大的亮点。习近平主席在重庆讲话时专门提到了渝新欧铁路通道，李克强总理在重庆讲话中也专门提到了渝新欧铁路通道，并表示支持重庆成为国家一类口岸。

三是经济发展的空间优势。根据重庆市五大功能区规划，都市功能核心区 294 平方千米，预计 2020 年 GDP 将达到 3300 亿元，都市功能拓展区 5179 平方千米，城市发展新区 2.32 万平方千米，渝东北生态涵养发展区 3.39 万平方千米，渝东南生态保护发展区 1.98 万平方千米。这样的一个超大空间，是非常难得的宝贵资源。我曾经参与了珠江三角洲地区改革发展规划前期调研与文件起草的全过程，当时调研了广东几乎所有的城市，其中空间最大的清远市有 1.8 万平方千米，然后是肇庆市 1.5 万平方千米，惠州市 1.4 万平方千米，广州市只有 6000 平方千米，而重庆的拓展空间是几万平方千米。重庆的空间优势确实是后发优势，一定要用好。根据重庆 2020 年的目标，其创造的 GDP 总量、经济总量基本相当于某些中等发达国家了。按目前我国 GDP 增速 7% 计算，重庆的经济总量大概每年增长 7000 万～8000 万美元，大致相当于土耳其和印度尼西亚这样的中等国家一年的 GDP 总量。

四是重庆是一个充满动感和活力的城市。重庆是个繁华的都市，许多国际组织都很关注。重庆工业经济总量突破 2 万亿元大关，增速连续 5 年排全国第二位。2015 年 1 月到 9 月，重庆 GDP 同比增长 12.7%，领跑全国。据估计，“十三五”期间重庆 GDP 增速将保持在 9% 左右，预计在全国最高，确实充满动感和活力，且后发优势很大。

五是重庆是历史文化名城。重庆的历史文化底蕴深厚，如两万多年前旧石器时代的人类活动，新石器时代的夷、濮、苴等八个民族，春秋战国时期的巴楚之战，清光绪十六年（1890 年）开为商埠，中国抗战时期的战时陪都、重庆谈判、巴渝文化、川江号子、三星堆文化、金沙文化、大足石刻等。重庆历史文化名城的文化含量很高，但巴蜀文化必须包括成都以及四川的很多地方。

（三）对重庆发展的相关建议

对“一带一路”和长江经济带战略背景下重庆的进一步发展，这里主要谈五点建议：

一是认识新常态，适应新常态，引领新常态，形成重庆新旧动力和动能的转换、新旧思维观念的转换、新旧体制机制的转换，形成一体化安排。

二是发挥国家战略、国家规划、国家政策的叠加优势，融会贯通，形成一体化战略设计。

三是发挥渝新欧国际铁路先行优势，主动引导并整合国内资源，使重庆和乌鲁木齐具有同等重要的地位，即铁路枢纽港、中转港的地位。重庆作为中转港，要成为具有先发优势和实行跨国大通关的创造者。渝新欧国际铁路发往欧洲的班列应该有一个主动的态度和行动，当然也需要国家统一的整合。此外，还要考虑输出一批优势产能，推动产业“走出去”、投资“走出去”，形成内外互动的局面。比如，重庆单轨产业很成熟，输出能力与高铁差不多，可以考虑对外输出。凡是优势的产业都可以输出，成熟技术也可以输出。

四是要更加明确、更加集中地培育具有国际竞争力的世界级产业集群，拉长产业链，再造供应链，完善服务链，抢占价值链高端。

五是推动供给侧改革，围绕既满足即期需求，又挖掘潜在消费需求和创造优质供给释放出来的崭新需求。在供给侧改革中勇于打破制度束缚，优化供给结构，推动产业加快转型升级，满足人民日益增长的物质和文化需求。

作者简介：陈文玲（1953—），女，河北省人，研究员，博士生导师。中国国际经济交流中心总经济师、执行局副主任、学术委员会副主任；国务院研究室原司长，国务院第一届医改咨询专家委员会委员，国务院第一届食品安全委员会委员，主要研究方向为国际战略、国际经济、宏观经济、对外开放、现代流通、国家战略研究、决策研究、政策研究等。

"一带一路"与国家供应链发展战略

蔡　进
（中国物流与采购联合会，北京市 100045）

摘要："一带一路"倡议是篇大文章，是我国自明清以来的第一个全球化战略。能够提出这样的战略，说明我国社会经济的发展已经具备了一定的实力，具备了一定的基础。但与英国和美国完全不同，我国实施"一带一路"倡议的目的在于，通过中国来推动世界各国参与并促进全球化进程，是为了世界各地的全球化，不能将"一带一路"倡议仅仅局限于我国一己的利益加以考量，我国实施全球化所选取的是包容、开放、共享、共建人类命运共同体的"王道"。

面对当前全球社会经济发展所处的过剩环境，面对科技创新的平台期，我国进行商品与资本横向输出的空间十分有限。为了更好地推进"一带一路"倡议，必须准确把握当今世界的发展格局与大环境，积极开拓新领域，在过剩环境中营造我国新的优势。我国不仅要发挥自身技术和产能优势，积极"走出去"，而且要把握好自身庞大的市场优势，引导世界的方方面面"走进来"。而国家供应链作为我国全球化战略必不可少的支撑体系，对"一带一路"倡议的实施起着至关重要的作用，"一带一路"倡议推进的过程也是我国国家供应链形成与发展的过程。当前，能够融入全球发展新理念、新思维，充分支撑"一带一路"全球化战略有序推进的国家供应链，应该是一个包容开放、高效有序、共享共赢、安全可持续的供应链体系。

为规划和构建好"一带一路"倡议所需要的国家供应链体系，一要做好国家供应链战略布局，做好包括市场、资源、物流在内的整体布局，这是供应链战略实施的前提；二要做好对市场资源、产能资源、企业资源、物流资源等的整合，提高各国在全球化中的便利化水平，这是供应链战略实施的关键；三要确保供应链的共享性，借助这个供应链，既要输出我国的产能或产品，也要引进我国需要的产能或产品，这是国家供应链实施的基础；四要确保供应链能够创造新的价值，确保世界各国能够合作共赢，这是国家供应链实施的着眼点；五要确保供应链安全可持续，建立相应的全球治理机制，这是供应链战略实施的重要保障。

关键词：“一带一路”倡议；国家供应链；全球化；战略

“一带一路”倡议既是一个大手笔，也是一篇大文章，已经成为当前世界各地与社会各界广泛热议的话题。“一带一路”倡议不仅在现实层面具有非常重要的意义，需要加大实施力度，同时也为全球未来发展提供了新的理念、新的思维、新的内涵，需要我们从战略层面加以深入思考和认真探索的。

一、对“一带一路”倡议的几点认识

可以说，“一带一路”倡议是我国第一个全球化战略，或者说是我国自明清以来的第一个大国战略。应当看到，能够提出这样的战略，说明我国社会经济的发展已经具备了一定的实力和基础，没有一定的底气，是无法提出“一带一路”倡议的。

从全球化概念来讲，近现代以来，或者说工业革命以来，真正推行全球化、把自己的国家推向全球的只有两个，其中一个是第一次世界大战以前的英国，另外一个是第二次世界大战以后的美国。第一次世界大战以前的英国和第二次世界大战以后的美国，它们曾经走过的全球化道路与我国现在所要走的全球化道路有何不同？在全球化道路中应当如何把握全球化发展的新理念、新思维呢？

（一）要理解并把握好“一带一路”倡议的目标

第一次世界大战以前的英国，其全球化是为了实现所谓的贸易全球化。当时的英国利用工业革命的成果，成为“世界工厂”，大量的工业品需要输出到国外，更需要攫取世界资源。为此，英国强力推行贸易全球化战略，采取各种不平等的贸易方式，输出低价的工业品，攫取全球资源为己所用，包括其与中国的鸦片贸易也是如此。因此，当时英国全球化的目标就是以贸易全球化为目的去掠夺全球的资源。

美国全球化战略思维的产生实际上很早，可以追溯到1823年提出的门罗主义，但其真正实施是在第二次世界大战以后。这是因为，第二次世界大战以后，美国才真正具备了实施全球化战略的实力。而美国全球化的目标是资本全球化，通过资本去控制全球的资源和市场，这与英国的贸易全球化有所不同。

我国实施“一带一路”倡议，所要推行的是一个什么样的全球化呢？笔者认为，我们与第一次世界大战以前的英国和第二次世界大战以后的美国不同，它们是通过全球化战略把自己的国家推向全球，是为了自己的利益。而我国实施全球化战略的理念和思维则完全不同，是在我国的倡导下，全世界共同参与、共同分享的全球化。我国所推行的全球化是利益的全球化，是为了追求利益共享和互利共赢，我们的目标是实现资源的全球共享，让所有人共享全球的利益。与其说是中国在走全球化，不如说是通过中国来推动世界各国参与和促进全球化进程，这与英国和美国是完全不同的，我们一定要在战略层面上把握好这一点。我国所推行的“一带一路”倡议，不是中国自己的全球化，而是全世界各国的全球化，如果仅将“一带一路”倡议定位到我国自己的利益去考虑，就狭隘了。

（二）要理解并把握好“一带一路”倡议的实现之道

在推动全球化的过程中，目标不同，背景、环境不同，其所实施的道路自然也不相同。英国推行全球化所走的是殖民主义道路，即凭借其强大的军事、经济实力，推行炮舰主义，通过建立殖民地的方法进行直接掠夺，通过占有一个国家的土地去掠夺其资源。第二次世界大战以后，美国推行全球化所走的是霸权主义道路。当时全球饱受两次世界大战的痛苦，尽管回避战争，但冷战思维盛行。这种冷战思维的核心就是竞争，而竞争的目标就是取得世界霸权。当时美国作为最大的受益国，趁机取得了军事、经济、贸易、金融、资本等方面的优势，极力推行以军事实力为依托，以经济、贸易、金融为主导的霸权主义。因此，美国在实现全球化过程中所选取的其实就是一条霸权主义道路。然而，世界发展到今天，已经在各个领域都形成了多元化、多极化的格局。世界发展的理念、思维和思想潮流已经发生了根本性的变化，由过去的冷战思维转变成了一种包容、开放、共享的思维，正像习近平主席在讲话中提到的那样，要建立人类命运共同体，期待的是包容与共存，促进人类公平发展，而不是彼此战争、彼此竞争。不仅中国如此，世界各国也是如此。整个世界的思维正在发生变化，要极力摒弃冷战思维中的竞争理念，霸权主义特别是殖民主义理念更是要被摒弃。因此，我国推进全球化所要选取的道路，应该是包容、开放、共享、共建人类命运共同体的“王道”。如果说美国、英国所走的道路是“霸道”，那么我国“一带一路”倡议所推行的全球化就是“王道”。

（三）要认清并把握好“一带一路”倡议的发展环境和时代背景

推进“一带一路”倡议，必须准确把握当今世界发展格局与大环境。从经济领域看，目前我国推进全球化战略所面临的环境，与过去的英国、美国完全不同。这种不同突出表现在以下两个方面：

第一，我国的全球化处在全球过剩时代，而英美的全球化则处在全球短缺时代。英国当时处在一个极端贫瘠的时代，美国当时处在一个经济短缺的时代，其商品输出和资本输出都很容易，也很受欢迎。比如，第二次世界大战刚刚结束时，百废待兴，整个世界经济都处在极为短缺的状态，而美国不仅没有遭到战争破坏，而且成为战争最大的受益者，因此其资本横向输出具有非常广阔的空间，能够面向全世界输出。目前，我国所面临的是一个全球过剩的年代，属于社会经济发展的过剩期，各个方面都出现了过剩，商品与资本横向输出的空间十分有限。我国要推行全球化，无法参照美国的经验去进行资本输出。不能简单地认为，我们只要拥有大量的资金、产能，就能够进行对外输出。

第二，从科学技术的发展环境看，科技创新目前正处在一个平台期，科技创新为人类社会或者说全球经济发展所提供的纵向空间非常有限。在科技创新的平台期，资本纵向延伸的空间非常有限，这样的时代背景与当时的英美存在很大不同。无论是英国还是美国，它们之所以能够实现全球化，除全球短缺的环境外，其背后最人的支撑就是科学技术。它们将本国的科学技术变成了国家综合实力，包括军事的、外交的、经济的综合实力，使自身具备了通过炮舰政策掠夺殖民地、掠夺资源的资本和能力，形成了冷战中的竞争优势和霸权地位。而现如今，我国推行全球化所面临的是一个全球过剩的环境和科技创新的平台期（或者说科技革命的孕育期），我们没有足够的纵向发展空间。在推进全球化的过程中，我们必须正视科技创新平台期、社会经济发展过剩期的现实，这是我国实施“一带一路”倡议必须面对的挑战。我们需要开拓新领域，在经济过剩的环境中营造我们新的优势。

（四）要营造并把握好我国实施“一带一路”倡议的优势

我们最大的优势在于拥有巨大的市场空间。全球经济过剩格局下，市场为王。当然，不仅仅是中国，美国也意识到了这一点。正是基于此，美国提出了全球区域化战略，实际上这也是一种全球化战略，是美国新一轮的全球化战略。前不久，美国与24个亚太国家签订了跨太平洋战略经济伙伴协定（TPP），实际上就是在整合亚太市场，同时美国也将本土市场让给这些国家，以此来推动其新一轮的全球化进程。此外，美国与大西洋沿岸国家签订的跨大西洋贸易与投资伙伴协议（TTIP）也是如此。在过剩的环境下，谁抓住了市场，谁就能推动全球化的进程。在这方面，我国是有优势的，我国拥有13亿多人口，拥有庞大的市场，在市场整合方面，全世界首选的市场就是中国。从这个角度讲，我国推行全球化战略，不仅仅是我国需要“走出去”，世界的方方面面也需要“走进来”。我国进口贸易的空间非常大，我国不仅要为全球制造产品，也要做全球的消费者。用我国的市场去整合全球更大的市场，这是我国应当做的事情。除了市场之外，我国还具有国际产能方面的优势，而且我国的国际产能与国际市场需求在很多领域是互补的。当前，全球经济正处于过剩阶段，但全球基础设施方面的需求越来越旺盛。一方面，一些新兴国家经过一段时间的发展，具备了较好的产业基础，但基础设施的瓶颈开始显现；另一方面，欧美发达国家战后建设的基础设施已经开始老化，亟待更新。此外，非洲还有一些开始进入新的发展阶段的国家和地区，也需要建设基础设施。在这些方面，我国不仅具有产能优势，而且具有先进的技术优势。我国的工程技术不仅具有集成技术的优势，而且具备效率和成本优势。我国完全可以根据国际市场需要，扩大工程出口，由此形成建筑、钢铁、建材、物流等产业的集群化，充分发挥我国的国际产能优势。有人将之归纳为“三高七路”，即涉及交通、电力和通信的“高铁、特高压、高度信息化”和“铁路、公路、水路、空路、油气管路、电路、通信线路”。这就是优势，更重要的是通过这些优势形成产业集群，推动国际产能与国际市场对接。除此之外，我国更加深远的优势就是中国文化。中国文化源远流长，具有非常深刻的厚重感。中国文化最具吸引力的一点就是包容与和谐，它能够容纳吸收所有合理先进的思想、理念，同化能力极强，最善于挖掘人类共同的本质，推动人类和谐发展。因此，随着包容性、共存共享越来越成为世界思潮，并上升到文化认知的层面，中国文化的优势就会更加突显出来。

总之，我国推行“一带一路”的全球化战略，具有新的时代背景，是将自身置于其中、全球各国共同参与推进的全球化，是包容开放、共享共赢的全球化，为未来的全球发展注入了新的理念、思维与内涵，将对中国乃至全球的发展产生十分深远的影响。

二、打造国家供应链，推动“一带一路”全球化战略实施

供应链是一个企业微观层面的概念，但当一个国家强大到要走向全球时，供应链就会上升为国家战略。第一次世界大战以前的英国就是这样，特别是第二次世界大战以后的美国，更是利用供应链去推动全球化。1823 年，时任美国总统的詹姆斯·门罗提出了试图在拉美地区创建以美国为盟主的体系，排斥欧洲列强影响的门罗主义，其最核心的理念就是布局。美国当时是怎样布局的呢？就是宣布美洲是美洲人的美洲，美洲的各个国家都是拥有主权的独立自主的国家，对美洲任何国家的侵略，都是在侵犯美国人的利益。在这里，美国将其全球化布局讲得非常清楚，其全球化布局的第一步就是把美洲纳入自己的势力范围，任何国家都不能沾染，都不能碰触。第二次世界大战后，在全球化战略具体实施过程中，美国的布局意图非常明显。首先是市场的布局。一是进行资本输出，把全球的战略资源都抓在手中，如中东的石油；二是把当时的亚太地区，除中国外，控制在手中，现在叫重返亚太。其次是物流的布局。第二次世界大战以后，为推动全球化进程，美国将其全球的物流资源，也即供应链最基础的东西，紧紧抓在手中。据媒体报道，比较形象的说法是，美国以六把钥匙锁全球，控制了苏伊士运河、巴拿马运河、马六甲海峡、直布罗陀海峡、曼德海峡、霍尔木兹海峡，把整个世界都锁住了，整个世界的物流资源都被美国控制在手中。这就是美国之所以能够成功推进全球化非常重要的一个原因。

我国推动“一带一路”全球化战略也必须具有相应的国家供应链支撑体系，这一点已经受到了中央有关部门的充分重视。事实上，“一带一路”倡议推进的过程也是我国国家供应链形成与发展的过程。但由于全球化的理念、目标、道路、环境不同，推动全球化的国家供应链战略的内涵也截然不同。笔者个人认为，一个能够融入全球发展新理念、新思维，充分支撑“一带一路”全球化战略有序推进的国家供应链，应当是一个包容开放、高效有序、共享共赢、安全可持续的供应链体系。

国家供应链体系的理念应当是包容开放的，包容不同的市场、体制和国度，以存同化异来推动供应链面向全球的开放，让更多的国家和企业、更多

的跨国公司参与到这个供应链体系中来。这样，我们建立的供应链才有活力。

构建国家供应链体系的关键是高效有序，而高效有序的核心就是便利化。我们要通过物流的互联互通和信息系统的互联互通来带动金融贸易的便利化，使得供应链体系高效运作。同时，还应建立标准、有序的贸易机制和体系，推动供应链有序发展。国家供应链体系的着眼点是共享共赢。而我们只有创造新的价值，才有共享的机遇，才能实现供应链参与者的共赢。

国家供应链体系的环境是安全可持续的，即在供应链平台之上，要构建安全可持续的治理机制、制度设计、运行机制等能够支撑符合全球共同利益的供应链环境。

基于这样的考虑，基于上文提到的理念，基于我国“一带一路”国家战略的需要，国家供应链的规划或基本思路应当包括以下几个方面：

（一）做好战略布局，这是国家供应链战略实施的前提

一定要做好国家供应链战略的布局，这是供应链战略实施的前提。首先是区域布局，即做好经济发展区域布局。“一带一路”总的布局是向西发展，这种布局包括中国境内与境外。仅从中国境内来看，“一带一路”倡议的实施将改变中国发展的空间坐标，即由现在以南北纵向发展为主，转变为以东西横向发展为主，这将极大地扩展我国未来发展的空间格局。回顾我国社会经济发展的历史，可以看到，自秦至唐，中国基本上都是由西向东横向发展的；而自明清以来直到现在，则基本上是以南北纵向发展为主。这种以东部沿海为依托的南北纵向发展，抓住了面向蓝海、开放发展的机遇，推动了中国的崛起，也为中国进一步向纵深发展奠定了基础。如今中国开始由东向西横向发展是历史的必然选择，这将为中国的发展提供百年机遇。如果我们的眼光进一步向西，越过边境，可以看到，广阔的西亚、南亚、中东，广袤的非洲大地将为全球发展提供更加广阔的空间。因此，国家供应链的发展首先要适应这种格局的巨大变化。其次是市场布局。要通过对市场进行战略布局，挖掘需求潜力，实现供需互补，培育新的市场空间。比如，我国与南亚、东南亚市场进行整合，就能形成超过30亿人口的超级市场，释放出比当前各自分散的市场大得多的潜能。再如，我国与亚欧市场进行整合，就能达到先进技术与国际产能的对接，从而创造出新的市场需求；还有，我国与非洲国家进行合作开发，将有利于为全球发展培育新的市场空间。总的来说，就是要在国家供应链的支撑下，通过带状的互联互通，实现彼此互补、彼此共享的市

场板块整合，这是当今全球化的重要内容。再次是资源布局，由此实现资源利用的便利化。最后是物流布局。提高全球互联互通水平，使供应链组织变得更加高效有序。而且这样的布局并不是孤立的，是产业、市场、资源、物流的整体安排，只有如此才称得上供应链组织。

（二）做好整合，这是国家供应链战略实施的关键

包括对前面提到的市场资源、产能资源、企业资源、物流资源等的整合。但与英国、美国完全不同，我们进行整合的目的并不是为了整合后自己拿过来，而是要实现全球化进程中的便利化，是为了将便利化做到极致。通过整合不断提高各国在全球化中的便利化水平，这才是我国进行整合的目的。

（三）实现共享，这是国家供应链战略实施的基础

我国的供应链是共享的，这是国家供应链战略实施的基础。因此，我国的供应链不是单向的，不是仅仅为了通过这个供应链把我国的产能或产品输送出去，实际上也是要通过这个供应链，把所需要的国外能够支持和提供的产能或产品更好地引进来。

（四）实现共赢，这是国家供应链战略实施的着眼点

我国的供应链一定是共赢的，这是供应链战略实施的着眼点。为实现共赢，就需要供应链创造新的价值，将蛋糕做大，而不仅仅是对现有蛋糕进行重新分配。因此，我国所要打造的供应链并不是把一些已有的投资、贸易、产业简单地搬到供应链上，而是要与世界各国一起，通过供应链来创造新的价值，进而在创造新价值的前提下与世界各国一起共享新的价值，这就是我们所讲的共赢。

（五）安全可持续，这是国家供应链战略实施的重要保障

各国对供应链安全可持续问题都非常重视。从美国的情况看，供应链安全是美国推行全球化或构建供应链非常重要的一项内容。国家供应链框架下的全球治理体系至少要包括三个方面：一是政治体系。第二次世界大战后，美国把国际联盟变成了联合国，它在联合国中的地位和作用是其他国家无法比拟的，美国借助联合国这个舞台建立了全球政治体系，掌握并控制着全球政治方面的话语权。二是国际贸易体系。美国通过世界贸易组织（WTO）建立了全球贸易体系，在这个贸易体系中，绝大多数规则都是美国主导建立的，由此控制了全球贸易的话语权。三是全球货币体系。布雷顿森林会议建立的

货币体系，使美元成为全球唯一的强势货币，控制了全球的金融。

以上三大体系不仅影响了美国，对整个世界的治理体系也产生了非常重要的影响。但世界发展到今天，已经形成了多元化、多极化的格局，美国尽管仍然很强大，但其一家独大的局面正在改变。在联合国，美国的话语权越来越弱，而其他国家的声音越来越强。后来，美国又组建了7国集团（G7），再后来又组建了一个20国集团（G20），中国也参加了G20。但是，G20能否将话语权集中起来，还需要一个发展和完善的过程，关键是要能代表全球各国的利益。世界贸易组织也是一样，自从有了中国人的参与，世界贸易组织民主的气氛、多元化的气氛、利益全球化的气氛日益浓厚，而美国的话语权日益减弱。于是，美国又开始寻求一种新的贸易治理体系，它通过跨太平洋战略经济伙伴协定和跨大西洋贸易与投资伙伴协议来应对自己在世界贸易组织中的尴尬局面。在保障国家供应链安全方面，美国于2012年发布了《全球供应链安全国家战略》，确立了美国政府强化全球供应链和国家经济发展的战略。2013年，美国又对《全球供应链安全国家战略》进行了补充和完善，通过制度和措施来加强全球供应链系统的安全性、效率、弹性和活力。我国也需要一定的话语权，我国一直在做很多的自由贸易协定，最近突破很大，包括跟澳大利亚、韩国等签署的自由贸易协定。笔者认为，美国组织的跨太平洋战略经济伙伴协定并非完全将中国排斥在外，它既需要中国参与，又限制中国参与。根据其制定的规则，目前我国还无法参与，但规则制定好之后，如果我们能够遵照这个规则进行贸易，它还是愿意的，毕竟没有哪个国家不愿意拥有中国这个巨大的市场。

我国推行全球化，应当说是全球未来的百年趋势。从这个角度来讲，我国一定要建立一个全球贸易体系以支撑全球供应链的发展，当然还有货币体系。目前，美元仍然强势，不过人民币也越来越强，已经正式纳入了特别提款权（SDR）。推进人民币国际化是一个战略方向。我国需要建立一个全球治理体系，需要拥有与我国地位相适应的话语权，无论是政治方面还是贸易、金融方面，当然在物流方面我们也需要相应的话语权。供应链的可持续发展需要一个比较好的全球治理体系，全球治理体系的构建与完善是国家供应链安全可持续发展的基础，是推动全球化进程高效有序、共享共赢、安全可持续发展的前提。一个面向全球化的供应链需要以相应的治理机制、有效的制度设计、高效的运行机制、公平的利益共享机制作为保障，未来这种保障机制将越来越上升到文化层面。

总之，“一带一路”倡议下的国家供应链应当是一个包容开放、高效有序、共享共赢、安全可持续的供应链，这就是未来我国“一带一路”倡议所需要的国家供应链战略。

作者简介：蔡进（1958—），男，湖南省岳阳市人，中国物流与采购联合会副会长，中国物流学会副会长，中国物流信息中心主任、党委书记、研究员。主要研究方向为宏观经济与现代物流。

21 世纪海上丝绸之路共建战略

郑国姣　杨来科
（华东师范大学金融与统计学院，上海市 200241）

摘要：共建 21 世纪海上丝绸之路是我国的国家战略，它适应国际投资贸易格局深刻调整、世界经济复苏缓慢、各国发展问题凸显的现实，以及世界多极化、经济全球化、要素自由化等国际合作的新潮流，可为沿线经济体创造前所未有的发展机遇，并将对全球经济、政治产生深远影响。为更好地应对当前政治环境变化、经济发展不平衡、大国主动权竞争与政策协调技术风险等方面挑战，确保丝绸之路建设成效，推动亚欧非各国互利合作迈上新台阶，我们要秉持和平合作、开放包容、互利共赢的理念，稳妥化危为安，努力打造政治互信、经济融合、文化包容的利益、命运、责任共同体，要做到以下几点：第一，尊重差异，建立多元化复合型合作机制；第二，在发挥市场基础性作用方面提高公共服务意识，充分发挥大国影响力，积极提供公共服务和产品；第三，制定丝绸之路整体规划，突出重点，积极打造核心重点区域。

关键词：海上丝绸之路；多元化区域合作；和平发展；战略对策

一、引言

2100 多年前，以西安为起点连接亚欧非文明的贸易通道被德国地质学家李希霍芬誉为"丝绸之路"。千百年来，丝绸之路逐渐成为我国走向西方世界的桥梁，并成为东西方经济文化交流的主要载体。开辟丝绸之路极大地推动了世界经济的发展和人类文明的进步。进入 21 世纪，和平与发展成为新时代的主旋律，传承丝绸之路显得更加迫切和珍贵。2013 年 9 月和 10 月，习近平主席在出访中亚及印尼、马来西亚等国期间，提出了建设"一带一路"的战略构想，受到了国际各方的广泛关注。加快海上丝绸之路建设，将有力地促进世界经济繁荣与文明交流互鉴，是世界各国人民的福祉事业。建设21世纪海上丝绸之路，要坚持互利共赢的原则，积极推动各国发展战略的联系与对接。如何共建丝绸之路，保障其建设成效，使之焕发出新的生机活力，推动亚欧非各国互利合作迈上新台阶，是一个值得我们深入研究和思考的问题。

二、21世纪海上丝绸之路建设的战略背景与合作基础

在国际投资贸易格局深刻调整、世界经济复苏缓慢、各国发展问题凸显的现实下，21世纪海上丝绸之路战略的提出有其深刻的国际国内背景与合作基础。

（一）美国实施的TPP、TTIP等相关中亚战略

21世纪以来，地缘政治环境发生了根本性变化，两极格局解体，世界正在向多极化格局演进。

在多极化格局中，老牌资本主义国家与新兴经济体的关系塑造决定着多极化地缘政治格局的基本走向。中国无疑是新兴经济体的中坚力量，拥有巨额外汇储备，据世界银行估计，2014年底我国经济总量已超过美国。如此惊人的发展速度，必然会使我国遭到以美国为主的发达资本主义国家经济和政治战略的挤压。2008年，美国宣布加入跨太平洋伙伴关系协定（TPP），并于2013年6月着手推动跨大西洋贸易与投资伙伴协议（TTIP）谈判，而这两项协议均绕开了中国。该贸易自由化网络以市场自由化为名，推动高标准、高质量的贸易投资条件约束，组建有利于发达经济体的全球贸易规则。TPP和TTIP打造的高度自由化的屏障将中国等新兴经济体阻隔在外，使我国处于被动境地。TPP和TTIP是美国重返亚太地区的重要战略抓手，具有明显超越经济意义的战略意图，是倡导全球政治经济环境全面巨变的号角。作为全球第二大经济体以及最大的发展中国家，我国要实现新的增长预期，必须以更加积极主动的姿态迎接国际贸易自由化的挑战并参与制定世界经济新规则，加快构建中国版本的贸易网络，只有如此才能在经济全球化进程中占据更加主动的位置。21世纪海上丝绸之路建设不仅能够共享和促进新兴经济体的市场开放和经济发展，而且能够重塑南南合作的政治路线，有利于我国拓展国际政治空间和提升全球治理能力。

（二）我国的全方位开放战略和区域经济一体化的大趋势

改革开放以来，我国经济深度融入世界经济，并将继续积极构建全方位开放新格局。推动丝绸之路建设是深化对外开放、促进沿边发展和边境经济增长的重要组成部分。党的十八届三中全会强调，加强沿边城市与周边国家和地区的基础设施互联互通建设，形成全方位开放新格局，努力将边境经济打造成为我国经济新的增长点。事实上，近年来沿边 7 省区经济增速较快，2013 年新疆、云南、西藏的增速分别达到了 13.39%、13.69% 和 14.41%。建设 21 世纪海上丝绸之路将明显拓展我国向西发展的战略空间，拉动西部经济增长，打造西部腹地发展的战略支点。同时，丝绸之路也是推动我国和亚欧非及世界各国共同发展的需要，是习近平主席提出的周边外交"亲诚惠容"理念的重要体现，共建"一带一路"旨在实现更大范围、更高水平、更深层次的国际合作。坚持打造各国共享机遇、共迎挑战的经济合作架构，使之成为沿线各国互信、共赢、互鉴的大平台，成为促进世界经济增长的着力点。共建 21 世纪海上丝绸之路，符合沿线各国的根本利益，是促进沿线各国合作发展、实现共赢的重大战略举措，是全球治理新模式的勇敢探索，为世界和平发展增添了正能量。

（三）坚实的国际经济合作基础

国际经济合作是国家和地区间在一定的背景下，利用某些国际平台进行的合作。经济合作的核心是获取利益，但由于合作主体在外部性、平台与制度、历史和地理临近性等诸多因素上存在差异，经济外部性会不断发生变化。互补性是合作的必要条件，外部性影响经济合作的动力。经济互补性包括资源、资本、劳动、市场、技术的互补性等，正是不同国家和地区经济资源的互补性，才导致了区域间的贸易投资与合作。在国际合作理论中，无论是古典经济学的绝对优势、相对优势、资源禀赋，还是现代经济学的雁行模式、钻石模型等，无一不在强调地理资源和技术的互补性作用，这是区域经济合作的理论基础。经济外部性可表现为金钱和技术的外部性，经济合作需要尽量减少负外部性即合作成本，只有持续增加合作收益才能保证合作顺利进行。具体到海上丝绸之路战略，其为中国及沿线国家和地区提供了共享市场和获得金钱与技术外部性的机会，同时沿线各国能源种类丰富，贸易互补性较强，亟须进行深度合作，建立在各自比较优势基础上的区域合作具有强大的生命力。丝绸之路将是我国与东南亚国家双边自由贸易区的升级版，通过基础设施建设来加强我国与亚欧非地区的经济合作与发展，为国际经济政策制定提供了新的思路。丝绸之路在无关意识形态的基础上重点向西发展，避免了与美国重返太平洋的战略发生正面冲突，逐渐与沿线国家实现共赢包容发展，探索区域经济一体化发展的新机制。

三、21 世纪海上丝绸之路经济体的发展机遇与意义

共建 21 世纪海上丝绸之路顺应了世界多极化、经济全球化、要素自由化等国际新背景下区域合作的新潮流，将为沿线经济体带来前所未有的发展机遇。

（一）经济全球化背景下全球生产网络的产业转型升级

第二次世界大战后，一方面，适应经济全球化趋势，世界经济联系日益紧密。丝绸之路沿线国家拥有广阔的市场空间，2013 年我国对东盟国家的进出口额达到了 4436 亿美元，2013 年中非双边贸易额突破了 2000 亿美元，丝绸之路经济带是世界上最长、最具发展潜力的消费市场，开拓新兴市场有助于形成我国出口新的增长点，并为沿线国家和地区共享市场、获得经济正外部性创造重要机遇。“中国愿意为周边国家的发展提供机遇和空间，欢迎大家搭乘中国发展的列车”，这样的外交宣誓直接触及并融入了现实世界经济生活之中。另一方面，全球市场导致了以产业和技术分工深化为标志的全球生产网络，欧美日等发达国家和地区内部产业链的水平发展与南北国家之间产业链的垂直整合并存。发达国家处在生产网络的顶端，属于创新型经济体，获取最大的贸易附加值利益；发展中国家处在产业链的下游，经济技术水平较低，产业升级受到发达国家的约束。中国居于南北国家之间并深度融入全球生产网络，需要进一步与北方国家进行垂直整合，与南方国家进行水平整合，才能逐步向高端生产链迈进。同时，中亚各国具有承接国际产业转移的巨大需求，中国应当成为南北国家之间的中转站与南南合作的重要参与者，强化与沿线国家和地区产业链的水平整合，这不仅有利于我国产业结构转型升级，而且有助于推动丝绸之路经济体工业化的发展。

（二）国际市场扩展下的生产要素自由化流动

国际消费市场的扩展推动了资本、劳动力等生产要素在全球范围内的流

动，资本和劳动力等生产要素的自由流动是获取经济利益外部性的基础和载体。结构性短缺是国际劳动力市场目前存在的突出问题。计划生育政策实施30多年来，我国的人力资源优势正在逐渐弱化，要实现经济可持续增长，必须从人力资本和创新能力入手进行深度改革和调整，丝绸之路沿线的南方各国拥有丰富的劳动力资源，为我国提供了良好的机遇和平台。由于历史原因，中亚各国工业体系较为薄弱，大部分消费品依赖进口，我国向中亚国家出口的纺织服装等劳动密集型产品所占比重最高达到了60%。我国与丝绸之路沿线国家和地区之间需要加强生产要素的自由化流动，加强资本、劳动力的流动，不仅可以转变我国的比较优势，而且能够提升沿线各国就业与制造业水平。通过同步发展“走出去”和“引进来”模式，促进商品、服务、人员在两者间流动，开展广泛的劳务合作，争取更高水平开放，进而创造新的比较优势，实现经济共赢。

（三）世界多极化格局下海洋战略的多国博弈

21世纪以来，国际治理结构发生了重要变化，世界向多极化格局发展。各国都在强化海洋战略，现代人类的进步和大国的发展兴衰无不与海洋有着千丝万缕的联系。近代以来，80%的货物贸易是通过海上航运完成的，海运承担了我国近90%的货物贸易运输量以及95%～99%的能源贸易运输量。因此，现代强国的竞争在相当大的程度上体现为海洋的竞争，海洋合作治理是21世纪海上丝绸之路的重点建设环节。比如，美国出台的《21世纪海洋蓝图》报告以及为落实该报告而出台的《美国海洋行动计划》等均显示了海洋资源的重要性，欧盟正在大力推动“海上高速公路”的大发展，日本向来高度重视海上航行安全。海洋战略的多国竞争实质上就是对全球市场的占有竞争。丝绸之路的发展是建设海洋强国、实现海上崛起的突破口。海洋强国是丝绸之路的基础，丝绸之路是建设海洋强国的必要手段和条件，两者互为补充。我国积极参与海洋合作治理是丝绸之路建设顺利进行的重要保障，借助建设丝绸之路的契机，构建海洋资源共同开发机制，有利于更好地维护海洋秩序。我国的总体实力和地缘政治特点，决定了我国只有成为陆海复合型强国才能实现中华民族伟大复兴，我国需要通过对外战略来实现陆地和海洋的平衡。

（四）基于社会信息化与世界能源差异性的我国能源安全

21世纪社会信息化的发展，加速了能源在全球范围内的利用与配置。能源是现代经济发展重要的投入要素，能源分布与能源需求消费的差异性导致能源利益始终是国际合作争夺的中心。我国人口众多，经济发展对能源的需求量很大，但在石油、天然气、铁矿石等重要资源的人均占有量上远未达到世界平均水平，分别仅为世界人均水平的 11%、4.5% 和 42%。中国、印度等新兴经济体消费了全球近 90% 的能源净增加量，能源需求与我国自身生产能力之间存在明显缺口。丝绸之路沿线国家和地区自然资源丰富，如哈萨克斯坦钨的储量居世界第一位，乌兹别克斯坦油气资源丰富，塔吉克斯坦水利资源丰富，而享有"世界油库"之称的中东更是举足轻重的石油产地。不仅如此，丝绸之路经济带还有大量待开发的太阳能、水能、风能及核电能等清洁资源。中亚国家自然资源丰富而工业化水平较低，与我国能源欠缺而工业体系发达的状况具有明显的互补性，加快丝绸之路能源的开发利用，打造资源合作上下游一体化产业链，能够在解决我国能源短缺问题的同时，促进中亚国家工业化的发展，为国家协调内外资源、维护能源安全提供保障。

四、21 世纪海上丝绸之路建设所面临的挑战

21 世纪海上丝绸之路具有涉及区域广、跨度大、各国经济发展水平差异突出、政治体制多元化、宗教文化丰富等特点，其建设过程中必将面临以下诸多挑战：

（一）政局的稳定性

政局稳定是丝绸之路经济带建设顺利进行的基础，总体来看，主要受到以下政治因素的影响：

首先，在亚洲方面，区域内经济发展水平的差异、政治体制的多元化、宗教文化的汇集以及历史遗留问题等都影响着主要的大国关系。中日韩自贸区因成员国谈判立场无法调和而导致其前景逐渐暗淡。南中国海域的政治环境动荡不安，无疑也会给丝绸之路建设带来重大的威胁与挑战。

其次，中东政治版图碎片化程度较高，其政局变动、恐怖袭击或武装冲突使贸易投资活动面临安全性风险。中亚和中东地区是恐怖主义的发源地，宗教端势力和恐怖势力猖獗，严重影响丝绸之路经济带的社会治安。中亚是俄罗斯与西方国家积极争取的重点区域，其中大国利益的博弈不容忽视。

最后，非洲地区部族主义盛行，严重影响市场交易的安全性和效率。非洲近 750 个部族分别嵌于 50 多个国家，部族冲突、部族矛盾时有发生，严重

影响了地区稳定和市场交易效率。

（二）经济发展的不平衡问题

丝绸之路的合作机制必须多元化，这源于丝路沿线各国和地区经济发展的不平衡性和多样性。

首先，各国和地区经济发展水平差异巨大，既有发达国家，又有发展中国家与最不发达国家。世界各地区域经济一体化的实践表明，经济发展水平差异过大，不仅会影响合作动机与利益分配机制的平衡，而且会影响区域合作的质量与发展前景。国际经济合作的外部性理论认为，在获取正外部性上，如果合作主体经济发展水平差异较大，就会在产品和要素分配上产生较大分歧，不利于共同市场的实现。

其次，丝绸之路沿线各国和地区内部经济环境和经济结构差异显著。中亚国家以农业为主的产业结构较为单一，制造业比重低，尚处于工业化起步阶段。此外，货币金融环境不稳定，通货膨胀率较高，大多在6%以上，巴基斯坦2013年的通货膨胀率甚至达到了8.6%。币值不稳定给各国和地区的贸易投资带来了较大的风险，不利于产业结构的优化和升级。

最后，国际债务沉重，用于经济持续发展的基金严重不足。2013年，塔吉克斯坦的外债占到了其全年GDP的28.9%，如此高的债务将用于国家投资和发展的资金压榨得所剩无几。

（三）大国主动权竞争与政策协调的技术风险问题

丝绸之路涉及亚非拉三大洲。首先，我国作为海上丝绸之路的发起者，尽管拥有巨额外汇储备，但还不是一个强国，自身仍然存在经济可持续发展和贸易结构优化的问题。我国能否发挥最大的主动权并真正主导丝绸之路建设尚是未知数。在海上丝绸之路建设中，应慎重权衡和应对与南方发展中国家的利益博弈与大国竞争问题。如印度作为金砖国家的成员之一，近年来经济增长迅速，2013年GDP位居世界第八，对印度洋的控制权觊觎已久，意欲成为具有地区主导权的大国，这将对我国的主导权构成威胁和挑战。

其次，丝绸之路涉及国家和地区众多，目前尚不存在一个能够涵盖多数国家和地区的政策协调机制。比如，我国与哈萨克斯坦签订的《避免双重征税协定》等双边协议，其效力比较有限。在贸易投资、劳动力自由流动等方面还存在较多的壁垒与限制，影响丝绸之路经济带的商业互联互通与贸易投资便利化，不利于区域经济合作的顺利开展。因此，如何构建21世纪海上丝绸之路相关贸易投资治理制度规则体系，成为一个亟待解决的问题。

五、共建21世纪海上丝绸之路的战略对策

建设21世纪海上丝绸之路，机遇与挑战并存，我们应当坚持合作理念下的增量创新，秉持和平合作、开放包容、互利共赢的理念，稳妥化危为安，努力打造政治互信、经济融合、文化包容的利益、命运和责任共同体。

（一）尊重差异，建立多元化复合型的合作机制

21世纪海上丝绸之路建设需要在尊重差异的基础上进行，国际合作需要处理好政治经济文化等诸多方面的差异性问题。依赖于地理差异的农产品、海产品也是非常重要的合作领域，建立合作经济体系要充分考虑经济的差异性。我们需要通过文化交融来化解政治差异性，通过加强互学互鉴来保持文化多样性。各国或地区应坚持和平发展、互利共赢的合作理念，在尊重差异的基础上，建立平等互利的新型国际关系。丝绸之路是开放的、多元的，而非“核心与边缘”的不平等关系，充分反映了非排他性和非地缘政治倾向性。丝绸之路合作的多元性不仅应体现在合作国家或地区数量多和路线长上，更应体现在合作领域、合作制度、合作目标的多样性上，这是区别于其他合作平台的一个显著特征。首先，合作领域遍及基础设施建设、贸易投资便利化、金融合作与监管、产业链调整与治理、新产业园区形成、安全合作与治理以及人员与文化交流等方面。其次，从合作制度上讲，可将正式机制与非正式机制相结合，如互联互通合作、经济走廊合作、双边或多边自贸区合作等，也可将丝绸之路与东盟“10 + X”经济共同体、欧亚经济共同体、亚太自贸区等多边合作机制联系起来，根据沿线国家和地区实际情况确定符合需要的合作机制，使之成为相互配合、相互协调的合作平台。最后，在合作地位上，秉持集体行动共建和参与国权利平等的原则，将丝绸之路建设成各参与国利益共享的平台。丝绸之路是一条探索最终推动全球贸易投资自由化的新途径，是提升我国参与度和全球治理能力的重大战略。

（二）在发挥市场基础性作用方面提升公共服务意识

国际经济合作理论强调，合作双方应通过经济分工分享外部性收益继而进一步深化分工的途径，来实现市场和要素的互补、经济利益的双赢与合作

的可持续发展。建设丝绸之路，应当在发挥市场配置资源基础性作用的前提下强化公共服务意识。以实现“五通”为目标的丝绸之路建设必然会涉及市场失灵领域的合作。我国应积极投入非竞争性和非排他性的公共物品，勇于承担大国责任，提高国家软实力。一要积极进行国际水域灯塔航线等基础设施建设，强化海上交通、港口建设，提高多式联运的使用率与国际通关的便利性，逐步形成兼容规范的国际运输规则；二要积极与国际海洋法相关执行机构合作，熟悉国际海域规则与制度安排，共同打击海盗，加强海上救助和跨国执法，尽力提供资金和技术援助，应对海洋安全威胁；三要安排人员加强与丝绸之路沿线各国或地区的交流与沟通，明确其发展的需求和意愿，宣扬我国“亲诚惠荣”的外交原则，促使各国或地区树立区域合作信心，通过自身持续努力，逐步建立起信任、合作、共赢的国家关系，最终促进国际政治合作与经济发展。

（三）制定丝绸之路整体规划，突出重点

21 世纪海上丝绸之路涉及范围广，沿线国家和地区众多，需要首先做好区域合作的整体规划，建设初期适宜采取“整体规划、突出重点”的方针，以确保后续工作的顺利开展。所谓整体规划，就是全面加强务实合作，将地缘毗邻优势与经济互补优势转化为务实合作、持续增长，打造互信合作的命运共同体。根据丝绸之路的走向，依托陆上国际大通道，共同打造新亚欧大陆桥、中国—中亚等国际经济合作走廊。加快建成安全高效的陆海空通道网络，促使投资贸易更加便利，互联互通达到新高度，高标准自由贸易区网络基本形成。积极与毗邻国家签署备忘录及经贸合作中长期发展规划，研究编制合作规划纲要。推动基础设施项目建设，强化政策支持和推进区域通关一体化改革。积极通过国际峰会、论坛、研讨会等途径加强对话。所谓突出重点，就是基于各国发展实际与差异，优先选择重点产业、重点地区开始合作，再逐步辐射至拓展区。按照点、线、面的基本模式制定相关腹地城市和地区的规划，促进市场最大化，有利于空间安排和组织。自 2002 年我国与东盟签署《全面经济合作框架协议》以来，各领域工作蓬勃有序地开展，丝绸之路建设一定会将双方的合作提升到新的水平和高度，我国与东盟的合作模式为中东、拉美等地区树立了可借鉴的模式和典范。

六、结语

共建21世纪海上丝绸之路是我国的国家战略，将对全球经济、政治产生深远影响。我国将与沿线国家和地区一起平等协商，在兼顾各方利益、反映各方诉求的前提下，共同推动范围更大、水平更高、层次更深的交流与融合。共建丝绸之路要做好整体规划，积极打造核心重点区域；要建立多元复合型合作机制；要充分发挥大国影响力，积极提供公共服务和产品。只要沿线各国和地区和衷共济，各国人民将充分共享区域合作共建的成果。

参考文献：

［1］陈伟光，曾楚红．新型大国关系与全球治理结构［J］．国际经贸探索，2014（3）：94－106.

［2］李兴江，马亚妮．新丝绸之路经济带旅游业发展对经济影响的实证研究［J］．开发研究，2011（5）：56－58.

［3］中宣部十八大报告文件起草组．十八大报告辅导读本［M］．北京：人民出版社，2012：225－311.

［4］毛汉英．中国周边地缘政治与地缘经济格局和对策［J］．地理科学进展，2014（3）：289－302.

［5］K. W. Wachter. Measuring Local Heterogeneity with 1990 U. S Census Data［J］. Demographic Research，2000，3（7）：Article10.

［6］D. A. Freedman. Methods for Census 2000 and Statistical Adjustments［C］. Social Science Methodology，2007：232－245.

［7］刘新生．携手打造新海上丝绸之路［J］．东南亚纵横，2014（2）：3－5.

［8］中国将打造对外开放新引擎加速21世纪海上丝绸之路建设［EB/OL］.［2014－07－11］. http://news. xinhuanet. com/2014－07/11/c_1111578558. htm.

［9］谭畅．“一带一路”倡议下中国企业海外投资风险及对策［J］．中国流通经济，2015（7）：114－118.

［10］邢广程．理解中国现代丝绸之路战略［J］．世界经济与政治，2014（12）：4－26.

［11］袁新涛．“一带一路”建设的国家战略分析［J］．理论月刊，

2014（11）：5-9.

［12］李向阳．论海上丝绸之路的多元化合作机制［J］．世界经济与政治，2014（11）：4-17.

［13］王习农，陈涛．丝绸之路经济带内涵拓展与共建［J］．国际商务，2014（5）：23-30.

［14］尹丽英，赵捧未，魏明．丝绸之路经济带互联互通的区域合作模式与路径［J］．中国流通经济，2015（8）：75-80.

［15］陈伟光．论21世纪海上丝绸之路合作机制的联动［J］．国际经贸探索，2015（3）：72-82.

基金项目：国家社会科学基金项目"中国对外贸易的隐含碳测度研究"（项目编号：11BGJ036）、华东师范大学优秀博士论文培育项目"垂直专业化、分工地位及贸易的福利效应"（项目编号：PY2015021）

作者简介：郑国姣（1989—），女，河南省安阳市人，华东师范大学金融与统计学院博士研究生，主要研究方向为国际贸易理论与政策、低碳经济。

杨来科（1968—），男，陕西省西安市人，华东师范大学金融与统计学院教授，博士生导师，主要研究方向为国际贸易与投资理论和政策、气候变化与贸易。

从区域经济学视角看“一带一路”战略

——兼论五大支撑平台的建立和完善

付晓东
（中国人民大学经济学院，北京市 100872）

摘要：“一带一路”把历史因素与时代发展、国家命运、区域联通串联起来，是今后相当长一段时间内，中国全面对外开放的总体战略，它开启了中国对外开放的新方向，是促进沿线各国合作共赢、繁荣发展的重要纽带，是中国转型发展和区域均衡发展的需要。在具体实施和建设中，不免会有许多难题，甚至会面临自然、经济、政治、社会等方面的各种风险，沿线差异较大的自然条件、错综复杂的地缘政治、经济的贫富差别及线型带状模式的弱点，都是重大挑战。当前，要尽快建立和完善数据支撑平台、人才支撑平台、智库支撑平台、法则支撑平台、实力支撑平台等，确保“一带一路”方略顺利实施并收到实效，进而真正实现全球资源配置、全球市场共享、经济全球化的目标。

关键词：“一带一路”；区域经济；支撑平台；增长极；利益共同体

对于“一带一路”倡议，许多学者从各自的领域进行了阐述和研究，本文主要从区域经济学的视角来观察经济现象，寻找事物的规律。比如，从全球来看，一些重要的资源是稀缺的、有限的，但在空间上又具有不均匀性、贫富差异性，一些国家和地区富集，一些国家和地区稀缺，这就会引起国家之间的交流、合作与博弈，形成开发、利用与竞争，甚至不惜巧取豪夺，直至发生战争。由此，从空间地域这个独特的角度来分析，是可以获得有益的启示和结论的。

一、"一带一路"是一个大局

"一带一路"是"丝绸之路经济带"和"21世纪海上丝绸之路"的简称。"一带一路"把历史因素与时代发展、国家命运、区域联通串联起来，是今后相当长一段时间内，中国全面对外开放的总体战略，建设"一带一路"已成为中国长期的国家战略。

"一带一路"倡议由习近平总书记在2013年提出后，迅速得到国际社会的高度关注和相关国家的积极响应。经过2014年的酝酿与谋划，中国政府在2015年3月发布了《推动共建丝绸之路经济带和21世纪海上丝绸之路的愿景与行动》，使得"一带一路"的重要倡议进一步得到细化和深化，"一带一路"进入务实推进阶段。

（一）"一带一路"开启了中国对外开放的新方向

我国1978年实行改革开放，鉴于当时国内区域经济的不平衡和国际经验（如梯度推移规律），在区域选择上重点启动了沿海地区，这一"沿海开放战略"的实施对于我国近三十多年经济发展和经济格局产生了深远的影响。"一带一路"倡议，从"海""陆"两大方向上提出了新的对外开放观，突破了原有的格局，客观上形成了我国各地区全方位对外开放的全新理念。

区域经济原理告诉我们，在区域（或国家、增长极）的迅速成长过程中，会不断地与其外部区域进行交流，形成辐射效应和辐聚效应，这一过程通常会沿着一定的线路双向展开。"一带一路"的选择为区域经济打开了新的发展通道。当前，从国内看，不论是"一带一路"沿线省市区还是间接相关省区市都在积极行动，转变发展观念，抢抓机遇，对接"落地"，力争在这一战略的引导下取得实效。

"一带一路"把国内区域与国外区域（国家和地区）进行统筹考虑、融通设想，第一次实现了跨多国多区域的总体设计，这是大国责任担当的体现，也是国力的彰显和增长极动能的释放，同时也是中国引领世界的开始。从经济层面上看，我们经过几十年的对外开放，终于从"融入世界""学习世界"进入"引领世界"的阶段，终于从主要关注国内发展转向注重国内国际的平衡发展，进而真正实现全球资源配置、全球市场共享、经济全球化的目标。

（二）"一带一路"是促进沿线各国合作共赢、繁荣发展的重要纽带

"一带一路"曾有过辉煌的历史，亚欧大陆上那些勤劳智慧的先民，经过

数千年的探索，开发出了多条连接亚欧非几大文明的贸易和人文交流通路。从人类文明发展的进程看，它创造、承载了沿线国家、地区、民族、人民和平交往、互通互利、携手发展的文明成果；它是不同国家、民族、宗教、信仰友好相处、合作互惠、开放借鉴的历史见证；它是东西方交流合作的象征，是世界珍贵的历史文化遗产。

今天的“一带一路”倡议，横跨亚欧非，超越了历史时期的范围，更加广泛而多元，其众多的国家（或地区）和人口（44 亿人口），丰富的资源与自然条件，不同的利益主体与集团，使“一带一路”发展有着不可估量的市场与前景，当然，也带来了难以预测的艰难、风险与不确定性。“一带一路”至少涉及 60 多个国家和地区，包括中亚 5 国：哈萨克斯坦、吉尔吉斯斯坦、塔吉克斯坦、乌兹别克斯坦和土库曼斯坦；蒙俄：蒙古、俄罗斯；东南亚 11 国：越南、老挝、柬埔寨、泰国、马来西亚、新加坡、印度尼西亚、文莱、菲律宾、缅甸、东帝汶；南亚 8 国：印度、巴基斯坦、孟加拉国、阿富汗、尼泊尔、不丹、斯里兰卡、马尔代夫；中东欧 19 国：波兰、捷克、斯洛伐克、匈牙利、斯洛文尼亚、克罗地亚、罗马尼亚、保加利亚、塞尔维亚、黑山、马其顿、波黑、阿尔巴尼亚、爱沙尼亚、立陶宛、拉脱维亚、乌克兰、白俄罗斯、摩尔多瓦；西亚（中东）19 国：土耳其、伊朗、叙利亚、伊拉克、阿拉伯联合酋长国、沙特阿拉伯、卡塔尔、巴林、科威特、黎巴嫩、阿曼、也门、约旦、以色列、巴勒斯坦、亚美尼亚、格鲁吉亚、阿塞拜疆、埃及等。①

“一带一路”跨越了东西方四大文明（埃及、印度、波斯和中国）和世界四大宗教（基督教、佛教、伊斯兰教、道教）发源地，跨越了现今世界主要政治经济利益集团的势力范围（如欧盟、独联体、东盟、阿盟、非盟、金砖国家及亚太经济合作组织等），不仅是世界规模最大的文化遗产，还涵盖了全世界 74% 的自然保护区。围绕“一带一路”倡议，许多国家已经展开行动，中国国内许多地区同样在紧锣密鼓地加紧推进，诸如中国—东盟自由贸易区、中蒙俄经济走廊、中巴经济走廊、孟中印缅经济走廊、中国—中亚—

① 这里所列的“一带一路”沿线国家和地区，未包含东亚的日、朝、韩以及西欧的英、法、德、意、希腊等国，但考虑到希腊、意大利本应属于“一带一路”沿线的重要国家，所以本文在后面的分析中将希腊列入其中。还有学者主张以发展的眼光将英国也囊括进来。笔者认为，把更多的国家和地区纳入进来，扩大影响，也未尝不可。

西亚国际经济走廊、中国—中南半岛国际经济合作走廊、中哈丝绸之路（长安—天山廊道）、新亚欧大陆桥等。由于金融危机的爆发，全球经济近年来一直处于低迷状态，世界各国尤其是"一带一路"沿线国家，都认识到通过加强合作促进经济发展的必要性，对于中国提出的"一带一路""命运共同体和利益共同体"主张甚为赞同和支持。

"一带一路"符合沿线国家和地区的根本利益，符合国际社会在全球范围内共同构建新的经济增长区域的需求和愿望，对于推动沿线国家和地区及全球经济增长具有重大意义，使更多的国家分享中国发展壮大的红利。

（三）"一带一路"是中国转型发展、区域均衡发展的需要

通过搜索"一带一路"提出的经济意义，可以找到的主题词语主要有：输出过剩产能；资本输出及加速人民币国际化；带动亚太地区的经济增长；助力中国经济转型等。从中可以看到，"转型"和"区域发展"是核心内容。

由于中国经济正在由过去的粗放型、低效型向着集约型、高效型、绿色型方向转变，内部区域差距较大的问题没有得到根本改善，沿海发达地区的劳动力、土地等资本推升，削弱了其制造业竞争力；外向型产业的市场收缩，凸显了产能过剩的压力。"一带一路"倡议有助于消化国内过剩产能，促使沿海地区的过剩产能向中西部地区乃至国外转移，推动中国企业"走出去"；有助于优化产业结构，促进经济发展方式和转变；有助于拓展中国经济发展空间，缩小区域差距，保障国内经济持续稳定发展，解决中国区域发展不平衡问题。更为重要的是，借助"一带一路"的平台，中国可以进一步融入区域经济一体化和经济全球化，提升经济的国际竞争力和影响力。

"一带一路"是一个新的中国梦。中国政府毫不隐讳地提出了"一带一路"的伟大构想："当今世界正发生着复杂深刻的变化，国际金融危机深层次影响继续显现，世界经济缓慢复苏、发展分化，国际投资贸易格局和多边投资贸易规则酝酿深刻调整，各国面临的发展问题依然严峻。共建'一带一路'顺应世界多极化、经济全球化、文化多样化、社会信息化的潮流，秉持开放的区域合作精神，致力于维护全球自由贸易体系和开放型世界经济。共建'一带一路'旨在促进经济要素有序自由流动、资源高效配置和市场深度融合，推动沿线各国实现经济政策协调，开展更大范围、更高水平、更深层次的区域合作，共同打造开放、包容、均衡、普惠的区域经济合作架构。共建'一带一路'符合国际社会的根本利益，彰显人类社会共同理想和美好追求，是国际合

作以及全球治理新模式的积极探索，将为世界和平发展增添新的正能量。”

二、“一带一路”是一种挑战

“一带一路”倡议高瞻远瞩，在具体实施和建设中，不免有许多困难，甚至各种（自然、经济、政治、社会）风险，这对我们是一项重大挑战。

（一）沿线复杂的自然条件

古代丝绸之路的形成是一个艰难探索的历史过程。有历史研究证实，古代丝绸之路在当时常常被中断，除了国家动荡、民族迁徙、宗教进退、战争争端外，还有一个重要因素就是沿线一些地方自然条件十分恶劣，崇山峻岭，高寒荒漠，空气稀薄，人烟稀少，这是一条艰辛之路，数千公里之遥，往返一趟数年甚至数十年，货物品种受到限制，且路上耗损较大，甚至人货无归；此外，路径之上，市场狭小，往往数百里才见人烟，即使是接力贸易，规模也十分有限。从经济角度看，地理因素的不利增加了成本，成为主要障碍，制约了其贸易的形式。

古代丝绸之路形成的贸易以“官贸”为主，规模小、频率低，货物以贵重、宜运输、不易腐的品种为主。古时这一丝路并不是一个通量大、长期频繁交易的大通道。尽管现代科学技术削弱了地理因素的影响，但是，那些横亘于丝路上的大山大漠依然是不小的障碍，还有那些长期以来自然和历史作用沉淀下来的如人口分布、产业形态、生活习惯、消费趋向等也是一时难以改变的，是沿线建设、物流交换、投资兴业不得不考虑的重要因素。沿线复杂的自然条件对当代科技和经济都提出了挑战。由此也可以看出，“一带一路”蕴含了一种不畏艰险、迎难而上、不达目的誓不罢休的顽强拼搏精神。

（二）线型、带状模式的弱点

线型模式是区域经济发展中的一个重要阶段和形式，它是点状模式的升级，是发展的内在需求。其优点是易于扩张，建立新的联系，但也有自身的弱点，即随着线路的延展和伸长，脆弱性增加，易受干扰而中断。相比更高级的网络模式而言，连通性、弥补性较差。“一带一路”涉及60余个国家和地区，而建设“一带一路”的主要动力来自我们自己，如果没有沿线国家和地区的响应与配合，没有各方的需求，这个经济带是很难建设起来的，甚至线路上有一个国家或地区从中作梗，或者行动缓慢，就会影响全线的进度和效果。"一带一路"建设，只有力争打造网络式的连通形式，增加多回路（需要更大投入和更长时间进行建设），才可以降低断路风险，增强其稳定性。如何克服带状经济模式的弱点，对实业界、学术界无疑都是重大挑战。

（三）沿线地缘政治、经济错综复杂

"一带一路"所经过的区域，除了涉及东西方古代的四大文明、世界四大宗教外，现今也是世界上主要政治经济利益集团角逐的重要地区见表1－1。从目前的国际报道看，"一带一路"所经过的部分区域是宗教冲突最为激烈的地区，是国际恐怖组织最为活跃的地区，是武装冲突、局部战争频发的地区，是难民不断大量涌出的地区。

表1－1 "一带一路"涉及的不同国际组织与集团成员

国际组织或集团	成员	"一带一路"涉及的成员
欧盟（28个，2014年）	法国、德国、意大利、荷兰、比利时、卢森堡、丹麦、爱尔兰、英国、希腊、西班牙、葡萄牙、奥地利、芬兰、瑞典、波兰、捷克、匈牙利、斯洛伐克、斯洛文尼亚、塞浦路斯、马耳他、拉脱维亚、立陶宛、爱沙尼亚、保加利亚、罗马尼亚、克罗地亚	12个：波兰、捷克、斯洛伐克、匈牙利、斯洛文尼亚、克罗地亚、罗马尼亚、保加利亚、爱沙尼亚、立陶宛、拉脱维亚、希腊等（目前未含意大利、英国等）
阿盟（22个，2008年）	阿尔及利亚、阿联酋、阿曼、埃及、巴勒斯坦、巴林、吉布提、卡塔尔、科威特、黎巴嫩、利比亚、毛里塔尼亚、摩洛哥、沙特、苏丹、索马里、突尼斯、叙利亚、也门、伊拉克、约旦、科摩罗	12个：叙利亚、伊拉克、阿联酋、沙特、卡塔尔、巴林、科威特、黎巴嫩、阿曼、也门、约旦、巴勒斯坦
独联体（9个）	亚美尼亚、阿塞拜疆、白俄罗斯、摩尔多瓦、哈萨克斯坦、吉尔吉斯斯坦、塔吉克斯坦、乌兹别克斯坦、俄罗斯	全部
非盟（53个）	略	埃及
东盟（10个）	马来西亚、印度尼西亚、泰国、菲律宾、新加坡、文莱、越南、老挝、缅甸、柬埔寨	全部
金砖国家（5个）	巴西、俄罗斯、印度、中国、南非	俄罗斯、印度、中国
其他		以色列

“一带一路”涉及的国家和地区类型多样，一些国家又归属不同的国际性利益集团或区域性合作组织，经济发展水平差异较大，且各国各地区的诉求与目的也不相同。从2014年GDP总量的差距（中国除外）看，最高的印度（20495.01亿美元）与最低的不丹（20.92亿美元）相差极大，与排在第50名的捷克（2056.58亿美元）相比也高出10倍之多见表1－2。沿线国家富裕程度也大不相同，2014年人均GDP最高的新加坡为56319美元，比最低的阿富汗的649美元高出86.8倍，见表1－3。

表1－2 “一带一路”沿线国家经济实力（GDP）一览表

世界排名（GDP变幅）	数量	国家和地区（排名）
前10名 （20495.01亿～18574.61亿美元）	2	印度（9）、俄罗斯（10）
第11～50名 （8886.48亿～2056.58亿美元）	18	印度尼西亚（16）、土耳其（18）、沙特阿拉伯（19）、波兰（23）、伊朗（28）、阿联酋（29）、泰国（31）、马来西亚（34）、新加坡（35）、以色列（36）、埃及（37）、菲律宾（38）、巴基斯坦（41）、希腊（43）、伊拉克（45）、哈萨克斯坦（47）、卡塔尔（48）、捷克（50）
第51～100名 （1999.50亿～319.70亿美元）	25	罗马尼亚（52）、越南（54）、孟加拉国（55）、科威特（56）、匈牙利（57）、乌克兰（58）、斯洛伐克（62）、阿曼（63）、白俄罗斯（64）、斯里兰卡（65）、阿塞拜疆（66）、缅甸（69）、乌兹别克斯坦（70）、叙利亚（74）、克罗地亚（75）、保加利亚（76）、黎巴嫩（79）、斯洛文尼亚（80）、立陶宛（82）、土库曼斯坦（85）、塞尔维亚（86）、也门（88）、约旦（91）、巴林（95）、拉脱维亚（96）
第101～170名 （259.53亿～20.92亿美元）	18	爱沙尼亚（102）、萨尔瓦多（103）、阿富汗（105）、尼泊尔（106）、柬埔寨（112）、格鲁吉亚（113）、文莱（117）、阿尔巴尼亚（124）、蒙古国（128）、老挝（131）、马其顿（132）、亚美尼亚（135）、塔吉克斯坦（136）、吉尔吉斯斯坦（143）、东帝汶（150）、黑山（151）、马尔代夫（159）、不丹（161）

注：资料来源于国际货币基金组织2014年世界各国GDP排名，其中印度尼西亚、波黑、巴勒斯坦的数据缺失

表 1－3　“一带一路”沿线国家富裕程度（2014 年人均 GDP）一览表

收入水平	标准	排名	国家和地区	人均 GDP（美元）
高收入（15 个）	12616 美元或以上	8	新加坡	56319
		24	文莱	36606
		28	巴林	28271
		32	沙特阿拉伯	24454
		34	斯洛文尼亚	24019
		36	希腊	21653
		38	阿曼	19001
		40	爱沙尼亚	19670
		41	捷克	19563
		42	斯洛伐克	18454
		43	立陶宛	16385
		45	拉脱维亚	15782
		50	波兰	14378
		54	克罗地亚	13493
		55	俄罗斯	12925
中上等收入（18 个）	4085～12616 美元	57	哈萨克斯坦	12183
		65	土耳其	10482
		67	罗马尼亚	10034
		69	马尔代夫	8341
		70	土库曼斯坦	8270
		73	白俄罗斯	8041
		75	阿塞拜疆	7901
		76	保加利亚	7752
		77	中国	7589
		80	黑山	7149
		87	伊拉克	6164
		88	塞尔维亚	6123
		92	马其顿共和国	5481
		93	泰国	5444
		94	约旦	5357
		96	伊朗	5183
		98	阿尔巴尼亚	4781
		106	蒙古国	4095

（续表）

收入水平	标准	排名	国家和地区	人均 GDP（美元）
中下等收入（21 个）	1035～4085 美元	107	萨尔瓦多	3987
		111	格鲁吉亚	3699
		113	东帝汶	3637
		114	斯里兰卡	3557
		115	印尼	3533
		118	埃及	3303
		122	亚美尼亚	3121
		125	乌克兰	3054
		126	菲律宾	2865
		127	不丹	2729
		131	越南	2052
		132	乌兹别克斯坦	2046
		137	老挝	1692
		140	印度	1626
		141	也门	1574
		147	巴基斯坦	1342
		148	吉尔吉斯斯坦	1298
		150	缅甸	1221
		151	孟加拉国	1171
		154	塔吉克斯坦	1113
		155	柬埔寨	1080
低收入（2 个）	1035 美元或以下	167	尼泊尔	698
		169	阿富汗	649

注：根据世界银行2013年新标准对各经济体的划分，人均 GDP 低于 1035 美元为低收入国家（地区），人均 GDP 为 1035～4085 美元为中等偏下收入国家（地区），人均 GDP 为 4085～12616 美元为中等偏上收入国家（地区），人均 GDP 不低于 12616 美元为高收入国家（地区）；阿联酋、马来西亚、以色列、卡塔尔、科威特、匈牙利、叙利亚、黎巴嫩 6 个国家（地区）数据缺失

从某种程度上说，“一带一路”倡议是在破解世界性的政治经济难题，其难度之大可以想象。

“一带一路”的战略在尊重、自主、多元、平衡、可持续发展的原则下，

设想和构建了全方位、多层次、复合型的互联互通网络，力争推动沿线各国各地区发展战略的对接与耦合，发掘区域内市场的潜力，促进投资和消费，创造需求和就业，增进沿线各国各地区人民的人文交流与文明互鉴，让各国各地区人民相逢相知、互信互敬，共享和谐、安宁、富裕的生活。

三、推进“一带一路”亟待建立的五大支撑平台

“一带一路”作为我国新时期的重大对外开放发展新战略已经开始实施，国内各部门、各地区、各方面如火如荼地奋力推进，国外相关国家也热情关注，积极响应。可以预见，“一带一路”将为沿线各国各地区带来难以估量的新机遇、新动力和新发展。

这一项宏伟战略，参与者、实施者之多，涉及国家和地区之广，是前所未有的，要实施好这一战略，需要多方面齐心协力。那么，从区域经济学的角度看，“一带一路”倡议为我们提供了广阔的用武之地，也引发了许多思考。笔者认为以下几个支撑平台亟待建立和完善：

（一）数据支撑平台

运用绝对成本学说、比较成本学说和要素禀赋学说等原理可以看出，如果“一带一路”沿线各国各地区按照当地的优势条件和资源禀赋去组织生产，进行地域分工，参与国际分工，开展互补性国际贸易，就会取得相应的比较利益，促进整体效益提高或投入减少。由此可见，资源禀赋各异的沿线国家和地区，彼此合作的潜力和空间是巨大的，这就要求我们必须找出沿线国家和地区的各自比较优势、绝对优势、要素禀赋条件以及变动趋势等。

中国有句古语：知己知彼，方能百战不殆，正是对应这一要求的深刻表达。开展区域经济研究与建设，也同样要求拥有翔实的数据信息资料。当前，在我国经济转型、对外开放转为主动出击时，“一带一路”倡议的实施，首要的是知晓沿线“异国他乡”的情况。那些与经贸合作、开发投资、经营运营相联系的基础数据、信息资料是该战略走向成功与取得成效的先决条件。

“一带一路”承载着许多功能，经济贸易合作是其中重要的一项，涉及的国家和地区较多。但我们十分熟悉和了解的并不多，而且限于某些条件，经贸往来或文化交流并不频繁，不仅官方拥有的资料有限，而且民间交往的信息也不多。

经济学理论也告诫我们：信息不对称和对情况的误判常常会造成各种损

失。"一带一路"曾经有过繁荣，也有过萧条，历史的经验教训还是不能忘却的。所以，对信息资料的掌握就显得十分重要。这里所指的信息资料主要是指社会经济信息，包括自然条件、资源、土地、人口、城镇与村落、产业与特产、地区经济发展、交通、旅游等基本情况，当然也包括文化、历史、宗教信仰、语言、传统、政区沿革、体制、阶层、意识形态等。这项工作，需要国内现有的和新设立的有关机构分工合作，甚至成立一个统筹机构或建立协同机制，保障长期、系统、准确地汇集、整理、分析、发布这类信息资料。

（二）人才支撑平台

人口、劳动力、人力资本对经济发展的重要性与贡献不言而喻，不仅区域经济学对其进行研究，众多学科的相关研究也俯拾皆是。过去我们有句话是：战略一经制定，剩下的就是落实了。那么，落实就需要人才和队伍。"一带一路"这一宏伟战略，需要各种人才、各路大军去实施，需要沿线各国各地区来配合与拓展。从初期看，有三类人才的准备与培养工作必不可少：第一类是外语人才。需要加快培训培养精通"一带一路"沿线国家和地区的语言甚至方言的人才，这方面工作可以说已经刻不容缓，否则将延误"一带一路"重大战略的实施。我国已经有相关部门在做"一带一路"沿线国家和地区信息资料的收集整理工作，但还是遇到了一些问题，如对于拿到手的资料缺乏认知，无法判断，难以准确翻译或无误解读（如一些统计指标其含义与内涵），也就是说，缺乏符合需要、可以与之顺畅交流的人才，成为"一带一路"建设的制约因素。如果不能源源不断地提供这些人才，"一带一路"的实施与成效将大打折扣。第二类是经贸投资人才。"一带一路"倡议的实施为沿线国家和地区提供了巨大的商机和发展空间，对此，把握经贸机会、开发投资项目需要大量的经贸投资人才。第三类是技术与管理人才。众多项目与产业的实施与推进，需要不同的技术与管理人才，如高铁、高速公路等交通运输技术，油气与矿产资源开采技术，装备制造技术，化工材料建材制造技术，以及建筑技术（桥梁）、节能环保技术，甚至一些高新技术等。

培养人才，教育战线义不容辞，同时，社会力量也不容忽视。应尽快根据"一带一路"倡议需要，开设相应的专业和方向，在有基础的院校重点投入，扩充规模。比如语言类可开设沿线国家和地区使用的语言专业，包括一些小语种专业；国情类（历史沿革、自然条件、政商阶层、风土人情、区域特色）可开设针对沿线国家的人文社会专业、经济地理专业等；产业技术类

（主要产业、产品与特产、旅游、服务等）可有针对性地开设自然资源开发利用专业、矿产勘探与开发专业、交通运输专业、路桥建设专业、旅游资源开发及导游专业等；管理类可开设涉及外交、法律、会计、咨询等专业。同时，要加强与相关国家和地区的文化教育交流，加大双边或多边联合培育力度和规模；增加实用专业和项目领域等。另外，对"一带一路"与沿线国家和地区风土人情的普及性教育也需要纳入中小学的常识课程中，增强青少年对"一带一路"的认知认同，以及未来的参与感和责任感。

（三）智库支撑平台

现代经济本身就具有复杂性和不易掌控性等特征，加之涉及众多区域、国家和地区，其复杂程度可以想象。为了达到预期效果，如果没有智库的支持，其风险是不言而喻的。

智库支持主要是指有针对性地、前瞻性地开展研究工作。这方面涉及的范围相当广泛，对于经济领域而言，可以分为机遇研究、风险研究以及专题问题研究等。对于机遇研究，国内许多地区和部门包括民间已经设立了许多不同特色或有专业特长的研究机构（智库），在寻求"一带一路"上的新机遇，探索构建经济发展的新增长极。目前，我们还停留在看好的机遇研究上。确实，"一带一路"倡议的总体设计为沿线国家和地区带来了重大发展机遇，这已经被许多国家和地区所认知、接受、推崇，愿景很好，但也存在着对于风险研究和重大问题专项研究不足或避而不谈的问题。其实，"一带一路"倡议实施也充满了风险。因为沿线的国家和地区，存在着不同的意识形态，隶属于不同的国际利益集团（欧盟、东盟、非盟、独联体、阿拉伯世界、金砖国家等），不仅涉及民族、宗教、地缘政治，也会涉及已有的地区利益、集团规则（与"一带一路"新的规则关系），加之历史上一些国家和地区的误解、冲突、隔阂、战争，给"一带一路"建设增加了难度和不确定性。当然，我们不会因为前方有困难而停止脚步，需要加强风险研究与防范，且不能有所忌讳，更不能视而不见，避而不谈。应及早行动加强研究，建立提供危机预警和风险预判的早期情报系统，以减少企业投资和贸易活动的盲目性。

就我国而言，对一些专题需要加紧研究，如"一带一路"引发的国内地区互动与发展问题。国内区域经济发展本就不平衡，"一带一路"倡议的实施会不会引起新的不平衡，"虹吸现象"会不会出现，如局部地区（沿海省市）借势上升，一些地区（内地或边疆地区）的地位下滑。因为从经济学的基本理论来看，资本的本性是趋利的，畅通的“一带一路”会不会把资本直接带到东部发达地区。还有国际资本、技术、产业流动趋势与国内承接转移、人口与劳动力流动问题，国内生产力布局与区域经济格局的新变化等都需要关注与研究。对外而言，随着我国对外投资、产业、劳务的日益扩大，境外投资环境、经营环境的研究与评估也要提到日程上来。对于“一带一路”的课题项目，应鼓励多学科和跨学科合作，带动各种学术研究“接地气”和“接实际”。

（四）法则支撑平台

区域经济实际上是一种合作经济，独立于其他区域的现代经济活动是难以存在的。“一带一路”涉及数十个国家和地区，制定一套大家共同议事、共同遵守的法则是开展多边经贸活动的前提，从我国加入世界贸易组织的谈判过程可以看出这并非易事。必须提及的是，“一带一路”的制度设计需要破题，需要探索建立长期稳定、互信互利的国际合作环境，从而提升我国的国际治理话语权，而不是“一城一地”（如一个项目、一个工程）的得失。比如关税问题，“一带一路”涉及国家和地区较多，如果每个国家和地区都收取一定的“过路费”，增加的费用甚至会超过运输商品的价值。在这方面，其实发达国家和地区的经验可资借鉴。

当年，欧洲的一些强国曾经处于分崩离析的状态，邦国众多，且各邦国拥有独立的主权，所使用的货币超过几千种。除了混乱的货币，邦国之间还设立了重重关卡，收取繁重的关税，严重阻碍了贸易发展。为了消除这些内部关税，关税同盟的制度设计应运而生。关税同盟以及货币一体化拆除了阻碍商品、货币、资本、劳动力自由流通的藩篱，大大提升了参与邦国的生产力和竞争力。同时，世界贸易组织的一些原理及做法可以创新性地运用到“一带一路”中来。

（五）实力支撑平台

增长极原理、梯度推移原理等要求一个区域的经济要保持活力，必须有持久的动力源泉，由此才能不断产生强大的辐射效应和回流效应，引起区域之间的联动与递进。其实，言外之意就是哪个地区拥有增长极，哪个地区就有上游优势和掌控力。

“一带一路”倡议不是权宜之计，而是构建世界新秩序，并由此使得众多国家和地区长久获得益处的重大行动。要长久获益就要有长久的动力源泉。这个源泉除了需要参与方共同付出与贡献之外，关键是发起国应当有效利用区域内外各种资源建立起可持续发展的经济体系。所以，打铁还要自身硬，作为“一带一路”的创始国，首先要做好自己的事。我们需要建立一个可持续发展的内在动力机制，这就是有关各国各地区自愿平等参与，发挥各自优势，实现互利互补。然而，这个内在机制的基础是各国各地区的“根植性”。这个“根植性”犹如一方水土可以养一方人、育一片业、产一方货、生一路财，在经济上的表现就是区域经济、特色经济，就是一个地区区别于其他地区的生产系统、生活系统。“一带一路”倡议把我们的视野带到了更远的世界，那些熟悉和不熟悉的地方，未来彼此之间的联系将更加紧密，甚至息息相关。我们的目标已定，就是要与沿线国家和地区通过“共商、共建、共享”，共同打造互利共赢的“利益共同体”和共同发展繁荣的“命运共同体”。“一带一路”是一个包容性巨大的发展平台，其中蕴含着各国之间的互补性以及相应的竞争性。

目前，我国许多省区市都在制定自己的“一带一路”发展战略和规划，力求找到和找准自己的定位，这是值得欣慰的。但是，在“根植性”的把握上，仍需要注意以下几点：

第一，认真梳理各个地方的天赋条件，按照比较优势原理，区分出今后一个时期可以支撑和发挥重要作用的要素条件，特别是绝对优势，这是“发挥优势，互利互补”的前提。这项工作看似简单，实则不易，且常常容易进入误区。如容易把诸如“干旱”“高寒”等条件简单看作劣势，把一些老态龙钟的企业、昙花一现的高新企业看成优势，在这方面确实需要区域经济工作者的“火眼金睛”认真审视，切实做到扬长避短。当然对于那些“短板”，需要加以克服，不可忽视，因为它往往是“长板”无法发挥效用的制约因素。

第二，依据市场需求和技术进步趋势，创新和找到放大优势条件的渠道或方式，包括产业方式、贸易方式等。不仅仅是“吃干榨尽”，更关键的是“最大化”，也就是围绕“根植性”优势建立与众不同、有持续竞争力的产业系统。这是最能发挥想象力和创造力的一个环节，也是区域经济不断试错、改错、融合、成长的一个重要环节。

第三，尖刀突破，整体推进。区域经济的生命力是一个地区的人们长期的生存依托和依赖，贵在持久、长远。各地在参与“一带一路”建设中，不仅要重视关键产业、行业、企业的打造，通过“一带一路”实现产业提升和经济转型，还要重视整体功能的增强和完善，包括产业系统、设施服务系统、研发教育、地域文化、政策体制等，以确保本地区建立起有雄厚基础、可持续发展的健康大体系。

参考文献：

［1］邹嘉龄，等．中国与“一带一路”沿线国家贸易格局及其经济贡献［J］．地理科学进展，2015（5）：598－605.

［2］邹统钎．“一带一路”倡议促进旅游开放与合作［N］．中国旅游报，2015－08－26（11）．

［3］刘慧．“一带一路”倡议对中国国土开发空间格局的影响［J］．地理科学进展，2015（5）：545－553.

［4］国家发展改革委，外交部，商务部．推动共建丝绸之路经济带和21世纪海上丝绸之路的愿景与行动［Z］．2015.

［5］中央电视台《大国崛起》节目组．大国崛起·帝国春秋［M］．北京：中国民主法制出版社，2006：47－49.

作者简介：付晓东（1960—），男，内蒙古包头市人，中国人民大学经济学院教授，博士生导师，全国经济地理研究会副会长兼秘书长，主要研究方向为区域与城市经济。

“一带一路”背景下我国贸易便利化水平及发展策略

程 欣
（江苏经贸职业技术学院，江苏南京 211168）

摘要：提高贸易便利化水平是推进“一带一路”建设的重要环节。提高我国贸易便利化水平，应加大与周边国家在基础设施建设方面的合作，充分利用丝路基金和亚投行两大平台，助推沿线尤其是西部周边国家提升基础设施建设的能力，在互联互通中实现互利共赢；构筑高效便捷的通关便利化改革通道，改变各自为政的局面，积极创新通关模式，保障国际通道畅通；完善有利于贸易便利化的制度环境，深化行政体制改革，提升政府服务水平，并与“一带一路”沿线贸易伙伴国协同联动，执法互助，监管互认，逐步消除投资和贸易壁垒；提高信息技术水平，在口岸建设和海关管理中实现智能联动与自动处理，同时推动跨境光缆等通信干线网络建设，加强信息联通；主动参与多边贸易谈判和有关贸易便利化的国际论坛，提出我国和贸易伙伴国亟待解决的问题，以积极的姿态参与到相关规则的研究和制定中。

关键词：“一带一路”；贸易便利化；通关便利化；互联互通

2015 年 3 月 28 日，中国政府发布了《推动共建丝绸之路经济带和 21 世纪海上丝绸之路的愿景与行动》，开创了我国对外开放的新格局。“一带一路”方略不仅传承了古代丝绸之路亲善交流、开放包容的精神，更结合当代国内外局势，超越了传统丝绸之路，成为我国当前的重要国家战略，其重点是实现“五通”，其中“贸易畅通”即与贸易伙伴在协调透明的贸易环境中展开更加密切和广泛的合作。世界贸易组织（WTO）于 2014 年 11 月宣布《贸易便利化协定》议定书通过，我国于次年 9 月正式接受该议定书，在国际社会上具有一定的示范效应，同时也加速了中国与主要伙伴国的贸易便利化改革。

一、贸易便利化的提出及发展

贸易便利化最早是1923年在国际联盟的议程中被提出的，当时其主要任务是建立各国之间的双边贸易体系，尽可能地降低国家间的交易成本。随着经济全球化的发展和科技的不断创新，贸易便利化的内涵也在不断充实，并逐渐成为国际经济与贸易的重要议题，受到各类组织的关注。世界贸易组织认为贸易便利化是对国际贸易程序的简化和协调，包括了国际贸易货物流动所需要的收集、提供、沟通及处理数据的活动、做法和手续，即国际贸易程序和文件的系统化与合理化；联合国贸易与发展会议（UNCTAD）对贸易便利化中贸易程序的界定更加具体，即指海关程序、国际运输、贸易保险和支付及过境时必须履行的程序和手续；亚太经济合作组织（APEC）提出，贸易便利化通常是指运用新技术和其他相关措施，简化和协调与贸易有关的程序及行政障碍，降低成本，推动货物和服务更好地流通；世界经济合作与发展组织（OECD）认为，贸易便利化是指涵盖国际贸易全过程的可以使贸易流动更便利的信息流及相关程序的简化和标准化。

世界贸易组织在1996年召开的首届部长级会议中开始将贸易便利化纳入其工作议程，在2001年于卡塔尔首都多哈举行的第四届部长级会议中细化了在该领域应该开展的工作，2002年根据《多哈宣言》的授权，进一步提出了确定各成员尤其是发展中成员和最不发达成员贸易便利化的优先权等工作重点。2004年世界贸易组织贸易便利化谈判工作组成立，正式启动贸易便利化谈判，但由于牵涉到各方的切身利益，对贸易便利化文本一直未达成共识，进展缓慢。在经历了激烈和漫长的多轮谈判后，僵局终于被打破，世界贸易组织在2014年11月通过了《贸易便利化协定》议定书，这也是多哈回合谈判以来取得的重大成果。世界贸易组织推动的贸易便利化措施主要体现为贸易程序的简明化、法律规范的透明化、数据传输的电子化及贸易管理制度的规范化，其最终目标是协调各国独立的贸易体系，创造一个更透明、更简单的环境，推进全球贸易更便捷、更有效地发展。

二、相关文献梳理

国内外对贸易便利化的研究大致包括三个方面：其一是侧重于贸易便利化的经济效益研究；其二主要是对贸易便利化评估指标体系的研究；其三是

对贸易便利化基础理论和相关议题的研究。

（一）在贸易便利化经济效益方面的研究

基姆（Kim）等通过研究发现，在海关程序上的改进，可促使 APEC 内的新兴工业化国家进口有一定的增幅；亚太经济合作组织也发现，只要海关程序方面的便利化条件有所改善，则 APEC 区内进口就会有相应的升幅；弗朗索瓦（Francois）等在测算关务费用对经济的影响后发现，如果各国的海关费用下降，则全球 GDP 总值将相应增加；菲利普（Felipe）等运用物流绩效指标值测算了提升贸易便利化质量的绩效，发现在出口国该指标值每增加 1% 则会使出口增加 5.5%，在进口国该指标值每增加 1% 则会使进口增加 2.8%，并且基础设施水平的提升对国际经济与贸易的影响最大。王慧彦等认为，贸易便利化能带来增加商业机会、节省通关时间等至少六方面的利益，同时以发展中国家秘鲁为例，分析了该国从贸易便利化领域的改革中获得的收益。胡超基于对中国与柬埔寨、泰国等东盟 8 个国家农产品贸易的普通最小二乘法（OLS）实证检验提出，贸易便利化是推动未来中国—东盟合作实现钻石十年的重要助推器，其中缩短跨境通关时间是其中的关键因素，总体上如果进口通关时间每下降 10%，可带来农产品贸易额提高 5.68%，增加 15 亿美元。

（二）对贸易便利化评估指标体系的研究

世界银行研究人员约翰·威尔逊（John S. Wilson）因为常年致力于贸易便利化评估体系的研究而在该领域极具影响力，他和几位合作研究者通过查阅大量资料，将贸易便利划分为四个指标体系，并分析了这些指标体系对于贸易增长的贡献率，指出提高港口效率对提升贸易额有显著的影响，海关环境等其他贸易便利化措施的改善也与贸易额呈正相关关系，且通过实证测算的结果表明无论是进口国还是出口国都会从贸易便利化措施的改进中受益，制造业的贸易流总值将会因为贸易便利化的改善达到约 3770 亿美元。此外，亚太经济合作组织也曾提出过如海关指数、港口环境指数等贸易便利化的指标，虽然囊括的内容更丰富，但之后在具体量化方面仍然沿用了威尔逊的构建方法。另一位学者约翰·雷文（John Raven）则认为主要指标有海关环境指数、商务诚信水平指数、支付系统效率指数等，但他没有对各项指数进行具体的量化分析。我国学者彭羽等结合中国（上海）自由贸易试验区的发展特色和目标，将市场准入、商贸环境、基础设施、政府效率设置为自贸区贸易便利化的四个一级指标。

（三）对贸易便利化理论和相关议题的研究

娄万锁对贸易便利化的基础理论进行了深入探究，特别是从经济根源、政治根源、制度根源三个方面进行了阐述。王俊则从三螺旋模型的理论视角提出贸易便利化是三螺旋模型下国内链措施、区域链措施和全球链措施交互作用的结果，随着全球经济交融发展的深化，贸易便利化是一个逐步摆脱外部束缚、使贸易趋向便捷和自由的渐进过程。每个经济体采取的贸易促进措施都将产生深远的影响，而中国应当对包括贸易便利化在内的国际贸易规则提出自己独立的主张，让贸易便利化离我们更近。胡晓红则以部分丝绸之路经济带国家为视角，对由于各自经济、社会发展状态的不平衡以及文化传统的不同而造成的贸易便利化制度差异性进行了阐述和剖析。

三、贸易便利化指标体系的构建及指数分析

（一）贸易便利化指标体系的构建与数据来源

鉴于威尔逊提出的贸易便利化评估体系最为成熟并被广泛应用，本研究对“一带一路”背景下中国与主要贸易伙伴国的贸易便利化指标体系的构建参照其评估方法，整个测评体系包括四个主要指数：口岸效率、海关环境、制度环境及电子商务环境。在数据的选取上主要来源于 2015 年 9 月世界经济论坛（WEF）最新发布的《全球竞争力报告 2015—2016》和 2015 年 4 月发布的《全球信息技术报告 2015》。这是世界经济论坛最著名的两大系列报告，每年在发布之际都会引来各界注目，报告中各项目的评价结果和各国排名不仅受到经济界学者和商界精英的关注，更被各国政府高层作为制定决策的重要参照。

从贸易便利化指标体系来看，四个一级指标项下都有其相应的二级指标，具体内容如下：

1. **口岸效率指数**（Port Efficiency，PE）

口岸效率指数中包括了港口设施质量（Quality of Port Infrastructure）、空运设施质量（Quality of Air Transport Infrastructure）、铁路设施质量（Quality of Railroad Infrastructure）。其取值为 1 ~ 7 分，1 代表所有国家中评价最低的国

家，7 代表所有国家中评价最高的国家。

2. 海关环境指数（Customs Environment，CE）

海关环境指数主要体现在两项指标上，一项是非关税贸易壁垒的盛行程度（Prevalence of Nontariff Barriers），取值为 1 ~7 分，1 分代表该国的非关税贸易壁垒非常盛行，通关时间很长，7 分代表该国的非关税贸易壁垒对进出口商品的影响很小，通关较为便捷；另一项是海关程序的效率水平（Burden of customs procedures），取值为 1 ~7 分，1 分代表该国的海关效率水平很低，7 分则代表海关效率水平很高。

3. 制度环境指数（Regulatory Environment，RE）

制度环境指数反映了贸易便利化实现的宏观环境，主要有两项：其一是不合法收入指数（Irregular Paymentsand Bribes），取值为 1 ~7 分，1 分表示该国经常会出现不合法的收入，制度混乱，7 分表示该国很少出现不合法收入，制度清晰；其二是政府政策的透明度指数（Transparency of Government Policy-making），取值为 1 ~7 分，1 分代表政府的政策透明度很低，7 分代表该国政策透明度很高，企业和个人能非常容易地了解其政策变化。

4. 电子商务环境指数（Service Infrastructure for E-business，SI）

电子商务环境指数主要体现了互联网在该国运用的普及程度，通常由两个主要指标来反映：一个是电子基础设施指数（Internet & Telephony Competition），取值为 0 ~2 分，0 分代表该国的电子商务基础设施处于劣势，2 分代表该国的电子商务基础设施很好；另一个指标是企业使用互联网广泛程度指数（Business-to-business Internet Use），取值为 1 ~7 分，1 分代表互联网使用率很低，7 分代表互联网使用率很高。

（二）数据处理与样本的选取

在贸易便利化的测评体系中，因为各指标体系的取值范围和取值方法不完全相同，如有的取值 1 ~7 分，有的则取值 0 ~2 分，为了使综合评估更统一协调，必须采用数学方法进行数据调整。

本研究采用公式 $II_j = I_j / I_{max}$（$0 < II_j \leqslant 1$）对影响贸易便利化的指标体系进行处理，其中参数 II_j 表示对目标地区 j 处理后得到的新参数，参数 I_j 表示目标地区 j 处理之前的实际得分，而 I_{max} 则是处理前所测算地区中表现最佳的原始数据值。在数据处理后，新参数的取值均在 0 ~1 的范围之内，这既是原始数据的真实反映，也保证了各国之间贸易便利化指数的可比性和科学性。之后

再对各分项指标的参数值进行复合，从而得到四个主指标数值，最后再利用算术平均法，求出各国贸易便利化综合指数（Trade Facilitation Indicators，TFI）。由于复合后的结果在生成过程中涵盖了大量信息，可以通过 TFI 指数较为方便地了解各国的贸易便利化水平，一国的决策者也可以通过该国复合后的最终便利化指数判断与其他国家尤其是与评价最高的国家之间的差距，从而更具针对性地推动本国贸易便利化改革，以取得更好的效果。

本研究根据相关的贸易便利化指标体系对我国及“一带一路”沿线主要贸易伙伴国进行了分析。目前，“一带一路”沿线涉及包括东北亚、东南亚、南亚、中亚、中东欧、西亚北非、独联体等共计 64 个国家和地区。当然，“一带一路”秉持开放原则，欢迎更多的国家和地区积极参与，因为这是中国提供的全球机遇。

根据海关统计数据，2014 年我国对“一带一路”64 国的出口贸易总额达到了 6370 亿美元，进口贸易总额达到 4834 亿美元。无论是出口还是进口的同比增速都远高于我国总进出口贸易增速，其中我国对“一带一路”沿线国家的出口贸易额超过 200 亿美元的有越南、印度、俄罗斯、新加坡、马来西亚、印度尼西亚、阿联酋、泰国、伊朗、菲律宾、沙特阿拉伯等国家，而进口贸易额超过 200 亿美元的除了涵盖以上 11 个国家中的 8 个外，还包括了阿曼。本研究拟通过我国与这 12 个主要贸易伙伴国在贸易便利化指数上的数据分析，来了解“一带一路”背景下的贸易便利化水平及应采取的发展策略。

（三）评估结果分析

利用以上方法，我们根据《全球竞争力报告 2015—2016》和《全球信息技术报告 2015》，以中国及这 12 个主要贸易伙伴国为样本对象，进行贸易便利化水平的评估分析。在描述性的数据中，可看到各二级指标的最小值和最大值。以 2 分为最大值的电子基础设备竞争指数的均值为 1.67，其余以 7 分为最大分值的均值在 3.82～4.99 之间，标准差在 0.38～1.11 的范围内，具体见表 1－4。

结合中国每项指标的数据，我们可以了解到，中国的港口设施质量和空运设施质量处于中等水平，指数都略低于均值，全球排名为第 50 位左右。铁路设施质量较好，不仅高于均值，且位居全球第 16 位。贸易壁垒的盛行程度排名第 78 位，海关程序的效率水平排名第 56 位，都低于均值，处于中等略低的水平。中国政府政策的透明度指数较好，高于均值，且全球排名第 36

位，意味着政府政策对于从事贸易的企业和个人都较为公开和透明，应继续保持。但不合法收入指数低于均值，说明法律法规还不够明晰，不合法收入指数的控制效果也不是很好。电子基础设备竞争指数从全球排名来看，有很多国家都排在我国之前。我国企业使用互联网的广泛程度则处于中等水平，与均值基本持平。

表 1－4　贸易便利化评估数据描述性统计

一级指标	二级指标	最小值	最大值	均值	标准差	中国在全球的排名
口岸效率指数	港口设施质量指数	3.2	6.7	4.64	1.01	50
	空运设施质量指数	3.2	6.8	4.83	1.02	51
	铁路设施质量指数	2.2	5.7	3.82	1.08	16
海关环境指数	贸易壁垒的盛行程度	3.9	5.6	4.49	0.54	78
	海关程序的效率水平	3.3	6.2	4.33	0.89	56
制度环境指数	不合法收入指数	3.2	6.6	4.43	1.11	67
	政府政策的透明度指数	3.4	6.2	4.41	0.75	36
电子商务环境指数	电子基础设备竞争指数	0.86	2.0	1.67	0.38	116
	企业使用互联网广泛程度指数	3.6	6.0	4.99	0.64	61

资料来源：作者根据 *Global Competitiveness Report 2015—2016* 和 *Global Information Technology Report 2015* 整理计算得出

根据公式 $II_j = I_j/I_{max}$（$0 < II_j \leqslant 1$），对数据进行处理和复合统计后，得到中国与"一带一路"沿线 12 个主要贸易伙伴国的贸易便利化各项指标的新参数及贸易便利化综合指标 TFI 的数值和综合排名，见表 1－5。

表 1－5　贸易便利化综合指标 TFI 指数与排名及各分项指标参数

	综合排名	TFI 指数	PE	CE	RE	SI
新加坡	1	0.994	1.000	1.000	1.000	0.975
阿联酋	2	0.909	0.978	0.975	0.920	0.765
马来西亚	3	0.874	0.856	0.875	0.799	0.967
沙特阿拉伯	4	0.786	0.659	0.757	0.787	0.941
阿曼	5	0.761	0.719	0.748	0.726	0.851
印度	6	0.716	0.660	0.722	0.649	0.833

（续表）

	综合排名	TFI 指数	PE	CE	RE	SI
中国	7	0.710	0.752	0.714	0.666	0.708
印度尼西亚	8	0.688	0.615	0.663	0.611	0.865
泰国	9	0.676	0.614	0.682	0.587	0.821
越南	10	0.671	0.587	0.656	0.549	0.893
菲律宾	11	0.664	0.469	0.684	0.580	0.925
俄罗斯	12	0.662	0.646	0.647	0.580	0.775
伊朗	13	0.561	0.550	0.632	0.547	0.515

资料来源：作者根据 *Global Competitiveness Report 2015—2016* 和 *Global Information Technology Report 2015* 整理计算得出

通常，各国的贸易便利化水平会根据得分情况被划分为四个等级，据此可以得知：新加坡、阿联酋、马来西亚得分均在 0.8 以上，属于第一等级，为非常便利；沙特阿拉伯、阿曼、印度、中国得分在 0.7～0.8 之间，属于第二等级，为比较便利；印度尼西亚、泰国、越南、菲律宾、俄罗斯的分数在 0.6～0.7，属于第三等级，为一般便利；伊朗则在 0.6 分以下，为不便利。在这 13 个国家中，贸易便利化综合指数最高的是新加坡，TFI 值为 0.994，与之相比，中国的贸易便利化综合指数还只有 0.710，排名第 7，与新加坡差距比较大，说明还具有很大的发展空间。

四、发展策略建议

（一）加强与“一带一路”沿线贸易伙伴国基础设施建设方面的合作

“一带一路”建设的主要内容之一就是设施联通，中国当前的港口与空运设施质量经过多年的努力已经有了明显提升，现处于中游水平，虽然与沿线发达国家相比还有一定差距，但基础设施的建设能力优于不少发展中国家，铁路设施质量更是处在较为领先的位置。基础设施建设不是孤立的，不能仅靠中国一方的力量，我们应积极推进新亚欧大陆桥、泛亚铁路等重要通道建设，推进区域基础设施互联互通。随着我国出资的丝路基金成立和由我国倡议设立的亚洲基础设施投资银行（简称“亚投行”）正式成立，与“一带一路”沿线伙伴国的基础设施项目建设将更加被重视，同时还会有更多的投资机会，为相互间的产业合作等提供相应的投融资服务，进而更有力地增强中国与伙伴国和地区的合作。我们应充分利用丝路基金和亚投行这两大平台，在提高自身贸易便利化水平的同时，助推沿线国家尤其是西部周边国家提升基础设施建设能力，在互联互通的建设进程中实现互利共赢。

（二）构筑高效便捷的通关便利化改革通道

创造便捷的海关环境，打造高效的通关通道是贸易便利化改善措施中必不可少的重要环节。目前，我国的海关环境项目指数及排名都处于中等以下水平，应主动向领先的国家学习。“一带一路”沿线国家中便利化综合指数最高的新加坡，凭借便捷的通关程序、高效的海关管理、合理的通关政策在通关便利化方面一直走在世界前列，其在通关便利化方面的改革创新经验值得我们借鉴。新加坡贸易发展局早在1989年就建立了贸易网（Trade Net）自动化系统，这是一个涉及所有相关部门的中央通关信息处理系统，全天候以电子形式传输单据和批准许可，以“单一窗口”的方式提供优质高效服务，不仅极大地降低了交易成本，而且有效地增强了海关的监管和行政执法能力。为了使“一带一路”沿线贸易更便捷，我们应学习先进经验，改变传统各自为政的局面，积极创新通关模式，畅通国际通道，扎实推进通关便利化改革，同时也要遵循风险控制原则和权责一致原则。自上海自贸区2014年2月开始“单一窗口”的试点工作以来，2015年起南京、天津、福建也相继启动了“单一窗口”的改革。但目前我国的试点改革还局限于海关商检合作，未来应充分利用“一带一路”建设的契机，向多部门延展。

（三）完善有利于贸易便利化的制度环境

当前，贸易便利化的国际规则已从边境延伸到境内，涉及相关国家的制度环境。因此，制度和机制的完善就更具挑战性。我国虽然是贸易大国，但贸易便利化的相关规则和内容在法律上并不完备，这是需要加以重视的，由于在国际上，法律法规、配套政策和监管体制等制度环境的完善是一国良好经商环境的直接体现，如北欧的跨边境边检合作制度、日本的提前审单制度等都是较好的改革实践。我国也应积极建立和健全满足贸易便利化要求的机制，加大海关规章制度的改革力度，以适应当前外贸的新发展，提升政府的服务水平，深化行政体制改革，同时与“一带一路”沿线贸易伙伴国协同联动，推进在执法互助、监管互认、互相监督等方面的合作，消除投资和贸易壁垒，从制度改革和机制建设层面真正推动贸易便利化的深入发展。

（四）提高电子基础设备和信息技术水平

电子信息化建设是贸易便利化改革中不容小觑的要素，综观国际上贸易便利化水准高的国家，其电子设备与信息技术都是很发达的。在《全球信息技术报告 2015》所调研的 143 个国家中，电子基础设备竞争指数达到满分并列第一的就有 62 个，而我国排名靠后，仅列第 116 名，这要引起高度重视，如果电子基础设施跟不上，会受到很大的限制。同样，在信息技术和互联网运用上，我们也要紧跟世界步伐，加大投资与支持力度，适当增加国外先进技术的引进，提升现代化信息技术与配套设备的水平，尤其要将高科技的信息技术广泛应用于口岸建设和海关管理中，使海关与外贸企业、外汇管理局等其他部门间的数据实时互动，实现智能联动与自动处理，随时了解货物在存储移动过程中的所有信息和数据，这不仅可以极大地提高管理和服务的效率，还能有效增强相应的风险管理能力。同时，基于“一带一路”的战略背景，还要推动跨境光缆等通信干线网络建设，增进信息交流，完善信息通道，在设施联通的基础上加强信息联通，让“信息丝绸之路”畅通。

（五）主动参与贸易便利化相关规则的制定

当前，作为贸易便利化的受益者，发达国家一直极力倡导，在该领域规则的制定中也甚是主动。但是，随着全球经贸发展的深入，相关的贸易规则也应与时俱进地不断修订和完善，以更好地适应这些新变化，而在多边贸易谈判博弈中，各成员都有各自不同的贸易便利化规则，因此应该共同推动达成一个具有国际约束力的贸易便利化协定。中国作为一个发展中国家和贸易大国，应尽可能多地联合其他发展中国家，尤其是“一带一路”沿线的贸易伙伴国，捍卫我们在国际贸易中的应有权益。世界贸易组织前首席经济学家罗柏年指出，现在的中国与刚“入世”时相比，对全球贸易机制的影响力与日俱增，话语权也同时在不断增强。我国政府应借此影响力，加强与“一带一路”贸易伙伴国的沟通，参与多边贸易谈判和有关贸易便利化的国际论坛，提出我国和伙伴国亟待解决的问题，寻求因各种差异产生的贸易障碍，并立场鲜明地表达自己的观点和意见，积极争取有利于我国和“一带一路”沿线国家和地区贸易发展的条款。我们不仅要用改革动力助推贸易便利化，也要以主动的姿态加入和参与到相关规则的研究和制定中。

构建良好的经商环境、提高贸易便利化水平，是推进“一带一路”建设的重要任务。在硬件层面上，我们应借“一带一路”设施联通的东风与沿线伙伴国“互联互通”；在软件层面上，要通过履行世界贸易组织相关协定积极对接国际经贸规则，扎扎实实地将贸易便利化向纵深推进。

参考文献：

［1］Sangkyom Kim，Innwon Park，etal. Measuring the impact of APEC trade facilitation：a gravity analysis［Z］. Paper presented at the APEC EC Committee meeting in Santiago，Chile，2004.

［2］APEC. Trade facilitation and tradeliberalization：from Shanghai to Bogor［R］. EC Committee，Singapore，2004.

［3］Joseph Francois，HV Meijl，FV Tongeren. Trade liberalization in the Doha Development Round［J］. Economic policy，2005，20（42）：349－391.

［4］Jesus Felipe，Utsav Kumar. The role of trade facilitation in Central Asia：results from a Gravity Model［J］. Eastern European economics，2012，50（4）：5－20.

［5］王慧彦，王健，纪啸天. 全球贸易便利化的利益分析［J］. 商业时代，2008（6）：29－30.

［6］胡超. 中国—东盟自贸区进口通关时间的贸易效应及比较研究——基于不同时间密集型农产品的实证［J］. 国际贸易问题，2014（8）：58－67.

［7］John S. Wilson，Catherine L. Mann，Tsunehiro Otsuki. Trade facilitation and economic development：a new approach to quantifying the impact［J］. World Bank economic review，2003，17（3）：367－389.

［8］John S. Wilson，Catherine L. Mann，Tsunehiro Otsuki. Assessing the benefits of trade facilitation：a global perspective［J］. World economy，2004，28（6）：841－871.

［9］APEC. Economic Leaders' Declaration：delivering to the community［R］. Bandar Seri Begawan：Brunei Darussalam，2000.

［10］John Raven. Trade and transport facilitation：a toolkit for audit，analysis and remedial action［R］. Washington，DC：World Bank，2001.

[11] 彭羽，陈争辉. 中国（上海）自由贸易试验区投资贸易便利化评价指标体系研究 [J]. 国际经贸探索，2014（10）：63–75.

[12] 娄万锁. 贸易便利化理论根源探析 [J]. 上海海关学院学报，2010（1）：31–37.

[13] 王俊. 贸易便利化：三螺旋模型的理论视角及实现路径 [J]. 苏州大学学报（哲学社会科学版），2014（6）：112–119.

[14] 胡晓红. 论贸易便利化制度差异性及我国的对策——以部分"丝绸之路经济带"国家为视角 [J]. 南京大学学报，2015（6）：42–49.

[15] 高路. 多边贸易体制仍对世界经济至关重要——访世界贸易组织前首席经济学家罗柏年 [EB/OL]（2013–12–02）[2016–02–26]. http://news.xinhuanet.com/fortune/2013–12/02/c_118376527.htm.

基金项目：江苏省教育厅"青蓝工程"资助项目

作者简介：程欣（1976—），女，江苏省南京市人，江苏经贸职业技术学院副教授，高级经济师，博士，主要研究方向为国际经济与贸易、商贸管理。

中哈"丝路经济带"战略与"光明之路"新经济政策的对接

宋利芳
（中国人民大学经济学院，北京市 100872）

摘要："丝绸之路经济带"建设是中国对外开放新格局中的一项重大战略。哈萨克斯坦作为"丝绸之路经济带"的枢纽，其所实施的"光明之路"新经济政策同"丝绸之路经济带"战略高度契合，具备相互对接合作的现实可行性。但同时，中哈两国战略的对接也面临着诸多问题及挑战，为此，两国政府应采取相应的政策措施，在加强重点领域合作的基础上开展全面对接与合作，加大对哈直接投资的激励措施，促进哈萨克斯坦尽快建立完善的外商投资法律体系，努力寻求中美俄三国在哈经济建设上的求同存异，互利合作。

关键词：丝绸之路经济带；"光明之路"；中国；哈萨克斯坦；对接

一、哈萨克斯坦"光明之路"新经济政策出台的背景及主要内容

哈萨克斯坦自 1991 年 12 月独立建国以来，经济发展取得了显著成就，但其经济最突出的问题之一是对石油过于依赖。为此，哈萨克斯坦先后于 2010 年和 2014 年公布实施了第一个五年计划和第二个五年计划，其主要目标是实现工业制造业快速发展，提升国际竞争力，从单一的石油经济走向经济多元化，实现经济可持续发展，并力争到 2050 年成为世界最发达的 30 个国家之一。2013 年 9 月，习近平总书记在访问哈萨克斯坦时提出了共建"丝绸之路经济带"的倡议，并得到了国际社会的积极响应。2014 年国际油价暴跌，哈萨克斯坦经济受到严重影响，急需寻找新的经济增长点。在此背景下，2014 年 11 月 11 日，哈萨克斯坦总统纳扎尔巴耶夫宣布实施"光明之路"新

经济政策。“光明之路”新经济政策的主要内容是完善基础设施、推动经济特区发展及改善外商投资环境。

（一）完善基础设施

首先，加强物流交通基础设施建设。哈萨克斯坦主要通过建设其国内各区域之间以及与首都阿斯塔纳相连的公路、铁路和航空等运输干线，打造遍布全国的物流网。其中首先落实的公路项目包括中国西部—西欧、阿斯塔纳—阿拉木图等。同时提出将继续加大东部物流枢纽建设，加速西部里海港口配套设施配备，大力提升东西部邻国的对接能力，通过东西两端的贯通配合，提升运输吞吐能力。

其次，完善能源基础设施。长期以来，哈萨克斯坦的能源网络难以覆盖全国，电网不完善使哈萨克斯坦南部地区经常出现电力不足的现象。同时，其中部和东部地区因为油气管道网络的局限，缺乏能源供应，能源出口因此受到限制。为此，打造覆盖全国的能源网络是哈萨克斯坦的必然选择。

最后，优化住宅基础设施。据统计，2012 年，哈萨克斯坦人均住房面积仅为 18 平方米，不仅远远落后于发达国家，而且低于乌克兰（23 平方米）和俄罗斯（22 平方米）。同时，哈萨克斯坦境内住房过于陈旧，例如阿拉木图市区内建于 20 世纪 50—60 年代之前的楼房就超过了 50 万平方米。此外，随着人口的聚集性增长，其城市住房需求也大幅上升。因此，哈萨克斯坦急需加大住宅基础设施建设力度，改善住房条件。

（二）推动经济特区发展

为了加快经济发展，更快融入世界经济体系，并形成富有成效的出口型经济模式，同时也为了吸引外国投资，解决就业等社会问题，哈萨克斯坦加快推动经济特区的建立和发展。截至 2013 年底，哈萨克斯坦共有 10 个经济特区和 10 个工业园区，覆盖石化、冶金、通信、纺织、物流和旅游等领域。政府对特区企业在使用基础设施方面给予大力扶持，为 535 家企业建造和改良了生产基础设施，投资总额达 960 亿坚戈（约合 2.84 亿美元）。同时，哈萨克斯坦决定改善相应的投资环境，计划拨付 810 亿坚戈（约合 2.40 亿美元），用于“霍尔果斯—东大门”经济特区“陆港”建设第一期工程和阿特劳及塔拉兹“国家石化科技园”的基础设施建设。其中，“霍尔果斯—东大门”经济特区处于从中国去往俄罗斯、欧洲和其他地区重要路线的交汇处，经济特区的建设将极大地促进哈萨克斯坦与邻国的经贸合作与交流。

（三）改善外商投资环境

哈萨克斯坦的发展需要外部资本的投入，而外部资本流入的前提是良好的外商投资环境。为进一步加大招商引资力度，哈萨克斯坦在研究分析国内吸引外资条件、国际投资市场，借鉴国外吸引外资经验的基础上，制定了一系列吸引外资的法律、法规和政策。2014 年 6 月，哈萨克斯坦总统召开了外国投资者理事会第 27 次会议，签署了《哈萨克斯坦共和国关于就完善投资环境问题对一些法律法规进行修订和补充的法律》，该项法律为改善哈萨克斯坦外商投资环境奠定了基础。同时，哈萨克斯坦还实施了一系列具体政策措施，如给予在哈萨克斯坦投资的跨国公司特殊保护；设立专门小组审议外国投资者的各项投资申请；为投资者制定一揽子激励政策，包括退还费用和实施透明的税收政策。此外，还出台免除或者简化外国公民的落地签政策，提高经济特区对外来企业的服务和优惠水平；改善外商投资环境，重点吸引优质跨国企业在哈萨克斯坦投资非资源产品的生产，提升哈萨克斯坦经济发展水平。

二、中哈战略对接的可行性

（一）日趋密切的双边关系是中哈战略对接的政治前提

自哈萨克斯坦独立以来，中哈双边关系日趋密切。具体表现为：1992 年建立外交关系；2005 年发布了建立和发展战略伙伴关系的声明；2011 年发布了关于发展全面战略伙伴关系的声明；2013 年发布了关于进一步深化全面战略伙伴关系的宣言；2014 年哈萨克斯坦总统提出“光明之路”新经济政策，响应中国提出的建设“丝绸之路经济带”构想；2015 年 3 月 27 日，中哈双方签署了加强产能与投资合作备忘录与涉及钢铁、炼油、水电等领域产能合作的 33 份文件，总金额达 236 亿美元；同年 12 月 14 日，丝路基金与哈萨克斯坦出口署签署了关于设立中哈产能合作专项基金的框架协议，重点支持中哈产能合作项目投资。

可见，中哈双边关系日趋密切，不断拓展和丰富合作领域，形成了全方位的合作格局。同时，中哈两国保持着频繁的高层政治对话，及时就双边关系和影响两国利益的国际问题交换意见。两国合力建立并完善中哈合作委员会，推动尽快落实双方达成一致的各项协议，协调促进各行各业的务实合作。

这一切都为中国“丝绸之路经济带”战略与哈萨克斯坦“光明之路”新经济政策对接奠定了坚实的基础。

（二）中国“丝绸之路经济带”的建设需要哈萨克斯坦的配合

第一，哈萨克斯坦占据着重要的战略地位。哈萨克斯坦地处欧亚大陆的中心，东与中国新疆接壤，南邻中亚国家，北边是俄罗斯，西边是里海，连接着欧洲。同时，欧亚大陆桥横穿哈萨克斯坦境内，是中国建设“丝绸之路经济带”的交通枢纽和打通欧亚通路的必经之地。通过中哈战略对接，可以促进“丝绸之路经济带”沿线国家和地区相互之间的经贸合作，具有显著的乘数效应。

第二，有助于解决中国能源安全问题。随着中国经济的快速发展，对能源的需求也越来越大，目前已成为仅次于美国的世界第二大原油消费国。同时，原油进口也不断增加，对外依存度逐年增高。2014 年，中国原油进口量高达 3.08 亿吨，对外依存度接近 60%。据国际能源署预测，中国原油对外依存度到 2020 年将达到 68%，2030 年将达到 74%。哈萨克斯坦石油储量位列全球第 9 位，天然气储量约占世界总储量的 1.5%。哈萨克斯坦作为油气出口大国，对油气出口的依赖性很强，而中国作为能源需求大国，能源进口市场巨大，能源市场的对接可以实现双赢，可以减轻中国对中东石油供应来源和马六甲海峡运输通道的依赖，确保中国长期稳定的油气生产和供应基地，降低中国的能源安全风险。

第三，有助于消化中国的过剩产能。基础设施薄弱是哈萨克斯坦经济发展的主要障碍，“光明之路”的主要内容之一是基础设施建设，为中国钢铁、水泥、玻璃和电解铝等产业的过剩产能带来巨大的市场需求，而且哈萨克斯坦与中国接壤，运输方便，有利于双方合作。因此，中哈两国战略的对接，既可以消化中国的过剩产能，又能完善哈萨克斯坦的基础设施建设，实现互利共赢。

（三）哈萨克斯坦“光明之路”的成功实施需要中国的合作

首先，中国是哈萨克斯坦最重要的贸易伙伴之一。自 2005 年起，中哈两国的贸易额总体呈上升趋势，2014 年两国贸易额达 171.5 亿美元，占当年哈萨克斯坦贸易总额 1195 亿美元的 14.35%，成为哈萨克斯坦仅次于俄罗斯的第二大贸易伙伴。其中，中国对哈出口 73.3 亿美元，占其进口总额的

17.9%；自哈进口98.2亿美元，占其出口总额的12.5%；中方逆差24.9亿美元。同时，中哈贸易额占哈萨克斯坦GDP的比例也呈上升趋势，2012年曾达到11.78%的峰值。作为哈萨克斯坦重要的贸易伙伴，中国在哈萨克斯坦经济发展中的地位可谓举足轻重。

其次，中国强大的基础设施建设能力符合哈萨克斯坦的需求。在中国改革开放近40年里，中国的基础设施建设取得了巨大成就，在通信、铁路、电力输送、公路、机场尤其是高铁和建筑等领域已处于世界前列，而且从项目的设计、施工到设备的安装、运营、维护甚至相关人员的培训，中国的优势贯穿基建全产业链，并积累了大量的宝贵经验。中国几十年基础设施建设实践所积累的经验正是哈萨克斯坦所欠缺和需要的，以基础设施建设作为核心任务的哈萨克斯坦“光明之路”新经济政策的成功实施，急切需要中国的合作与支持。

再次，中国拥有哈萨克斯坦所需的资本和技术。中国自改革开放以来，随着经济的快速发展积累了庞大的外汇储备和资本。2014年，中国外汇储备高达3.84万亿美元，居世界第一位。同时，中国正积极推进“一带一路”建设、国际产能和装备制造合作，“走出去”步伐日益加快，对外投资合作呈现持续快速发展势头。2014年，中国对外直接投资流量达到1231亿美元，首次接近利用外资的水平，流量连续3年居世界第3位；存量达8826亿美元，跃居世界第8位；境外投资企业总数近3万家，遍及全球80%的国家和地区。与此同时，中国以制造业为代表的技术水平日益提高，并在许多领域达到了世界先进水平。2014年中国在专利、商标和工业品外观设计等知识产权领域的申请量均位居世界第一，超过了紧随其后的美国和日本的总和，成为世界知识产权发展的主要推动力。然而，哈萨克斯坦作为能源生产大国，其工业基础薄弱，技术水平较低，成品油和大部分工业品从国外进口，“荷兰病”症状严重，迫切需要大量的资本和技术提升其工业化水平，加速其经济发展。可见，中哈双方在资本和技术方面具有较强的互补性，具备战略对接的现实基础。

三、中哈战略对接面临的问题及挑战

（一）哈萨克斯坦担忧其经济过度依赖中国

作为世界第二大经济体和哈萨克斯坦最主要的邻国之一，近年来中国与哈萨克斯坦的贸易往来和投资合作取得了巨大成效。2013 年，中国成为哈萨克斯坦第一大贸易伙伴和最主要的外商投资来源国之一。中国已在哈萨克斯坦大规模地参与其能源和资源领域的开发，帮助其修建铁路，建造石油管道，并在钢铁、化工和机械等多个领域展开了密切合作；哈萨克斯坦地处“丝绸之路经济带”建设的重要枢纽，中哈战略对接必将带动两国经贸合作的进一步深化。

然而，随着中哈经贸合作的推进和中国日益参与到哈萨克斯坦各个经济领域的建设之中。哈萨克斯坦部分官员和学者对中哈经贸深入合作抱有疑虑，担心中国日益扩大的投资会影响到哈萨克斯坦的国家主权，化工、交通等产业会对中国产生巨大的依赖，甚至担忧中哈两国的战略对接会使中国逐渐控制其经济命脉。同时，目前哈萨克斯坦经济的主要矛盾是对石油经济的过度依赖导致工业化进程缓慢，由此有学者担忧中哈战略对接会加剧其“荷兰病”并影响其工业化进程。这种认知偏差导致哈萨克斯坦对中哈战略对接形成矛盾的心理，一方面希望扩大与中国的经贸交流，另一方面又不希望对中国产生过度依赖；一方面强调与中国合作的重要性，另一方面又通过与其他大国交好来牵制中国。这种担忧和疑虑是实现中哈战略成功对接的主要障碍。

（二）哈萨克斯坦外商投资法律环境不完善

首先，法律体系不完善，稳定性差。哈萨克斯坦于 1991 年出台了《外国投资法》《外汇调节法》和《自由经济区法》等有关外商投资的立法。由于哈萨克斯坦外商投资立法时间短，相关法律相对简单，没有形成配套的法规和具体的实施措施。同时，投资法修订更替频繁，政策法令变化大，相关法律法规难以具体落实。技术转让和知识产权等方面的相关法律权属规范还不清晰，存在法律规范的空白，没有形成合理的法律体系。

其次，哈萨克斯坦存在投资壁垒。在矿产领域，哈萨克斯坦政府有权利干预矿产开发权的转让和出售，政府享有优先购买权。哈本地公民可以私人拥有土地，外国自然人和法人只能租用土地，还有年限限制。在金融领域，外资银行资本不得超过哈萨克斯坦本国银行资本的 25%。这些规定和政策是对外资企业投资活动不合理、不公平的限制，增加了中哈战略对接全面开展的难度。

再次，哈萨克斯坦司法环境差。虽然哈萨克斯坦一直努力修订完善投资法，但由于传统文化以及法律的不稳定，许多执法人员法治观念淡薄，对投资法的理解和落实不到位，执法随意、透明度低，以及政府官员腐败等问题突出，影响市场的公平竞争，外资企业在哈萨克斯坦的投资活动得不到应有的公平对待和保护，从而使中国企业进入哈萨克斯坦市场面临较高的壁垒。

（三）中国对哈萨克斯坦直接投资规模较小且行业过于集中

从中国对哈直接投资流量看，在2005—2012年一直保持上升态势，从2005年的0.95亿美元增加到2012年的29.96亿美元，但在中国对外直接投资流量总额中的占比相对较低，分别仅为0.71%和3.41%。2013年和2014年，中国对哈直接投资流量明显下降，分别只有8.11亿美元和－0.40亿美元。从中国对哈直接投资存量看，从2005年的2.45亿美元上升到2014年的75.41亿美元，但在中国对外直接投资总存量中的比率很低，分别只占0.43%和0.85%。2014年，在中国对外直接投资存量前20位的国家或地区中，哈萨克斯坦仅位列第12。值得注意的是，2012—2014年，中国对哈直接投资存量占比呈现下降趋势，显示出中国对哈直接投资后继乏力，难以维持增长态势。哈萨克斯坦蕴含丰富的能源和矿产资源，且成为其经济发展的主要依赖。在外资进入哈萨克斯坦的初期，油气开发和矿业开采等行业容易被作为优先合作行业，导致目前中国对哈投资主要集中于油气开发、矿业开采和建筑等行业，而对农业、制造业、金融、交通及通信等领域的投资则相对较少。然而，中哈战略对接应是各行业全方位的对接。中国对哈投资行业过于集中，也在一定程度上影响了哈萨克斯坦对中国的信任感，从而产生中国掠夺哈萨克斯坦资源的误解。

（四）美国和俄罗斯相互博弈的不利影响

哈萨克斯坦地处中亚，是中亚最大的国家。中亚地区一直被视为欧亚大陆的心脏，是大国博弈的必争之地。同时中亚地区自然资源丰富，在世界资源需求与日俱增的今天，中亚成为世界各大势力特别是美国和俄罗斯的博弈场所。

一方面，哈萨克斯坦对俄罗斯具有重要的战略意义。俄罗斯作为苏联的主要继承者，一直试图恢复其大国地位。中亚是亚欧大陆的桥梁，是俄罗斯崛起的重要依托。苏联时期，中亚各国的石油、天然气等资源主要通过俄罗斯流向世界市场。苏联解体后，俄罗斯利用苏联时期形成的体系与格局，继续控制着中亚各国能源资源的生产和出口。俄罗斯为了保持和增强自己在中亚的影响力，必然加强与哈萨克斯坦的合作，通过哈萨克斯坦辐射整个中亚地区。与此同时，哈萨克斯坦也努力寻求全方位的对外合作，希望通过吸引其他国家与多方合作，以获取利益，推进其快速发展。因此，俄罗斯与哈萨克斯坦之间的合作面临着中国、美国等其他国家的竞争。但俄罗斯为了维护其在中亚地区的影响力和利益，不会允许哈萨克斯坦与其过于疏远。因此，中国和美国等国与哈萨克斯坦的深入合作，必将引起俄罗斯的疑虑。中哈战略对接带来的是中哈更深入的合作，俄罗斯自然不会坐视不管。另一方面，哈萨克斯坦对美国保持霸权地位很重要。苏联解体后，中亚在世界格局中的重要性明显上升，美国不希望俄罗斯成为第二个苏联，必然竭力压制俄罗斯的发展，扫清美国全球战略扩张的障碍。同时，美国认为中国的崛起是一种威胁。中国提出“丝绸之路经济带”建设，加强同欧亚国家的互联互通，必将受到美国的阻挠。美国意图通过扶持哈萨克斯坦，进而影响整个中亚地区。同时，中亚地区储存有仅次于中东地区的油气资源，这对能源需求庞大的美国来说具有极强的吸引力，美国为了获取和控制中亚地区的油气资源，必然会加强与哈萨克斯坦的合作。美国作为世界第一大经济体，哈萨克斯坦当然也希望加强同美国的经贸合作。

四、促进中哈战略对接的政策措施

（一）在加强重点领域合作的基础上开展全面对接与合作

首先，基础设施建设和能源开发是中哈战略对接的重中之重。哈萨克斯坦“光明之路”新经济政策的核心内容之一是基础设施建设，而中国具有强大的基础设施建设能力。2015 年 3 月，中哈两国签署了金额高达 236 亿美元的关于产能合作的协议。中国传统制造业产能过剩，同时拥有适合进行工业化国家需要的设备生产力。哈萨克斯坦基础设施薄弱，是中国释放产能的有利机会，中哈基础设施建设合作可以实现中哈两国的互利共赢。哈萨克斯坦地处欧亚中心，其基础设施的完善不仅有利于哈萨克斯坦的经济发展，也有利于“丝绸之路经济带”战略向西延伸。同时，中国作为世界第二大能源需求国，哈萨克斯坦有庞大的能源出口需求，双方高度互补，应加强在能源行业的对接与合作。

其次，加大工业制造业领域的深层次合作。哈萨克斯坦具有丰富的油气资源，有助于中国解决能源安全问题。目前，中国在哈投资主要集中于油气开发和矿业开采等。但是，哈萨克斯坦工业化程度低，其国家战略的主要内容是推进工业化进程，哈政府迫切希望加快中哈工业合作进程。为促进中哈战略对接的深入，中国不仅需要对哈输出资本，而且需要在工业制造业的技术层面加强合作，提升哈萨克斯坦的工业化水平，消除其对中国进口资源的负面看法。同时，哈萨克斯坦是“丝绸之路经济带”的关键枢纽，提升哈萨克斯坦的工业化水平有助于“丝绸之路经济带”利用其作为支点进行后续扩展和建设。

最后，寻求更多行业的契合点，开展全面对接与合作。中哈战略对接需要的是全方位全行业的对接，必须尽快挖掘两大战略更多的契合点，抓住中哈经济贸易中的互补性，发挥中国资本和技术两大优势，在基础设施建设和能源领域合作的基础上，积极寻求互联网、金融和农业等非能源行业的合作，进一步拓展中哈经贸合作的广度。

（二）加大对哈直接投资的激励措施

首先，督促中哈产能合作基金相关项目尽快落实。2015 年 12 月 14 日，中哈产能合作专项基金成立，专项基金用于支持中哈产能合作项目。这是促进中哈战略对接最有利的政策，不仅可以支持现有的合作项目，也可以为正在观望的企业发挥引导作用，传递出两国战略对接的决心。同时，这也是丝路基金成立以来的第一个专项基金，对“丝绸之路经济带”沿线国家和地区具有示范意义。因此，中国政府及其相关部门应督促哈萨克斯坦尽快展开相关工作，把两国战略对接落实到具体的合作项目上。

其次，为中国对哈投资企业提供保险。企业进行对外直接投资主要考虑两个因素：一是投资项目带来的收益成本比；二是该项投资的风险因素。为此，一方面，中国政府应通过纳税抵免、低税率以及财政贴息等政策，降低中国企业的对哈投资成本，鼓励企业对哈直接投资；另一方面，应通过政策性保险机构为中国对哈投资提供保险，分担风险，促进中国对哈直接投资规模的扩大。2015 年 12 月 15 日，哈萨克斯坦开发银行和中国出口信用保险公司签署 4 亿美元的保险框架协议，中国出口信用保险公司为中国制造的机电产品和成套设备对哈出口合同提供保险。然而，目前境外直接投资保险还未成为中国出口信用保险公司的主要业务。未来，应该把符合国际战略需要的对外投资纳入国家政策性保险的范围之内。

（三）促进哈萨克斯坦尽快建立完善的外商投资法律体系

2011 年，中哈两国宣布建立全面战略合作伙伴关系，两国关系急剧升温，高层互动频繁。积极推动两国经贸合作和双边关系的发展，深化两国战略合作，是中哈两国的共识。然而，目前哈萨克斯坦外商投资法律体系还不完善，有些行业还存在准入限制，这有碍于两国战略对接与合作。为此，中哈双方应加强沟通，增进互信，促进哈萨克斯坦尽快建立完善外商投资的相关法律制度，为中国企业对哈直接投资创造良好的环境，推进两国经贸合作向更高层次、更广领域发展。同时，随着“丝绸之路经济带”建设的推进和中哈两国战略对接的深入，不可避免地会出现一些经贸争端，中哈双方应在充分遵循两国法律法规的基础上，约定双方的权利和义务，明确约定争端解决机制，为中哈双方的顺利合作提供法律保障。

（四）努力寻求中美俄三国在哈经济建设上的互利合作

由于中亚独特的地理位置及其丰富的自然资源，中亚日益成为全球大国政治博弈的重要舞台。哈萨克斯坦作为中亚最大的国家，美国和俄罗斯都视哈萨克斯坦为各自的势力范围。因此，中哈战略对接，难免引起美俄两国的猜疑甚至产生摩擦。但是中国的目标与美俄两国有本质区别，中哈战略对接实质上是出于经济目的，是为了经济的共同繁荣，中国不谋求势力范围。同时，哈萨克斯坦虽然被俄罗斯视为后花园，但俄罗斯无力独自承担开发哈萨克斯坦的重任，尤其是伴随着美国对中亚地区的战略部署，俄罗斯在中亚的利益和地位受到了严重挑战。因此，在哈萨克斯坦经济建设问题上，中国与俄罗斯具有共同利益，两国应加强双方之间的协调与合作。再从美国方面看，尽管美国加强在中亚战略部署的主要目的是控制中亚地区的能源，主导中亚的发展，但中美两国也存在着利益交汇点。作为世界两大能源需求国，中美对中亚能源的需求是一致的，维护中亚能源安全是双方的共识，中美双方在哈萨克斯坦的能源开发中可以保持一定的合作关系。因此，为了顺利实现中哈两国战略的对接，中国应努力寻求中美俄三国在哈萨克斯坦经济开发和建设上求同存异，这也恰恰是中哈两国战略对接得以顺利实施的一个重要条件。

* 中国人民大学经济学院硕士研究生白鹏飞对本文资料收集亦有贡献，在此表示感谢。

参考文献：

［1］［哈］A. A. 努尔谢伊托夫．哈萨克斯坦与中国的区域经济合作：“光明之路”新经济政策和“丝绸之路经济带”［J］．欧亚经济，2015（4）：2－6.

［2］黄伟，杨桂荣，张品先．哈萨克斯坦石油天然气工业发展现状及展望［J］．天然气与石油，2015（2）：1－7.

［3］中华人民共和国商务部．对外投资合作国别（地区）指南（2015年版）：哈萨克斯坦［R/OL］．［2016－06－10］．http：//fec. mofcom. gov. cn/article/gbdqzn/upload/hasakesitan. pdf.

［4］中华人民共和国商务部．中国对外投资合作发展报告（2015）［R/OL］．［2016－06－10］．http：//fec. mofcom. gov. cn/article/tzhzcj/tzhz/upload/zgdwtzhzfzbg 2015. pdf.

［5］王晓峰，王林彬．中国在中亚直接投资所面临的法律及其风险探讨——以哈萨克斯坦共和国为例［J］．江西财经大学学报，2013（1）：113－119.

［6］中华人民共和国商务部，国家统计局，国家外汇管理局．2014年度中国对外直接投资统计公报［M］．北京：中国统计出版社，2015：43、48.

［7］毛汉英．中国与俄罗斯及中亚五国能源合作前景展望［J］．地理科学进展，2013（10）：1433－1443.

基金项目：中国特色社会主义经济建设协同创新中心研究项目（2015001）

作者简介：宋利芳（1964—），男，浙江省余姚市人，经济学博士，中国人民大学“一带一路”经济研究院副院长、经济学院教授，博士生导师，主要研究方向为“一带一路”、国际贸易。

第二章
物流创新

“一带一路”经济区现代物流体系构建

王娟娟

（兰州财经大学经济学院，甘肃兰州 730020）

摘要：“一带一路”倡议是“五位一体”发展理念的具体诠释，所涉及区域的经济发展水平相近，处于同一经济域面高度，能够在同一个经济区框架下发展经济，并正在与京津冀协同区、长江经济带一起向中国经济“新三极”的方向发展。受制于有限的自我发展能力，“一带一路”经济区难以自协同于发达地区的经济域面高度，需要引入新介质缩小经济势差，打造现代物流体系是占优选择。立足“一带一路”经济区的产品特质和经济现状，应当以因物而流的物流本义为原则发展现代物流体系，着重提升当前产品物流效率，疏通产业转移结果收敛于预期效果的渠道。在这一发展目标的约束下，“一带一路”经济区现代物流体系必然是政府和市场合力作用的结果，其以政府参与和物流设施为软硬件基础，培育具有显著“一带一路”特色的物流能力，通过物流服务提升高度。在现代经济模式下实现这一构想，需要用云计算扩展“一带一路”经济区现代物流体系的容量、消除传统物流瓶颈，需要用大数据整合信息增值物流，需要各经济体强化互联互通共同打造物联网，从根本上夯实经济区物流效率提升的基础。基于已有基础和市场化需要，电子商务是落实“一带一路”经济区现代物流体系的流通渠道，物流业与制造业协同共进是以供给侧改革理念发展完善这一体系的生产渠道。

关键词：“一带一路”经济区；现代物流体系；物流能力；大数据；物联网

一、引言

“丝绸之路经济带”和“21 世纪海上丝绸之路”源于丝绸之路文化的牵

引和串联，是中国经济新常态时期优化宏观空间经济结构的重大战略，良好地展示了“五位一体”的战略理念，简称“一带一路”倡议，涉及欧、亚、非的60多个国家和地区。在中国境内，包括西北五省、西南四省和东部五省，但任何推进经济区形成和发展的战略能够辐射的行政区域不会完全与国家划定的地理范畴重合，存在动态变化的可能性，因此，以“一带一路”经济区的视角审视战略发展效应较为客观。由于诸多经济要素的制约，目前，“一带一路”经济区的经济域面与其他发达地区相比存在较大的经济势差，自协同于发达地区经济域面高度的可能性极低，引导新介质参与“一带一路”经济区的发展极为必要。高新才主张丝绸之路经济带应着力发展通道经济；董千里主张构建“一带一路”跨境物流网络，以此推进产业联动发展；王娟娟在解读新常态的基础上，认为顺应新常态要求的电子商务转型是“一带一路”经济区新的经济增长点，且主张京津冀协同区、长江经济带和“一带一路”积极开拓互联互通领域，通过强化经济联系，可以内生收敛于协调均衡稳态的中国经济“新三极”。立足“一带一路”经济区经济效率低的实际，综合已有研究成果，本研究认为，充分摸底“一带一路”经济区产业、产品特点，以物流为着力点，通过构建现代物流体系能够为区域经济发展注入新动力。

二、解读现代物流

伴随国际分工精细化，物流的重要性日益提高，直接关系到产品价值的实现程度、成本、效率等。尤其在电子商务迅猛发展的当下，物流效率成为学术界和实践界关注的焦点，普遍认为完善基础设施、强化管理创新等是有效措施。然而，实践证明，要实现物流效率的可持续提升，必须突破传统物流理念的制约，以匹配为原则树立物流新理念，发展现代物流。

（一）现代物流回归物流本义：因物而流

供给者和需求者的空间距离是物流产生的基础。初期，因常规消费半径小，需要远距离流通的商品少，故物流能够依据“物”的特性选择差异性的“流”的方式。之后，因专业分工、规模扩大等因素作用，物流行业形成，但是发展重点开始倾向于物流方式、设备等的标准化，一定程度上将物流演化为“流物”。在实体经济独大时期，以“流物”本质开展流通业务对经济系统的制约尚不足以阻碍发展，但在网络经济规模陡增时期，这一短板则严重阻碍了供求互信体系等的构建，且连锁效应使诸多经济社会领域受到负面影响。因此，现代物流必须回归物流本义，即因物而流。现代物流应当以物为核心，物流方式、物流路线等均围绕一定状态的物展开。因物而流最大限度地确保送达时物的品质，要达到这一目标，专业化物流是基础。在现代物流内涵中，“物”居于首位，围绕特定状态的“物”，使其内容专业化与标准化，是传统物流向现代物流演进的方向。

（二）现代物流的外延宽泛化：由产品到产业

生产效率的提升催生了交易，也开启了物流。起初，物流对象仅为产品，跨区域需求规模的扩大使物流效率成为关注焦点。随着专业分工的深化，一个产业的各环节多依据资源禀赋差异分布于不同区位，衔接供应链各环节逐渐成为物流对象之一。这种情形下，虽然物流不影响产品使用价值的形成，但供应链的长度、协调度、技术含量等直接影响产品使用价值的存在性和市场价值的高低。因此，供应链一体化进入实践层面，物流增值成为关注焦点。如果将产业发展的周期性纳入研究范畴，在一个地区，产业发展至一定阶段就显现出强烈的外溢性，产业转移便成为必然。目前，产业转移结果与预期的偏离要求物流对象扩展至产业，通过专业化手段使产业转移结果收敛于预期效果。可见，经济发展的广化和深化是现代物流体系的外延由单一产品向产业扩展的重大动因。

三、“一带一路”经济区现代物流体系的构件分析

物流是区域产业发展的纽带，而资源禀赋差异是区域异质的根基，能够发挥资源优势的产业是区域经济发展的基石，能够满足这些产业和产品需要的物流系统是区域经济收益可持续获得的保障。“一带一路”经济区的经济发展水平较低，但资源丰裕度高，以附加值较低的农产品、矿产品等为主，为此，因物而流的现代物流体系必须以“一带一路”经济区的产品、产业特点为核心而建构，在质和量两个层面优化物流供给，以提升供给能力为目标践行现代物流。

（一）物流设施是“一带一路”经济区现代物流体系的基石

随着科学技术的日新月异，物流设施种类日趋繁多，各类设施的功能品质越来越专业化、高端化，将不断更新的基础设施纳入物流设施体系成为各

区域健全和完善物流基础设施的目标。但基础设施建设的基本动因是服务于经济发展，因此，在“一带一路”经济区，物流设施的布局和建设应该与不同阶段的经济社会发展现状相匹配。目前，“一带一路”经济区的经济发展水平普遍较低，主导产业规模小、优势产品附加值低、区域通达性有限，于是降低成本与提高通达度应成为筛选物流设施的基本原则。

1. 加大道路建设力度

“一带一路”在我国境内所涉及的14个省市区的道路建设较为滞后、通达性差，严重削弱了区域经济的向心力，考虑到经济区的经济能力，加强铁路和公路建设是短期有效延伸产品产业发展半径的占优选择。在实践中，以欧亚大陆桥为基础，沿线国家和地区以对接中欧集装箱班列为导向建设铁路，提高境内外铁路通达水平。当前，应着力做好中巴、中哈、中蒙、中塔阿伊、中吉乌、中老泰、中越和中尼印等泛亚铁路运输对接，夯实已经开展的经济合作的硬件基础，使中欧之间各铁路干线与支线成为辐射半径更大的国际通道。在公路建设中，各地区应将提高通达度和对接铁路路网纳入交通基础设施建设规划，这对“一带”的国家和地区尤为重要，在中国境内，应着力推进入疆、进藏公路路网建设，在中亚地区，吉尔吉斯斯坦、乌兹别克斯坦、土库曼斯坦等国应加大公路建设力度和公路铁路对接水平，健全和完善参与丝绸之路经济带经济合作的基本硬件，强化中老泰、中越和中尼印的跨国公路对接，推进“一路”的路网系统建设。

2. 科学规范港口建设

在“一带一路”经济区的经济发展中，海洋经济模式举足轻重，是“一路”的主导发展方式，是“一带”向东扩展经济影响的载体，而港口是海洋经济模式的重要构件。由于“一带”与“一路”的资源禀赋和区位条件差异较大，所以，对港口的建设规划取决于将“一带一路”经济区视为一个经济区还是两个经济区而定。若为前者，港口建设要同时满足“一路”及周边地区的发展需要和低成本为“一带”区域提供水运方案的需要，港口选址必须充分考虑“一带”区域的路网系统；若为后者，港口建设必须以海洋经济模式的发展需求为主导，依据沿海地区的产业发展和产品需求状况，进行港口建设选址。需要强调的是，因为经济区产品附加值普遍较低、替代性强、市场需求规模有限，因此，物流设施品质和建设选址必须充分考虑成本，对需求有限的产品所在地应适当降低设施密度和品质。

（二）物流能力是“一带一路”经济区现代物流体系的内核

本研究将物流能力锁定为有效承运物流对象的能力。在“一带一路”经济区，物流能力的强弱与经济合作涉及的“物”密切相关，从“物”的属性看，包括产品和产业两个层面；从“物”的主体看，涉及物流通道上所有国家和地区可交易的“物”。

1. 低成本、专业化是物流对象为产品的能力体现

就产品而言，在中国境内，大宗货物、原材料、矿产品、农产品等是可交易的优势产品，低成本、高效、快捷等是物流系统应具备的基本能力。在欧洲，食品和农产品等优势显著，保证产品品质稳定是物流系统必须考虑的基本能力要素。在中亚、西亚、北非地区，资源能源类产品优势显著，成本控制是物流发展中必须考虑的因素。可见，专业化是经济区培育物流能力的基本要求。以生鲜农产品为例，为保障物流结果与预期一致，首先，要确保一定状态的农产品品质符合相关标准，若用于出口，则需兼顾国内标准和 ISO 系列认证要求；若用于本国消费，则应严格以国内标准审核。其次，应合理布局与规模较为匹配的气调库、冷气库，延长生鲜农产品的保鲜期。再次，应以快捷为标准选择冷链物流方案，最大化保障产品的质量。

2. 畅通供应链各环节是物流对象为产业的能力体现

就产业而言，专业化分工使任一产业的诸多环节分布于不同地区，且不同产业之间更需要紧密合作，产品的有效形成和产业的可持续发展均有赖于高效的物流系统推进供应链一体化。“一带一路”经济区是介于亚太经济圈和欧洲经济圈之间的落后地区，在产业梯度转移规律的作用下，经济区承接其他地区的产业转移，产业部分环节落户经济区成为必然。为达到以承接产业转移为介质发展区域经济的目的，必须优化软硬件环境，打造现代物流体系。可见，包容性、专业化、高效性、低成本等是衡量经济区物流能力的基本指标。

（三）物流服务决定着“一带一路”经济区现代物流体系的高度

在现代经济中，物流服务不仅体现为与物流设施的匹配性，更表现为服务理念、标准等软约束维度，其决定着一国或地区物流质量可达到的高度。“一带一路”经济区是丝绸之路的全球化，跨国、跨地区经济合作是“一带一路”经济区经济发展的重要内容之一，因此，“一带一路”经济区的物流服务需要在服务理念、服务标准、服务实践等方面完善升级。

1. **转变服务理念**

由于经济区的主导产品以农产品、大宗产品等为主，所以，应当将服务理念由运输服务转变为物流服务，将货物适应运输方式、运输手段的做法让位于运输系统适应产品特点的方式，回归物流的本义。对不同产品进行不同物流手段的选择，对同一产品送达不同地区要依据区域各种条件差异设计适宜的物流方案，尤其是不同运输工具的高效对接；对不同性状的同一种产品，依据客户要求进行以确保产品质量为原则的物流方案设计。此外，应当充分利用现当代技术手段增强物流服务的透明度，在个性化消费日益繁盛的当下，这也是提升客户满意度的重要手段。

2. **服务标准国际化**

“一带一路”经济区已覆盖60多个国家和地区，在动态开放的理念指引下，这一范围存在扩大的趋势，国际化色彩浓重。因此，经济区的物流服务标准必须参照国际通行标准，针对涉及宗教信仰的产品，还需参考宗教委员会标准，如伊斯兰清真食品认证等。在硬件方面，应专业化推进物流设施建设，从源头提高“物与流”的匹配性；在软件方面，要培养专业化的物流人才。需要特别说明的是，这里所说的专业物流人才是以产品分类的，如农产品专业物流人才等。实质上，这对物流人才提出了更高的要求，即不仅精通产品的所有特质，而且掌握完备的物流知识，是供应链一体化的人才基础，也是“一带一路”经济区制定国际化物流服务并且提供国际标准物流服务的保障。

3. **物流枢纽科学化**

依据胡佛的物流成本论，在消费地与生产地之间没有直达线路时，就需要建设枢纽。目前，尽管许多商品的消费地与生产地之间存在直达线路，但由于商品的消费地与生产地多元化、生产分工精细化，物流枢纽的建设成为现代物流体系的必选项。科学合理的物流枢纽能够降低成本，高效率推进产品、产业流通，而这取决于枢纽选址的科学性、建设规模的合理性、设施布局的适应性等。立足“一带一路”经济区的经济现状、贯穿东中西的空间格局和低附加值的产品结构等，在每个地区按照经济吞吐量和产品种类筛选竞争力强、辐射面广的空间节点作为物流枢纽，建设多个能够衔接国际海、陆、空物流方式的集聚点，构建陆路经济与海洋经济的纽带，以规模效应降低产品流通、产业转移进程中的成本。

（四）政府参与是“一带一路”经济区现代物流体系准确定位的保障

“一带一路”经济区构建现代物流体系是区域经济发展的内在要求，着力物流设施、物流能力和物流服务子系统建设是市场经济机制运行的结果。但是，这一工程的顺畅推进需要政府参与，明确市场与政府在经济系统中的定位是市场经济体制日趋完善的重要表现。

1. 加大政策扶持力度

方向性明确的政策能够有效推动经济发展。以国际化理念为指引建设现代物流体系应当成为“一带一路”经济区“十三五”的发展重点，在明确发展导向的情况下，一方面，将发展激励机制提升至政策保障高度；另一方面，针对薄弱环节，制定匹配政策。

2. 强化金融引导作用

随着经济结构的调整和优化，金融在实体经济和网络经济领域日益重要，互联网金融与金融互联网在经济系统中的此消彼长就是有力佐证。“一带一路”经济区存在强劲的资金约束，这要求金融手段必须以更为灵活高效的方式配置资本。在“一带一路”经济区，较之金融支持和金融抑制，金融引导更为重要。在政策导向明确的前提下，金融以利益手段引导“一带一路”经济区以满足市场需求为原则进行物流设施、物流能力、服务质量等的优化，对顺应金融引导方向的建设主体给予金融支持，否则启动金融抑制。

3. 提升政府治理能力

新常态时期，在经济层面，政府治理能力应聚焦于对发展形势的把握，明确潜在竞争力的部门、行业和领域的方向。“一带一路”是中国新时期基于国际化视野制定的发展战略，在经济区的互联互通方面，政府的作用举足轻重。客观审视中国与“一带一路”沿线国家和地区的经济往来，为相关主体明确既能满足当前需求又能深化经济联系的现代物流体系发展定位，不仅是对政府治理能力的考验，也是经济区物流系统高效优质可持续发展的关键。

四、推进“一带一路”经济区现代物流体系建设的介质分析

在时空维度，信息技术使传统商务业态与网络经济业态并存于现代经济体系，这必然要求与其匹配的软硬件系统同步完善。现代物流体系是“一带一路”经济区现代经济体系的重要构件，将新型介质融入其发展进程是占优

选择。

（一）云计算能够消除物流对"一带一路"经济区发展的瓶颈制约

云计算是一种现代信息技术，依据对网络信息的访问量核算成本，能够为客户提供便捷、精确的信息服务。由于规模因素的介入能够在保障品质提升的前提下降低构建成本，因此，伴随着信息化进程加快，云计算将全面融入现代经济系统。在融入进程中，交易关系实现价值的直接性使云计算高权重融入商务平台，短期内，突破时空约束的交易关系极大地增加了消费者剩余和生产者剩余，但是最终交易质量还需以产品的实际交割为准绳来衡量，这对连接发货与收货的物流环节提出较高要求。

在实践中，云计算有效地扩展了商务发展平台，丰富了消费选择，但其在物流环节的缺失已经使物流成为电子商务系统的短板，有限的物流选择已经对无限的消费选择形成垄断。这样市场经济机制运行较好的发达地区依托大型物流枢纽能够给予同类型消费者更大的消费者剩余，如包邮、当日送达等。欠发达地区则因物流短板需要支付邮费，甚至再附加邮费，物流期较长，而这是"一带一路"经济区普遍面临的问题，"一带"地区尤甚，使诸多特色优势产品和资源难以获得合理的市场价值回报。因此，将云计算纳入网络营销平台的同时，"一带一路"经济区应积极将其融入现代物流体系。通过云技术整合能够为经济区经济运行提供服务的物流运营商，将物流线路、物流设施等高度整合，为一定性状的产品按顾客要求提供多种可选择的物流方案，激发物流商之间合理有序的市场竞争。

（二）大数据能够增值"一带一路"经济区的现代物流体系

精细化、专业化分工要求供应链各环节必须高精度、高效率对接，这有赖于海量信息数据的支撑，但是传统数据库软件难以在各个环节设定的时间范围内提供供应链所需要的信息数据，继而大数据出现。借助云平台，海量数据聚集为大数据技术应用提供了现实可能性，通过对数据的专业化捕获、存储、整理、分析，为经济系统奠定精确指引基础，故大数据的重大意义不在于集聚海量数据，而在于增值数据。在"一带一路"经济区现代物流体系的构建中，大数据有助于快速梳理物流线路、物流设施、物流手段等选择频次，在短期，依据客户要求消除物流薄弱环节，明确现代物流体系的发展方向。在中期，通过整合时间序列数据，筛选出经济区具有潜在国际竞争力的产品和市场，有助于产品所在地确定主导产业，各地区制定差别化市场开拓方案，以及合理选址境内仓、建设境外仓，还有助于加速通关一体化进程。在长期，基于经济区物流信息数据形成的现代物流体系具有极强的地域性，围绕区域特色产品和主导产业形成物流系统特色，这是“一带一路”经济区市场竞争力可持续提升的重要支撑。

（三）顶层设计互联互通能够保障跨境物流顺畅开展

“一带一路”经济区经济发展水平相近，马太效应显著，制约经济增长的因素具有相似性，因此，各经济主体应充分互联互通，搭建跨区域的产业价值链。物流是“一带一路”经济区经济发展中的短板，而经济增长速度和发展水平相近的经济区经济结构相似性和互补性特征显著，打造分工明确、内在联系紧密的现代物流体系必然有助于推进区内外的经济联系。

在实践中，首先，疏通信息交流平台。经济区各经济体应积极搭建信息交流平台，在共享经济发展成果的同时，共同探索突破制约供应链一体化进程的瓶颈，将物流发展现状展示于信息平台，为各经济体建立物流发展联系提供依据。其次，建立物流发展论坛机制。通过论坛平台，经济区物流建设相关主体能够定期交流发展理念、建设构想，有利于以宏观视角把握每一个经济体的主导产业发展动向、物流与经济匹配度等。以经济区经济现状为交流核心的常规论坛机制能够为“一带一路”区域建构符合发展需求的现代物流体系提供信息。再次，物流建设系统化。在相似的相对优势和劣势支撑下，经济区具有以宏观视角建立现代物流体系的可能性。可见，顶层设计的科学化是经济区现代物流体系的保障，这需要各经济体间互联互通。

（四）物联网能够提升现代物流体系运行的效率

“物联网”一词最早由麻省理工学院自动识别中心提出，逐渐在多领域推广，2005 年，国际电信联盟将其界定为“Internet of things”。初期，物联网仅着力扮演物与物之间的纽带，之后，扩展至人的范畴，以实现人与物、物与物虚拟空间与物理空间的有机结合。立足跨境幅度大的“一带一路”经济区，物联网是践行现代物流体系的硬件。由于经济区内的主导产业和优势产品具有极强的区域特质，专业化成为物联网顺畅运行的基本要求。

在实践中，通过高效融合信息技术、通信技术、网络技术等，首先要实现物流信息的数字化、可视化，即使同一类目下的商品也能进行表征差异性状态商品的数字化，提升信息识别的精准性。其次要针对客户的物流结果期望，整合信息资源，设计可选择的物流方案。在人与物的关系中，待客户确定物流方案后，启动物流活动，通过全球卫星定位系统、地理信息系统可以准确定位商品位置，通过无线射频识别、红外线、扫描等技术将商品的即时状况反馈于终端，系统自动调整物流方案，这些信息均同步告知客户，并且在得到许可的情况下进一步推进运行方案。最后要使商品在预期时间以预期状态送达客户。这有利于经济区的特色农产品拓展市场。在物与物的关系中，智能化、专业化、集成化、快捷化的物联网有助于供应链各环节的高效对接，尤其有利于资源的有效配置，决定着供应链一体化进程，对提高经济区大宗货物、矿产品的市场价值十分关键。

在经济区搭建物联网需要关注内外环境的优化。一方面，完成经济区内主导产业和优势产品的数字化工程、升级信息传输渠道等构件；另一方面，同步健全完善路联网、车联网等设施及多网融合对接技术及时进行更新和维护。此外，在保证信息安全的前提下，将各产业的局域网络与各主体的泛在网络高效对接，使商业信息低成本高效传输。显然，这是经济区自身能力无法企及的水平，需要各级政府大力投入人力、物力、财力等，唯有如此，“一带一路”经济区的现代物流体系才具有现实性。

五、“一带一路”经济区发展完善现代物流体系的路径探索

在结构性减速的新常态时期，培育新的经济增长点、激活经济系统内生动力成为中国区域经济发展的焦点。在“一带一路”经济区构建现代物流体系就是因地制宜弥补区域经济发展的短板，以此为媒介，消化区域内已经形成的过剩库存，这与国家当前倡导的供给侧结构性改革导向高度吻合。综合前文分析，“一带一路”经济区现代物流体系的每一组成部分均具有显著的区域经济特色，且需要现代信息技术充分介入，地域性的强劲约束使这一物流体系的发展路径必然具有特殊性。针对经济区主导产品特质和消费者个性化需求趋势，通过创新物流方式消除物流对经济区经济发展的制约，通过建构消费者反馈平台帮助制造业体系明确生产经营变革方向。可见，流通渠道和生产渠道是发展完善现代物流体系的有效路径，不仅有助于使现代物流体系成为供给侧时代“一带一路”经济区的经济增长点，还有助于激发经济区新型经济增长点的显现。

（一）电子商务是“一带一路”经济区发展现代物流体系的流通渠道

信息技术的不断革新使电子商务进入经济系统，加速现代经济体系的完善进程。凭借电子商务平台，以信任为基础，各经济主体获得了不受时空约束地增进收益的机会。客观剖析电子商务的出现，传统商务业态下，空间距离使销售半径对产业发展作用强劲，一定销售半径内难以实现经营目标的产品力争拓展市场空间的诉求是电子商务进入商务业态体系的直接动因，这与“一带一路”经济区产品产业发展现状高度契合。通过电子商务，经济区的主导产业能够获得更大的市场空间，但这是以消除物流短板为前提的。电子商务能够加速经济区现代物流体系的建设，在短期内，应当有侧重地完善基础设施，缓解当下物流周期长、费用高、到货信息滞后、运输半径有限等问题，消除物流对产品已有市场的威胁。从长期来看，为保障企业竞争力的可持续提升，借助电子商务平台反馈客户的物流需求信息，物流运营商创新物流方式，开拓物流线路，打造多样的物流方案，力争满足对同一产品不同的到货需求，实现物流领域的有效供给。可以说，现代物流体系将是“一带一路”经济区主导产业成为优势产业的加速器。

（二）物流业与制造业协同共进是发展现代物流体系的生产渠道

“中国制造 2025”战略是指引中国制造摆脱长期处于全球价值链低端的顶层设计，是应对国内经济处于结构性减速、部分产能过剩的解决方案。纵观世界经济趋势，供应链一体化态势显著不可逆，精细化分工与各环节无缝对接必须并存且相辅相成，对经济发展水平普遍滞后的“一带一路”经济区而言，这是机遇也是挑战。经济区的制造业价值链短，物流制约明显，传统路径下，距离供应链一体化较远，但这种滞后的现状使各产业转变发展方式、建构产业价值链的交易费用较低，这是经济区低成本打造经济区特色的基础。现代物流体系集合了现代信息技术和高端服务平台，扩展了经济区主导产品的市场销售半径。

在新常态时期，经济区产业竞争力提升的源泉在于生产能力“质”的跃升，而现代物流体系能够充分发挥物流的介质作用，各种产品需求和物流需求信息均及时全面反馈于经济主体。面对个性化、多样化的市场需求，依据物流系统传输的信息，经济区的主导产业应积极培育应对不同消费市场和消费群体的需求侧，重点设计差异化的生产经营方案。例如，物流效率低下问题，可以通过完善设施、开拓线路、细化通关一体化条款等路径解决，可将此理解为满足宏观个性化需求。在供应链各环节发展能力提升的前提下，物流与制造业加强联系的内生需求增强。通过云计算、大数据等手段，同一消费群体中的差异化需求明显，类需求作用日渐强劲。对有限理性的消费者而言，尚不具备完全明晰远期需求导向的能力，各供应链应当根据已有信息对消费者远期需求进行科学预估并进行相应的发展策略调整，将消费者个性化、多样化的潜在类需求充分融入供应链，着力于同一种产品满足不同主体需求的系列产品生产，不同到货需求的物流方案设计，使产品最终达到引导微观个性化市场需求的目的。以有效供给满足多维类需求的发展方式在低成本高效打造“一带一路”经济区现代物流体系的同时，也能实现供应链一体化、消除过剩产能、对接有效需求，促进经济区经济效率质的飞跃。

参考文献：

[1] 高新才．丝绸之路经济带与通道经济发展［J］．中国流通经济，2014（4）：92－96.

[2] 董千里．基于“一带一路”跨境物流网络构建的产业联动发展［J］．中国流通经济，2015（10）：34－41.

[3] 王娟娟，秦炜．“一带一路”经济区电子商务新常态模式探索［J］．中国流通经济，2015（5）：46－54.

[4] 王娟娟．京津冀协同区、长江经济带和“一带一路”互联互通研究［J］．中国流通经济，2015（10）：64－70.

[5] 王娟娟，王瑞．基于农产品云物流完善食品安全体系［J］．西北民族大学学报，2015（5）：91－98.

[6] 王佳宁“中国制造 2025”的六重玄机［J］．改革，2015（4）：6－25.

[7] 埃德加·胡佛．区域经济学导论［M］．北京：商务印书馆，1982：57.

[8] 杨申燕，胡斌．物联网环境下物流服务创新的发展路径探析［J］．理论月刊，2014（6）：147－150.

[9] 徐娜，齐欣．全球价值链中的最优生产组织决策模型研究［J］．经济问题，2015（1）：94－98.

基金项目：国家社科基金项目“青藏高原区生态补偿成本计量及分摊研究”（12XJY006）；兰州市科技局规划项目“丝绸之路经济带兰州新区功能定位研究”

作者简介：王娟娟（1981—），女，甘肃省兰州市人，兰州财经大学教授，硕士生导师，经济学博士，主要研究方向为区域经济学、生态经济学、电子商务、物流管理、供应链管理。

基于 LPI 的丝绸之路经济带物流绩效分析

鄢　飞　王　译
（西安工程大学管理学院，陕西西安 710048）

摘要：交通和物流是经济建设与发展的基础和保障。丝绸之路经济带各相关国家和地区物流绩效水平的提高和改善，有利于促进经济带物资与信息流动的效率和效益，挖掘经济带物流规模与潜力，带动经济升级发展。基于丝绸之路经济带一体化发展的需要，按照物流发展的客观要求，提升各国和地区物流绩效水平，实现地区间物流高效衔接与有机协调，是一个亟待解决的重大战略问题。为给丝绸之路经济带各相关国家和地区物流发展决策提供参考，可选用物流绩效指数（LPI）指标对丝绸之路经济带各国和地区物流绩效进行描述和分析，进而运用对应分析法对我国及中亚五国物流绩效与构成要素之间关系进行对比分析。研究发现，丝绸之路经济带物流绩效整体水平低于世界平均水平，其中海关效率和物流基础设施质量是制约经济带物流发展的两大问题；丝绸之路经济带各国间物流绩效的差异正在逐渐加大；物流绩效相关因素对不同国家的影响不同。该研究结论可为丝绸之路经济带相关国家物流发展决策提供参考。

关键词：丝绸之路经济带；物流绩效；物流绩效指数；对应分析

一、引言

自 2013 年习近平主席提出丝绸之路经济带战略构想以来，该经济带已经被公认为世界上最长、最具发展潜力的经济大走廊。习近平主席提出的“政策沟通、道路联通、贸易畅通、货币流通、民心相通”，是建设丝绸之路经济带的必要条件，而其中交通和物流则是建设和发展经济带的基础和保障。丝绸之路经济带上相关国家和地区物流绩效水平的提高与改善将有利于促进经济带物资与信息流动的高效性和经济性，挖掘经济带物流规模与潜力，从而带动经济升级发展。因此，基于丝绸之路经济带一体化发展的需要，按照物流发展的客观要求，提升各国和地区物流绩效水平，实现地区间物流高效衔接与有机协调，是一个亟待解决的重大战略问题。

对近年来有关丝绸之路的研究资料进行检索和整理发现，自 2000 年以来，相关研究文献数量逐年提高，总体呈现出平稳增长的趋势。其研究视角包括传统丝绸之路、海上丝绸之路、西南丝绸之路、草原丝绸之路、东北亚丝绸之路等；研究主题较多结合宗教学、考古学、语言学、民族学、文化交流、旅游业等多个领域展开。但从物流、交通领域看，2013 年以前直接以“丝绸之路”命名的研究文献不多，多见于亚欧大陆桥相关研究。自 2013 年以来，明确以“丝绸之路经济带”为主题的相关研究迅速增温，在学术界掀起了一股研究的热潮，物流方面的研究也是重点之一。目前，关于丝绸之路经济带物流方面的研究成果主要集中在基础设施、通道建设、区域经济影响等方面。例如，吕承超等研究得出，丝绸之路经济带交通基础设施发展存在空间非均衡性特征，并从经济、人力资源、对外贸易、地理等方面入手分析了相关影响因素；王争鸣从战略层面提出了丝绸之路经济带国际国内铁路通道布局方案；汪鸣等按照丝绸之路经济带物流业与相关产业密切衔接发展的路径，提出了物流系统建设与发展的思路；崔敏等对丝绸之路经济带中西部 9 大省市区物流需求与发展水平的异质性进行了探讨；刘育红等基于引力模型检验了交通基础设施对丝绸之路经济带区域经济一体化的影响。

从物流发展绩效水平研究看，目前形成了几种不同的切入点，所采用的测度方法与指标也不尽相同，其中最常见的研究角度是以交通运输、仓储和邮政业相关统计数据为代表，采用模糊综合评价、层次分析、因子分析、主成分分析、聚类分析等方法对不同区域的物流绩效进行评价。有学者从物流效率角度进行评价，如刘秉镰等采用数据包络分析模型和托宾模型，分析了我国物流业地区间效率差异及其影响因素；田刚等采用外生性影响因素与随机前沿生产函数模型联合估计方法，研究了我国各地区物流业技术效率差异及其影响因素；李忠民等采用数据包络分析模型的曼奎斯特指数分析法对我国丝绸之路经济带物流设施效率进行了分析；袁丹等采用曼奎斯特指数方法测算了我国丝绸之路经济带物流业全要素生产率，并分析了其影响因素。近年来，由世界银行提出的物流绩效指数（LPI）被越来越多的国内外学者选用作为衡量各国和地区物流绩效水平的测量指标，比如黄伟新等选取 LPI 衡量国际物流绩效，并运用贸易引力模型实证分析了丝绸之路经济带国际物流绩效对中国机电产品出口的影响；樊秀峰等也以 LPI 为切入点，对海上丝绸之路经济带沿线国家和地区的物流发展水平进行了描述和分析，分析了物流绩效对中国进出口贸易的影响。

本文拟尝试使用 LPI 指标对丝绸之路经济带相关国家和地区的物流绩效水平进行分析和比较，找出所存在的主要问题及其影响因素，并提出有针对性的发展建议，以期为相关国家和地区物流发展决策提供参考。

二、研究对象与指标说明

（一）研究对象

丝绸之路经济带是跨国型经济带，其规模超出了一般意义上的区域经济带。关于如何界定丝绸之路经济带地理空间范围，目前尚无完全统一的定论。有不少学者对丝绸之路经济带进行了不同层次的界定，如郭爱君等指出，广义的范围包括陆上丝绸之路和海上丝绸之路两个空间范畴，狭义的范围仅限于我国 14 个省市区与中亚五国及部分区域，并从国家层面、地域层面和节点（城市）层面进行了分析；卫玲等提出，广义的丝绸之路经济带基本上与古丝绸之路重叠，指沟通西太平洋与波罗的海和地中海的广大区域，狭义的空间范围仅限于我国与中亚五国的部分区域；胡鞍钢等以我国作为丝绸之路经济带东端的起点，向西一路划分为中亚经济带（核心区）、环中亚经济带（重要区）与亚欧经济带（拓展区）；白永秀等提出，丝绸之路经济带核心区包括中国、中亚五国和俄罗斯，拓展区包括南亚、西亚、蒙古、东南亚、东欧等国家和地区，辐射区包括日韩、欧盟、非洲等国家和地区；冯宗宪等根据地理位置与经济特征的不同，将丝绸之路经济带划分为四个区域，即中亚地区、南亚地区、西亚地区、中东欧地区；岳亮等指出，核心区域是上海合作组织的 6 个成员国、5 个观察员国和欧亚经济共同体国家；李玮基于对丝绸之路经济带的战略考量，提出了"64 + 1"覆盖范围的国家和地区列表。

综合相关研究，本文以中国、中亚五国（哈萨克斯坦、乌兹别克斯坦、吉尔吉斯斯坦、土库曼斯坦、塔吉克斯坦）、蒙古、印度、巴基斯坦、孟加拉国、阿富汗、沙特阿拉伯、伊拉克、伊朗、以色列、土耳其、叙利亚、俄罗斯、立陶宛、乌克兰、罗马尼亚、克罗地亚、白俄罗斯等国家和地区作为研究对象。

（二）指标说明与数据来源

2007 年，世界银行提出了物流绩效指数（LPI），用来衡量世界各国和地区的物流绩效发展水平。LPI 根据全球性问卷调查结果得出，该调查由世界银行联合学术机构、国际组织、私营企业以及国际物流从业人员共同完成，要求被调查对象就相关方面进行评价。LPI 是首个对各国物流绩效发展水平进行评价的综合指标，世界银行分别于 2007 年、2010 年、2012 年、2014 年公布了世界各国和地区的 LPI 得分情况。

2007 年 LPI 包含七个构成要素，2010 年之后调整为六个构成要素，物流绩效指数的综合分数可以反映出根据这六个要素所建立的对某一国家或地区物流的认知。物流绩效指数的取值范围为 1 ~ 5，分数越高代表绩效越好。见表 2 – 1。

表 2 – 1 LPI 构成要素

物流绩效指数（LPI）综合分数（1 = 很低，……，5 = 很高）					
海关效率（Customs）	物流基础设施质量（Infrastructure）	国际运输便利性（International Shipments）	物流服务质量和能力（Logistics Quality and Competence）	货物可追溯性（Tracking and Tracing）	物流运输及时性（Timeliness）
清关程序的效率	贸易与运输相关基础设施和信息技术设备的质量	安排价格具有竞争力的货运的难易度	物流服务的能力和质量	追踪查询货物的能力	货物在预定或预期时间内到达收货人的频率

从 LPI 的构成要素看，LPI 更倾向于对跨国物流绩效进行综合测评，因此本文选择该指标反映丝绸之路经济带各国物流绩效的状况。各年的数据资料均来自世界银行数据库与中国国家统计局数据库。

三、丝绸之路经济带各国物流绩效总体水平分析

（一）2007—2014 年各国物流绩效及其变化状况

2007—2014 年，丝绸之路经济带各相关国家 LPI 得分及世界排名情况，

见表2-2。根据相关数据，可进一步计算得到丝绸之路经济带LPI均值得分与世界LPI均值得分，具体见表2-3。可以发现，丝绸之路经济带LPI均值低于世界LPI均值，说明丝绸之路经济带整体物流发展水平仍然较低。观察均值变化趋势可以发现，2007—2014年丝绸之路经济带LPI均值变化趋势与世界整体变化趋势一致，均表现出逐年改善的态势。其中，受全球金融危机的影响，2007年物流绩效指数均值相对较低，2007—2010年绩效的改善较为明显。

表2-2 2007—2014年丝绸之路经济带主要国家LPI得分

国家	2007年		2010年		2012年		2014年	
	LPI	世界排名	LPI	世界排名	LPI	世界排名	LPI	世界排名
中国	3.32	30	3.49	27	3.52	26	3.53	28
土耳其	3.15	34	3.22	39	3.51	27	3.50	30
罗马尼亚	2.91	51	2.84	59	3.00	54	3.26	40
以色列	3.21	33	3.41	31	—	—	3.26	41
立陶宛	2.78	58	3.13	45	2.95	58	3.18	46
沙特阿拉伯	3.02	41	3.22	40	3.18	37	3.15	49
印度	3.07	39	3.12	47	3.08	46	3.08	54
克罗地亚	2.71	63	2.77	74	3.16	42	3.05	55
乌克兰	2.55	73	2.57	102	2.85	66	2.98	61
埃及	2.37	97	2.61	92	2.98	57	2.97	62
巴基斯坦	2.62	68	2.53	110	2.83	71	2.83	72
哈萨克斯坦	2.12	133	2.83	62	2.69	86	2.70	88
俄罗斯	2.37	99	2.61	94	2.58	95	2.69	90
白俄罗斯	2.53	74	—	—	2.61	91	2.64	99
伊朗	2.51	78	2.57	103	2.49	112	—	—
孟加拉国	2.47	87	2.74	79	—	—	2.56	108
塔吉克斯坦	1.93	146	2.35	131	2.28	136	2.53	114
乌兹别克斯坦	2.16	129	2.79	68	2.46	117	2.39	129
蒙古	2.08	136	2.25	141	2.25	140	2.36	135
土库曼斯坦	—	—	2.49	114	—	—	2.30	140
吉尔吉斯斯坦	2.35	103	2.62	91	2.35	130	2.21	149
叙利亚	2.09	135	2.74	80	2.60	92	2.09	155
阿富汗	1.21	150	2.24	143	2.30	135	2.07	158

数据来源：世界银行统计数据库（http://lpi.worldbank.org/）

表 2－3　2007—2014 年 LPI 均值比较

年份	丝绸之路经济带 LPI 均值	世界 LPI 均值	差异
2007	2. 53	2. 74	0. 21
2010	2. 78	2. 87	0. 09
2012	2. 78	2. 87	0. 09
2014	2. 79	2. 89	0. 10

（二）2014 年各国物流绩效构成要素分析

2014 年丝绸之路经济带相关国家 LPI 构成要素得分具体情况可参见表 2－4。

表 2－4　2014 年丝绸之路经济带主要国家 LPI 构成要素状况

国家	LPI	海关效率	物流基础设施建设	国际运输便利性	物流服务质量和能力	货物可追溯性	物流运输及时性
中国	3. 53	3. 21	3. 67	3. 50	3. 46	3. 50	3. 87
土耳其	3. 50	3. 23	3. 53	3. 18	3. 64	3. 77	3. 68
罗马尼亚	3. 26	2. 83	2. 77	3. 32	3. 20	3. 39	4. 00
以色列	3. 26	3. 10	3. 11	2. 71	3. 35	3. 20	4. 18
立陶宛	3. 18	3. 04	3. 18	3. 20	2. 99	3. 17	3. 60
沙特阿拉伯	3. 15	2. 86	3. 34	2. 93	3. 11	3. 15	3. 55
印度	3. 08	2. 72	2. 88	3. 20	3. 03	3. 11	3. 51
克罗地亚	3. 05	2. 95	2. 92	2. 96	3. 00	3. 11	3. 37
乌克兰	2. 98	2. 69	2. 65	2. 95	2. 84	3. 20	3. 51
埃及	2. 97	2. 85	2. 86	2. 87	2. 99	3. 23	2. 99
巴基斯坦	2. 83	2. 84	2. 67	3. 08	2. 79	2. 73	2. 79
哈萨克斯坦	2. 70	2. 33	2. 38	2. 68	2. 72	2. 83	3. 24
俄罗斯	2. 69	2. 20	2. 59	2. 64	2. 74	2. 85	3. 14
白俄罗斯	2. 64	2. 50	2. 55	2. 74	2. 46	2. 51	3. 05
孟加拉国	2. 56	2. 09	2. 11	2. 82	2. 64	2. 45	3. 18
塔吉克斯坦	2. 53	2. 35	2. 36	2. 73	2. 47	2. 47	2. 74
乌兹别克斯坦	2. 39	1. 80	2. 01	2. 23	2. 37	2. 87	3. 08
蒙古	2. 36	2. 20	2. 29	2. 62	2. 33	2. 13	2. 51
土库曼斯坦	2. 30	2. 31	2. 06	2. 56	2. 07	2. 32	2. 45

（续表）

国家	LPI	海关效率	物流基础设施建设	国际运输便利性	物流服务质量和能力	货物可追溯性	物流运输及时性
吉尔吉斯斯坦	2.21	2.03	2.05	2.43	2.13	2.20	2.36
叙利亚	2.09	2.07	2.08	2.15	1.82	1.90	2.53
阿富汗	2.07	2.16	1.82	1.99	2.12	1.85	2.48

进一步可以得到LPI六大构成要素得分均值情况，具体可参见表2-5。可见，丝绸之路经济带LPI各构成要素的均值同样低于世界均值。其中，得分最低的是海关效率，其次是物流基础设施质量，得分最高的是物流运输及时性，这与世界整体特点是一致的。可见，对跨国物流运作而言，海关和物流基础设施质量是两个比较关键的制约因素。

表2-5 2014年LPI构成要素均值比较

	LPI	海关效率	物流基础设施建设	国际运输便利性	物流服务质量和能力	货物可追溯性	物流运输及时性
丝绸之路经济带LPI均值	2.79	2.56	2.63	2.79	2.74	2.82	3.17
世界LPI均值	2.89	2.73	2.77	2.86	2.85	2.90	3.25
差异	0.10	0.17	0.14	0.07	0.11	0.08	0.08

（三）各国物流绩效发展差异分析

为测算各国物流绩效发展水平的差异，本文选用变异系数来进行分析。变异系数所衡量的是样本标准差相对于平均数的大小。运用变异系数对丝绸之路经济带各国历年的LPI得分进行计算可以得出，2007年的变异系数为0.20，2010年的变异系数为0.1268，2012年的变异系数为0.14，2014年的变异系数为0.1582。可以发现，2007—2010年各国物流绩效的差异明显减小，但自2010年以来，变异系数出现了逐年递增的趋势，说明近年来丝绸之路经济带各国物流绩效的差异正在逐渐加大。

进一步运用变异系数对丝绸之路经济带各国LPI构成要素得分进行比较分析，计算结果参见表2-6。可见，2007年各国物流绩效的差异在货物可追溯性方面是最大的，其次是物流服务质量和能力；2010 年各国物流绩效的差异在物流基础设施质量方面是最大的，其次是海关效率及物流服务质量和能力；2012 年各国物流绩效的差异仍然是在物流基础设施质量方面最大，其次是货物可追溯性及物流服务质量和能力；2014 年的情况与 2012 年类似，同时各构成要素的差异均有所加大。

表 2-6　2007—2014 年丝绸之路经济带主要国家 LPI 构成要素变异系数比较

年份	海关效率	物流基础设施建设	国际运输便利性	物流服务质量和能力	货物可追溯性	物流运输及时性
2007	0.1800	0.2100	0.2100	0.2300	0.2400	0.1900
2010	0.1575	0.1937	0.1170	0.1544	0.1369	0.1136
2012	0.1400	0.1700	0.1400	0.1500	0.1600	0.1400
2014	0.1662	0.1979	0.1355	0.1754	0.1869	0.1677

四、丝绸之路经济带核心区六国物流绩效的对应分析

作为一个大的经济系统，如果丝绸之路经济带各国之间物流绩效差异过大，将不利于丝绸之路经济带的一体化发展。这是因为，一个系统的牢固程度取决于其最薄弱的环节，其他环节即使绩效再高，也难以带来整体绩效的增长，必须找出差距，找到薄弱环节，有针对性地进行改善。本文以位于丝绸之路经济带核心区的六个国家（中国、哈萨克斯坦、乌兹别克斯坦、吉尔吉斯斯坦、土库曼斯坦、塔吉克斯坦）为例，运用对应分析法进一步探讨丝绸之路经济带各国物流绩效与构成要素之间的关系，找出对相应国家物流绩效起主导作用的因素，进而找到需要重点改进的方面，以最大限度提高其物流绩效水平。

（一）对应分析法的基本原理

对应分析法（Correspondence Analysis）是在 R 型因子分析和 Q 型因子分析的基础上发展起来的一种多元统计分析方法，又称 R-Q 型因子分析。该方法把 R 型与 Q 型因子分析结合起来，利用降维的思想，通过对数据表中行和列的处理来寻求低维图形以表示数据表中行和列的关系。这种方法可将众多变量和样本同时反映到同一图形上，由此来揭示所研究变量与样本之间的对

应关系。对应分析法是一种直观、简单、方便的多元统计方法，能够比较准确地评价不同国家之间物流绩效的区分度，从而可以较好地评估各国物流发展的定位问题，把握需要重点改善的环节。

（二）对应分析结果及解释

利用 SPSS17.0 软件，输入 2014 年丝绸之路经济带核心区六国的 LPI 六大构成要素得分数据，完成对应分析，结果如图 2 - 1 所示。前两个维度累计解释了 95.2% 的信息，这是比较理想的，其中第一个维度占 76.9%，第二个维度占 18.3%。以图形原点（0，0）为中心绘制分界线，将图形分割成四个象限，左上方定义为第一区，左下方为第二区，右下方为第三区，右上方为第四区。从图形原点（0，0）出发向任意两个点（图中以影响因素为例）做向量，如夹角为锐角则表示两个因素具有相似性，锐角越小越相似。

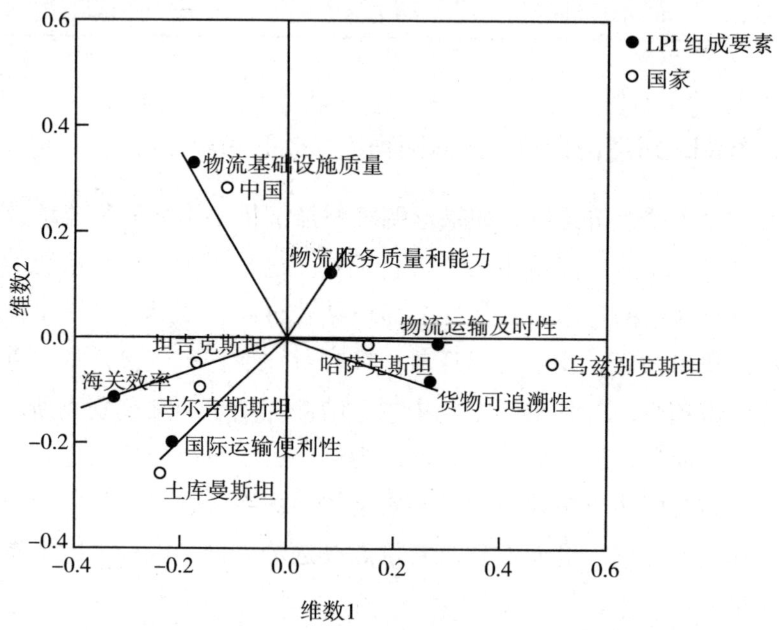

图 2 - 1 对应分析图

根据对应分析图，可得出如下结论：

（1）总体来看，中国位于图形的上半区域，中亚五国均位于图形的下半区域。中国与中亚五国距离较远，说明中国与中亚五国物流绩效之间的差距是很明显的。

（2）“中国”和“物流基础设施质量”落在第一区，说明这两个点之间关联度更大。相对来说，中国物流基础设施质量较好，而其余五国物流基础设施比较落后，但中国需要进一步改善海关效率、货物可追溯性、国际运输便利性三个方面。

（3）“塔吉克斯坦”“吉尔吉斯斯坦”“土库曼斯坦”“海关效率”“国际运输便利性”落在第二区，说明塔吉克斯坦、吉尔吉斯斯坦、土库曼斯坦这三个国家在海关效率、国际运输便利性方面相对较好，但仍然需要改进物流运输及时性与货物可追溯性。

（4）“哈萨克斯坦”“乌兹别克斯坦”“物流运输及时性”“货物可追溯性”落在第三区，说明哈萨克斯坦和乌兹别克斯坦在物流运输及时性和货物可追溯性方面相对较好，但仍然需要关注海关效率、国际运输便利性。

（5）第四区只有“物流服务质量和能力”，而土库曼斯坦距离该点最远，说明土库曼斯坦的物流服务质量和能力最为薄弱。

（6）根据向量夹角判断，物流运输及时性与货物可追溯性比较相似，因为货物可追溯性高说明物流运输过程中监控到位，问题反馈与处理效率高，从而更能保证到货的及时性。海关效率和国际运输便利性比较相似，两者存在一种相辅相成、相互影响的作用。此外，物流服务质量和能力与物流基础设施质量、物流运输及时性、货物可追溯性均相关，这些都是影响物流服务质量和能力的重要方面。

五、结论与建议

本文选取 LPI 对丝绸之路经济带主要国家的物流绩效进行描述与分析，并运用对应分析法对中国和中亚五国进行对比分析，得出了以下主要结论：

第一，丝绸之路经济带物流绩效整体水平低于世界平均水平，从构成要素看，海关效率和物流基础设施质量得分更低，成为制约丝绸之路经济带物流发展的两大问题。

第二，由于经济发展水平、自然地理环境、资源条件等方面的差异，丝绸之路经济带各国和地区之间经济发展很不均衡。经济带上各国和地区的物流发展水平不仅与世界其他国家和地区，特别是欧美发达国家之间存在巨大差距，且内部各国和地区之间的物流发展水平也存在较大差异。近年来，各国和地区物流绩效的差异正在逐渐加大，其中物流基础设施质量之间的差异更为明显。

第三，物流绩效六大构成要素对不同国家或地区的影响不同。借助对应分析图能够找出各国相对的优势和劣势，从而提供改善的方向。如中国在物流基础设施质量方面具有明显的比较优势，塔吉克斯坦、吉尔吉斯斯坦、土库曼斯坦在海关效率、国际运输便利性方面相对较好，哈萨克斯坦、乌兹别克斯坦在物流运输及时性、货物可追溯性方面相对较好，而土库曼斯坦的物流服务质量和能力最为薄弱。

根据以上结论，本文提出如下建议：

第一，优先考虑提升海关现代化水平，加强边境管理部门之间的协调。丝绸之路经济带各国和地区的海关及相关部门务必要建立联络协同机制，实现通关信息整合，简化审批手续，提高作业电子化水平，优化口岸通关作业流程，大大提升通关效率。

第二，重点改善物流基础设施质量，加强现代化信息技术的应用。提升物流基础设施质量是丝绸之路经济带各国和地区需要共同关注的一个主要问题。丝绸之路经济带上的很多国家和地区物流基础设施规模小，技术水平低，通信设施落后，必须大力提高和改善。首先，要加强主要港口、货运站、机场、集装箱中转站等物流节点的建设，加快发展多式联运，在重要节点形成国际物流枢纽，提高货物中转效率和服务能力，加强增值性物流配套服务功能。其次，实现物流网络不同运输方式间的立体式协同发展，提升和平衡经济带物流通道的整体通过能力。既要合理加大基础设施投入力度，又要充分挖掘存量资源潜力，通过降低运费、提高运力运速、加快换装能力等来增强物流通道竞争力。再次，尽快统一物流标准化工作，包括干线轨距、设施设备、运作技术标准等，解决网络衔接不畅等技术问题。最后，要注重现代化通信与IT设备的应用。由于丝绸之路经济带各国和地区经济发展水平不同，在物流基础设施、技术装备等方面存在结构性矛盾，严重制约着物流过程中的通行、换装、运载能力。作为一个系统，丝绸之路经济带的物流基础设施需要实现网络化、系统化，但某一环节的改进并不能弥补其他环节的薄弱之处，因此从丝绸之路经济带一体化发展的角度看，不同国家或地区投入和改善的重点应当有所不同。例如，中国可考虑加强基础设施建设的输出和支援，而中亚五国基础设施十分落后，建设缓慢，应首先加快基础设施建设，提高基础设施规模和水平。

第三，加强政府治理，营造良好的制度环境。物流绩效在很大程度上取决于政策与制度环境，包括商贸环境、规章制度、政府治理等，考虑到丝绸之路经济带跨国界、跨区域的特殊性，更需要政府的领导和扶持。丝绸之路经济带各国或地区的政府要为经济带一体化发展提供良好的制度环境，要通过沟通协调，制定和实施统一便利的保税通关制度、运价政策、投融资政策等，简化中转环节，打通不畅的政策关卡。

参考文献：

[1] 鄢飞，董千里．丝绸之路经济带大物流系统协调发展机理［J］．物流技术，2015（1）：1－4.

[2] 吕承超，徐倩．新丝绸之路经济带交通基础设施空间非均衡及互联互通政策研究［J］．上海财经大学学报，2015（2）：44－53.

[3] 王争鸣．“丝绸之路经济带”铁路通道发展战略研究［J］．铁道工程学报，2014（1）：24－31.

[4] 汪鸣，王彦庆．丝绸之路经济带物流系统建设发展思路［J］．交通建设与管理，2013（12）：20－23.

[5] 崔敏，魏修建．西部物流业生产率变迁与发展异质性分析——基于丝绸之路经济带的构建［J］．软科学，2015（4）：29－32.

[6] 刘育红，王曦．“新丝绸之路”经济带交通基础设施与区域经济一体化——基于引力模型的实证研究［J］．西安交通大学学报：社会科学版，2014（2）：43－48.

[7] 刘秉镰，余泳泽．我国物流业地区间效率差异及其影响因素实证研究［J］．中国流通经济，2010（9）：18－21.

[8] 田刚，李南．中国物流业技术效率差异及其影响因素研究——基于省级面板数据的实证分析［J］．科研管理，2011（7）：34－44.

[9] 李忠民，夏德水．我国丝绸之路经济带物流设施效率分析——基于DEA模型的Malmqusit指数方法［J］．西安财经学院学报，2014（5）：71－77.

[10] 袁丹，雷宏振．丝绸之路经济带物流业效率及其影响因素［J］．中国流通经济，2015（2）：14－20.

[11] 黄伟新，龚新蜀．丝绸之路经济带国际物流绩效对中国机电产品出口影响的实证分析［J］．国际贸易问题，2014（10）：56－66.

[12] 樊秀峰，余姗．“海上丝绸之路”物流绩效及对中国进出口贸易影响实证［J］．西安交通大学学报：社会科学版，2015（3）：36－43.

[13] 郭爱君，毛锦凰．丝绸之路经济带：优势产业空间差异与产业空间布局战略研究［J］．兰州大学学报：社会科学版，2014（1）：40－49.

[14] 卫玲，戴江伟．丝绸之路经济带：超越地理空间的内涵识别及其当代解读［J］．兰州大学学报：社会科学版，2014（1）：31－39.

[15] 胡鞍钢，马伟，鄢一龙．“丝绸之路经济带”：战略内涵、定位及实现路径［J］．新疆师范大学学报：哲学社会科学版，2014（2）：1－10.

[16] 白永秀，王颂吉．价值链分工视角下丝绸之路经济带核心区工业经济协同发展研究［J］．西北大学学报：哲学社会科学版，2015（3）：41－49.

[17] 冯宗宪，王珏，王华．丝绸之路经济带建设的区域差异化研究——基于可变交易成本的区域均衡模型［J］．西安交通大学学报：社会科学版，2015（3）：12－18.

[18] 岳亮，等．陕西在丝绸之路经济带建设中发挥新起点和桥头堡作用研究［C］//任宗哲，石英，白宽犁．丝绸之路经济带发展报告（2014）．北京：社会科学文献出版社，2014：24－39.

[19] 李玮．丝绸之路经济带覆盖范围的战略考量［C］//任宗哲，石英，白宽犁．丝绸之路经济带发展报告（2014）．北京：社会科学文献出版社，2014：91－100.

基金项目：陕西省软科学研究计划项目“丝绸之路经济带物流发展差异与协调问题研究”（2015KRM014）；陕西省社会科学基金项目“丝绸之路经济带大物流系统协调发展机理及对策”（13SC012）；陕西省教育厅科研计划项目“‘一带一路’战略背景下陕西省物流产业多层次协同发展体系构建及其状态测评”（16JK1304）；陕西省软科学研究计划项目“陕西资源主导型企业协同创新研究——面向协同创新的资源主导型企业战略导向与资源配置问题研究”（2014KRM37－01）

作者简介：鄢飞（1979—），女，湖南省株洲市人，博士，西安工程大学管理学院副教授，主要研究方向为物流与供应链管理。

王译（1985—），女，陕西省西安市人，博士，西安工程大学管理学院教师，主要研究方向为交通运输经济。

“一带一路”倡议红利下跨境电商发展对策

韦斐琼
（中国人民大学商学院，北京市 100872）

摘要：“一带一路”倡议为沿线国家和地区带来巨大红利，也对我国跨境电商发展显示出极大的正效应。从短期看，可以将跨境电商发展水平提升50%以上，从长期看，则可以提升60%以上。因此，应充分利用“一带一路”倡议实施过程中出台的相关优惠政策，尤其是沿线各省区市应充分利用自身优势，明确本区域产品在“一带一路”区域的市场份额和潜在空间，因地制宜，加速发展跨境电商，将理论利好转化为现实利益；以跨境电商为着力点缩小区域差距，实现区域间均衡发展；强化以个性化和多样化需求为主导的消费理念，为“一带一路”区域的消费者提供低成本的消费倍增平台；积极推进“一带一路”区域多式联运同步发展，实现各种运输方式的高效对接，消除物流和法律瓶颈，推动跨境电商质和量齐头并进。

关键词：跨境电商；跨境物流；“一带一路”；电商物流；电商繁荣程度

一、导言

随着“一带一路”倡议的国际认可度不断提升，越来越多的国家和地区参与其中，为了将“一带一路”区域发展成经济结构互补性和竞争性显著的经济区，诸多优惠和扶持政策相继出台，其中与发展迅猛的跨境电商相匹配的政策良多。在金融危机之后，各个经济体都在探寻新的经济增长点，跨境电商成为诸多国家和地区的占优选择。李克强总理访问俄罗斯时指出，应该大力推动中俄跨境电子商务合作，加强“一带一路”地区的经济往来。在我国国内，各省市围绕跨境电商发展积极布局，“一带一路”沿线省份更是大面积推出利好政策，促进跨境电商的快速发展。

二、中国跨境电商发展现状

跨境电商主要指的是跨境网络贸易，是互联网发展到一定阶段的新型贸易形态，是电子商务和跨境贸易的有机结合，也是普通百姓直接参与国际贸易的重要渠道。根据万国邮政联盟（UPU）国际邮政包裹的数据，2011—2014年，国际包裹增长了48%；2015年，全球跨境电子商务报告也显示，全球跨境电子商务以两位数的速度增长。全球金融危机之后，跨境电商在我国迅速发展，与传统贸易的低迷形成鲜明对比，成为我国对外贸易的新生力量。

（一）跨境电商规模不断扩大

从表2-7可知，2010—2015年，我国跨境电商交易规模不断扩大，占进出口贸易总规模的比重从2010年的4.4%增加到2015年的19.5%，约占进出口贸易总额的五分之一。2015年，跨境电商中的零售进口业务更是出现了爆发式增长。2016年10月，中国跨境电商领袖峰会宣布，2016年上半年跨境电子商务交易规模为2.6万亿元，同比增长30%。在外贸形势空前严峻复杂之际，跨境电商成为助力中国外贸抵挡"寒冬"、实现"优进优出"重要手段。

表2-7　2010—2015年我国进出口贸易及跨境电商交易规模

单位：万亿元

年份	进出口交易总规模	跨境电商交易规模
2008	18.0	0.8
2009	15.1	0.9
2010	20.2	1.2
2011	23.6	1.6
2012	24.4	2.0
2013	25.8	2.7
2014	26.4	3.75
2015	24.6	4.8

数据来源：商务部、海关总署

（二）跨境电商的创汇能力逐步提升

依据商务部和中国电子商务研究中心的数据，从进出口结构来看，出口在我国跨境电商的业务中占绝大多数，但进口所占比例也在逐年提高，这反映了中国各地出口创汇的巨大潜力。目前，出口在我国跨境电商交易中占比为86.7%，进口占比为13.3%，利用跨境电商促进进口有很大的潜力。从交易模式来看，我国跨境电商交易中B2B的份额超过90%，由于B2B交易量较大，订单较为稳定（见表2－8），但随着“一带一路”政策降低了电商物流成本，B2C有很大的增长空间。从贸易对象上看，在出口端，美国和欧盟市场较为稳定，东盟等群体增长迅速，进口端以美国、日本、新西兰发达国家为主。而跨境电商的卖家集中分布于东部沿海省份，中西部地区尤其是“丝绸之路经济带”沿线省份如能快速发展，将给我国跨境电商注入强劲的动力。

表2－8　2011—2015年中国出口跨境电商市场交易规模

年份	交易金额/万亿元	B2B市场交易金额/万亿元	网络零售市场交易金额/万亿元	网络零售占比/%
2011	1.55	1.37	0.18	10.3
2012	1.86	1.64	0.22	11.7
2013	2.7	2.32	0.38	13.2
2014	3.57	3.03	0.54	15.2
2015	4.5	3.78	0.77	16.8

数据来源：中国电子商务研究中心

总体来看，我国跨境电商已经具备了相当大的规模，并且在进出口增长疲软的环境下依然实现了较快的增长，即将成为我国对外贸易新的增长点。“一带一路”倡议下，政府将大力推动基础设施建设，改善贸易环境，这些政策都将利好于跨境电商的发展。

三、“一带一路”倡议加速我国跨境电商发展

“一带一路”倡议给沿线国家和地区带来巨大红利，能够快速推进这一区域各个经济体之间的互联互通，作为发起国，中国也是重要的受益国之一。目前，围绕“一带一路”倡议形成的发展红利主要体现在以下几个方面：第一，加强了基础设施建设，促进跨境路网和口岸建设，降低了流通成本。第二，为对外贸易往来提供政策支持，在清关、税收等方面都出台了一系列专项政策，国际贸易摩擦减少。第三，使国际交流更加频繁，多边文化经济交

流加深，为中国企业走出去、为商品双向流通提供潜在市场。这些红利使我国与“一带一路”沿线国家和地区经济合作的跨境成本快速降低，不断消除贸易瓶颈，为中国制造和中国企业“走出去”提供良好的发展机遇，成为中国跨境电商快速发展的重要保障。

（一）“一带一路”倡议为跨境电商发展提供政策支持

随着“一带一路”倡议成为各界焦点，一系列优惠和扶持政策在相应领域陆续出台。为了在外贸寒冬期使跨境电商成为我国经济发展的新增长点，中央政府相关部门及各地方政府相继出台了鼓励跨境电商发展的优惠政策（参见表2－9）。

表2－9　扶持规范跨境电商发展的政策

时间	制定单位	文件（会议）名称	主要内容
2015年5月	国务院	《国务院关于大力发展电子商务加快培育经济新动力的意见》	提出推动电子商务走出去，抓紧研究制定促进跨境电子商务发展的指导意见，鼓励面向“一带一路”沿线国家的电子商务合作
2015年6月	国务院	《国务院办公厅关于促进跨境电子商务健康快速发展的指导意见》	从国内企业发展、海关监管、检验检疫、进出口税收、支付结算、财政支持、综合服务、行为规范、国际合作等多方面进行了全方位的部署，是跨境电商发展的纲领性文件
2012年12月	发改委、海关总署	中国跨境贸易电子商务服务试点工作部署会议	中国跨境贸易电子商务服务试点工作全面启动，郑州、上海、重庆、杭州、宁波作为五个试点城市将“先行先试”
2015年3月	国务院	《关于同意设立中国（杭州）跨境电子商务综合试验区的批复》	重点突破，着力在跨境电子商务各环节先行先试，打造跨境电子商务完整的产业链和生态链
2016年1月	国务院	《关于同意在天津等12个城市设立跨境电子商务综合试验区的批复》	同意在天津市、上海市、重庆市、合肥市、郑州市、广州市、成都市、大连市、宁波市、青岛市、深圳市、苏州市设立跨境电子商务综合试验区

（续表）

时间	制定单位	文件（会议）名称	主要内容
2013 年 8 月	商务部等 9 部门	《关于实施支持跨境电子商务零售出口有关政策的意见》	将跨境电子商务零售出口纳入海关的出口贸易统计，提出了对跨境电子商务零售出口的支持政策以及出口检验、收结汇等 6 项具体措施
2014 年 1 月	海关总署	《关于增列海关监管方式代码的公告》	特别针对跨境电商增设了监管方式代码“9610”
2014 年 4 月	海关总署	《跨境电子商务服务试点网购保税进口模式问题通知》	对保税进口商品及金额的规定，规范保税进口运作模式
2014 年 7 月	海关总署	海关总署公告 2014 年第 57 号《关于增列海关监管方式代码的公告》	增列海关监管方式代码“1210”，全称“保税跨境贸易电子商务”，赋予了跨境电商保税进口合法身份
2016 年 5 月	海关总署	《关于执行跨境电子商务零售进口新的监管要求有关事宜的通知》	明确了过渡期内跨境电子商务零售进口商品新的监管要求，过渡期为 1 年，截止期为 2017 年 5 月 11 日（含 11 日）
2013 年 12 月	商务部	《关于跨境电子商务零售出口税收政策的通知》	跨境电商零售出口可享退免税
2014 年 4 月	国家税务总局	《关于外贸综合服务企业出口货物退（免）税有关问题的公告》	明确了外贸综合服务企业可作为退税主体的情形及要求
2016 年 4 月	财政部等 11 部门	《关于跨境电子商务零售进口税收政策的通知》（即“408 新政”）	在限值以内进口的跨境电子商务零售进口商品，关税税率暂设为 0%，进口环节增值税、消费税取消免征税额，暂按法定应纳税额的 70% 征收，称为跨境电商综合税
2013 年 2 月	国家外汇管理局	《支付机构跨境电子商务外汇支付业务试点指导意见》	确定在上海、北京、重庆、浙江、深圳 5 个地区开展支付机构跨境电子商务外汇支付业务试点
2015 年 5 月	国家质检总局	《关于进一步发挥检验检疫职能作用促进跨境电子商务发展的意见》	对跨境电子商务的检验检疫工作进行了具体安排

（续表）

时间	制定单位	文件（会议）名称	主要内容
2016 年 6 月	发改委	《营造良好市场环境推动交通物流融合发展实施方案》	鼓励快递企业发展跨境电商业务，建设国际分拨中心、海外仓，加快海外物流基地建设

随着这些政策的出台，中国跨境电子商务快速发展，不但降低了跨境电商企业的政策风险和法律风险，也对普通人更好更快地购买海外商品提供了难得的机会。在此基础上，诸如小红书等在内的各家电商得以将跨境清算时间大幅缩短，将交易范围扩展到生鲜等高难度商品，为中国的消费者提供了便利。

（二）“一带一路”倡议推进了跨境物流体系建设

“一带一路”倡议涉及 70 多个国家和地区，并且随着国际认可度的提高，成员还处于动态增加之中。然而，客观审视“一带一路”区域，空间距离横跨亚洲、非洲和欧洲，长距离空间跨度的经济合作必然对物流提出较高的要求，尤其是在电子商务迅猛发展的当下。为了提升物流效率，各国均积极致力于物流软硬件设施的建设和完善，“一带一路”倡议为其快速推进提供了契机。

就铁路设施方面而言，首先，东部沿海港口（海上丝绸之路的起点）与内地的货物衔接运输，即海铁联运。其次，中国规划建设了自内地铁路主干线（也是丝绸之路经济带物流主干道）与海上丝绸之路的主要枢纽点衔接的国际铁路通道。如孟中印缅经济走廊的主通道、自昆明到缅甸实兑港的中缅铁路，中巴经济走廊的主通道、自喀什到巴基斯坦瓜达尔港的中巴铁路，把“一带一路”连接起来，构成了丝绸之路亚欧大陆桥的完整经济带。再次，配合海上丝绸之路到欧洲运输，协助欧盟国家建设中欧陆海快线。目前，包括中老铁路、中泰铁路、匈塞铁路、俄罗斯莫斯科—喀山高铁、坦赞铁路等项目都在积极推进。此外，中国还与包括美国、俄罗斯、巴西、泰国在内的 28 个国家洽谈高铁合作项目。

就航空设施方面而言，2015 年以来，我国陆续开通了重庆—罗马、西安—罗马、北京—布拉格、北京—特拉维夫、北京—曼彻斯特等多条直飞航线，进一步丰富了“一带一路”沿线重要节点的航线网络布局。例如，海南航空共运营北京—布鲁塞尔、北京—柏林、北京—莫斯科、北京—圣彼得堡、杭州—西安—巴黎等9条欧洲航线。

就管道设施方面而言，中国与其他沿线国家正在“一带一路”区域建设多条能源通道，包括中亚四条能源管线、海上丝路能源枢纽、中俄油气管线合作、中巴能源走廊、中缅能源通道等。其中，重大项目有中巴经济走廊启动一揽子重大项目建设，雅万高铁、中老铁路、瓜达尔港先期建设、中巴喀喇昆仑公路二期改造、中俄原油管道复线工程、中俄和中亚油气管线、希腊比雷埃夫斯港等建设取得重大进展。

就货运班列而言，在2011年，重庆开通渝新欧（重庆、新疆、欧洲）国际定期货运班列。渝新欧班列是丝绸之路经济带最早开通的五定班列（定点、定线、定车次、定时、定价），从重庆出发，经新疆阿拉山口出境，通过哈萨克斯坦、俄罗斯、白俄罗斯、波兰，最后抵达德国的杜伊斯堡。在2014年6月，安徽开通了连接新亚欧大陆桥的货运专列，途经西安、乌鲁木齐、阿拉山口直达哈萨克斯坦阿拉木图，使安徽到中亚的货运时间大大缩短。兰州也继郑州、武汉、成都、重庆、西安之后成为第6个拥有内陆铁路口岸的城市，开通“兰州号”，截至2017年2月，共计开行班列111列、4919车。“兰州号”中欧、中亚班列的运行，集中全国货源，将兰州铁路口岸打造为国内中欧班列的编组站，贯通了兰州至南亚的铁公海联运通道。

从港口建设来看，由于21世纪海上丝绸之路的重点方向是从中国沿海港口过南海到印度洋延伸至欧洲，以及从中国沿海港口过南海到南太平洋。因此，以重点港口为节点，共同建设通畅、安全、高效的运输大通道，我国正在完善上海、天津、宁波—舟山、广州、深圳、湛江、汕头、青岛、烟台、大连、福州、厦门、泉州、海口、三亚等沿海港口建设。

（三）“一带一路”倡议为跨境电商开辟了广阔的市场

“一带一路”倡议为沿线国家和地区的经济发展创造了极好的发展机遇，对中国经济发展提出了更高要求，如果说中国经济转型的要求一开始强制性制度变迁的因素也在发挥作用，那么“一带一路”倡议对中国经济转变发展方式的要求就是诱致性制度变迁的内生要求。近年来，中国传统对外贸易发展速度放缓，跨境电子商务却保持了快速增长的态势。自2013年起出台了众多促进跨境电子商务发展的政策措施，众多政策红利为跨境电子商务发展奠定了基础，可见，跨境电子商务正成为中国对外经济贸易新的增长点。目前中国的跨境电子商务市场主要分布于美、英、德、法等发达国家，但同时，随着新兴市场的不断崛起，俄罗斯、巴西、印度等市场由于本国电子商务并不发达但需求旺盛，正成为中国跨境电子商务的新兴市场，而中国制造的产品物美价廉，在这些国外市场上具有较大的竞争力。此外，亚洲周边市场如东南亚市场，由于国内制造业相对薄弱，也是具有较大市场潜力的地区；国内电子商务并不发达的中东欧、拉丁美洲、非洲等地区，也将是未来中国跨境电子商务市场的增长点。目前，国外对中国制造的大量需求促进了中国跨境电商的迅速发展，“一带一路”倡议更是为这一顺应国际市场的新发展提供了诸多保证。但需要强调的是，在实践中，由于“一带一路”区域经济发展普遍滞后，所以跨境电商的发展需要满足区域化要求，不能照搬国际跨境电商范式，即“一带一路”区域的跨境电商发展需要有自己的创新性思路。然而由于通关、物流、支付平台的安全性及用户信息的泄露等问题成为制约跨境电子商务发展的瓶颈，在“一带一路”倡议区探索跨境电子商务的发展模式，顺应了当前产业转型升级与市场经济的发展需求。当前，中国由要素驱动型战略转向创新驱动型发展战略，各个产业必须积极探索创新发展战略，“一带一路”倡议区跨境电子商务也必须创新发展模式。

四、“一带一路”区域跨境电商发展的制约因素

（一）基础设施建设水平限制物流成本下降空间

物流是电子商务的关键环节之一，对于跨境电商来说，物流更是至关重要。跨境物流涉及国内外的物流、海关、运输等多个环节，物流的产业链更长、环节更多，跨境电商的物流成本居高不下。跨境电商订单小、频率高、退换货麻烦、结汇烦琐、退缴税困难，加上海关查扣、快递拒收等不确定因素，跨境电商的物流面临更大的挑战。据统计，跨境电商物流的成本占到商品总成本的20%～30%，而跨境电商的“主力军”是中小企业，高昂的物流费用极大地压缩了这些企业的利润空间。同时，跨境物流的运输效率低、时间长，国内物流企业在全球的覆盖范围、物流仓储设施、物流配送效率、物流信息处理、物流服务系统等方面尚处于较低水平，而依靠转运公司完成跨境物流容易造成供应链断裂，降低商品流转速度。

我国与“一带一路”沿线国家和地区发展跨境电子商务面临的另一大阻碍，是物流通道基础设施建设滞后。比如，我国和中亚一些国家的铁路标准

不统一，导致铁路运力明显不足；民航方面，我国具备与中亚相关国家通航条件的大型机场少，直航航线更少；其他方面的基础设施连接情况也比较差，这些因素都直接影响着跨境电商物流的健康快速发展。

（二）沿线省份经济发展差异限制了跨境电商的市场规模

“一带一路”在中国境内涉及西北、东北、西南、东部、中部等地区的18个省级行政区，但是这些省份电子商务发展水平参差不齐。现阶段，东部地区的电子商务发展成熟，其中，浙江、广东、福建具有较好的电子商务发展基础，浙江省有电商百佳县41个，福建省有16个，广东、广西、云南、新疆的百佳电商县均不足15个，有9个省市区的电商百佳县是空白。总体来看，西北地区省份的电子商务发展落后，东北地区省份处于中下发展水平，西南地区省份具有一定的电子商务基础，只有东南沿海地区省份的电子商务发展成熟，具备深化开拓跨境电子商务的条件和能力。而在2012年开始，跨境电商服务试点在上海、重庆、郑州、杭州、宁波五个城市启动，2013年10月以后，这一试点在全国有条件的地方开始全面扩展，这一轮的试点主要是在物流集散地、口岸或产品生产地等，这些地区因为物流优势和产地优势具有发展跨境电子商务更好的条件和基础。相对而言，中西部一些地区虽然地处“一带一路”沿线的优良地理位置，但由于电商发展不够成熟影响了其跨境电商的供给能力，从而在流通效率和产品结构上影响了跨境电商的发展。

（三）“一带一路”倡议红利的释放效应存在区域差异

由于经济发展、基础设施、消费理念等差异，与“一带一路”区域跨境电商相匹配的各项优惠政策在各个地区能够发挥的效应和促进作用出现极大差异。东部地区借助优惠政策正在甚至已经将跨境电商培育为中国新常态时期新的区域经济增长点，而西北等地区尚在境内电子商务平台上进行海外代购的跨境电商尝试，对诸多优惠扶持政策尚不能有效把握和利用。例如，福建和新疆分别承载着丝绸之路核心区的功能，也是对外开放的主要窗口，但是，福建物流基础好，人均收入高，消费能力强，能够成为跨境电商的主要消费地，而新疆更多的只是承担口岸建设和对外窗口职能，在消费力上则不能同日而语。

同样，在“一带一路”倡议下，各省区市也结合当地实际情况积极进行对接，以实现地区经济新的发展。沿线省份更是抓住机遇补齐自身短板，与国际接轨，增加对周边国家的投资，加强与周边国家的经济文化交流，促进跨境贸易和跨境电商的发展。可以说，“一带一路”倡议实施成果如何，很大程度上要依靠地方政府的政策配套与执行。因而，“一带一路”沿线省份对政策红利的把握程度也会影响跨境电子商务的发展条件和发展水平。

五、“一带一路”政策红利对跨境电商发展的定量分析

为实证测算不同因素对跨境电商发展的影响，并探究“一带一路”政策对不同省份跨境电商影响的差异性，可使用面板数据识别各指标的影响因素，并做出相应测算。与已有研究不同的是，本研究不仅仅从定性角度进行分析，还构建交叉项识别冲击的异质性，有别于文献常用的因子模型的思路。从中经网产业数据库（CEIC）选取2006—2014年的GDP、人口等指标作为控制变量；将公路数量和公路货运量两个指标作为控制变量，此数据来自《中国交通统计年鉴》。本文快递数据来自中国邮政官网以及各省区市邮政局网站的统计数据。设定“一带一路”区域跨境电商发展的哑变量和东中西部地区的哑变量以控制“一带一路”倡议的影响。由于跨境电商的数据不可得，但是跨境电商的繁荣程度和电商物流的繁荣程度高度相关，因此，用物流数据作为跨境电商发展的代理变量，分析“一带一路”倡议对跨境电商发展因素的影响。将因变量设为电商繁荣程度，用快递数量作为电商繁荣程度的代理变量。电商大多通过快递发货，而商务件比例一般较为稳定，通过快递数量能够反映电商发展的趋势，快递数据来自地方邮政局网站。由于各地统计口径不同，共有邮政快递和快递两种口径，数据范围互有重叠，缺失值较多，本文选取该省份两个概念数据的最大值作为电商繁荣程度的代理变量。自变量为“一带一路”变量和东中西部地区变量，控制变量为GDP、人均GDP、GDP增速、公路货运量、公路里程等，表2-10为主要变量的描述性统计。

表2-10　主要变量的描述性统计

变量	简称	观测值	均值	标准差	最小值	最大值
GDP/亿元	*gdp*	256	28149	78513	291	635910
人均GDP/元	*gdp_ p*	256	35438	20476	6305	105202
GDP增速	*gdp_ g*	256	11.8	2.6	4.9	19.2
最终消费率	*customer*	256	49.7	7.5	37.0	79.3

（续表）

变量	简称	观测值	均值	标准差	最小值	最大值
总人口/万人	*pop*	256	8375	22815	285	136782
人均 GDP 增速	*gdp_ p_ g*	221	10. 7	3. 2	3. 8	25. 3
快递数量/万件	*express*1	136	18143	63465	144	568548
邮政快递数量/万件	*express*2	129	33929	104807	124	918674
公路货运量/万吨	*cargo*	256	158988	457365	346	3550000
公路里程/公里	*length*	256	247989	682966	10400	4463900
年份/年	*year*	9	—	—	2014	2006
“一带一路”变量	*dummy*	248	0. 5	0. 5	0	1
东中西部哑变量	*district*	248	—	—	0	1
电商繁荣程度	*dianshang*	203	24027	84685	124	918675

数据来源：观测值为“一带一路”区域城市样本数量

“一带一路”效应的识别策略是：

$dianshang = \beta_0 + \beta_1 dummy \times year + \beta_2 dummy + X\beta + \xi$ 其中，*dianshang* 是电商繁荣程度的代理变量，需要着重关注 $dummy \times year$ 的系数，即“一带一路”政策随时间的影响因素。*dummy* 的系数为初始年份各省份之间电商发展水平的差异，反映了初始年份“一带一路”沿线省份和非“一带一路”沿线省份之间电商水平的差异比例。由于这一系数会被省份固定效应吸收，所以所有回归不控制省份固定效应。全部回归均使用对数形式。

考虑到“一带一路”政策全面推行是在 2013 年，所以 2013 年前后的政策影响可能有差异，构建 $dummy \times treat$ 变量，用双重差分的方式度量前后差异。其中，将 *treat* 定义为：2013/2014 年为 1，之前为 0。

表 2 - 11 回归结果显示，当加入“一带一路”沿线区域变量与年份交互项时，电商繁荣程度系数约为 14%。考虑偏效应，其含义是“一带一路”沿线省份比非沿线省份每年电商业务数量上升约 14%，考虑到数据使用的是快递业务量数据，而已有研究显示电商业务量上升要大于快递业务量。因此，这一估计系数反映了其下限，实际增速差异可能更高。“一带一路”沿线区域变量可能是负数，这是随机因素引致的残差影响所致，这一变量不反映政策影响，仅反映两组省份本身的天然差异。“丝绸之路”沿线各省份底子差、基

数小，按系数比较只要花费 4 年时间就能弥补其劣势，足见沿线省份在电商发展大潮下的潜力。东部地区促进电商繁荣程度约为 112.2%，其他地区对电商繁荣程度的影响不显著。可以说明，由于目前国内电子商务在东中西部布局不均匀、发展程度不均衡，在一定程度上影响了电子商务的繁荣程度。

表 2－11　“一带一路”沿线电商繁荣程度

变量	电商繁荣程度	
“一带一路”变量×年份	0.140**	0.142***
	(0.0275)	(0.0273)
“一带一路”变量	−0.670**	−0.693**
	(0.306)	(0.303)
东部地区	0.893***	1.122***
	(0.318)	(0.338)
中部地区	0.0362	0.217
	(0.383)	(0.390)
总人口	0.264	0.117
	(0.252)	(0.262)
人均 GDP 增速	−1.156***	−1.071***
	(0.184)	(0.189)
公路里程	−0.140	−0.120
	(0.193)	(0.191)
公路货运量	0.811***	0.954***
	(0.121)	(0.143)
最终消费率		1.404*
		(0.743)
年份固定效应	YES	YES
常数项	0.1280	−5.102
	(1.734)	(3.796)
观测值	174	174
省份数量	31	31
R^2	0.6895	0.6895

注：电商繁荣程度第一列是原始计量结果，第二列是旋转协态数据，括号内是异方差稳健标准误；*** 表示 $p<0.01$，** 表示 $p<0.05$，* 表示 $p<0.1$

需要注意的是，这一回归结果并不完全表示政策的影响程度，而更多识别的是“一带一路”沿线省份的潜力大于非沿线省份，理由是2013年之前并没有“一带一路”相应政策出台。从数据结论也能看出，沿线的省份电子商务发展态势喜人，政策的冲击程度在表2－11中可以识别。

为明晰“一带一路”倡议的实施对电商繁荣程度的影响，构造“一带一路”区域变量与政策实施变量的交互项，并分别进行OLS回归和面板估计，得到表2－12的回归结果。表2－12中，“一带一路”区域变量与政策实施变量的交互项显著性良好。在OLS回归下，随着政策实施，电商繁荣程度提高约63%，而通过面板估计，“一带一路”倡议实施将会使受影响省份的电商繁荣程度提高约52%。单独放入“一带一路”区域变量时，参数均不显著。同样，东部地区的电子商务发展情况使电商繁荣程度显著提高，而中部地区不显著。可以说明，这一估计识别出了2013年这一时间节点前后沿线区域电商发展的差异。“一带一路”倡议的实施对沿线省份电子商务发展有显著的积极影响，并且区域电子商务发展程度不均衡影响了电商的繁荣程度。

表2－12 “一带一路”倡议红利与电商发展相关性回归分析

变量	**电商繁荣程度**			
估计方式	OLS		面板估计	
“一带一路”变量×政策实施变量	0.634***	0.633***	0.527***	0.518***
	(0.204)	(0.205)	(0.134)	(0.134)
“一带一路”变量	0.147	0.149	－0.0338	－0.0413
	(0.141)	(0.142)	(0.279)	(0.276)
东部地区	0.461***	0.434**	0.904***	1.083***
	(0.170)	(0.203)	(0.394)	(0.402)
中部地区	0.105	0.0872	0.00719	0.148
	(0.187)	(0.202)	(0.394)	(0.402)
总人口	1.243***	1.265***	0.0586	－0.0593
	(0.191)	(0.213)	(0.252)	(0.265)
公路里程	－0.543***	－0.546***	－0.0785	－0.0608
	(0.129)	(0.130)	(0.197)	(0.197)
公路货运量	0.258**	0.237	0.968***	1.080***
	(0.115)	(0.144)	(0.119)	(0.143)

（续表）

变量	电商繁荣程度			
估计方式	OLS		面板估计	
最终消费率		-0.151		1.091
		(0.623)		(0.768)
年份固定效应	YES	YES	YES	YES
常数项	5.493***	6.220*	0.792	-4.161
	(1.025)	(3.161)	(1.778)	(3.933)
观测值	174	174	174	174
省份数量	31	31	31	31
R^2	0.764	0.764	0.6895	0.6895

注：OLS和面板估计项下第一列均为原始计量结果，第二列均为旋转协态数据，括号内是异方差稳健标准误；*** 表示 $p<0.01$，** 表示 $p<0.05$，* 表示 $p<0.1$

六、借助“一带一路”倡议红利推进跨境电商发展的建议

实证分析表明，“一带一路”倡议的实施对“一带一路”区域跨境电商发展具有极大的正面效应，模型中的高权重因子良好则能有效推进跨境电商的质和量齐头并进。

（一）充分利用推进“一带一路”倡议实施的优惠政策

在“一带一路”倡议提出之前，跨境电商对“一带一路”区域的经济贡献呈负增长态势，而且作用权重较大，均在0.3以上。“一带一路”倡议实施后，诸多优惠政策的出台，对跨境电商发展显示出极大的正效应。从短期看，可以将跨境电商发展水平提升50%以上；从长期看，则可以提升60%以上。对各地区而言，将这一理论利好转化为现实，需要从其区域经济发展实际出发，在充分明确本区域产品在“一带一路”的市场份额和潜在空间的情况下，应因地制宜地落实好这些政策，因为推进“一带一路”区域跨境电商发展的优惠政策在实践中存在区域性和差异性。如果忽略这一本质，以划一范式推行这些政策和措施，必然在跨境电商这一新型商务业态下进一步加速拉大区域差距，同时，也极大地限制了这些优惠政策的充分实施。

（二）以跨境电商为着力点缩小区域发展差距

在实施“一带一路”倡议的相关政策尚未制定时，我国的东中西部，跨境电商的发展差距较大。“一带一路”区域的跨境电商对区域经济发展的贡献极为有限，甚至负相关，中部地区的跨境电商对区域经济产生推动作用，但是作用极为有限，与之形成鲜明对比的是，东部地区的跨境电商已经成为区域经济发展的重要增长极，对经济的贡献率达到112.2%，即已经有能力带动其他区域发展跨境电商。近年来，跨境电商业务多由东部地区的电子商务平台承接就是很好的佐证。但是，随着实施“一带一路”倡议相关政策的出台，跨境电商得到长足发展，区域差距因此缩小的态势极为明显。从实证结果可以看出，在短期，由于“一带一路”区域跨境电商自我发展起步较晚，可能依然呈现负贡献状况，但是从中长期看，跨境电商对这一区域经济增长贡献的积极效应逐步显现，贡献水平可从-0.693提升至0.149。在中部地区，跨境电商的贡献水平会显著下降，由前期的0.217降至0.148，从长期看，有进一步下降的可能性，这是由于中部地区的产品在“一带一路”区域的市场份额极为有限。在东部地区，随着“一带一路”区域自我发展能力的提升，东部地区在我国境内主导跨境电商业务的格局将会打破，因此，在短期跨境电商的贡献水平会有所下降，从1.122降至1.083，但是这一局面有持续的可能性。所以，从长期看，跨境电商对东部经济增长的贡献可能是0.434，这也表明当前东部跨境电商很大比重的收益源于中西部地区的产品。从上述分析可知，积极引导“一带一路”区域发展跨境电商，能够有效缩小我国区域经济发展的差距。

（三）强化以个性化和多样化需求为主导的消费理念

电子商务有效延展了人们的消费时空半径，所以，在“一带一路”区域开展跨境电商业务时，自然人的单极类需求也使跨境电商为经济发展呈现积极贡献。然而，随着人们对电子商务了解的加深、产品选择项的增多、收入水平的提升等，人们的类需求趋向多维化。因此，单极类需求在跨境电商中的贡献会不断降低，甚至趋于负增长。但是，一个消费者的多维需求比重不断增大时，个性化、多样化需求将逐渐成为主导消费理念，这会使有限的人口数量加倍地为经济发展做出贡献。从实证结果可以看出，在消费理念转向个性化、多样化需求时，单个消费者的消费会倍数提升，而跨境电商可以极低的交易成本为“一带一路”区域的消费者提供这一消费倍增平台。可见，在个性化、多样化需求已经产生的当下，应当积极引导“一带一路”区域的消费者进一步强化这一消费理念，以市场导向的方式加速跨境电商的发展。

（四）积极推进“一带一路”区域的多式联运工程建设

特殊的自然地理禀赋和较低的经济发展水平使“一带一路”区域的基础设施建设较为滞后，公路运输仍是主导运输方式。在促进“一带一路”区域跨境电商发展的优惠政策出台之前，公路运输主要承载电商的物流业务，即使相关优惠政策出台后，在一段时间内，公路运输的权重有提升态势，从0.954上升至1.08，但是，公路运输存在天然短板，很难与电子商务便捷化的内生特质相匹配。所以，随着跨境电商的不断发展，公路运输的权重必然会下降，实证结果显示，其贡献在长期可能降至0.237，其余部分的贡献值由其他运输方式承载。可以看出，在“一带一路”区域发展跨境电商必须同步发展多式联运，且要做好各种运输方式的对接。由于多式联运是“一带一路”区域的短板，致使实证结果的可决系数值相对较小，但是加快发展多式联运是“一带一路”区域发展跨境电商的必然选择。

参考文献：

[1] 中国电子商务研究中心.2015—2016年中国出口跨境电子商务发展报告［EB/OL］.（2015－08－10）［2016－12－19］.http：//b2b.toocle.com/zt/1516kjdsbg/.

[2] 张靖.全球跨境电子商务发展报告［EB/OL］.（2015－11－19）［2016－12－19］.http：//www.ccpitecc.com/article.asp？id＝6427.

[3] 杨振华，郭怡君.中国跨境电商出口贸易现状及发展趋势展望［J］.商业经济研究，2015（30）：81－82.

[4] 王娟娟，杜佳麟.“一带一路”经济区跨境电子商务发展模式探索［J］.中国流通经济，2016（9）：100－107.

[5] 前瞻产业研究院.2016中国跨境电商发展报告［EB/OL］.（2017－02－18）.http：//bg.qianzhan.com/report/detail/569d9aba13c74e91.html？bd.

[6] 阿里研究院.2013年中国县域电子商务发展指数报告［EB/OL］.（2014－01－21）［2017－01－21］.http：//www.aliresearch.com/blog/article/detail/id/18676.htm.

［7］刘小军，张滨．我国与“一带一路”沿线国家跨境电商物流的协作发展［J］．中国流通经济，2016（5）：115－120.

［8］徐松，张艳艳．应将跨境电商建成“中国制造”出口的新通道［J］．经济纵横，2015（2）：26－30.

［9］杨坚争，郑碧霞，杨立钒．基于因子分析的跨境电子商务评价指标体系研究［J］．财贸经济，2014（9）：94－102.

基金项目：国家社会科学基金项目“影响我国消费率偏低的心理因素及对策研究”（11BJY118）

作者简介：韦斐琼（1989—），女，江苏省扬州市人，中国人民大学商学院博士生，主要研究方向为消费者行为。

中国与“一带一路”沿线国家的跨境物流协作

——基于物流绩效指数

刘小军　张　滨
（吉林大学珠海学院，广东珠海 519041）

摘要：世界银行发布的物流绩效指数（LPI）可衡量一个国家的跨境物流绩效综合水平。基于“一带一路”沿线国家和地区物流绩效水平、沿线62个国家聚类和物流绩效指数年均增长率等多维度分析结果发现，“一带一路”沿线国家和地区的物流基础设施薄弱、物流绩效水平普遍偏低，且短期内难以得到明显改善，很难与中国物流有效对接，跨境物流协作存在诸多阻碍。因此，应充分发挥丝路基金和亚洲基础设施投资银行平台的引领优势，设立“一带一路”自由贸易区，共建“一带一路”物流大数据信息中心，打造“一带一路”全球供应链，组建“一带一路”物流规划总公司或类似机构，构建“一带一路”智能物流体系，推动中国与“一带一路”沿线国家和地区的跨境物流协作。

关键词：“一带一路”；跨境物流协作；物流绩效指数；大数据；亚投行

一、研究背景及意义

共建“丝绸之路经济带”和“21 世纪海上丝绸之路”（简称“一带一路”）是习近平总书记在2013 年9 月、10 月出访中亚和东南亚国家期间先后提出的区域经济合作倡议。其旨在促进经济要素有序自由流动、资源高效配置和市场深度融合，推动沿线国家和地区实现经济政策协调，开展更大范围、更高水平、高深层次的区域合作，共同打造开放、包容、均衡、普惠的区域经济合作架构。

“一带一路”倡议构想体现了全球化时代的必然性。2015 年，东亚地区经济总量为世界的28.95%。全球前十大集装箱港口中亚洲地区占据九席，这意味着亚洲有望成为全球经济发展的新中心；中国大陆经济总量和出口贸易额分别占全球的14.78%和11.43%，经济增长贡献率也长期维持30%的较高水平，在市场经济和政策红利的双重推动下，产生了一大批具备海外投资和运营管理能力的跨境企业。然而，世界经济复苏乏力，中国经济增速放缓，美国牵头签署的《跨太平洋伙伴关系协定》也明显表现出排斥和孤立中国的意图；加之中国人力成本优势减弱造成劳动密集型产业竞争力下降，国内外需求萎缩导致一些传统产业出现产能过剩。因此，落实“一带一路”倡议有助于中国转化过剩产能，深化与沿线国家和地区经济贸易联系，推动全球经济一体化进程。

“一带一路”并非一个封闭的体系，而是一个跨尺度的概念，因而《推动共建丝绸之路经济带和21世纪海上丝绸之路的愿景与行动》并未划定“一带一路”具体沿线国家和地区。综观现有文献，对“一带一路”范围较为认可的观点是中国、中亚、蒙俄、东南亚、南亚、中东欧、西亚和中东等65个国家，由于巴勒斯坦、东帝汶和文莱数据缺失，本文研究范围划定为62个国家。由表2－13可以看出：截至目前，中国对“一带一路”沿线区域国家和地区的出口贸易总额整体呈现逐年递增趋势。其中，对东南亚9国等海上丝绸之路沿线国家和地区的出口贸易量基数不仅较大且仍保持较高的年均增长速度；相反，对中东欧19国、中亚5国和蒙俄等丝绸之路经济带沿线国家和地区的出口贸易则相对滞后，由于受国际市场不景气和世界贸易深度下滑的双重拖累，甚至还出现了负增长。“一带一路”沿线国家和地区大多为新兴市场发展中国家，劳动力成本低、自然资源丰富，但缺乏先进生产技术的支持，与中国经济合作具有很强的互补协同性，未来展开深度跨境贸易的前景十分可观。

表2－13 中国对“一带一路”沿线区域国家出口贸易额

单位：亿美元

区域国家	2011年	2012年	2013年	2014年	2015年	年均增长率/%
中亚5国	185.85	213.04	232.41	240.53	175.11	－1.48
蒙俄	416.35	467.09	520.41	558.93	362.63	－3.39
中东欧19国	481.13	454.55	493.54	512.84	464.11	－0.90

（续表）

区域国家	2011 年	2012 年	2013 年	2014 年	2015 年	年均增长率/%
西亚、中东 18 国	1 043.77	1 113.54	1 249.68	1 490.09	1 415.70	7.92
东南亚 9 国	1 693.26	2 030.02	2 423.36	2 702.99	2 750.87	12.90
南亚 8 国	713.02	704.48	752.48	858.29	939.33	7.13

数据来源：中华人民共和国统计局，海关信息网（http：//www.haiguan.info/）

二、“一带一路”沿线国家和地区物流绩效现状分析

（一）“一带一路”物流绩效作用研究文献综述

“一带一路”沿线覆盖国家和区域腹地广阔，经济合作互补性很强，有助于推动中国国家供应链的形成和发展、加快中国经济发展模式转型、拉动沿线国家和地区经济，不仅在政府层面，国内外众多学者也对“一带一路”倡议展开了深入探讨。

高效可靠的跨境物流是国际贸易可持续发展的重要保障。世界银行发布的物流绩效指数（LPI）[①] 由海关效率、物流基础设施质量、国际运输便利性、物流服务质量和能力、货物可追溯性和货物运输及时性等要素组成，旨在衡量各国或区域的跨境物流绩效综合水平。近年来，基于物流绩效指数分析国家或区域物流绩效的研究也逐渐得到国内外学者的重视。表 2－14 梳理了部分国内外学者对“一带一路”倡议和物流绩效作用的主要观点。

表 2－14　国内外学者关于“一带一路”战略和物流绩效作用的主要观点

作者	发表年份	主要内容或观点
马岩	2015	“一带一路”倡议构想及进一步的具体落实，无疑会将沿线国家和地区融入共同繁荣的大经济圈中，对全球经济的可持续发展十分有益

① 世界银行于 2007 年首次发布物流绩效指数，而后从 2010 年开始每两年更新一次。

（续表）

作者	发表年份	主要内容或观点
于津平	2016	推进“一带一路”建设标志着中国将逐步实现全面开放，对外经贸合作伙伴由聚焦发达国家转向周边新兴经济体，对外开放动机由“引进来”转向“走出去”
Huang Y	2016	“一带一路”倡议能够通过推广新兴经济体的成功发展经验，来推动沿线欠发达地区向新兴经济体转变，并帮助其完善经济政策，但也面临诸如中央协调机制缺失、政治制度和信仰差异以及跨界项目财政支持等挑战
Cheng L K	2016	中国与沿线国家和地区共建“一带一路”需要思辨三个问题：一是战略的真正目的；二是投资和贸易会通过何种方式受到驱动；三是哪些沿线国家和地区会成为经济合作的优先对象
Martí L	2014	分析物流绩效指数各子要素对新兴国家贸易的影响，进一步通过对比2007年和2012年的物流绩效指数，探究非洲、南美、远东、中东和东欧五个区域国家各自的物流优势
Puertas R	2014	构成物流绩效指数的物流服务质量和能力、货物可追溯性两个子因素，对拉动欧盟疲软的内需和寻找新的国际市场具有更为重要的作用
Çemberci M	2015	为达到顶层的全球竞争力，国家要着重改善和提升物流绩效指数中的国际运输便利性、货物可追溯性和货物运输及时性等三个方面的物流服务
樊秀峰	2015	物流绩效是推进“海上丝绸之路经济带”发展的关键因素，物流绩效的改善有利于中国对其沿线贸易伙伴的进出口贸易
鄢飞	2016	“丝绸之路经济带”各相关国家和地区物流绩效水平的提高，有利于促进经济带物资、信息流动的效率和效益，挖掘经济带物流规模与潜力，带动经济升级发展
孙慧	2016	“一带一路”国际物流绩效的改善将极大地促进中国中间产品的出口规模，必须重视提升物流基础设施质量，提高资源利用效率，挖掘中间产品出口的潜力和空间

（二）"一带一路"沿线国家和地区物流绩效水平分析

1."一带一路"沿线国家和地区物流绩效现状及变化

通过"一带一路"沿线国家和地区与全球物流绩效指数均值对比（参见表2-15），可以发现，"一带一路"沿线国家和地区 LPI 均值长期处于落后状态，直到2014年才追平世界均值，这表明沿线国家和地区整体物流绩效不高，提升的空间还很大。而依据 LPI 均值变化趋势可以发现，2007—2016年"一带一路"沿线国家和地区 LPI 均值增长速度明显快于世界整体增长趋势，表现为不断改善和提升的积极态势。

表2-15 "一带一路"沿线国家和地区与全球 LPI 均值对比

年份	中国	沿线国家和地区	全球	沿线国家和地区与全球均值差
2007年	3.32	2.66	2.74	-0.08
2010年	3.49	2.83	2.87	-0.04
2012年	3.52	2.84	2.87	-0.03
2014年	3.53	2.89	2.89	0.00
2016年	3.66	2.88	2.88	0.00

数据来源：世界银行统计数据库

钻取并对比2016年"一带一路"沿线国家和地区与全球 LPI 六个子要素均值（参见表2-16），可以得出，"一带一路"沿线国家和地区 LPI 子要素中的海关效率、物流基础设施质量、物流服务质量能力和货物可追溯性皆低于世界均值，其中最低的是海关效率和物流基础设施质量。这表明海关效率和物流基础设施质量是"一带一路"沿线国家和地区物流绩效改善和提升的关键性因素。

表2-16 2016年"一带一路"沿线国家和地区 LPI 子要素均值对比

	海关效率	物流基础设施质量	国际运输便利性	物流服务质量能力	货物可追溯性	货物运输及时性
中国	3.32	3.75	3.70	3.62	3.68	3.90
沿线国家和地区	2.66	2.74	2.89	2.80	2.85	3.29

（续表）

	海关效率	物流基础设施质量	国际运输便利性	物流服务质量能力	货物可追溯性	货物运输及时性
全球	2.71	2.75	2.87	2.82	2.86	3.27
均值差	-0.05	-0.01	0.02	-0.02	-0.01	0.02

通过变异系数①测算“一带一路”沿线国家和地区物流绩效的差异，可以得出，“一带一路”沿线国家和地区 LPI 的差异呈“U”形变化，2007—2012 年“一带一路”沿线国家和地区物流绩效差异逐步减小，而 2012—2016 年又呈现逐步拉大的趋势。钻取并对比 LPI 六个子要素的变异系数（参见表 2-17），可以得出，2007 年“一带一路”沿线国家和地区的物流基础设施质量和货物可追溯性的差异最显著，而 2010—2016 年“一带一路”沿线国家和地区的物流基础设施质量和海关效率的差异明显，这表明物流基础设施的质量在“一带一路”沿线国家和地区中长期失衡，而海关效率也呈现不对等的趋势。

表 2-17 “一带一路”沿线国家和地区 LPI 子要素变异系数对比

年份	LPI	海关效率	物流基础设施质量	国际运输便利性	物流服务质量能力	货物可追溯性	货物运输及时性
2007 年	0.1924	0.1911	0.2254	0.1922	0.2030	0.2211	0.1863
2010 年	0.1462	0.1846	0.2090	0.1355	0.1733	0.1668	0.1318
2012 年	0.1457	0.1663	0.1733	0.1453	0.1565	0.1617	0.1395
2014 年	0.1545	0.1764	0.1888	0.1444	0.1664	0.1744	0.1637
2016 年	0.1882	0.2178	0.2249	0.1862	0.1991	0.2037	0.1541

2.“一带一路”沿线区域物流绩效现状及变化分析

根据“一带一路”沿线区域与全球 LPI 均值对比（参见表 2-18），可以发现，“丝绸之路经济带”沿线区域 LPI 均值长期处于滞后状态（如中亚和蒙俄地区），而“海上丝绸之路”沿线区域 LPI 均值相对较高（如东南亚和中东地区）。依据 LPI 均值变化趋势特征发现，2007—2016 年蒙俄、中东欧和南亚地区 LPI 均值整体呈增长态势，西亚、中东地区 LPI 均值则出现先升高后下降

① 变异系数 =（标准偏差/平均值）×100%

再升高的循环，而中亚地区 LPI 均值在 2007—2010 年出现短暂的增长后便一直下滑，物流绩效形势不容乐观。

表 2－18　“一带一路”沿线区域 LPI 均值对比

年份	中亚	蒙俄	中、东欧	西亚、中东	东南亚	南亚
2007 年	2.14 （－0.60）	2.23 （－0.51）	2.71 （－0.03）	2.76 （0.02）	2.91 （0.17）	2.30 （－0.44）
2010 年	2.62 （－0.25）	2.43 （－0.44）	2.90 （0.03）	2.91 （0.04）	2.95 （0.08）	2.49 （－0.38）
2012 年	2.45 （－0.42）	2.42 （－0.45）	2.91 （0.04）	2.86 （－0.01）	3.02 （0.15）	2.58 （－0.29）
2014 年	2.43 （－0.46）	2.53 （－0.36）	3.09 （0.20）	2.87 （－0.02）	3.07 （0.18）	2.61 （－0.28）
2016 年	2.32 （－0.56）	2.54 （－0.34）	2.99 （0.11）	2.95 （0.07）	3.00 （0.12）	2.62 （－0.26）

数据来源：括号内数值代表区域与全球 LPI 均值差

对比 2016 年“一带一路”沿线区域与全球 LPI 六个子要素均值（参见表 2－19）可以看出，中亚和西亚、中东地区物流绩效提高最大的阻碍均依次为海关效率、物流服务质量和能力，而海关效率和物流基础设施质量是蒙俄、中、东欧、南亚和东南亚地区跨境物流运作中较为关键的制约因素。

表 2－19　2016 年“一带一路”沿线区域 LPI 子要素均值对比

区域国家	海关效率	物流基础设施质量	国际运输便利性	物流服务质量能力	货物可追溯性	货物运输及时性
中亚	2.31 （－0.4）	2.57 （－0.14）	2.57 （－0.14）	2.46 （－0.25）	2.48 （－0.23）	2.86 （0.15）
蒙俄	2.20 （－0.55）	2.24 （－0.51）	2.41 （－0.34）	2.53 （－0.22）	2.54 （－0.21）	3.28 （0.53）
中、东欧	2.79 （－0.08）	2.81 （－0.06）	2.96 （0.09）	2.93 （0.06）	2.97 （0.10）	3.44 （0.57）
西亚、中东	2.70 （－0.12）	2.87 （0.05）	3.00 （0.18）	2.85 （0.03）	2.95 （0.13）	3.33 （0.51）

（续表）

区域国家	海关效率	物流基础设施质量	国际运输便利性	物流服务质量能力	货物可追溯性	货物运输及时性
东南亚	2. 82 (-0. 04)	2. 79 (-0. 07)	3. 04 (0. 18)	2. 91 (0. 05)	2. 96 (0. 1)	3. 42 (0. 56)
南亚	2. 42 (-0. 85)	2. 45 (-0. 82)	2. 68 (-0. 59)	2. 56 (-0. 71)	2. 56 (-0. 71)	3. 03 (-0. 24)

数据来源：括号内数值代表区域与全球 LPI 均值差

三、“一带一路”倡议下中国与沿线各国物流协作中存在的障碍

基于上述 LPI 整体和子要素发展水平的分析，可以发现，“一带一路”沿线国家或地区在提升物流绩效水平方面有共通和相互借鉴的地方。本文以沿线各国 2016 年 LPI 和 LPI 年均增长率作为两个维度，通过马特兰博（Matlab）编写的 K-means 聚类算法将 62 个国家划分成五个集群（见表 2 - 20 所示），经过 100 次迭代得到五个质心分别为（3. 7589，0. 0143）、（3. 2996，0. 0101）、（2. 8305，0. 0098）、（2. 4667，0. 0085）和（2. 0863，-0. 0073），对应距离分别是 0. 2502、0. 1805、0. 1776、0. 1362 和 0. 2915，此时各质心到相应集群对象点的总距离最短。

表 2 - 20　2016 年“一带一路”沿线区域 LPI 子要素均值对比

集群	国家	质心国家
1	新加坡、阿拉伯联合酋长国、捷克共和国、中国、以色列、立陶宛、卡塔尔	捷克共和国
2	匈牙利、马来西亚、波兰、土耳其、印度、爱沙尼亚、斯洛伐克、拉脱维亚、巴林、泰国、阿曼、埃及、斯洛文尼亚、沙特阿拉伯、科威特	拉脱维亚
3	罗马尼亚、印度尼西亚、越南、约旦、巴基斯坦、菲律宾、保加利亚、柬埔寨、塞尔维亚、哈萨克斯坦、乌克兰、黎巴嫩、斯里兰卡、孟加拉国	菲律宾
4	摩尔多瓦、伊朗、波斯尼亚和黑塞哥维那、俄罗斯、马尔代夫、马其顿、蒙古、缅甸、阿塞拜疆、阿尔巴尼亚、乌兹别克斯坦、白俄罗斯、黑山、尼泊尔、格鲁吉亚、不丹	马尔代夫
5	土库曼斯坦、亚美尼亚、也门、吉尔吉斯斯坦、伊拉克、阿富汗、老挝、塔吉克斯坦、叙利亚	老挝

注：质心国家是指能代表该集群平均水平的国家，是根据离质心距离最短的原则选取的

国家间物流绩效的有效互补有利于相互之间更好地开展物流协作，结合不同集群的特点和 LPI 各子要素的显著性，探讨中国与“一带一路”沿线国家和地区在物流互补协作过程中存在的阻碍因素，进一步识别需重点改善的方面，旨在最大限度地提升中国与“一带一路”沿线国家和地区之间的物流协作能力。

（一）“一带一路”沿线国家和地区的物流绩效难以支撑战略实施

“一带一路”沿线国家和地区的物流绩效水平直接关系到“一带一路”倡议实施的成功与否。“一带一路”沿线国家和地区物流绩效指数普遍长期处于低迷状态，甚至低于世界平均水平，其中，中亚、蒙俄和南亚分别是“丝绸之路经济带”和“海上丝绸之路”的核心腹地区域，但同时也是“一带一路”物流大通道的关键薄弱环节，而海关效率低下和物流基础设施质量不高是最主要的两个制约因素，沿线国家和地区物流绩效低下，难以为“一带一路”倡议的实施提供强有力的基础支撑。

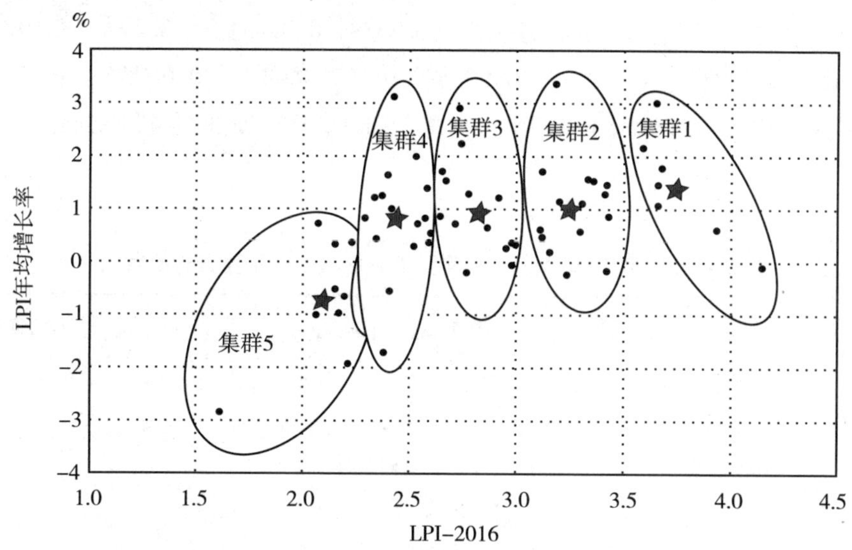

图 2-2 “一带一路”62 个沿线国家聚类及 LPI

（二）中国与“一带一路”沿线国家和地区难以实现物流有效对接

“一带一路”沿线国家和地区的物流绩效差异与沿线跨境物流的有效对接具有直接相关性。根据聚类结果（参见图 2-2 和表 2-20）可知，“一带一路”沿线国家和地区物流绩效的差异性很大，并且仍有进一步拉大的趋势，沿线国家和地区相互之间开展物流协作存在较高的门槛。“一带一路”沿线各国和地区的物流绩效子因素失衡严重，其中关系到贸易与运输相关基础设施和信息设备质量的物流基础设施质量、关乎海关清关效率及其他边境机构的办事效率的海关效率是差异性最大的两个因素，物流绩效的严重失衡对于“一带一路”沿线国家和地区物流的有效对接是十分不利的。

（三）“一带一路”沿线国家和地区的物流绩效水平短期内难以得到明显提高

“一带一路”沿线国家和地区的物流绩效水平基数整体偏低，增长速度也不容乐观，预计短期内难以取得显著提升。图 2－2 显示了 2007—2016 年“一带一路”沿线国家和地区 LPI 的年均增长率，可以发现，LPI 增长速度维持在 2% 以内的占绝大部分，如中国、印度、以色列和卡塔尔等世界排名较前的国家；也有一些 LPI 显著增长的国家，如埃及、缅甸、立陶宛和哈萨克斯坦等，但这些国家的 LPI 基数较低；同时还有个别国家 LPI 出现了负增长，其中既包括了基数较大的新加坡，也包含了叙利亚和老挝等基数偏低的国家。

四、“一带一路”倡议下中国与沿线国家和地区物流协作政策建议

（一）充分发挥丝路基金和亚投行平台的引领优势

“一带一路”倡议提出后，为弥补沿线国家和地区在基础设施领域长期存在的巨大缺口和加快战略的实施，中国政府紧接着设立了丝路基金和亚洲基础设施投资银行，以支持、推进“一带一路”沿线国家和地区的基础设施建设。物流基础设施是战略实施过程中至关重要的一环，中国政府要继续基于丝路基金和亚投行的平台，与“一带一路”沿线国家和地区共同建设互联互通的物流基础设施项目，如巴基斯坦的瓜达尔港等。大力推动“一带一路”沿线国家和地区的高储蓄向有效的物流基础设施投资转化，完善“一带一路”沿线国家和地区的物流基础设施，为实现真正的互联互通奠定坚实的基础。

（二）设立“一带一路”自由贸易区

设立自由贸易区旨在降低跨境关税，破除贸易壁垒，消除商品、服务自由流通的门槛，截至目前，中国已经与全球 22 个国家和地区签署了 14 项自贸协定以推动双边或多边国际贸易自由化。海关效率是“一带一路”沿线国

家和地区联通的短板，中国政府不仅要加快与世界各国共建区域性自由贸易区的谈判，如亚太自贸区和区域全面经济合作伙伴关系协定，更要注重"一带一路"倡议衍生的众多契机，着手研究中国与"一带一路"沿线国家和地区开展自由贸易合作的可行性，考虑通过设立"一带一路"自贸区的方式，快速提升"一带一路"沿线各国和地区海关的通行效率。

（三）共建"一带一路"物流大数据信息中心

中国与"一带一路"沿线国家和地区开展经贸往来，商品生产、储存和运送及人员来往等活动过程中产生的数据具有规模庞大、数据类型繁多、模式与数据的关系不确定、处理对象多样化、处理工具更为先进复杂等传统数据库所不具备的新特征。因此，中国与"一带一路"沿线国家和地区应当意识到设立"一带一路"物流大数据信息中心的必要性和紧迫性。信息中心可对"一带一路"沿线国家和地区物流协作的各时段、各环节的数据进行抓取、清理、集成、选择和更新，再利用数据挖掘技术挖掘出数据信息的潜在价值，进而实现数据增值，并以可视化的方式呈现最终结果，有助于精准指导"一带一路"沿线国家和地区提高物流服务质量和能力。

（四）打造"一带一路"全球供应链

2012 年，美国发布了《全球供应链安全国家战略》，旨在促进商品高效、安全运输，培养具有弹性的供应链，进而维护其继续引领全球的主导地位。中国目前已经是世界第二大经济体，对外进出口贸易额位居全球第一，应当说已经具备打造中国版全球供应链的能力和条件。全球供应链的形成是一个系统工程，需要多方配合、多环节协调和稳定的发展环境，对此，中国可以"一带一路"倡议作为打造全球供应链的突破口，通过市场化运营方式实现对沿线国家和地区包括市场、产能、企业和物流等要素在内资源的优化整合与合理配置，进一步促进经济要素自由流通、国际运输便利和物流绩效优势互补。

（五）组建"一带一路"物流规划总公司或类似机构

"一带一路"涉及亚、欧、非大陆及附近海域，既有发达国家，也有发展中国家和欠发达国家，对于如此庞大而又复杂的战略体系，沿线各国或地区难免会产生一定的排斥甚至抵触情绪。通过设立由"一带一路"沿线国家和地区共同参与运作的物流规划总公司或类似机构，将各国的利益捆绑在一起，消除无端的怀疑和猜忌。“一带一路”物流规划总公司或相类似的组织主要职能是，统一协调部署和运营沿线国家和地区的铁路、海运、公路和航空物流基础设施资源，计划和组织跨境多式联运业务，指导物流系统标准化，制定运输路线，进行快捷有效的跨境物流应急处理，妥善管控分歧和矛盾，保证“一带一路”跨境物流运输及时可靠。

（六）构建“一带一路”智能物流体系

大数据信息中心为物流实现智能化提供了前提条件，基于物联网技术构建“一带一路”智能物流体系使得线上信息和线下物流融为一体，实现联动发展。首先，通过数字化和可视化技术提高对物流信息识别的准确性，然后根据目标客户期望的物流需求条件，合理配置物流资源，规划高效的物流一站式解决方案；其次，借助全球定位系统（GPS）和地理信息系统（GIS）准确获取货物位置的实时信息，并运用无线射频识别技术（RFID）即时反馈货物在各时间点的状态，相关信息与客户同步共享并据此调整优化物流实施计划；最后，将准确数量和期望质量的货物在规定时间内送达约定的目的地或目标客户。

五、结语

作为国家三大战略之一，“一带一路”是中国在全球经济复苏疲软的大环境下，为深入推动全球经济一体化发展而提出的新型跨境、跨区域的经济合作新模式，不仅会为中国经济注入新动力，同时“一带一路”沿线国家和地区也可从中受益。高效可靠的跨境物流是国际贸易可持续发展的重要保障，“一带一路”沿线国家和地区物流绩效指数普遍低于全球平均水平，物流绩效提升的空间和潜力很大，未来可与中国展开深度跨境物流协作。

基于“一带一路”沿线国家和地区物流绩效水平、沿线62个国家聚类和LPI年均增长率等多维度的分析结果，可以发现，中国与“一带一路”沿线国家和地区跨境物流协作中存在的障碍，主要体现为“一带一路”沿线国家和地区物流绩效不足以支撑战略实施、短期内难以得到明显改善，难以与中国实现物流有效对接三个方面。为改善中国与“一带一路”沿线国家和地区跨境物流协作环境和条件，笔者分别从核心、关键和基础层面依次提出了五项政策建议，即充分发挥丝路基金、亚投行平台的引领优势，设立“一带一路”自由贸易区，共建“一带一路”物流大数据信息中心，打造“一带一路”全球供应链，组建“一带一路”物流规划总公司或类似机构，构建“一带一路”智能物流体系等。

*上海海事大学物流研究中心研究生黄振东对本文亦有贡献，在此表示感谢。

参考文献：

[1] 国家发展改革委，外交部，商务部. 推动共建丝绸之路经济带和21世纪海上丝绸之路的愿景与行动 [M]. 北京：外交出版社，2015：1-26.

[2] 刘卫东. “一带一路”倡议的科学内涵与科学问题 [J]. 地理科学进展，2015 (5)：538-544.

[3] 邹嘉龄，刘春腊，尹国庆，等. 中国与“一带一路”沿线国家和地区贸易格局及其经济贡献 [J]. 地理科学进展，2015 (5)：598-605.

[4] 马岩. “一带一路”国家主要特点及发展前景展望 [J]. 国际经济合作，2015 (5)：28-33.

[5] 于津平，顾威. “一带一路”建设的利益、风险与策略 [J]. 南开学报（哲学社会科学版），2016 (1)：65-70.

[6] HUANG Y. Understanding China's Belt & Road initiative：motivation，framework and assessment [J]. China economic review，2016，40：314-321.

[7] CHENG L K. Three questions on China's "Belt and Road initiative" [J]. China economic review，2016，40：309-313.

[8] MARTI L. The importance of the logistics performance index in international trade [J]. Applied economics，2014 (24)：2982-2992.

[9] PUERTAS R，MARTI L，GARCIA L. Logistics performance and export competitiveness：European experience [J]. Empirica，2014 (3)：467-480.

[10] ÇEMBERCI M，CIVELEK M E，CANBOLT N. The moderator effect of global competitiveness index on dimensions of logistics performance index [J]. Procedia-social and behavioral sciences，2015，195：1514-1524.

[11] 樊秀峰，余姗. “海上丝绸之路”物流绩效及对中国进出口贸易影响实证 [J]. 西安交通大学学报（社会科学版），2015 (3)：13-20.

[12] 鄢飞，王译. 基于LPI的丝绸之路经济带物流绩效分析 [J]. 中国

流通经济，2016（8）：28－34.

［13］孙慧，李建军．“一带一路”国际物流绩效对中国中间产品出口影响分析［J］．社会科学研究，2016（2）：16－24.

基金项目：广东省教育厅2015广东高校重大科研项目——青年创新人才类项目，即“一带一路”倡议背景下粤港澳物流协作创新发展研究（2015WQNCX174）

作者简介：刘小军（1984—），男，陕西省韩城市人，吉林大学珠海学院物流管理与工程系教师，管理学博士，主要研究方向为物流与供应链管理创新、供应链信息系统、“一带一路”跨境物流协作。

张滨（1965—），男，天津市人，吉林大学珠海学院物流管理与工程系主任，教授，主要研究方向为物流与供应链管理。

“一带一路”倡议架构下基于国际竞争力的物流发展模式创新

谢泗薪　侯　蒙
（中国民航大学经济与管理学院，天津市 300300）

摘要：“一带一路”倡议的提出，不仅有利于我国周边国家发展经济，更为我国过剩产能找到了突破口，各产业特别是物流业正在面临新一轮对外开放的重大机遇。“一带一路”倡议架构下，我国物流业为更好地实施全球战略布局，构筑全球竞争优势，必须重新进行战略部署，不断创新物流发展模式，提升国际竞争力。从整体上看，我国物流业国际竞争力的空间架构可划分为三个层面，即核心竞争力（核心层面）、竞争优势（关键层面）、比较优势（基础层面）。它们之间相互转化，相互影响，共同构成了一个专注于物流企业比较优势、竞争优势与核心竞争力的有机系统。在核心层面，主要通过加强物流企业创新来培育核心竞争力，物流企业在知识、技术、信息、管理等方面的创新对物流业提高国际竞争力具有不可替代的作用，是我国物流业创建全球竞争优势、提高国际市场占有率的重要驱动力量；在关键层面，主要通过提升物流企业效率来构建竞争优势，物流业面对的宏观市场环境成为主要的发展动力；在基础层面，主要通过物流企业资源禀赋来获取比较优势，物流产业的发展离不开资源禀赋及产业所处技术环境等基础元素的支撑。基于此，当前我国物流业构建国际竞争力，一要充当“一带一路”倡议的先锋官，展开物流全球布局；二要提高科技创新能力，加强技术转化；三要积极与沿线国家物流企业竞合，构建全球物流网络。

关键词：“一带一路”倡议；国际竞争力；物流发展模式

一、“一带一路”倡议的提出及国际竞争力理论

“一带一路”倡议的提出，在迎合我国周边国家经济发展需要的同时，更为我国过剩产能找到了突破口。各产业特别是物流业正在面临新一轮对外开放的重新部署，必须为迎接进一步的全球经济一体化未雨绸缪。

（一）“一带一路”的战略构想

近年来，由于世界贸易组织（WTO）成员方之间存在经济形态的差异性以及多边利益难以协调等问题，世界贸易组织在国际贸易日常问题处理上显得力不从心。其多边机制作用逐渐削弱，进而导致规模较小的区域贸易协定开始兴起，2009 年美国推动的《跨太平洋伙伴关系协定》（TPP）以及 2013 年美国与欧盟开启的《跨大西洋贸易与投资伙伴协议》（TTIP）便是这些区域贸易协定的典型代表。很显然，覆盖范围小、交易成本低、通达程度高的区域性贸易协定能够促使协定成员国通过简单而有效的谈判与协商取得较高的贸易和投资效率。但与此同时，由于小范围区域贸易协定对协定外国家和地区具有一定程度的排斥作用，协定外国家和地区就存在被原有贸易伙伴排斥并边缘化的危险，如美国即以其根据自身高标准设立的《跨太平洋伙伴关系协定》和《跨大西洋贸易与投资伙伴协议》，给我国的对外投资贸易设置了重重障碍，产生了重大威胁。对此，国家主席习近平分别于 2013 年 9 月和 10 月提出了共建丝绸之路经济带和 21 世纪海上丝绸之路的“一带一路”倡议，旨在从地缘国家和地区着手，建立以中国为起点，以上海合作组织成员国为轴心，辐射中亚、西亚、南亚以及东欧、西欧、非洲等地区的国际经济合作关系，以应对美国《跨太平洋伙伴关系协定》和《跨大西洋贸易与投资伙伴协议》的挑战。国家发展和改革委员会、外交部、商务部经国务院授权，于 2015 年 3 月 28 日联合发布了《推动共建丝绸之路经济带和 21 世纪海上丝绸之路的愿景与行动》，指出“一带一路”倡议应从互联互通、贸易畅通、货币流通、政策沟通、人心相通五个方面展开。

“一带一路”倡议作为我国对外战略重要的组成部分，对激发我国与周边国家经济发展活力与合作程度、解决我国产能过剩问题、优化产业结构、提高资源能源安全等具有非常重要的战略意义。其战略思想主要表现在三个方面：一是“一带一路”倡议改善了我国产品的出口结构，从此不再依赖于对传统发达国家的产品输出，进而提高了我国经济发展的稳定性；二是在能源

资源方面我国对国外的依存度向来较高，多数由海外通过轮渡等运输方式引入，而"一带一路"倡议能够有效增加内陆地区的资源供应量，保障我国能源安全；三是"一带一路"倡议加强了与沿线发展中国家的合作，我国可凭借较强的制造业、基础设施建设能力和海外投资实力，为需要资金、技术、设备的沿线国家和地区提供支持，优势互补，共同构造互惠互利的国际供应网络。

在"一带一路"倡议架构下，国际区域协作、信息交流、投资贸易等活动愈加频繁，区域间剧增的物质交流无疑为我国物流业的迅速发展迎来了重要的战略机遇期。如何面对全球化市场竞争，创新物流发展模式，提高国际竞争力等问题亟待解决。

（二）产业国际竞争力理论

有关产业国际竞争力的研究始于迈克尔·波特的竞争优势理论。迈克尔·波特从生产要素、需求条件、相关产业状况、企业结构与竞争对手等方面阐述了一国产业国际竞争力的来源，创造了"钻石模型"。

此后，国内学者也在产业国际竞争力方面展开了探索和研究。金碚在分析我国产业国际竞争力影响因素时发现，我国的经济体制和资源禀赋是非常重要的影响来源，这与当时我国投资带动型经济与粗放发展模式相吻合。然而，随着我国各产业竞争力的逐渐增强，国内企业开始走出国门，传统的产业国际竞争力评价已经不再适用于全球价值链背景下的产业竞争结构。许多产业开始呈现出寡头垄断的市场形态，产业国际竞争力应从企业层面（企业的垄断程度、竞争效率及全球市场份额）来讨论。刘林青等提出，在评价一个国家的产业竞争力时应淡化企业国籍，外国投资方投资企业带来的竞争力贡献应属于所属国而不是母国。陈虹等对我国服务贸易国际竞争力影响因素进行实证研究发现，人均国民收入的影响最大。刘名俭等通过构建国际竞争力评价指标体系，运用定量评价方法对产业国际竞争力进行排名，并分析了各产业的优势和劣势。

在物流产业国际竞争力方面，谢如鹤等确立了物流产业竞争力评价指标体系，运用组合评价方法赋权并进行评价分析。李莉等设计了符合物流产业特点的调查问卷，并根据调查结果运用因子分析方法进行评价，指出我国物流产业发展总体上还处于较低水平，应从物流基础设施建设与加快产业国际化等方面着手加以解决。李金辉从产业国际竞争力的来源入手剖析了影响物流业国际竞争力的关键因素。

二、"一带一路"倡议架构下物流业国际竞争力空间架构及评价指标

(一)"一带一路"倡议架构下物流业面临的发展机遇与挑战

1. 物流业发展面临的机遇

第一，我国周边区域市场开放，沿线物流量大质优。"一带一路"经济走廊已经得到了我国周边众多国家和地区的支持和参与，孟中印缅经济走廊、中巴经济走廊、中欧大陆桥铁路建设已经成为"一带一路"倡议重要的组成部分。随着"一带一路"倡议的展开，我国与沿线其他各国的技术经济合作逐步深化，而国际贸易的增多与货物质量的提升势必会带来物流业的蓬勃发展。此外，由于我国与东盟、中亚、南亚以及阿拉伯国家拥有良好的睦邻友好关系，同时具有地缘毗邻优势，经济上往来便利，相互之间经济贸易往来的契合点极多。

第二，投资贸易频繁化会带动交通运输基础设施建设。"一带一路"的互联互通要求我国在道路交通方面与周边国家具有连接各参与国的交通运输体系，并做到提高物流效率，降低物流成本，构建更加紧密的物流互联网。特别是我国在高铁建设方面具有世界领先的技术能力、较为低廉的成本优势以及国内多年运营铁路的丰富经验，能够有效帮助沿线发展中国家解决铁路网络建设初期面临的资金、技术等问题。其最终结果必然是国际投资贸易量增大，促进物流基础设施建设，而物流体系的逐步完善又能有效加速物资流通，形成良性循环。

第三，跨境投资和市场扩大加快了物流业的发展。目前，我国物流业主要集中于国内市场，投资主体仍然以国有资本为主，投资主体单一、目标市场空间范围单一是物流业发展的两大桎梏。"一带一路"倡议的实施，提高了国内外资本投资的便利程度。物流产业不仅可以引入外商投资，也能够让资本走出国门，进行跨境投资，扩大市场，实现物流业的全球化发展。

2. 物流业面临的挑战

第一，沿线国家和地区对"一带一路"倡议的认识尚不统一，存在观望态度。历史上由于大国崛起必然会带来经济、政治上对其他国家的侵蚀和压榨，因此，部分周边国家始终对我国的"一带一路"倡议保持戒备态度。特别是前期我国外交政策的倾斜，与周边新兴市场国家在重要战略资源上的合

作并不深入，加之"一带一路"沿线国家在经济政策、社会文化环境、意识形态等方面存在巨大差异，无疑使我国物流业发展面临重大的挑战。

第二，周边国家和地区局势不稳定，风险与压力并存。一方面，由于历史原因，"一带一路"沿线国家存在诸多领土和主权问题，如印巴争端、中印边界争端、南海争端等；另一方面，丝绸之路经济带沿线国家和地区面临恐怖主义、毒品走私等犯罪活动的威胁，不仅对物流安全造成了较大冲击，也影响了沿线国家和地区之间投资贸易的顺利进行。

第三，"一带一路"倡议易引发国内相关省区市之间的恶性竞争，资源浪费严重。自"一带一路"倡议实施以来，国内各相关省区市，如新疆、陕西、福建、重庆乃至中部地区的河南等，积极争取成为丝绸之路经济带以及21世纪海上丝绸之路的起点，以抢占发展先机。但是，这种无序竞争容易造成区域功能重叠、资源浪费、产品同质化等一系列问题，如各省区市相继开通的中欧国际铁路货运专列就存在货源地重叠问题，会在货源上引发恶性竞争。此外，这些货运专线多数面临始发地货源充足而返程无货可运的困境，会导致物流成本的大幅提升。

（二）"一带一路"倡议架构下物流业国际竞争力空间架构

根据以上分析，在"一带一路"建设初期，物流业所面对的并不仅仅是经济一体化加快所带来的发展机遇，还要妥善处理国际竞争压力逐步加大，以及"一带一路"沿线区域对我国物流业发展的层层阻碍问题。因此，在"一带一路"倡议架构下重新进行战略部署，不断创新物流发展模式，提升国际竞争力是我国物流业实施全球战略布局、构筑全球竞争优势的唯一途径。而我国物流业国际竞争力的提升，主要依靠物流企业充分利用"一带一路"倡议提供的更加开放的平台和着力点，在自由、公平的国际市场环境中抢占更多有利的生产资源和市场机遇，从而在国际竞争中获取优于他国物流企业的竞争力。物流业的战略发展应当是一个在国际社会多方主体复杂交互作用下有序自发调整资源配置的过程。我国物流业国际竞争力的空间架构可以划分为三个层面，即企业核心竞争力层面（核心层面）、竞争优势层面（关键层面）、比较优势层面（基础层面）。三个层面之间相互转化、相互影响，共同形成一个专注于物流企业比较优势、竞争优势、核心竞争力提升的有机系统，整个系统密不可分，推动着物流业内部整体运行效率的提高，其终极目标是提高物流业的国际竞争力，打造全球竞争优势。三个层面间的相互作用和制约机制如图 2 -3 所示。

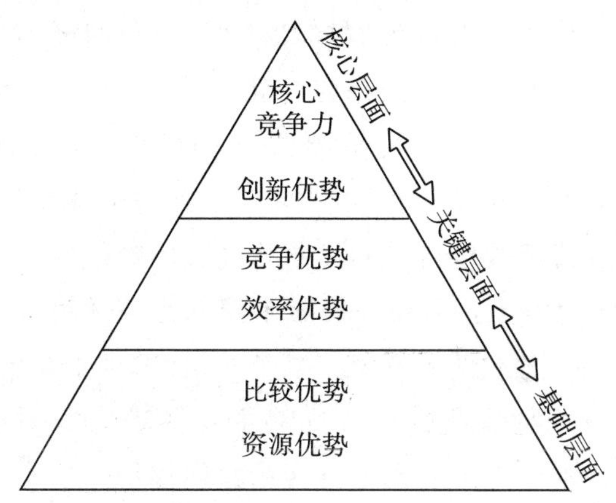

图 2 -3 物流业国际竞争力空间架构

1. 核心层面：通过加强物流企业创新来培育核心竞争力

核心层面是物流企业培育核心竞争力的主要来源，是物流企业能否持续提高市场竞争优势的关键所在，直接关系到物流业国际竞争力的强弱。物流企业核心竞争力的来源主要是企业资源配置能力、产品或服务创新能力以及其他企业软实力。其中，物流企业创新能力在很大程度上影响着企业的管理运营能力、产品或服务结构以及市场的开拓能力，进而影响其核心竞争力。而物流企业核心竞争力越强，我国物流业国际竞争力就越强。

物流企业核心竞争力还受外部竞争优势与内部比较优势的影响，即核心竞争力的培养在较大程度上受良好的宏观市场和政策环境以及资源禀赋的影响。反过来，企业核心竞争力的发展也能对物流业竞争优势与比较优势产生深远影响。

2. 关键层面：通过提升物流企业效率来构建竞争优势

竞争优势决定了物流企业能否在国际市场竞争中具有更加优势的市场地位，能否在面对市场中需求各异的客户时表现出独特的吸引力，从而有效抵御激烈的市场竞争。

我国物流产业竞争优势主要来源于物流业市场需求量及占有率、物流业产品和服务质量、物流业生产要素成本及获取情况、物流产业规划、政策投资环境和机遇以及与他国的同业竞争情况等，而这些无疑可以通过提升物流企业效率，从成本领先、服务差异化两个方面来实现。其中，成本领先竞争优势主要体现在人力资源优势、原材料成本优势、规模经济等方面，而服务差异化竞争优势则主要体现在面向差异化市场需求时满足不同客户需求的能力强、营销渠道具有差异性、市场份额高等。由此，我国物流业可在国际竞争中获得独一无二的竞争优势。然而，要在开放的全球市场中长久保持优势地位，需要物流企业持续改善自身的经营状况，不断创新发展。

3. 基础层面：通过物流企业资源禀赋来获取比较优势

比较优势指的是一国或地区在某一类产品上相对于其他国家或地区具有自身的独特优势。我国物流业的比较优势主要体现为资源禀赋上的差异性，如人力资源、金融资本、生产要素等方面的易得优势。

比较优势属于基础层面，是一种单纯依靠外部资源优势建立起来的静态优势。尽管资源是形成竞争优势的基础，并具有进一步发展成为核心竞争力的潜能，但如果长期依靠比较优势来获得国际竞争力，容易使物流企业陷入“资源禀赋陷阱”，因为这种有形的资源禀赋优势无法长期存在，具有简单可复制性。因此，我国物流企业不能停滞于底层的资源优势层面，而是要将比较优势转化为竞争优势，并依靠自身的创新能力来培育核心竞争力，最终增强物流业国际竞争力。

（三）“一带一路”倡议架构下物流业国际竞争力评价指标

核心竞争力、竞争优势、比较优势三者共同组成了物流业国际竞争力的空间架构。它们之间相互促进，彼此支持，并依托分布于产业网络中的众多物流企业，一起努力，协作创新，实现我国物流业的全球化战略目标。

“一带一路”倡议架构下，我国物流业国际化经营所面临的市场环境特点与国内市场相比存在较大区别，如经营空间范围大，经营环境复杂，市场竞争激烈，信息传递、信息管理难度增加，计划和组织周密性要求高等。这意味着，开展国际化经营固然能使物流企业的资源和能力得到空间上的战略延伸，从而占领更大的国际市场，创造出更多的价值，但同时也必须应对国际化市场竞争的复杂性、挑战性和风险性。为此，按照国际竞争力的空间架构，分析物流业在“一带一路”倡议中的运行机制和作用，设计我国物流业国际竞争力评价指标体系，具体见表2－21。

表2－21 物流业国际竞争力评价指标体系

<table>
<tr><th>目标层</th><th>一级指标</th><th>二级指标</th><th>三级指标</th></tr>
<tr><td rowspan="28">物流业国际竞争力</td><td rowspan="5">核心层面</td><td rowspan="5">创新能力</td><td>产品或服务创新能力</td></tr>
<tr><td>技术领先情况</td></tr>
<tr><td>物流产业科研经费</td></tr>
<tr><td>技术信息转化能力</td></tr>
<tr><td>品牌影响力</td></tr>
<tr><td rowspan="11">关键层面</td><td rowspan="3">人力资源</td><td>物流业从业人数</td></tr>
<tr><td>高素质人才所占比例</td></tr>
<tr><td>技术培训经费</td></tr>
<tr><td rowspan="4">市场需求与产业联合情况</td><td>国际市场规模</td></tr>
<tr><td>国内市场规模</td></tr>
<tr><td>市场对外开放程度</td></tr>
<tr><td>与国际物流企业合作力度</td></tr>
<tr><td rowspan="4">物流业政策及相关情况</td><td>产业发展规划</td></tr>
<tr><td>产业扶持力度</td></tr>
<tr><td>物流业应对“一带一路”倡议及时程度</td></tr>
<tr><td>税收政策变化情况</td></tr>
<tr><td rowspan="12">基础层面</td><td rowspan="4">资源禀赋</td><td>物流业资源占有率</td></tr>
<tr><td>物流业从业人员平均工资水平</td></tr>
<tr><td>国家经济增长水平</td></tr>
<tr><td>国家经济对外依存度</td></tr>
<tr><td rowspan="8">物流基础设施</td><td>物流信息系统完善程度</td></tr>
<tr><td>国内公路面积</td></tr>
<tr><td>国内铁路里程数</td></tr>
<tr><td>国内航空货运周转量</td></tr>
<tr><td>国际公路连通国家数量</td></tr>
<tr><td>国际铁路连通国家数量</td></tr>
<tr><td>国际货运航线数量</td></tr>
<tr><td>国际货运周转量</td></tr>
</table>

三、“一带一路”倡议架构下基于国际竞争力的物流发展模式新设计

（一）“一带一路”倡议架构下物流业国际竞争力成长路径

“一带一路”倡议是我国一项中长期发展战略，不仅需要政府充分发挥服务职能，减少并放开对市场的束缚，同时也需要物流企业激发能力和活力，积极应对，加强区域合作，把握战略机遇，在“一带一路”倡议中发挥重要作用。为此，我国物流企业必须循序渐进，按照全球化战略的四个阶段来促进国际竞争力的逐步成长。具体如图2－4所示。

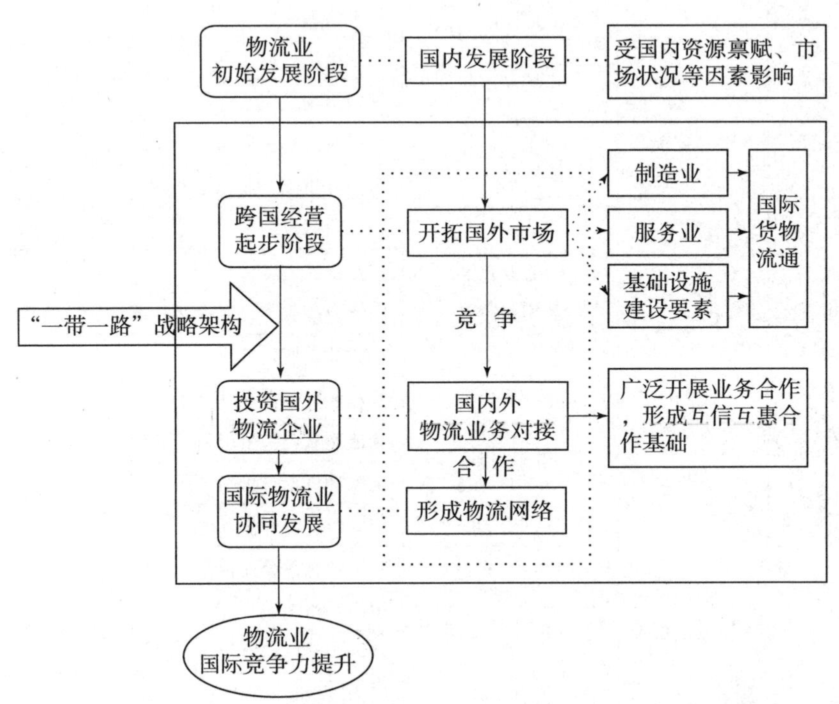

图2－4　物流业国际竞争力成长路径

第一，物流业初始发展阶段。物流业的初始发展主要依靠国内宏观环境、资源禀赋等因素。一方面，物流企业可通过与供应链上下游企业紧密合作，协同发展，充分利用国内的人力资源、金融资本、生产要素等，并进行合理配置；另一方面，物流企业要通过良性竞争，优胜劣汰，共同分割国内物流

市场，并最终提高物流业运行效率，充分发挥物流对经济发展的促进作用。因此，在这一阶段，我国物流企业应不断发展壮大自己，培育核心竞争力，为“走出去”占领全球市场做好资本规模、服务规模、服务能力上的准备。

第二，跨国经营起步阶段。随着“一带一路”倡议的实施，我国区域经贸合作网络范围日益扩大，包括中亚、西亚、南亚、欧洲、非洲等地区，且沿线多数为新兴市场国家和发展较为落后的国家，其经济发展需要大量的基础设施建设，而我国作为制造业大国，产品输出能力巨大，且在基础设施建设方面具有国际领先的实力和经验。因此，在这一阶段，国内物流企业应抓住我国资本输出的机遇，打造国际竞争力，然后针对“一带一路”倡议开辟的新兴出口市场，大力开拓国际业务，服务我国转移产能、优化产业结构的战略任务。

第三，投资国外物流企业阶段。当国际物流业务扩大到一定程度，无法通过简单的国际货物运输满足物资双向频繁流动时，进行国际物流合作就势在必行了。因此，在这一阶段，国内物流企业应投资国外物流市场，通过直接投资和间接投资，获得国外物流企业的合作优先权，同时在周边大量建设物流节点，实现货物运转的无缝对接，确保国际货运的通达性，以此逐步构建强大的国际竞争力。

第四，国际物流业协同发展阶段。随着国际经济贸易与投资合作向更广阔领域、更深入层次推进，物流业国际协同合作也在紧锣密鼓地展开。因此，在这一阶段，我国物流业应凭借自身在区域合作中的优势地位，针对全球市场进行物流业整体布局，形成全球物流网络，同时加强资源优化配置，提升物流运行效率，最终促进国际竞争力的提升与发展。

（二）基于国际竞争力三个层面的物流发展创新模式及对策

综上所述，本文基于国际竞争力的三个层面，构建“一带一路”倡议架构下的物流发展创新模式，具体如图 2－5 所示。

物流业发展创新模式同样可分为基础层面、关键层面、核心层面三个层面。在基础层面，物流业主要依靠产业资源禀赋（如物流基础设施建设、劳动力因素、生产要素资源等）以及产业所处的技术环境来获得发展，可以说，物流产业的发展离不开基础元素的支撑；在关键层面，物流业所面对的宏观市场环境成为主要的发展动力，此时物流业的发展主要受市场需求量大小、政府政策支持程度、金融服务开放程度、市场竞争激烈程度以及科研成果转化效率等影响，特别是跨国物流企业受国际物流业政策的影响更为强烈；在核心层面，物流企业在知识、技术、信息、管理等方面的创新对物流业提高国际竞争力具有不可替代的作用，特别是物流企业间的联合、创新以及知识传播与共享，能够有效降低物流管理与服务的成本，是我国物流业创建全球竞争优势、提升国际市场占有率的重要驱动力量。

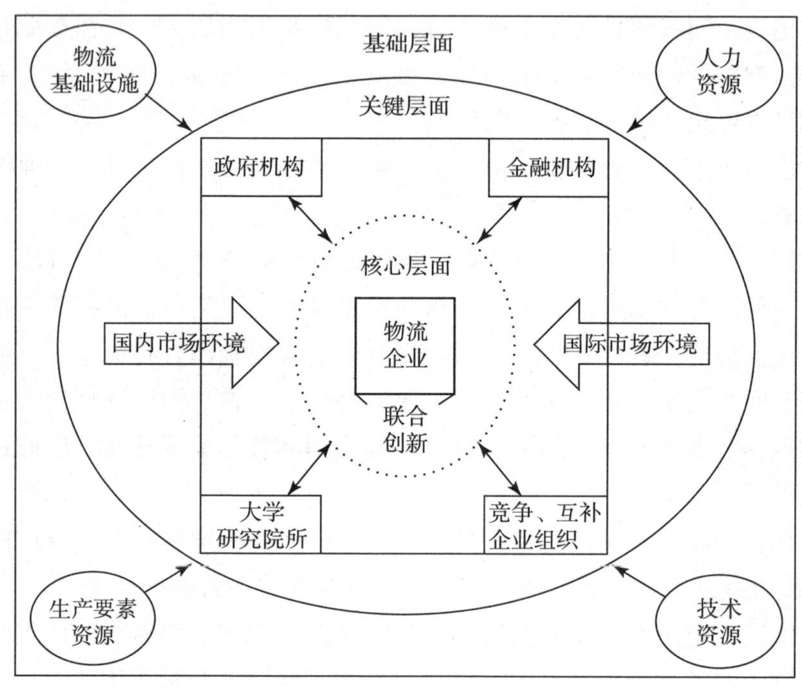

图2-5 基于国际竞争力三个层面的物流业发展创新模式

根据物流发展创新模式，可设计当前我国物流业的三大核心策略如下：

1. 充当"一带一路"倡议的先锋官，展开物流全球布局

"一带一路"倡议就是要扩大对外开放格局，不仅要向周边国家和地区输出劳务、技术和产品，引入自然资源与能源，还要积极引导企业及个人扩大对外投资，充分利用国际市场环境，把握全球范围内的相对资源优势。因此，我国物流业应充当"一带一路"倡议的先锋官，通过全球布局，先行打通国际投资贸易往来的障碍，从而推动我国资源能源的优化配置，使我国经济更加充分地融入国际市场。

2. 提高科技创新能力，加强技术转化

科技创新能力能够提高物流服务质量和管理水平，先进物流技术如射频识别（RFID）、全球定位系统（GPS）、地理信息系统（GIS）等的应用，为物流业实现精准送货做出了重大贡献。因此，在科技创新方面，我国物流企业应充分利用比较优势资源和竞争优势资源，培育独具特色的核心竞争力。一是积极开展物流企业间多方面的创新与合作，整合创新资源，实现企业间技术交流，加强资源优势互补；二是加强与高校、科研院所的合作，搭建“产学研”科技研发平台，促进科研成果充分转化，同时保证大量高素质人才源源不断地输送到物流业，提高从业人员素质；三是完善物流信息管理系统，提高物流需求识别、服务、配送等活动的精准度，提高物流资源整体使用效率。

3. 积极与沿线国家物流企业竞合，构建全球物流网络

我国物流企业与沿线国家物流企业之间既存在竞争关系，也存在合作关系。在物流业跨国经营过程中，“走出去”的物流企业应充分考虑市场划分、资源利用以及产业价值链上的冲突节点等多方面因素，合理定位，利用竞合策略来实现多赢，尽量避免两败俱伤局面的出现。同时，我国物流企业应积极响应“一带一路”倡议的号召，以现有综合交通运输体系为依托，把握好“一带一路”沿线国家和地区的需求，精准设立国际物流节点，与国内业务实现完美对接，最终构建全球物流供应链网络。

参考文献：

［1］申现杰，肖金成．国际区域经济合作新形势与我国“一带一路”合作战略［J］．宏观经济研究，2014（11）：30－38.

［2］袁新涛．“一带一路”建设的国家战略分析［J］．理论月刊，2014（11）：5－9.

［3］Porter M．E．．Competitive Advantage：Creating and Sustaining Superior Performance［M］．NewYork：FreePress，1985：67－81.

［4］金碚．企业竞争力测评的理论与方法［J］．中国工业经济，2003（3）：5－13.

［5］杜传忠．网络型寡占市场结构与中国产业的国际竞争力［J］．中国工业经济，2003（6）：42－49.

[6] 刘林青，谭力文．产业国际竞争力的二维评价——全球价值链背景下的思考 [J]．中国工业经济，2006 (12)：37 – 44.

[7] 陈虹，章国荣．中国服务贸易国际竞争力的实证研究 [J]．管理世界，2010 (10)：13 – 23.

[8] 刘名俭，邹丽君．基于 TTCI 的中国旅游产业国际竞争力评价 [J]．经济地理，2011 (3)：518 – 522.

[9] 谢如鹤，邱祝强，陈宝星．区域物流产业竞争力指标体系及其应用 [J]．工业工程，2008 (1)：109 – 112.

[10] 李莉，薛冬辉，毛奕，刘建明．我国物流业振兴中的产业国际竞争力生成模型构建探讨 [J]．物流技术，2009 (7)：1 – 5.

[11] 李金辉．物流业国际竞争力来源及关键性要素识别 [J]．港口经济，2011 (2)：39 – 43.

[12] 谢泗薪，张文华．资源整合视角下的物流产业集群创新网络运行机制 [J]．中国流通经济，2014 (3)：49 – 53.

[13] 李莉，张子晗，苑德江．基于物联网的我国物流业国际竞争力生成模型构建研究 [J]．物流技术，2011 (21)：1 – 5、23.

基金项目：天津市科技发展战略研究计划重点项目"进一步促进科技服务业做大做优的对策研究"（项目编号：14ZLZLZF00011）（本文系部分研究成果）

作者简介：谢泗薪（1966—），男，湖南省冷水江市人，中国民航大学经济与管理学院教授，硕士研究生导师，南开大学管理学博士，复旦大学工商管理博士后（一站），北京大学经济学博士后（二站），主要研究方向为战略管理、物流管理等。

侯蒙（1991—），男，安徽省蒙城县人，中国民航大学经济与管理学院教师，博士生，主要研究方向为物流管理、战略管理。

第 三 章
区域合作

流通视角：丝绸之路经济带建设国内段实施路径

樊秀峰
（西安交通大学经济与金融学院，陕西西安 710061）

摘要： 丝绸之路经济带实质上是商品流通之路，是经贸合作平台。流通视角下丝绸之路经济带的建设将为我国尤其是西北内陆地区开启新的发展机遇，同时会加剧国内相关城市的竞争，并影响地区和国际之间的竞争。丝绸之路经济带的经济建设，应探寻节点城市大通关协作机制，构建经贸发展绿色通道；以推进贸易便利化为契机，加快提升区域性商贸中心的国际化水平；积极参与前期基础建设，为拓展国际经贸合作空间打下扎实基础。

关键词： 丝绸之路经济带；流通视角；国内段；实施路径

"共建丝绸之路经济带的战略"为我国、为亚太地区规划了未来地区发展的美好前景，目前亟待研究的问题是，我国尤其是丝绸之路经济带国内段各省区应如何实施，如何抓住机遇发展自己。由于丝绸之路经济带战略本身就是一项系统工程，涉及的方面与因素众多且复杂，需要进行系统研究，本文仅基于流通视角就丝绸之路经济带建设国内段的实施路径问题进行初步探讨。

一、流通视角下丝绸之路经济带建设的关键要务

古丝绸之路在历史沿革中承载与体现了太多的意义与价值，人们可以从不同角度去解读它。但基于经济基础与上层建筑的辩证关系，丝绸之路的本质特征或本源价值在于流通，在于商品流通，这应是不容置疑的，也应作为理解新丝绸之路经济带建设问题的起点。

（一）古丝绸之路本源即商品流通之路

古丝绸之路最初起源于贸易和商品流通，丝绸之路沿线国家循着比较优势原则开展贸易往来、互通有无。中国作为古丝绸之路的起点国家，源源不断地将丝、绸、绫、缎、绢等丝制品运向中亚和欧洲，换回皮毛、玉石、香料等商品。因此，丝绸之路的别称也叫“皮毛之路”“玉石之路”“珠宝之路”和“香料之路”。

（二）新丝绸之路经济带即经贸合作平台

2013年9月，习近平总书记提出共建“丝绸之路经济带”战略，主要意旨在于实现陆海贯通联动亚欧两大市场。此丝绸之路谓之新丝绸之路，它赋予了古丝绸之路新的时代内涵，将为沿线国家搭建一个合作共赢的经贸合作大平台，为我国尤其是西北内陆省区打开一条通向欧亚内陆市场的新通道。因此，新丝绸之路无疑首先也是一条商品流通之路。

综上可见，无论是古丝绸之路还是新丝绸之路，在本质上首先是一条商品流通之路，而这条漫长的商品流通之路，不是无序、杂乱无章的，是由多个商流节点有序推动的，这些商流节点就是丝绸之路经济带沿线国家的商贸中心城市。在现代国际商务环境下，商贸中心城市是国际商务要素的集聚之地，可以产生巨大的经济辐射力，成为一个地区发展的经济中心。在国际商品流通中，由于这些商贸中心城市处于不同的国家，从而也成为国际商品流通的重要关卡。因此，国际商品流通的顺畅运行，一要道路互联互通且高效；二要商品通关便利化。前者是物质条件，后者是制度条件，缺一不可。尤其后者有赖于丝绸之路经济带沿线国家的商贸中心城市间构建合作机制，以保证商品大通关，这应该是丝绸之路经济带建设国内段尤其西北内陆各省区的当务之急。

二、流通视角下丝绸之路经济带建设面临的机遇与挑战

（一）为我国尤其是西北内陆地区开启了新的发展机遇

1. 为西北内陆地区打开了一扇通向欧陆市场的金色大门

改革开放以来，西北内陆尤其是陕西省经济一直发展缓慢，原因很多，但和东南沿海相比地理位置的劣势应是原因之一。经济外向度低长期制约着西北内陆地区的经济发展。如陕西省外贸依存度长期徘徊在7%～8%，2012

年更是下降到了6.46%，与全国46.8%的外贸依存度相比，仅为全国平均水平的13.7%，经济外向度仅达到全国平均水平的17%，差距巨大。而丝绸之路经济带东边牵着亚太经济圈，西边系着发达的欧洲经济圈，被认为是“世界上最长、最具有发展潜力的经济大走廊”。“陆上丝绸之路经济带”东端连着充满活力的亚太地区，中间串着资源丰富的中亚地区，西边通往欧洲发达经济体；“海上丝绸之路”将中国和东南亚国家临海港口城市串起来，通过海上互联互通、港口城市合作机制以及海洋经济合作等途径，最终形成“海上丝绸之路经济带”，不仅造福中国与东盟，而且能够辐射南亚和中东。因此，丝绸之路经济带战略的实施无疑将为我国尤其是西北内陆地区发展创造一次难得的历史机遇。

2. 为我国西部大开发战略实施提供有力的杠杆

伴随着西部大开发战略的实施，各省陆续提出了一系列经济振兴战略。以陕西省为例，2009年经国务院批复通过设立关中—天水经济区（简称“关天经济区”）；2014年，国务院正式批复设立西咸新区等。这些发展思路与战略目的都在于拓展区域经济发展空间，但很显然，若没有更大的国际发展空间做支撑，这些看起来很完美的举措难以显现其巨大的威力。丝绸之路经济带国内段尤其是西北内陆地区，必须考虑将现有的地区发展战略同丝绸之路经济带战略对接起来，充分发挥其对当地经济发展的杠杆撬动作用。

3. 为把陕西省打造成西北内陆地区的经济中心提供了可能

从地缘与交通基础来看，陕西省地处我国内陆腹地、欧亚大陆桥的中央，具有极为重要的扩散和辐射功能，向东延伸至东部沿海（连云港），同时，西安市兼及南北走向尤其是“南下入江”的战略地位，具有承北接南的影响与作用。另外，在国家综合交通网规划中，陕西省已被确定为八大铁路枢纽和运营调度中心之一、八大航空枢纽之一和国家重要公路枢纽，铁路、公路、航空组成了陕西省完善的陆空网络。在物流方面，西安国际港务区有铁路集装箱中心站和公路港中心站的支撑平台，是全国最大的内陆港；同时，还拥有西部最大和最完善的两个综合保税区以及出口加工A区和B区等海关特殊监管区域，构成了辐射丝绸之路经济带周边国家的物流中心，具有实行政策沟通、道路连通、贸易畅通、货币流通和民心相通的“五通”条件。但长期以来由于地处西北内陆，经济外向度低，同时又受到东中部地区发展的挤压，虽具备良好的地缘与交通基础优势却并未显现出其对陕西经济发展的区位优势效应。因此，共建丝绸之路经济带战略的实施将使陕西省成为贯通欧亚大市场的枢纽中心，使陕西省充分发挥区位优势。若再辅之以国际贸易大通关的机制条件，必将吸引国际商务要素向陕西省集聚，从而使以西咸新区为核心的关天经济区成为丝绸之路经济带上的经济中心，成为西北内陆的经济中心。

（二）丝绸之路经济带战略实施将带来的严峻挑战

1. 从国内来说，将加剧省际竞争，拉大西部各省差距

在古丝绸之路范围之内，既包括西北地区的陕西、甘肃、青海、宁夏、新疆，还包括西南地区的重庆、四川、云南、广西。因此，丝绸之路经济带战略带来的历史机遇，也将加剧地区之间的资源竞争，如自贸区与经济区这些政策资源的竞争。因为在新丝绸之路战略下，谁能首先解决欧亚大陆的贸易障碍，谁就是赢家。比如，同是为贯通欧亚大陆的铁路交通来说，陕西有“长安号”列车，重庆有“渝新欧”列车，但“渝新欧”列车目前发展得更快，“渝新欧”列车每次历时16天，行驶上万公里，从中国内地的重庆出发，经过新疆进入中亚，途经哈萨克斯坦、俄罗斯、白俄罗斯、波兰，最终抵达德国的重要港口杜伊斯堡，是丝绸之路经济带的重要通道。2010年12月7日，重庆、乌鲁木齐两地海关已在渝签署了《关于建立渝新欧国际铁路大通道出口转关监管机制的协议》和《区域通关改革合作备忘录》。这就为“渝新欧”国际铁路通道提速、内陆货物经该线出口欧洲实现“一次申报、一次查验、一次放行”奠定了国内段贸易便利化的制度基础。

目前，“渝新欧”铁路已成为重庆的“王牌”，吸引着世界各地投资者的目光。全球最大的集装箱运输公司马士基、全球最大的工业及物流基础设施提供商和服务商美国普洛斯公司等国际物流巨头纷纷布局重庆。也正因为如此，各地都将邻省视为竞争对象，如陕西省，有学者在分析陕西省面临的竞争时，认为陕西省的主要竞争对手当属甘肃省和新疆甚或连云港。这种认识是狭隘的，也犯了方向性错误。同为丝绸之路经济带沿线省区的新疆、甘肃省应是陕西省的合作共赢对象而不是竞争对手。因为在漫长的丝绸之路经济带上，商品流通要能顺畅进行有赖于沿线节点城市的合作与协作，尤其是出口转关商品监管方面的协作，没有这些节点城市的通力合作，大通关是无法完成的。

因此，丝绸之路经济带战略的实施对于西北内陆地区，可能是发展机遇，但由此带来的挑战与压力也是非常巨大的。如陕西省，不可能仅依赖于“西安是古丝绸之路起点城市”的概念而发展，必须塑造自己的竞争实力，努力

消除欧亚大陆铁路运输的障碍，实现欧亚大陆贸易便利化。就目前来说，当务之急在于尽快和甘肃、新疆以及丝绸之路沿线国家的商贸中心城市谋求达成商品出口转关监管机制的合作协议，为欧亚贸易便利化创造条件。创造贸易便利化条件，不仅是为打通铁路一站式到欧洲做准备，更是为把西安市打造为商贸中心城市、将陕西省打造为经济中心而创造必要条件。

2. 从国际上来看，将加剧地区与国家之间的竞争

目前，在促进区域经济一体化的官方论坛或组织方面，有两个非常活跃且与我国关系密切的组织。一是以中国为主导推动的亚太经济合作组织（APEC），是亚太地区最具影响力的经济合作官方论坛，截至 2013 年 9 月，亚太经合组织共有 21 个正式成员和 3 个观察员；二是以美国为主导推动的《跨太平洋伙伴关系协议》（TPP），其前身是《跨太平洋战略经济伙伴关系协定》，中国没有被邀请参与 TPP 谈判。上述两个促进区域经济一体化组织的成员互相叠加，形成一定的竞争与制衡关系，而《跨太平洋伙伴关系协议》将突破传统的自由贸易协定（FTA）模式，达成包括所有商品和服务在内的综合性自由贸易协议，将发展成为涵盖亚洲太平洋经济合作组织（APEC）大多数成员在内的亚太自由贸易区，成为亚太区域内的小型世界贸易组织。因此，丝绸之路经济带战略的实施无疑会促使 TPP 发展进程加快，进而促使地区之间的竞争加剧。但共建丝绸之路经济带战略更符合沿线国家与地区的长远发展利益，目前已获得沿线大多数国家与地区的积极支持。同时，由于各个国家情况不同，利益取向也会不同，在丝绸之路经济带战略实施过程中，沿线国家与地区之间的竞争也是难以避免的。比如，泛亚铁路如何实现无缝对接问题，就存在争议。

目前，泛亚铁路北部通道连接欧洲和太平洋，途经德国、波兰、白俄罗斯、俄罗斯、哈萨克、蒙古、中国至朝鲜半岛。由于这个通道上的国家铁路轨距不同，铁路运输并非无缝连接。如中国与俄罗斯不同，中国使用的是 1435mm 国际通用标准轨距，俄罗斯、白俄罗斯和哈萨克斯坦等国铁路使用的轨距为 1520mm。为了能形成一个统一的、贯通欧亚大陆的货运铁路网络，亚洲 18 个国家的代表于 2006 年 11 月 10 日在韩国釜山正式签署了《亚洲铁路网政府间协定》，筹划了近 50 年的泛亚铁路网计划最终得以落实。但目前有关国家尚不得不面临着统一技术标准，协调海关、检疫和安全检查程序，筹措巨额建设资金，统一建设步伐等问题，而铁路如何实现无缝对接就是其争议的首要问题。如俄罗斯启动了阔轨联盟，使泛亚铁路轨距之争升级。诸如此类问题以后还会有很多，共建丝绸之路经济带战略对于沿线国家来说，合作是主题，但并不排除竞争，合作与竞争并行不悖。在这种合作与竞争中，国家与企业携手参与国际竞争将是一种常态。

3. 从西北内陆各省来说，目前尚缺乏一站式到欧洲的互联互通基础

这既包括商品大通关的物质条件如交通通信等基础设施，也包括能使贸易便利化的制度安排。由于丝绸之路经济带战略实施是一项系统工程，不仅需要互联互通的铁路支持，还需要保证互联互通的现代通信网络、大数据平台等作为支持，同时尤为需要搭建丝绸之路沿线节点城市的互信互认的贸易便利化合作平台。以陕西省为例，陕西省目前没有设立自贸区，而要实现一站式到欧洲，急需同丝绸之路经济带沿线节点城市构建合作机制，尽快达成能保证“长安号”大通关的出口转关监管机制的协议框架，否则一旦泛亚铁路贯通，若制度等软环境存在问题，无疑将使陕西省发展失去机遇。

三、流通视角下丝绸之路经济带建设国内段应采取的对策

（一）探寻节点城市大通关协作机制，构建经贸发展绿色通道

所谓“绿色通道”，泛指手续简便、安全快捷的通道。对于国际贸易来说，意味着商品流通的“无申报”通道或“免检”通道。商品从中国欧亚大陆桥上的某一城市装上火车专列即可一站式到欧洲，这正是丝绸之路经济带建设未来要达到的目标。要实现真正意义上的国际贸易绿色通道，有赖于丝绸之路经济带沿线节点城市的大通关协作协议来实现，这是目前继续推进的关键问题。自习近平主席提出丝绸之路战略至今虽只有 1 年的时间，但全国上下都已行动起来，很多方面已进入实质性的发展阶段。如中俄高铁合作项目，2014 年 10 月 13 日已签署了高铁合作备忘录，“莫斯科—喀山”段高铁将成为发展俄中首都间铁路交通的先导工程。再如 2014 年 11 月 8 日，习近平主席在加强互联互通伙伴关系的对话会上宣布出资 400 亿美元成立丝路开放式基金。因此，作为丝绸之路经济带建设的国内段各省区尤其是西北内陆各省区，要尽快构建丝绸之路经济带沿线节点城市间的经贸合作机制，为商品国际流通创造制度条件。就陕西省而言，作为古丝绸之路的起点城市所在省份，要打通节点城市间的合作机制，具有得天独厚的有利条件。一是欧亚论坛的永久会址在西安市，西安市可利用这一有利条件，发起丝绸之路沿线城市经

贸合作专题论坛，专门研究大通关机制的建设问题，包括国内与国外的节点城市，尽快寻求同这些节点城市达成贸易便利化的各种合作协议与制度框架；二是西安市作为丝绸之路的起点城市，具有源头优势，可成为丝绸之路贸易便利化制度框架设计的倡导者和主导者，积极推动，积极实施。

（二）加快提升区域性商贸中心的国际化水平

所谓商贸中心，是以商贸流通业为主体，融合其他现代服务业，通过商品和商业信息在中心城市的大量聚集和大规模交换，有效带动周边区域经济发展的大规模服务性综合体。至于国际性商贸中心，其定义目前尚不统一，但一定要具备以下特点：完善的市场体系和灵活的市场机制，能吸引国际性大公司的集聚，吸引境内外金融机构的集聚，计算机信息网络密集，电子商务普及程度较高，商务资讯传播迅速和自由，具有开放和国际化的自由贸易制度安排等。按照上述定义来衡量我国丝绸之路沿线国内段省区的商贸中心，应该说大多尚属于省域的商贸中心，其经济辐射力十分有限。如西安市，其目前的经济辐射力不仅没有跨出国界，就是对西北地区的辐射力也较弱。因此，要想打造成为丝绸之路经济带的商贸中心，必须加快步伐。从上述已知，推进丝绸之路经济带贸易便利化与区域性商贸中心城市建设以及区域经济中心建设是相辅相成的。或者说，贸易便利化的推进，也是促进区域性商贸中心国际化发展水平的重要动力。

商贸中心的发展既需要物质条件，也需要制度保障，在国际商贸流通中，制度条件尤为重要。如丝绸之路经济带商品出口大通关合作机制与框架协议的建设，不但能为国际商品贸易提供制度准备，同时也可为提升本地区商贸中心的国际化水平创造条件。因此，各地应该将商贸中心城市建设和丝绸之路经济带建设结合起来，以丝绸之路经济带建设为契机，促进区域性商贸中心的国际化发展。

（三）积极参与前期基础建设，为拓展国际经贸合作空间打基础

我国正在研究和规划“新丝绸之路经济带”的线路，国家发改委官员表示新丝绸之路经济带和21世纪海上丝绸之路尚处于前期研究阶段，具体定位尚未确定，目前正与相关省区进行研究，未来将出台相关规划。一种可能是陇海兰新线通过中亚地区到达欧洲，新疆将成为向西开放的前沿；另一种可能是从云南通过缅甸到达印度洋，那么云南将成为第三欧亚大陆桥的桥头堡。

未来怎么规划还在研究之中。但与此同时，国家发改委已经规划了涉及欧亚大陆桥以及新丝绸之路的多条铁路，从中国东部往西到达欧洲，既可以走北线经过哈密、将军庙的线路，也可以走陇海线、兰新线，还可以走库尔勒到格尔木的线路。商务部表示正积极研究落实丝绸之路经济带建设这一构想，推动双边贸易，扩大双向投资，积极推进互联互通，配合向西开放，支持西部省区与中亚开展经贸合作。国家能源局表示加快推进丝绸之路经济带、21世纪海上丝绸之路、中印缅孟经济走廊和中巴经济走廊建设，以能源合作为主线，带动上下游产业、工程建设、技术装备和相关服务业发展，深化能源国际合作。总而言之，丝绸之路经济带战略实施，前期的交通通信方面的互联互通工程在即，西北内陆各省一定要抓住先机推动企业走出去，为进一步开展国际经贸合作奠定基础。

参考文献：

［1］杜尚泽，丁伟．习近平在哈发表演讲：共建“丝绸之路经济带”［EB/OL］．［2014 - 10 - 11］．http：//news. hexun. com/2014 - 09 - 17/168573720. html.

［2］佚名．陕西开放型经济发展与其丝绸之路经济带作用的思考——学习十八届三中全会精神系列报告之六［EB/OL］．［2014 - 12 - 11］．http：//www. sn. stats. gov. cn/news/tjxx/201441585942.

［3］佚名．渝乌海关进行通关合作重庆到欧洲铁路运输 13 天［EB/OL］．［2014- 12- 18］．http：//www. chinanews. com/cj/2010/12 - 07/2706751. shtml.

［4］佚名．亚洲 18 国家地区建“钢铁丝绸之路”［EB/OL］．［2014- 12- 18］．http：//news. sohu. com/20061112/n246330002. shtml.

［5］习近平．中国将出资 400 亿美元成立丝路基金［EB/OL］．［2014 - 12 - 18］．http：//www. chinanews. com/gn/2014/11 - 08/6763014. shtml.

基金项目：教育部人文社会科学重大课题攻关项目“推进丝绸之路经济带建设研究”（项目编号：14JZD022）

作者简介：樊秀峰（1955—），女，陕西省镇安县人，西安交通大学经济与金融学院教授，博士生导师，主要研究方向为流通经济、国际贸易理论与实践等。

丝绸之路经济带互联互通战略研究

赵树梅
（长春中医药大学人文管理学院，吉林长春 130117）

摘要：在“向西开放”思想指引下，丝绸之路经济带应运而生。为达到设立丝绸之路经济带的目的，实现互联互通是关键。以成功的区域一体化组织为参照系，互联互通需要在明晰“联”与“通”关系的基础上，进行广度与深度的纵深化扩展。当前，丝绸之路经济带尚处于发展的初期阶段，合作领域不断增多，区域通达水平逐步提高，但经济联系有待加深，其互联互通尚处于粗放式的狭义发展层面。因此，中义层面的丝绸之路经济带所定位的研究区域，应立足于东北亚、中亚、西亚国家经济合作现状，从产业、金融、交通基础设施、贸易、能源合作、标准规则等方面入手，宽视角、分阶段、分领域地构建推进丝绸之路经济带一体化的互联互通战略，即在现有基础上继续强化基础设施建设，搭建立体通达网络。在深化贸易互通的同时，以新型商务业态探索贸易互联渠道。立足经济带资源禀赋和各国经济发展水平，深化能源互联互通并提高利用效率，强化产业合作，尝试启动产业一体化。为保障产业、交通基础设施、贸易、能源等的互联互通，丝绸之路经济带各国应加强交流，以各种方式实现标准规则互联互通，同时引导经济带加速金融互联网建设，加快互联网金融发展，更好地服务于互联互通战略。

关键词：丝绸之路经济带；互联互通；战略

一、问题的提出

郑和下西洋和张骞出使西域两条线路早已将古丝绸之路划分为海陆两支，通过丝绸之路，我国与其他国家发生经济联系，拉开了与世界互联互通的序幕。千百年来，丝绸之路不断延伸，越来越多的国家和地区融入其中，沿线国家的经济联系日益紧密。当今，面对新的经济形势，为更好地引领我国经济融入世界，"一带一路"倡议应运而生。其中，"一带"指丝绸之路经济带，即陆上丝绸之路，"一路"指海上丝绸之路。由于海运成本较低，"一路"的发展水平明显高于"一带"，加之后者内部地区差距很大，因此笔者将丝绸之路经济带锁定为研究对象。

丝绸之路经济带是我国"向西开放"的重大举措。关于其范畴，学术界有四种理解：狭义层面的丝绸之路经济带仅指我国与中亚国家的经济交流与合作；中义层面的丝绸之路经济带扩展至以亚欧大陆桥为依托的沿线国家；广义层面的丝绸之路经济带将欧盟包含在内；最广义层面的丝绸之路经济带包括海、陆丝绸之路。为带动我国更多区域的发展，丝绸之路经济带在我国可分为北、中、南三线。其中，北线包括环渤海经济圈、京津冀城市群、内蒙古、甘肃、新疆等地；中线沿古丝绸之路轨迹途经西北五省；南线着力于长江经济带的辐射作用，与中巴通道对接。

目前，我国与欧洲的贸易量已经处于高位，短期内经济合作空间提升有限。近年来，我国与中亚、西亚、东北亚国家的合作不断增多，经济互信水平大幅提升，只是互联互通水平显著低于中欧，尚停留在广度扩展的肤浅层面。为此，本文以中线的丝绸之路经济带为研究区域，着力于探索推动这一区域互联互通与走向纵深化的战略，对我国结构性减速时期提升对外开放质量与营造"东西互动"开放格局提供建议。

二、解读互联互通的内涵

互联互通指加速经济联系，互通有无，是经济体之间强化经济合作、扩大经济影响的途径。在"联"与"通"的关系中，"联"是"通"的基础，"通"是"联"的升华，二者互促互进。在我国经济处于结构性减速的新常态背景下，宏观经济全面偏向于"质"，而"向西开放"思想指引下的丝绸之路经济带就是提升我国对外开放质量的战略，也是后金融危机时期增强抗市场风险能力、创新国际经济合作领域和方式等的体现。因此，互联互通不能仅仅停留在建立外交关系、发生国际贸易、提高通达水平等狭义层面，而是要在深刻理解"联"与"通"辩证关系、逻辑关系的基础上，提高互联互通的深度。

首先，必须明确经济体能否发生经济联系，即经济结构是否互补或相似。

其次，明晰经济体发生经济合作的程度。如经济体发展水平、社会文化等差异极大，则发生互联互通的可能性较小；反之，则大。如果经济体能够突破国别限制建立起经济合作关系，如形成跨国产业链等，则互联互通水平提升，届时经济利益会驱动很多受政治因素影响而暂时搁置的经济活动的发展，优化地缘政治环境。此外，产业链各环节分散于多个经济体，产业抗市场风险能力增强，从而可提升经济体抵御风险的能力。随着互联互通的不断深化，共同的经济利益将不断模糊行政界限，形成政策沟通、道路联通、贸易畅通、货币流通、民心相通的区域一体化组织。

三、丝绸之路经济带互联互通现状

（一）合作领域不断增多

中义层面的丝绸之路经济带所辖国家和地区多为发展中国家和地区，以发展经济为其首要任务，各国均依托相对优势资源谋求经济带范畴内的互利共赢，尤其是金融危机爆发之后，国家间的经济合作不断增多。

第一，贸易量不断攀升。2012 年，中俄贸易额同比上升 11%，计划 2020 年达到 2000 亿美元。我国已经成为哈萨克斯坦和土库曼斯坦的第一大贸易伙伴，乌兹别克斯坦和吉尔吉斯斯坦的第二大贸易伙伴，塔吉克斯坦的第三大贸易伙伴。

第二，基础设施建设合作成效显著。我国与东北亚、中亚、西亚之间已经有横纵相间的铁路、公路、油气管道和航线贯通，同时还有多个合作在建的工程。

第三，商品交易是主要合作方式。从丝绸之路经济带经济互联的方式看，我国向外主要输出服装、食品、劳务等，东北亚、中亚、西亚主要向我国输出石油、天然气等能源，这些地区占我国十大原油进口国的八席。

第四，文化交流增多。近年来，到我国留学的丝绸之路经济带沿线国家学生数量增多，在我国的留学生中，以上五国的留学生大约有 1.5 万人，其中哈萨克斯坦大约有 1 万人。此外，我国还在中亚地区设立了多个孔子学院。我国与丝绸之路经济带国家间的合作呈向好态势，但必须看到，这些合作尚停留在广度的延展层面，与内涵式发展的要求相比差距还很大。

（二）经济联系有待深化

由于发展水平、政治结构、人文环境、国际经济等因素的影响，丝绸之路经济带沿线国家的经济联系严重受到国别限制，仍然处于产品互通有无的合作层面，各国资源的相对优势并未充分转化为经济效益。同时，存在诸多深化联系的障碍，如贸易壁垒明显，金融服务层次低，经济法规国别差异大等。然而，客观审视丝绸之路经济带沿线国家可以发现，各国之间存在显著的经济互补性和相似性，这是深化经济联系的现实基础。就互补性而言，东北亚、中亚、西亚的能源丰裕度高，而国内需求量有限，我国已经成为最大的能源需求国，自身能源缺口大，尤以石油缺口最为突出，能源对外依存度超过60%，强烈的互补性能够推动沿线国家经济联系的深化。就相似性而言，丝绸之路经济带沿线国家资源禀赋相似，如中亚五国以及我国西部九省区能源禀赋高度相似，为能源的合作开发与加工奠定了基础。沿线国家收入水平、民族习俗等相似，为突破国别界线打造产业链、拓展商品开发生产经营领域创造了很好的条件。可见，丝绸之路经济带存在深化经济联系的巨大空间，只有充分利用各国经济上的互补性和相似性，沿线国家才能享受到更多的外部资源，丝绸之路经济带才有可能真正向区域一体化组织迈进。

（三）区域通达水平逐步提高

丝绸之路经济带内部交通基础设施日益完善，地区间通达水平不断提高。2005年，我国开通了亚欧铁路集装箱直达列车，之后接连开通了呼和浩特至法兰克福的集装箱列车、富士康国际联运专列、北京至汉堡的集装箱示范列车、重庆至杜伊斯堡的集装箱列车、苏满欧集装箱班列、汉新欧国际货运专列、蓉新欧直通集装箱列车、郑新欧国际货运班列、西新欧长安号国际货运班列等。2006年，中哈原油管道建成，这是我国第一条跨国陆上原油进口管道。2009年，中土天然气管道建成。2012年底，中哈霍尔果斯口岸铁路开通。2013年3月，塔吉克斯坦、阿富汗、土库曼斯坦签署了修建土阿塔铁路的备忘录，同年6月，该铁路土库曼斯坦段开工。近年来，哈萨克斯坦致力于落实“欧洲西部—中国西部”交通公路计划。目前，土库曼斯坦因国内铁路布局已经基本形成了横贯东西、连接南北的交通枢纽。塔吉克斯坦完成了首都杜尚别至第二大城市胡占德的交通公路。在西亚，其通达水平比中亚、东北亚要高，铁路、公路等传统交通基础设施较为完善。基础设施的互联互通为丝绸之路经济带其他领域的互联互通夯实了硬件基础。然而，横向看，这种通达水平与其他区域一体化组织或者其他经济性国际组织相比差距甚大，不仅未形成通达的网络，且建设品质与国际标准存在差距。同时，一些国家基础设施体系空白较多，如吉尔吉斯斯坦国内道路老化毁损严重，公路建设滞后，北部有一条连接哈萨克斯坦的跨国铁路，南部有一段长约1000千米的铁路几乎没有客运。因此，为更好地推动丝绸之路经济带实现多维互联互通，沿线国家还要强化合作，不断完善交通基础设施。

四、丝绸之路经济带互联互通战略构想

（一）产业互联互通战略构想

产业是丝绸之路经济带互联互通的利益纽带，是政策服务于经济的动力。由于丝绸之路经济带内的国家和地区尚不能突破行政区划界限进行产业合作，且产业发展水平较低，因此点轴布局是短期内经济带可有效落实的产业空间布局战略。具体而言，可以经济带内的比较优势产业为核心，发展核心城市或城市群，通过交通基础设施串联产业节点和城市节点形成发展轴，以渐进式轴线开发战略打造点轴系统。在经济带沿线国家和地区经济联系不断深化、强化的基础上，在中长期视野下实施产业梯度推移战略，最终形成经济带产业网络系统。就合作领域而言，基于经济带沿线国家资源禀赋和产业发展现状，我国应找准产业合作契合点，增强与其他国家的产业联系。

第一，加强有色冶金产业合作。以带资承包、建设—经营—转让（BOT）等国际通行方式参与其他国家基础设施建设，以项目换取对当地资源的勘探、开发、利用机会，输出我国有色金属成套设备与核心技术，转移过剩产能，实现跨国经营。

第二，深化农业合作。立足我国农业优势，扩大向中西亚国家的出口份额。同时，在旱作农业、高效节水农业、设施农业、农作物育种等方面加强交流与合作，以鼓励农业产业化龙头企业走出去的方式在其他国家建立农产品生产加工基地、农业产业示范园区等。

第三，推动装备制造业合作。以经济带内国家和地区所需要的石化通用装备、石油钻采装备、矿山开发装备、新能源装备、机械电工电气装备等为重点，加快我国装备制造业优化升级。以产品核心技术合作为渠道，推动优势企业在境外合作建设生产基地，提高装备制造业产品出口能力与技术合作能力。

第四，开启医药产业合作。充分利用经济带沿线国家的民族用药习惯，以医疗卫生合作带动我国中医药、藏医药产品出口，开拓以境外加工贸易为

主的医药市场，与其他国家展开系列医药产品的合作开发。

第五，推进建筑建材产业合作。鼓励我国企业积极参与沿线国家的住房建设和房地产开发项目，以工程承包带动建材出口，推动在中亚、西亚建设新型建材加工和销售基地，推进水泥、玻璃、新型墙体材料等建材行业的合作。

第六，促进民族用品产业合作。丝绸之路经济带民族特色显著，文化联系紧密，是国家间进行民族用品产业合作的天然基础。我国应当以民族工艺品、清真食品等为重点，建设民族特色用品生产加工和出口基地，特别是加大清真食品产业化开发力度，积极与中亚、西亚国家合作，完善清真食品质量认证体系，建设清真食品出口中心。此外，还应当与沿线国家和地区合作开发旅游产业、文化产业等。为更好地落实产业互联互通战略，必须处理好以下关系：

一是统筹经济带全局与产业之间的空间定位。沿线国家必须明确自身经济发展现状、资源优势、产业特色等，明晰在经济带中的功能定位，强化产业政策沟通，规避重复建设与同质化发展引发的低效益，推动其趋近于综合收益的帕累托最优状态。

二是优势产业优先与经济带产业协调发展。作为一个新型国际化经济区，在丝绸之路经济带产业发展的过程中必须处理好个体与总体的关系，既要体现产业优势，又要推动经济带产业整体效益和质量并进。对经济结构互补性和相似性高的沿线国家和地区而言，在定位主导产业和产业布局方面，既要照顾经济效益和投资效率高的产业，也要考虑产业间的互补性，优先发展能够发挥资源特色、技术优势，并且已经形成国际产业链的产业，吸引更多国家和地区参与，促进经济带产业协调发展。

三是经济效率优先与经济带协调发展。经济带沿线国家和地区应着力发展本国技术能够达到的有辐射扩散效应的优势产业，逐渐将之发展为增长极，通过极化效应和扩散效应带动更多区域的发展。

四是比较优势利益与经济带经济利益相结合。沿线国家和地区应将区域比较优势与自身在经济带的定位有机结合，发展既有竞争实力又有合作潜力的产业。例如，中国西部地区在与中亚国家进行能源合作的同时，既要防止同质化引发的效益下滑，又要通过完善仓储运输等硬件，打造能源链，为西能东输创造条件。

五是经济带经济利益与可持续发展相一致。经济带沿线国家和地区多为发展中国家，发展经济的愿望十分强烈，很多国家以资源密集型产业为支柱产业，因受技术制约大多以粗放式开发为主，对生态环境造成了极大的破坏。但是，考虑到经济带所辖区域生态环境脆弱，部分地区甚至是限制开发区和禁止开发区，资源环境承载力低下，且直接关系到更广阔区域甚至全球范围的生态安全。因此，作为一个新型经济区，丝绸之路经济带必须践行可持续发展战略，以自然、经济、社会、政治、文化的协调发展为出发点，在追求经济利益的同时，以区域生态环境容纳能力为准绳，合理开发利用资源。

（二）金融互联互通战略构想

金融是经济发展的重要介质，金融能力的强弱在一定程度上决定着丝绸之路经济带发展水平的高低。为更好地服务于经济带沿线国家经济发展的需要，必须重视金融互联网与互联网金融两大模式的纵深化发展。在短期内，经济带首先要提升金融互联网水平，面向中亚、东北亚国家，我国应当以上海合作组织为依托，建立区域性开发银行。同时，引导我国竞争力较强的商业银行进驻这一区域，为区域内国家和地区的基础设施建设与经贸项目合作提供融资保障与结算平台。另外，与俄罗斯积极合作，设立上海合作组织专门账户，为中俄经济合作提供资金保障和便利。我国还应推动上海合作组织银行联合体的发展，提升与其他国家金融机构的合作水平，推动人民币国际结算进程。在西亚，我国已经具有良好的金融合作基础，2012 年中国人民银行与阿联酋中央银行达成了以 350 亿元人民币交换 200 亿迪拉姆的货币交换协议，以促进双边贸易和投资的发展。我国四大国有商业银行已经全部进驻迪拜国际金融中心，以提升人民币的跨区域服务能力。2012 年上半年，中国工商银行通过中东银行间货币市场交易了 21 亿元人民币，同比上升 58%。随着我国与西亚国家经贸往来的日益频繁，位于阿联酋的一些非中国金融机构，如汇丰银行、渣打银行、迪拜国家银行等均已开通人民币账户业务，并计划提升业务规模，而迪拜则将人民币离岸贸易的中东中心列入其发展规划。为推动人民币国际化进程，我国应加大商业银行入驻西亚国家的力度，引导民间资本向西亚国家输出，为在国家间进行产业梯度转移、打造跨国产业链等提供充裕的资金保障。此外，要积极推动互联网金融的发展。从表面看，金融互联网和互联网金融仅是字词排列顺序的差异，而实际上，两者无论在内涵、产生背景，还是在经济影响力等方面均存在很大差异。金融互联网更多的是商业银行便于业务交流与合作的平台，是经济快速发展条件下商业银行同业合作收益大于竞争的产物。在为经济主体提供便捷金融服务的同时增加银行效益，巩固了银行等金融机构的经济垄断强度，是以实体经济模式为主导的金融发展的结果；互联网金融是信息时代的表征之一，其以互联网为基础，在网络客服、社交网络和搜索引擎、云计算的支撑下，降低市场信息不对称度和资金供需双方在资金期限匹配及风险分担方面的成本，消除中介组织存在的条件。互联网金融是方便电子商务完成网络支付的结果，是互联网技术融入金融领域的产物，这一创新对商业银行造成了冲击，尤其是在无钞信息获取分析能力、营造网络平台规模效应等方面表现出了诸多优势，从而使金融领域在短期内产生了一系列极富竞争力的创新与变革。客观审视丝绸之路经济带的战略意义，这是带动我国西部地区加大对外开放步伐的重要举措，也是提升亚太经济圈与欧洲经济圈之间广大区域发展实力的重要机遇，在实体经济与电子商务并行发展的当下，注重经济带电子商务的发展极为必要，为此必须以前瞻性视角将互联网金融引入经济带发展进程，要在适应国际要求的跨境电子商务平台上匹配多元化的互联网金融工具。

第一，积极推广中国互联网支付机构。与其他沿线国家相比，我国第三方支付发展极为迅速，目前已有 269 家第三方支付机构获得央行许可，业务涉及网购、缴费、基金理财、航空、旅游、教育、保险、社区服务、医疗卫生等领域。我们应充分发挥这一优势，将我国互联网支付机构扶持为经济带跨境电子商务的主导支付平台，提升我国金融业的影响力。

第二，鼓励个人对个人（P2P）网络借贷模式参与跨境融资。自 2006 年以来，我国已有 350 余家 P2P 网络借贷平台，累计交易额超过 600 亿元。P2P 网络借贷模式门槛低，可为国内外诸多中小企业提供资金支持。为降低外汇浮动风险，可提供人民币融资优惠，尽量精减国际主要外汇币种兑换环节，从而加快人民币国际化进程。

第三，支持非 P2P 网络小额贷款为境外电子商务融资。通过政策支持，鼓励"阿里小贷"等非 P2P 网络小额贷款为进驻指定跨境电子商务平台的国内外企业提供融资便利，从而实现我国主导建立的跨境电子商务平台的国际化。

第四，加大众筹融资力度。众筹融资起步晚但发展快，以"天使汇"为例，融资总额已经超过 2.5 亿元，应通过这一渠道，将我国民间资本引入互联网金融平台，充实经济带内各国经济发展所需的资金。

第五，加快互联网基金多币种销售。近年来，基金公司给予第三方支付平台的基金产品广受消费者青睐，如余额宝、理财通等。我国应加快互联网金融国际化进程，在经济带内尝试接受多币种的营销模式，这不仅有利于提升互联网基金产品的竞争力，而且能够丰富经济带内国家和地区人们的理财模式，同时可直接提高闲散资本与产业资本金需求对接的效率。

（三）交通基础设施互联互通战略构想

交通基础设施是丝绸之路经济带发展的重要硬件。自形成伊始，丝绸之路就是一个国际通道的发展定位。目前，依托公路、铁路等的联通，经济带内国家和地区间的通达水平大幅提升，应将硬件发展目标锁定为铁路、公路、航空、油气管道、港口、通信等多维立体通道体系建设，这需要各国及其所辖地区从经济带整体视角完善境内外交通基础设施建设。

从国家间联系的层面看，在油气管道建设方面，中—土天然气管道 C 线已经建成通气，我国应积极主动地与塔吉克斯坦和吉尔吉斯斯坦磋商启动经过这两个国家的 D 线管道建设。

在铁路方面，加强与吉尔吉斯斯坦的协商，启动中国—吉尔吉斯斯坦—乌兹别克斯坦铁路建设，连接红海南部的埃拉港口与地中海的海法港，减轻多国对苏伊士运河的依赖，使以色列成为中国、印度以及其他国家的贸易通道。我国可考虑以建设—经营—转让（BOT）等方式在埃及启动连接开罗、亚历山大、卢克索和阿斯旺的高铁，以及伊朗的“东西方铁路”。

在港口方面，我国应当在参与沙特、卡塔尔、科威特等多项港口建设的基础上，鼓励国内港口工程公司以多元化方式提升我国在西亚港口建设上的参与程度。

从物流枢纽看，经济带沿线国家和地区应利用航空港、铁路集装箱中心站以及综合保税区、铁路公路口岸等平台，依托中心城市建设主导功能各异的物流枢纽，促进产业集聚，形成国际物流枢纽基地。

从国家内部层面看，沿线国家只有强化境内交通基础设施建设，才能与国际通道实现无缝对接。在“欧洲西部—中国西部”框架下，哈萨克斯坦计划于 2015 年完成全境 2200 千米的公路建设，到 2020 年，再维修和新建 30000 千米的公路，改造一个大型机场，新辟 75 条国际航线。吉尔吉斯斯坦北部矿床带以及首都利雅德和朱拜耳工业城最终与周边国家铁路网连接。我国西部各地均制定了详尽的交通基础设施建设规划，且经济带沿线国家均有围绕丝绸之路的国际和国内交通基础设施互联互通发展战略。

（四）能源合作互联互通战略构想

能源合作是丝绸之路经济带沿线国家和地区重要的经济联系之一。随着我国经济发展水平的日益提高，能源需求量骤增，目前已经成为世界上最大的原油消费国，对外依存度超过60%，其中西亚向我国输出的石油量占到了我国原油进口总量的55%，沙特、伊朗、阿曼、伊拉克、科威特及阿联酋是我国最主要的原油供应国。然而，近年来由于国际政治等因素，为保障能源安全，包括我国在内的很多国家都在探索新的能源供应地，这也是丝绸之路经济带制定能源合作战略必须考虑的因素和发展目标之一。

在西亚，我国应把握当前与这些国家良好的政治氛围，在稳固已有份额的基础上适度提升进口数量，因为西亚国家向我国输出石油和天然气的绝对数量和相对规模是中亚、东北亚国家短期内无法达到的，但我国应通过与西亚国家建立油气管道网络来规避一定程度上的经济风险。

在中亚，我国应加大能源合作力度，这也是能源合作战略的重点。就资源禀赋而言，中亚地区拥有丰富的石油、天然气、煤、铀等资源，特别是铀和天然气储量极为丰富，且能源矿产分布相对集中。其中，哈萨克斯坦石油储量居世界第七位，天然气可采储量3万亿立方米，铀储量居世界第二位，风能居世界第一位。乌兹别克斯坦铀储量居世界第八位，煤储量居中亚第二位。吉尔吉斯斯坦煤储量占中亚地区的75%，金、锑、汞、锡、钨、铜、铁等矿产资源储量丰富，黄金开采业是其主导产业。土库曼斯坦油气资源丰富，天然气储量居世界第十二位。塔吉克斯坦石油、天然气和煤储量丰富，水力资源居世界第八位。但是，中亚国家普遍开采水平低下，技术设备落后，资金匮乏，致使开采量严重不足，这也成为我国与中亚国家开展能源合作的着力点。

首先，借助中亚国家吸引外资参与或主导能源、资源开发的优惠政策，鼓励我国资金“走出去”，支持我国新能源开采技术和设备输出，积极为中亚国家新能源产业发展提供实用技术培训和人才培养。

其次，与中亚国家积极磋商，选址建设能源基地。融合金融资本、商业资本、民间资本建设石油储备基地，尝试建立能够提供战略储备和商业储备的能源储备体系，保障经济带的经济安全；建设石油加工基地，提升经济带石化工业整体发展水平；建设可再生能源基地，帮助中亚国家高效开发本国可再生能源，培育新能源产业集群；建设核燃料储备生产基地，提升中亚地区铀资源利用效率，围绕铀矿勘探、铀矿采选、铀转化、铀分离浓缩、乏燃料后处理、部分元件加工制造等建立核燃料循环体系；充分利用中亚地区和我国煤炭储量丰富的优势，建设煤炭及煤电基地，积极应用大容量高参数煤电机组和循环流化床等先进洁净煤燃煤发电技术，加强火电脱硫脱硝技术和节水技术的推广应用，实现可持续利用。

（五）贸易互联互通战略构想

贸易往来是丝绸之路最先出现的经济联系，已经延续了两千多年。但是，与古代贸易仅仅作为一国占经济比重极小的附属不同，现代经济环境下，贸易的地位举足轻重，诸多因素导致的贸易纠纷在国际经济运行中频发，经济带沿线国家的贸易因此受到严重影响。为实现丝绸之路经济带强化沿线国家经济联系、提高经济发展水平的目标，消除贸易壁垒、深化经贸合作极为必要。立足经济带内贸易的现状，其他国家对外出口的产品以初级产品为主，我国出口的以轻工业产品为主，整体呈向好态势，但在纵深化过程中，阻滞质量并进的制约因素增多。

在西亚，我国应加大与伊斯兰贸易发展的力度，借助不同地域伊斯兰宗教文化的同构性和复杂局势下很多西亚国家选择“向东看”的良好政治环境，积极建立各国能够普遍接受的产品标准和贸易条件，力争形成中国西亚经济共同体。

在中亚，我国应尽力消除贸易障碍，就关税率而言，中亚五国对我国的进口关税率为6.5%，我国对中亚五国的进口关税率为4.4%，中亚五国内部平均关税率为1.6%，这不利于我国与中亚贸易创造效应的产生，也不利于各国国民收入、社会福利的提升，更不利于区域竞争力的提高。我国应加大磋商力度，尽快以建立关税同盟的方式削减障碍。同时，我国还遭受到了诸多更加细节化的壁垒，以中哈贸易为例，在通关环节，哈萨克斯坦授权第三方对进口货物进行海关审计，这使得我国通关货物价值至少被高估了20%，在以“车”为单位的征税口径下，我国关税成本又增加了30%以上，此外还对我国部分商品以欧元计价。在技术层面，哈萨克斯坦要求我国出口的商品必须通过它们自己的监测中心标准和国家安全检测，但因两国技术标准不同，给我国出口贸易造成了诸多障碍。为此，我国应与中亚国家积极共建自由贸易区，扩大区域贸易规模。

在中俄贸易中，俄罗斯向我国出口的主要是初级产品，我国向俄罗斯出口的多为劳动密集型产品，中俄贸易存在与中国中亚贸易类似的问题，贸易结构不平衡。我国进口的商品都是国内短缺的资源型产品，具有刚性需求，而我国出口的商品在国际经济中面临激烈竞争，加之我国自主品牌少，商品需求价格弹性大，且劳动力成本上升，导致我国产品优势削减。为强化中俄贸易合作，应该引导、鼓励更多的民间商会、行业协会等社会中介组织积极参与，搭建贸易信息交流平台。鉴于俄罗斯对中亚五国的影响，中俄贸易的良性推进有助于中亚增进对中国的贸易信任。

在畅通传统贸易渠道的同时，丝绸之路经济带还应注重网络商务合作的发展。沿线国家应积极搭建跨境电子商务平台，运用互联网、大数据、云计算等信息经济手段开拓国际贸易新领域。为提高品质和效率，经济带上的各国之间应加强交流。考虑到目前经济带各国电子商务所应对消费群体的局域性及有限性，面对各国侧重不同的国别特色，难以适应国际化的要求。跨境电子商务的模板应该能够展示经济带的经济特色，至少需要涉及商品介绍、产品达到标准、多语种介绍、国际比价、支持交易币种、贮藏方法、使用方法、同步翻译等方面。这一商务模式能够促使经济带国家借助信息技术向全球快速推介特色产品，但需要开展国际物流设施、各国标准对接等配套工作，这些均以经济带国家间的充分交流、自愿合作为前提。

（六）标准规则互联互通战略构想

标准规则等一般具有显著的国别性，是很多国家保护本国经济的手段，从而形成了与之相对应的贸易壁垒，这极不利于丝绸之路经济带的经济合作。然而，由于涉及国家安全，标准规则等的互联互通也是经济带较难达成一致的方面。为真正达到丝绸之路经济带的发展目标，我国应当积极主动、分阶段、多渠道地推进标准规则的互联互通。

首先，我国应加大与其他国家的磋商力度，尽力降低由国别标准引发的经济障碍，如与哈萨克斯坦加强沟通，以国际通行标准作为两国共同认可的标准。

其次，及时向其他国家通报本国规则的变化。经济带沿线国家进行计划调整、标准规则修订时，在变化发生之前，就应及时向其他国家通报，以规避本国出口不畅或他国输入产品受阻所导致的贸易纠纷和经济损失。选择在标准规则变化之前通报不仅能够防范经济风险，而且可以明确其他国家对变化的态度、建议等。

最后，以产业链为介质启动标准规则输出过程。丝绸之路经济带各国间高度的经济互补性和相似性决定了国家间的合作效应显著大于竞争效应，特别是可以规避同质化竞争。沿线国家在人均收入水平、资源禀赋、生活习惯等方面具有相似性，为模糊国界建立产业链提供了可行性，产业链可以在更广的范围内调动资源，提高生产要素间的协作性，能够以外在成本内部化的方式大幅度降低企业的各项成本，将企业间的交易关系演化为生产车间的逻辑关系。然而，要顺利推进这一关系，需要各国在产品生产过程各环节技术标准等方面达成一致，这是推动经济带国家标准规则互联互通目标实现的经济渠道，是以经济利益驱动新丝绸之路发展的一种方式。

五、结论

新时期，互联互通不能仅仅局限于道路的畅通，而应体现在更多层面和领域。丝绸之路经济带是一个具有国际化视野的区域经济一体化组织，为提升经济综合实力，互联互通是极为必要的。鉴于经济带尚处于发展初期，互联互通必须宽视角地分阶段、分领域制定发展战略。要在现有基础上，继续强化基础设施建设，搭建立体通达网络；要在深化贸易互通的同时，以新型商务业态探索贸易互联渠道。立足经济带资源禀赋与各国经济发展水平，深化能源互联互通，提高利用效率，强化产业合作，尝试启动产业一体化。为保障产业、交通基础设施、贸易、能源等的互联互通，丝绸之路经济带各国应加强交流，以各种方式实现标准规则的互联互通，同时引导经济带加速金融互联网建设，加快互联网金融发展，从而服务于互联互通战略。

参考文献：

［1］郭爱君，毛锦凰．丝绸之路经济带：优势产业空间差异与产业空间布局战略研究［J］．兰州大学学报，2014（1）：40－49.

［2］丁晓星．丝绸之路经济带的战略性与可行性分析——兼谈推动中国与中亚国家的全面合作［J］．学术前沿，2014（2）：71－78.

［3］吴磊．构建“新丝绸之路”：中国与中东关系发展的新内涵［J］．西亚非洲，2014（3）：4－16.

[4] 徐艺，谢尔曼. 互联网金融背景下商业银行物流体系演进路径[J]. 中国流通经济，2015（2）：39－45.

[5] 王娟娟. 基于电子商务平台的农产品云物流发展［J］. 中国流通经济，2014（11）：37－42.

[6] 王娟娟. 电子商务时代的物流发展分析［J］. 中国流通经济，2014（3）：54－59.

作者简介：赵树梅（1968—），女，吉林省长春市人，长春中医药大学人文管理学院副教授，主要研究方向为经济学。

"丝绸之路经济带"互联互通的区域合作模式与路径

尹丽英[1]　赵捧未[2]　魏　明[1]
（1. 西安邮电大学经济与管理学院，陕西西安 710121；
2. 西安电子科技大学经济与管理学院，陕西西安 710071）

摘要：陕西作为"丝绸之路经济带"的新起点，应积极围绕政策沟通、设施联通、贸易畅通、资金融通、民心相通"五个互通"开展多项合作。以"和而不同"的东方思想为指导，形成基础设施先行、制度规范为纲、人文交流为本的"以德相融"的合作模式，通过完善交通网络、加强农业合作、建设综合信息平台、构建多边合作机制、打造区域金融中心、强化教育培训等多种合作路径，实现与"丝绸之路经济带"沿线国家和地区互联互通的包容、和平、发展与共赢。

关键词：丝绸之路经济带；互联互通；和而不同；合作；共赢

一、问题的提出

"蓝海战略"给我国经济带来高速发展的同时，也导致了我国东西部经济发展差距的不断扩大，"丝绸之路经济带"是国家发展战略向西开放的战略升级，也是我国全面、均衡、可持续发展的需要，一经提出即引发了学术界和各界人士的高度关注，目前丝绸之路经济带已开展的广泛合作涉及能源合作、经济贸易、区域合作、金融合作和互联互通。其中加快推进互联互通建设已是丝绸之路经济带沿线各国的共识，《上海合作组织中期发展战略规划》确定了全面推进四大领域经济合作的其中之一就是通信。2014 年，亚太经合组织（APEC）北京会议确定了三大主题，其中"加强全方位基础设施与互联互通建设"，尤其是亚太区域的互联互通作为重头戏，将开启"共建亚太伙伴关系”的3.0时代。“互联互通”，最初指在不同电信网络之间建立有效连接，使不同网络用户之间可以通信，或一个网络的用户可使用另一个网络的服务。自2010年10月“互联互通”概念首次在第17届东南亚国家联盟（东盟）首脑会议被正式提出，近年来逐渐成为我国与周边国家实现联网的代称。

习近平总书记指出：“我们要建设的互联互通，应该是基础设施、制度规章、人员交流三位一体，应该是政策沟通、设施联通、贸易畅通、资金融通、民心相通五大领域齐头并进。”互联互通不是简单的修路架桥，一是以基础设施建设为纽带，促进中国与沿线各国家和地区从交通、物流、信息、农产品等的自由流通；二是以遵循合作共赢共同观念为纲，通过观念制度的互通增进区域内各经济体的政治互信；三是以各国民众的民心交流为本，“国之交在于民亲”，人文交流是互联互通的社会根基和软环境，其意义是深远及广泛的，我们不能只看见露出的冰山一角，其潜藏的巨大影响力才是我们要重点关注和考虑的。

二、“和而不同”——丝绸之路经济带互联互通的东方哲学

中华文化兼容并蓄的特质，决定了其具有多元性和包容性，“和而不同”的东方哲学是丝绸之路经济带互联互通“以德相融”的文化基础。“优秀传统文化凝聚着中华民族自强不息的精神追求和历久弥新的精神财富，是发展社会主义先进文化的深厚基础，是建设中华民族共有精神家园的重要支撑”。2005年4月22日，时任国家主席的胡锦涛同志呼吁亚非国家“发扬亚非会议求同存异的优良传统，倡导开放包容精神，尊重文明、宗教、价值观的多样性，尊重各国选择社会制度和发展模式的自主权，推动不同文明友好相处、平等对话、发展繁荣，共同构建一个和谐世界”，第一次正式提出和谐世界的理念。2005年12月6日，时任国务院总理的温家宝同志提出世界要达到“国与国之间的和平，人与人之间的和睦，人与自然之间的和谐”。

孔子曰：“君子和而不同，小人同而不和。”“在中国古代哲学中，‘和’与‘同’具有较大差异：‘同’不能容‘异’，‘和’不但能容‘异’，而且必须有‘异’，才能称其为‘和’。”“和而不同，就是自己要有中心的思想，能够调和左右矛盾的意见，而自己的中心思想还是独立而不移。”

“和而不同”恰好印证了互联互通，互联互通意味着合作与机遇，彰显的是中华民族“仁、义、礼、智、信”的传统，展示的是平等与包容的气质。

丝绸之路经济带的互联互通主张在多元文化的背景下加强各民族之间的平等对话。“以德相融”，通过加强彼此的认识和理解，消除隔膜，建立互信，通过这种平等与包容对话，才有可能促进合作，共享人类文明的硕果。

三、丝绸之路经济带互联互通的合作模式

丝绸之路经济带互联互通的合作模式，本着合作共赢的原则，要实行包容发展，坚持各国共享机遇、共迎挑战、共创繁荣，让沿线国家得益于我国的发展。处于丝绸之路经济带“新起点”的陕西省，在总结东盟及欧盟区域合作经验的基础上，构建其在丝绸之路经济带互联互通的合作模式，即基础设施先行，制度规范为纲，人文交流为本（详见图 3－1）。

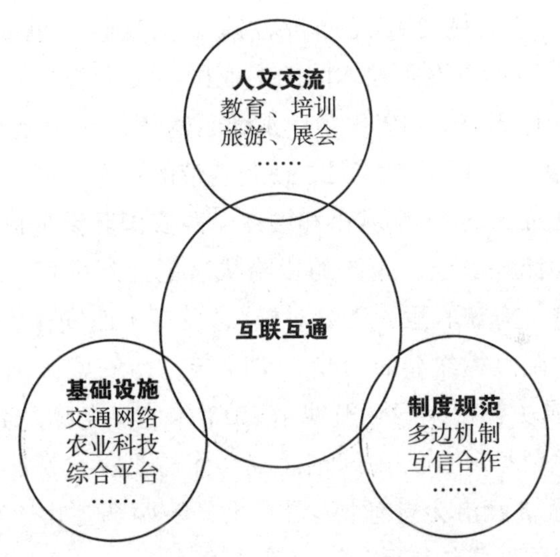

图 3－1　陕西省丝绸之路经济带互联互通合作模式

（一）基础设施互联互通的合作

基础设施互联互通是加强中国与丝绸之路经济带沿线各国整体合作的基础和前提。基础设施建设是发展中国家面临的重大挑战，关乎该地区经济发展、商品要素流动、市场竞争力和凝聚力，是实现经济持续稳定增长、地区安全、深化区域经济一体化的重要条件。中国企业在东盟国家参与建设了一批道路、电站、桥梁、通信等基础设施合作项目。目前，中国与东盟的贸易

已由单一货物发展到服务贸易、信息通信、交通、能源、文化、旅游及湄公河开发等诸多领域，基础设施建设成为区域合作的重点。欧盟委员会推出的欧盟互联互通项目，2014—2020年将拨款260亿欧元用于建设9条交通走廊，2030年建成欧盟核心交通网络，旨在加强铁路、公路、输电线路、能源及通信网络的互联互通，以便推进贸易服务的便利化，提升欧美国家的竞争力。GlobalSherpa创始人杰森（Jason）指出：“公路、港口、铁路、电力和信息通信技术等基础设施建设，是推动新兴市场的发展中国家经济增长和提高生活水平的重要因素。”2014年10月成立的亚洲基础设施投资银行（简称“亚投行”）将专注于亚洲各地区的基础设施建设，为区域基础设施建设提供资金支持。由中国主导筹建的亚投行不仅是新兴国家在全球政治经济的一场胜利，也将开启中国与亚洲国家互利共赢的共同未来。

陕西省在积极与丝绸之路经济带各国互联互通中也取得了一些进步。2013年11月28日，西安至阿拉木图的中亚国际货运班列“长安号”正式开行，一年来，共开行38列、1958车，累计运输货物总重量达5.03万吨，出口总值约7200万美元，已成为丝绸之路经济带的黄金干线。货物目的地遍布哈萨克斯坦等中亚五国的44个城市和站点，西安国际港务区正逐步成为中亚货物的聚集地、物流集散地，全国的货物从这里运到中亚，真正实现了“港口内移，就地办单，海铁联运，无缝对接”，发挥了西安作为中国内陆最大的国际陆地港口和内陆型枢纽港的功能。2014年，西安咸阳国际机场口岸“72小时过境免签”成功获批，国际航线由2013年的9条增加到22条，提高了贸易服务的便利性。2014年，中国东西部合作与投资贸易洽谈会暨丝绸之路博览会（以下简称“西洽会暨丝博会”）上，陕西药王山水泥有限公司已经分别和哈萨克斯坦阿斯塔纳市政府、肯套市政府签订了两条日产5000吨干法水泥生产线合同项目，涉及投资金额12.4亿元，这不仅使陕西省建材企业“走出去”，也将为中亚的基础设施建设提供更大的合作空间。2014年12月3日，西安国际港务区正式成立华和国际商务咨询机构驻西安办事处、丝路经济联盟西安联络处和陕西省外经贸综合服务平台，促进企业在信息、技术、管理等方面的交流与合作，谋求资源共享，合作共赢。

（二）制度观念互联互通的合作

观念作为“扳道工”，为行动提供了路线图，而精神与物质利益则是行动的直接推动力。丝绸之路经济带观念的倡导者必须提供足够的利益诱导，才能获得更多的支持。基于权力与利益的原因而被制度化的观念才具有最终的决定性影响。丝绸之路经济带的互联互通，正是观念制度化的核心，通过交通、通信网络的建设，将沿线各国各地区的经济与社会紧密联系起来。中亚地区各个国家利益斗争具有复杂性，鉴于古丝绸之路沿线国家和地区具有共同的历史，中国政府通过挖掘“古丝绸之路”的历史文化遗产，构建了一种经济合作的“共享观念”，这将为欧亚大陆的多元文化并存及整合提供帮助，进而重构各地区和国家间的社会关系。例如，中乌签署的《中乌友好合约》以法律的形式将两国的世代友好观念固定下来。

丝绸之路经济带合作的“共享观念”体现的是一种创新的合作模式。一是建立在基础设施建设与投资上的合作，基础设施建设及投资将解决中亚各国交通运输落后的现状；二是基于“经济带”的合作，是以交通沿线相对发达的城市或经济区为轴心，不同地区的经济密切分工合作，彼此之间通关便利，产业对接；三是互惠共赢的合作，丝绸之路经济带通过基础设施建设实现互联互通，使各国成为互惠的利益共同体，通过扩大经济贸易联系、增加就业机会、改善民众生活条件，惠及沿线各族百姓，丝绸之路经济带是共赢的发展共同体。

丝绸之路经济带观念制度的互联，还需要以上海合作组织（SCO）这样的政府首脑会议、政治会议等形式，不断强化不同国家和地区对丝绸之路经济带观念的认同。

（三）人文交流互联互通的合作

民众之间的人员往来、人文交流对于促进丝绸之路经济带的互联互通具有十分重要的意义，中华文化与伊斯兰文化作为古代四大文化体系的重要构成推动了不同民族的融合，对人类文明的发展与进步做出过巨大贡献。明清时期，中国穆斯林先贤们就构建了“回儒一体”的思想体系，“清真一教，其说本于天，而理宗于一，与吾儒大相表里”，中华传统文化追求“天人合一”“和而不同”的和谐境界，伊斯兰文化倡导敬主爱人、守正不偏，追求和平中正的和谐之道。中华文化兼容并蓄，具有多元文化和历史的包容性，“和而不同”的东方哲学是丝绸之路经济带互联互通“以德相融”的文化基础。人文交流包括促进文化、宗教、卫生、跨境旅游、教育培训、学术团体、体育、新闻媒体、汉语教学等诸多方面，它可以强化“非物质层面的互联互通”、民心相通，奠定各国各地区经济交流的民间基础，促进各国各地区民众间的相互理解和区域稳定。

四、丝绸之路经济带互联互通陕西省的路径选择

互联互通，要包容发展，坚持各国共享机遇、共迎挑战、共创繁荣。实现优势互补、互通有无，减少交易成本、流通成本，缩小地区发展差距，巩固和深化区域合作，提升区域竞争力，加快亚洲一体化发展进程，带来区域的和平与发展。

（一）完善交通网络，基础设施建设先行

陆路运输方面，适时加开中亚班列“长安号”，同时增强货物在陕西的集聚和分拨能力。航空方面，打造“空中丝绸之路”，力争开通西安—阿拉木图、西安—罗马的直达航线，对已开通的国际航线提高航班密度，对中亚地区航线的开通，可以尝试先包机再逐步转向定期开通的模式。2014 年 10 月，海关总署已正式批准西安设立具有多式联运功能的海关监管场所，进一步完善了“西安港”的港口功能。“西安港”要加强与东部沿海港口及沿边口岸的合作，通过申报“西安港”的港口代码，加入中国海港体系和国际贸易与运输体系中来，以便融入世界贸易网络。

（二）增进农业技术合作，发挥杨凌农业科技优势

2013 年，乐达公司与吉尔吉斯斯坦楚河州的田园牧业合作投资 6 亿元，建设“牧草种植加工示范基地”和“温室花卉繁育基地”。2014 年 7 月，中亚首个杨凌现代农业国际合作示范基地在吉尔吉斯斯坦首都比什凯克东郊的莫斯科区成立，由于旱区自然条件的高度趋同，中亚国家对旱作现代农业科技需求迫切，开展节水农业、良种繁育等领域的合作具有重要意义。陕西要充分发挥杨凌的农业科技优势，着眼于互惠互利，着力构建长期稳固的农业合作新机制，加强农业人才交流，推广农业产业化项目合作，建立与丝绸之路经济带沿线国家和地区农业科研机构交流与合作机制，加强友好往来，全面提升丝绸之路经济带农业合作水平，共同解决全球贫困和温饱问题，使杨凌农业科技惠及全球。

（三）建设综合信息平台，促进交流与合作

丝绸之路经济带的互联互通是立体交叉、多元会通，其务实合作需要搭建互惠互利的合作平台。陕西通过到中亚各国调研，发现当地更愿意与政府合作，因此应加快设立西安驻中亚国家经贸办事机构，设立中亚各国的商务

代办，建立政府牵引、企业进驻的服务体系，广泛搜集需求信息，为企业提供信息服务，密切经贸往来。积极搭建中亚各国的陕西商协会、陕西知名企业在中亚地区办事机构的服务平台，借助品牌展会搭建经贸合作平台。西安被列为国家跨境贸易电子商务服务试点城市，应尽可能地搭建跨境电子商务平台。积极筹备各种国际会议，搭建多元文化交流平台，促进文化交流与合作。同时，在与新疆霍尔果斯、阿拉山口口岸建立直通放行合作机制，与内蒙古出入境检验检疫局签署《关于陕蒙两地进出口货物实施直通放行合作备忘录》的基础上，积极搭建与西北各省通关、检疫等合作平台，共同促进货物通关、沿线流通及对外贸易的发展。此外，要积极搭建能源交易平台。

（四）构建多边合作机制，促进互信与合作

丝绸之路经济带的顺利推进，需要构建新的多边机制以促进政治互信与经济合作，在西安举行的第十九届西洽会暨丝博会，为陕西省站在向西开放的最前沿注入了强劲动力。在由丝绸之路沿线45个国家和地区领导人及政要出席的地方领导人对话会上，来自11个国家的19位领导共同签署了《“一带一路”地方领导人对话会西安声明》，这标志着西安在构建多边合作机制进程中迈出了一大步；在68个国家和8个国际组织代表参加的“互联互通·共建共赢——‘一带一路’海关高层论坛”上，形成了《世界海关组织运用技术工具支持“一带一路”海关加强“互联互通”建设的西安声明》等，这不仅在推进投资与贸易、加强东西部合作、企业交流等方面起着重要作用，更为促进跨区域、跨国际的深度互联互通发挥着重大作用。陕西省应以西洽会暨丝博会为良好契机，积极构建丝绸之路经济带、“一带一路”的多边合作机制，以更加开放和包容的胸怀增进多边的政治互信与友好关系，促进各成员国之间的深度互联互通，巩固地区安全和稳定，共同构建双边、多边的沟通合作机制，促进联合发展。

（五）打造区域金融中心，提供资金保障

第一，积极开展中亚境外投资。目前，陕西企业累计在中亚设立境外企业6家，中方实际投资总额4.4亿美元。第二，积极打造能源金融中心，西安已启动西咸新区能源金融中心和浐灞金融商务区的建设，与国家开发银行、中国证券监督管理委员会、中国保险监督管理委员会积极合作，开展离岸金融服务，建立离岸人民币回流机制，积极打造西部能源交易中心和金融结算

中心。第三，构建西安—欧亚货币交流平台，吸引欧亚国家各类金融机构在西安设立区域总部或分支机构。第四，构建跨境电子商务平台，西安作为国家跨境贸易电子商务服务试点城市，要积极开展跨境监管、电子结算、网上支付等领域的合作。第五，推动金融服务机构合作，推动保险、信托、租赁等金融服务机构与中亚各国合作、共融与发展。

（六）强化教育培训，增进了解与信任

2014 年，陕西设立了“三秦留学生奖学金”，西北大学中亚学院、西安外国语大学中亚学院和丝绸之路研究院也相继成立，西北大学与撒马尔罕等大学已在师资互派、学生交流等方面开展合作。2014 年 1 月，西北大学成立了一所面向中亚招收留学生，为丝绸之路经济带培养复合型、技术型人才的中亚学院，2014 年春季共招收中亚学生 118 人，秋季招收中亚学生 166 人。2014 年陕西有中亚留学生 1200 名，占全国的 7.5%。中大石油公司是陕西煤业化工集团在吉尔吉斯斯坦投资兴建的独资企业，为了完善国际化人才培养机制，加强中亚地区人才储备，中大石油公司与西北大学中亚学院开展校企合作，携手实施“丝绸之路经济带建设千人培训计划”，计划利用 10 年时间为吉尔吉斯斯坦培养 1000 名石油化工专业人才，每年培养 100 人。杨凌中国旱作农业技术援外培训基地举行的“2014 年上海合作组织成员国农业管理研修班”，来自俄罗斯、吉尔吉斯斯坦、哈萨克斯坦、乌兹别克斯坦 4 个国家的 12 名农业官员，参加了为期 21 天的研讨学习。充分发挥文化交流的优势，开展多种形式的文化教育交流，认真总结近几年培养哈萨克斯坦东干族青年的经验，建设好中亚教育培训基地和上海合作组织大学西安校区，组建与中亚各国大学的合作联盟，不断引入以青少年为重点的教育合作，促进各国人民的相互了解和相互信任。

（七）积极进行多边旅游合作，弘扬中华文化

2014 年，“丝绸之路”跨国联合申请世界遗产成功，体现了丝绸之路经济带的各国共识，陕西有 7 处遗迹进入世界遗产名录，包括汉长安城、张骞墓，唐大明宫、兴教寺等，这对发展陕西旅游经济，打造陕西旅游品牌，宣传陕西文化，弘扬中华民族传统文化是难得的机遇。陕西作为“丝绸之路”的起点，拥有丰富的旅游文化资源，积极构建以西安为起点的丝绸之路风情体验旅游走廊，向世界展示陕西作为丝绸之路起点的人文、历史及旅游特色。

首先，大力拓展入境旅游市场。要不断提高签证签发、边防检查等出入境的服务水平，西安咸阳国际机场口岸“72小时过境免签”等成功获批，提高了外国人入境过境旅游签证的便利性。要大力开展入境旅游市场宣传、推广及品牌建设，建立多语种旅游宣传网站。其次，要进一步深化旅游的对外合资合作。积极开拓国际市场，通过构建互联互通的交通、信息和服务网络以及互惠互利的区域旅游合作体，完善国内国际区域旅游合作机制。围绕丝绸之路经济带在中亚区域经济合作以及孟、中、印、缅经济走廊、中巴经济走廊等区域次区域合作机制框架下，采取有利于边境旅游的出入境政策，推动中国同中亚、东北亚、中东欧的区域旅游合作，加强旅游多边合作，互惠共赢。

（八）加强文化展会交流，增进互惠互利

2014年5月24日，哈萨克斯坦共和国东干族协会名誉主席马西诺夫与陕西省清真食品商会签订合作共建丝绸之路经济带清真食品展示中心项目协议书，项目计划投资1000万美元。2014年10月22日至24日，陕西省在哈萨克斯坦阿拉木图市阿达肯特展览中心举办了“陕西特色产品名优食品展览会”，达成出口贸易意向246.7万美元，签订合作协议6个，达成合作意向63个，54种产品达成代理意向。未来陕西应在清真食品、农产品、纺织服装行业本着互惠互利的原则，以合资合作的形式开展多种合作。在合作的同时，“授人以鱼，不如授人以渔”，要注意带动当地科技和管理水平的提升，构建和谐共赢的丝绸之路。

五、结论

世界经济一体化表明，只有坚持对外开放，深度融入世界经济，才能实现可持续发展。丝绸之路经济带互联互通的研究，顺应了时代要求及沿线各国和地区加快发展地区经济的共同愿望。挖掘沿线各国和地区共有的深厚历史渊源和人文基础，以增加亲切和认同，秉承“和而不同”的东方哲学以及“仁、义、礼、智、信”的中华传统，以包容、共赢的大国思维“以德相融”，把快速发展的中国经济同沿线国家的利益结合起来，使沿线各国民众共享战略红利。

陕西省与沿线各国互联互通的研究对丝绸之路经济带的建设具有重要的理论价值和实践意义，有利于中国经济与中亚国家区域合作向纵深发展，逐步建立和完善陕西省与沿线国家从宏观、中观到微观层面上的合作机制，提高区域合作的争端解决能力，促进国家安全；同时强调沿线各省区间的互联互通，优化产业结构，加快我国经济转型升级，为加快实现自由贸易区战略目标，为丝绸之路经济带建设奠定科学研究基础。展望未来，陕西省要秉承兼容并蓄的中华文化特质，以“和而不同”的东方哲学为指导，以基础设施建设先行，制度规范合作为纲，人文交流为本的合作模式和务实理念，积极拓展合作路径，扩大互联互通领域，为丝绸之路经济带建设发挥更大的作用。

参考文献：

[1] 江玮．北京 APEC 会议两大突破：正式启动亚太自贸区进程联合制定互联互通蓝图［N］．21 世纪经济报道，2014－11－12（2）．

[2] 刘鹏，周而捷．东盟首脑通过“东盟互联互通总体规划”［N］．人民日报，2010－10－28（3）．

[3] 杜尚泽．习近平主持加强互联互通伙伴关系对话会并发表重要讲话［N］．人民日报，2014－11－09（1）．

[4] 中共中央关于深化文化体制改革推动社会主义文化大发展大繁荣若干重大问题的决定［N］．人民日报，2011－10－26（1）．

[5] 胡锦涛．在印尼雅加达亚非峰会上的讲话［N］．人民日报，2005－04－22（1）．

[6] 胡锦涛．努力建设持久和平、共同繁荣的和谐世界［N］．人民日报，2005－09－16（1）．

[7] 温家宝．尊重不同文明，共建和谐世界［N］．人民日报，2005－12－06（3）．

[8] 冯友兰．中国现代哲学史［M］．广州：广东人民出版社，1999：253－254.

[9] 南怀瑾．论语别裁［M］．上海：复旦大学出版社，2010：539.

[10] JASON．Infrastructure Fuels Growth in BRIC Countries［EB/OL］．（2012－11－04）［2014－12－10］．http：//www.globalsherpa.org/author/jason.

[11] 张立伟．亚洲基础设施投资银行推动亚洲共赢［N］．21 世纪经济报道，2014－10－24（4）．

[12] 李艳．中亚货运班列成为“丝路经济带”黄金干线［N］．陕西日

报，2014－12－05（3）.

［13］喜顺. 铜川水泥走进中亚办大厂［N］. 陕西日报，2014－05－25（1）

［14］马克斯·韦伯. 比较宗教学［M］. 简惠美，译. 桂林：广西师范大学出版社，2004：477.

［15］连雪君. 传统的再发明："新丝绸之路经济带"观念与实践——社会学新制度主义在地区国际合作研究中的探索［J］. 俄罗斯研究，2014（2）：91－114.

［16］丁俊. "中庸之道"与"真忠正道"——中华文化与伊斯兰文化中的和谐之道［J］. 西北民族研究，2014（1）：154－164.

［17］郑栋，霍强. 杨凌：为丝绸之路经济带现代农业破题［N］. 陕西日报，2014－11－04（1）.

［18］王向华. "一带一路"的陕西角色［N］. 陕西日报，2014－12－29（1）.

［19］党宇婷. 陕西省委书记赵正永谈抢抓"一带一路"机遇先行先试打造丝路新起点［N］. 人民日报海外版，2014－12－05（5）.

［20］赵正永. 努力打造丝绸之路经济带新起点［N］. 人民日报，2014－09－09（12）.

［21］王晓阳. "丝绸之路经济带建设千人培训计划"项目签约［N］. 陕西日报，2014－11－14（2）.

［22］陈强. 丝绸之路经济带清真食品企业合作交流会在西安举行［N］. 陕西日报，2014－05－24（2）.

［23］郑昊. 互联共通：陕西特色绽放中亚［N］. 陕西日报，2014－11－13（14）.

基金项目：陕西省社会科学基金项目"基于丝绸之路经济带的陕西省信息服务业商业模式创新研究"（项目编号：13SC004）、西安邮电大学中青年科研基金项目（项目编号：102－0482）（本文系部分研究成果）

作者简介：尹丽英（1976—），女，新疆维吾尔自治区库尔勒市人，西安邮电大学经济与管理学院教师，西安电子科技大学经济管理学院博士生，主要研究方向为信息资源规划与管理。

赵捧未（1958—），男，河北省邯郸市人，西安电子科技大学经济与管理学院教授，博士生导师，主要研究方向为信息组织与检索、信息资源管理；魏明（1971—），女，陕西省西安市人，西安邮电大学经济与管理学院教授，博士，硕士生导师，主要研究方向为产业组织绩效评价与审计研究。

“一带一路”背景下国际中转港战略优势、条件及实现途径

董千里
（长安大学，陕西西安 710064）

摘要：从集成场视角考察，国际中转港地位和协调功能缺失等是制约“一带一路”中欧国际货运班列绩效的关键因素。选择以西安港作为国际中转港集成运作，具有战略优势及合理性。在国际中转枢纽港战略实施中，应明确物流集成体是主导国际物流链组织过程的集成商，各地货代等物流企业作为功能商参与货源组织，形成中欧班列统一组织运作机制；采用“各地组织货车、中转枢纽集发、统一联运提单、统一全局调度、市场机制运作、共享价值增值”的中欧班列运作模式，物流集成体统一调度中欧班列在国际中转枢纽港甩挂编组操作，国际物流龙头企业积极组织货源直接参与国际物流业务组织过程；加强各地集货列车与中转港集中转运的班列及发运信息平台的连接键功能建设；将各地组织的货源列车、中转班列统一汇总发布，确认各地在中欧班列运行中的贡献和绩效，形成中转港战略的共享共赢机制，以提高我国中欧班列密度、班列时间效率、物流服务质量，降低国家向西开放的物流成本，进一步提升国家在“一带一路”发展中的形象和国际竞争力。

关键词：国际中转港；中欧班列；时间周转量；集成场；基核

在“一带一路”国家战略背景下，我国横跨东西全境目前主要有三条欧亚铁路出境的国际货运班线：“西线”以阿拉山口、霍尔果斯口岸出境；“中线”以二连浩特出境；“东线”以满洲里、绥芬河口岸出境。自2011年渝新欧开行中欧国际货运班列以来，全国已有16个城市陆续开通了去往德国杜伊斯堡、汉堡，西班牙马德里等12个欧洲城市的集装箱班列，运行线路达39条，累计开行超过1700列。许多地方政府积极加速开通中欧班列，几乎在每条中欧班列背后都可以看到地方政府参与的、体现为非市场竞争的博弈过程。

这种博弈并没有很好地体现我国国际物流发展的正确方向和良好机制，而是隐藏在中欧班列背后“地方各自为政的恶性竞争”。笔者认为，这是对国家稀缺资源国际铁路运能资源的争夺，长此以往，不利于“一带一路”国际物流和区域经济的发展。因此，本文重点针对经新亚欧大陆桥（即“西线”）口岸出境的中欧班列在境内布设国际中转枢纽港战略优势进行分析验证，提出集成优化运营条件及其实现方式等思路要点。

一、集成场视角的中欧班列现状分析

（一）中欧班列运作现状

由于各条中欧班列都处于孤立运作状态，货源集聚、运行方式、服务质量、运行成本、运作效率及公共服务等多方面原因导致中欧班列运营状况并不理想。中欧班列运行时间普遍维持在16天左右，运输时间比海铁联运全程缩短20天左右。虽然其运输费用约相当于空运的1/4，但是比海铁联运总费用高出约一倍。各自孤立运作使得每条班列的货源不足，业务规模小、班次频率和运行效率低、运输成本高，特别是在地方政府政绩背后的隐含成本导致区域竞争恶化，造成整个国家向西开放成本剧增，无法体现集成协同运作的质量、效率和效益。中欧班列孤立运行所体现的主要优势只是时间效率，如何进一步发挥其效率优势，提高物流服务质量，降低运输成本，发掘其战略潜能，使之真正成为实现“一带一路”倡议的主要抓手，本文拟从中欧班列集成场的视角进行分析探讨。

（二）中欧班列运行共性问题分析

（1）中欧班列集成场的合成场元关系。依据集成场视角分析，中欧班列涉及“主体”的主要是物流集成体（国际物流龙头企业）和物流集成主体（地方政府）。这两类带有主动性质的合成场元在中欧班列国际物流集成系统中所处层次和所起的作用是不同的，前者是直接参与集成运行的主导者和经济实体，后者是关联区域经济发展政策的制定者。枢纽“基核”是场源的载体，在“一带一路”国际物流集成系统中，重点枢纽是境内国际中转枢纽港功能选择、定位和建设，包括中转港枢纽基本功能、延伸功能和公共服务功能，这是为形成集成引力所进行的场源建设。在国际物流快速通道网络系统中的具体枢纽形式类型是内陆型国际中转枢纽港。“联接键”主要涉及“一带一路”国际物流“通道”“海关”“换装”等对接、衔接范畴，通道运行、换装效率、海关服务水平等，这些都会影响国际物流运作过程中联接键的衔接功能、质量和效率。“场线”是中欧班列绩效的综合体现，这里主要涉及西线出境的中欧班列的班线、货源组织、业务规模、班列编组、班列密度、发车频率等内容。

（2）共性问题因果关系分析。目前，中欧班列的主要共性问题有：货源普遍不足，各地争夺激烈；货源种类不对称，短时间内难以在中欧之间形成物通量对称平衡；区域物流枢纽定位不清晰，城市市场定位不明确，运作成本降低难度大；政府补贴干扰市场机制作用，体制障碍限制协调整合能力。非市场机制作用加剧了口岸及通道能力紧张及载运装备调配难度；现有联运运单格式不统一、电子信息化水平不高、不能作为物权凭证、不便索赔、难以用于信用证结汇等问题。依据集成场视角分析其相应问题因果关系，货源种类、数量、组织能力和业务规模直接决定了中欧班列成列发运。因此，从集成场典型合成场元类型，可以在物流集成体（龙头企业）、基核（枢纽）、联接键（海关）、场线（货源、班线、通道）等主要方面找出关键因素，具体参见图 3－2。

根据图 3－2 所示，因果关系梳理，中欧班列共性问题可归纳为以下几个方面：

①组织中欧班列的物流集成体的物流集成力不足。其一是国际物流集成体主导能力分散运作；其二是联运集成体不明确，物流集成力主导方向、施力重点（指标）不明，主导资源能力不到位，造成国际物流、区域经济之间过度竞争；其三是中欧班列孤立运作造成集成体（含制造与物流龙头企业）与集成主体（政府）职能不清。

②地方政府作用错位、缺失和不到位，导致市场机制作用弱化。政府是物流政策颁布的集成主体而不是实体运作的集成体，是中欧班列国际物流形成的支持者，起到国际政策协同的作用。但以地方政府资金支持为典型的地方性中欧班列运行形成了错位和缺位，地方政府资金投入中欧班列加剧了区域间过度竞争，形成了对国家国际货运稀缺资源布局与占据权的争夺。

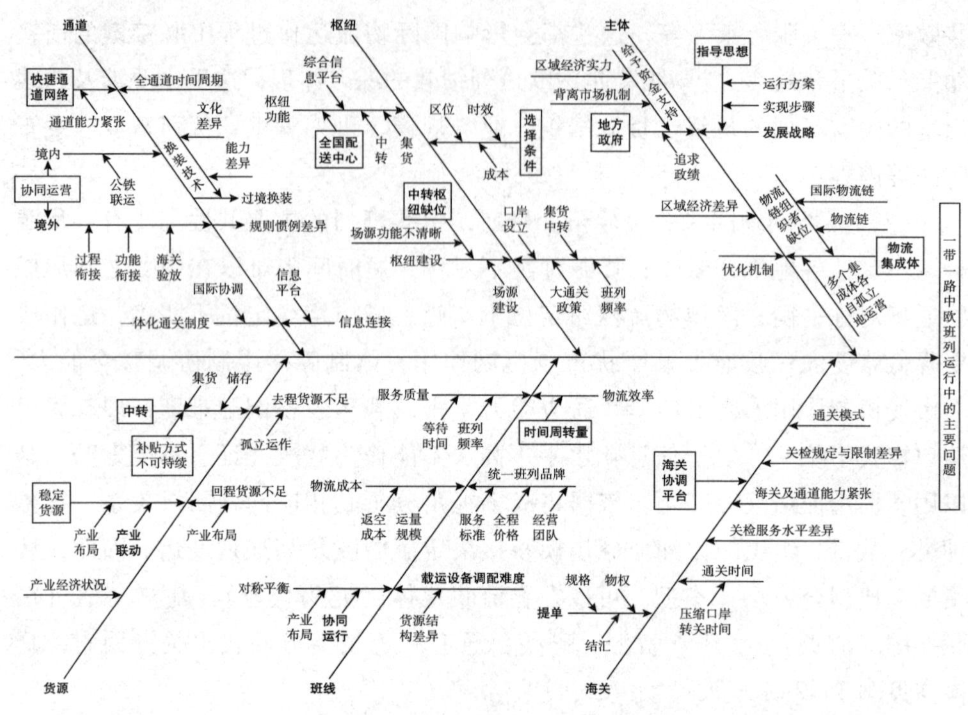

图3－2　中欧国际货运班列孤立运作问题因果关系分析

③国际中转枢纽港境内定位与协调功能缺失问题。其一，目前缺乏国家层面的境内国际中转枢纽港、国际物流境内配送中心枢纽、出境和口岸双枢纽基核的功能集成布设定位，在枢纽建设方面缺少国际中转枢纽港定位。其二，没有找到国际中转枢纽港的基核场源培育点，不知哪里是快速通道网络始发枢纽的货源集聚点，难以发挥其在国际物流层面国家物流网络整体系统与国际物流系统对接的作用。其三，孤立分散运作使得各个物流基核的集成引力不足，暴露了基核建设对场源认识层次不够高度、定位不够准确、落实不能到位的薄弱环节。

④快速通道网络境内与境外协同运作需要解决跨境海关、换装、制度等的一致性或协同问题，国家政府层面的协调才更有效。其一，协同体系必须具备的综合信息平台功能，可以与中转型枢纽、全国配送中心的“三中心合一”（货物集散中心、物流信息中心和全程监控中心）平台功能进行整合。其二，寻求并建立中欧班列市场化运作、可持续发展机制，促进全国中欧班列

协同运作，可持续地带动区域经济发展。其三，运用时间周转量作为中欧快速通道网络的中欧班列考核主要指标。这一指标将有利于服务质量、效率和成本指标改善。

二、中欧班列初期集成优化运作的基本要求

中欧班列初期的主要问题是货源和班列密度不足。集成场视角设定国际中转港功能是中欧班列集成优化运作的前提，应在“全局一盘棋”的原则下，关注中欧班列发展初期实现集成优化运作的基本要求。

（1）国家利益和整体优化是中欧班列集成运作的首要目标。主导中欧班列的集成体，支撑的基核、联接键，以及所形成的场线应能体现物流高级化理论与实践，体现物流业专业化、信息化、网络化和集成化发展的特点和要求。

（2）聚零为整、统一运作是中欧班列运行发展的基本思路。各地分散的国际物流量向中转港集聚整列中欧班列，集成运作是国际物流服务质量、物流效率提升和成本降低的重要途径。

（3）规划国际物流主通道物通量对称平衡是集成运作可持续发展的原则。境内国际物流集聚与境外国际物流在境内统一配送基地，是中转枢纽港的基本功能，是用集成场视角构架“一带一路”出境与入境国际物流集成运作系统的重要理论依托，可以对应出境物流和境外国际物流在境内中转港枢纽统一配送之间寻求对称平衡。

（4）物流集成体的物流集成力与中转港集成引力协同作用，体现中欧班列集成运作与市场机制的对接。进行国际物流境内物流快速通道网络及重要枢纽布局定位，是实现集成优化的重要战略理论及实践逻辑。国际中转枢纽港基核建设能够实现这种集成引力，体现为基核承载的“场源”功能，并支持统一的西向集成力作用。

三、境内国际中转枢纽港战略理论构想

董千里提出面向“一带一路”构建跨境物流快速通道网络。国际物流快速通道网络由主要运输通道、节点所构成，其中最主要的是定义境内国际中转枢纽港功能布设，形成中欧班列始发、终到港功能。

（一）跨境物流快速通道网络构成理论

跨境物流是一个国际多式联运集成体主导的境内与境外物流集成运作的

大物流网络，是包括交通运输基础设施、物流信息和物流业务网络“三网一体”的物流集成系统。中欧沿线物流境内快速通道网络的构成与场线运作绩效是评价快速通道网络的依据，也是形成中欧班列国际物流战略高地和成本洼地的理论基础。

（1）点轴型复合通道网络理论。陆大道提出并完善了点轴系统理论，形成了区域经济发展的典型理论。董千里结合高速公路干线“轴”和立体交叉“点”在高速公路沿线区域经济发展中的特点和作用，借鉴“点—轴”系统理论模型提出高速公路点轴型区域经济发展理论，指出高速公路沿线是典型的点轴型区域经济发展系统。“一带一路”倡议向西拓展需要构建国际物流快速通道网络，这是一个典型的由铁路运输“点—轴”系统与高速公路运输“点—轴”系统为干线轴构建的陆路快速通道网络；向东发展还包括了支持铁海运的复合型陆路点轴型系统。这就意味着国际物流重要的节点和通道是支撑点轴型基础设施的连接键，涉及大道定理（Turnpike Theory）、快速通道网络和时间周转量测量指标的应用。

（2）用大道定理构建国际铁路快速通道网络。大道定理是指公路网络中的交通流会自动地向大路、好路汇集的基本规律。说明了最优线路已不是地理上的最短路程，而是时间上的最短路程，即区域的空间可达性。高速公路的可达性指标使其成为构筑点轴型区域经济发展系统的重要指标。结合同态原理，将“点—轴”系统发展理论延伸到国际物流网络系统中，铁路运输通道成为其重要基础设施构成部分。在多种运输方式组织过程中，铁路运输是一张运行时刻（表）图，即铁路运输快速通道的利用在于运行时刻（表）图的占据。应构建西部、中部乃至东部面向“一带一路”的中欧班列国家战略而不应当仅是地方战略。

（3）评价国际物流快速通道网络的关键指标。指标主要是时间周转量与国际物流服务质量、效率和成本。特定物流量进入跨境物流快速通道网络直到离开这一系统的时间占用量，这一指标就是时间周转量。显然，在跨境物流快速通道网络中占用时间越少，对周边货源的集成引力越大，形成规模经济的能力就越强。对中欧班列服务质量、运作效率和成本都有重要的影响。

（二）依托快速通道是对国家稀缺资源的优化利用

进行国际中转枢纽港功能布设，也是国际物流快速通道网络的重要始点，直接影响国际物流场线运作绩效。董千里提出，为使“一带一路”国际物流健康发展，需要构建区域经济可持续发展的国际中转枢纽港战略理论。国际中转枢纽港是优化国家稀缺资源利用的基核，形成集成引力的场源基础，用时间周转量测量的国际物流快速通道网络是国家的稀缺资源。

结合上述点轴型发展理论的适用性及延伸应用，在集成场的基核场源建设层面，要关注以枢纽作用所体现的各枢纽城市增长极之间的经济联系类型和联系的密切程度；关注“一带一路”快速通道网络作为发展轴的经济合理的空间、时间距离；关注作为国际物流快速通道网络的起始（终到）、中转枢纽港的定位。这样便于各线路中欧班列在最大物流快速通道公共部分合并的基础上充分发挥优势，也使得地方政府的协同作用在市场机制下得以充分发挥。

（三）确立国际中转枢纽港的必要条件

形成内陆型国际中转枢纽港的必要条件可具体归纳为以下几点：

（1）具有强大的国际商贸经济腹地。陆港与周边枢纽节点间具有国际商贸物流的吸引集聚和辐射能力。枢纽陆港有强大的集聚辐射能力，能够形成国际物流快速通道网络的始发、终到枢纽节点。

（2）国际物流主通道上的重要枢纽。在最重要的国际物流主通道上的枢纽陆港，与其主通道将有两种以上辐射和网络主通道。新亚欧大陆桥是我国向西开放的国际物流主通道，在这一通道上和关联主通道上的主要枢纽节点，都可能成为备选枢纽节点。

（3）陆港作业设施能力和条件十分优越。能够形成国际物流集货、中转和发运中心，可以大幅提高国际多式联运的物流装卸、中转效率并提供其他服务。作为境内全国地理中心设置配送中心是一个首要选项，可使得平均配送运距最短和配送成本最低。

（4）实行自由港或者基本实行自由港区政策。依托国际中转枢纽陆港建设自由贸易区功能的综合保税区，不仅具有信息技术支撑国际物流综合平台，而且具有保税加工、保税港区等“境内关外”管理制度，能够协同境内集货、中转业务、跨境海关、换装等作业业务。

综上所述，实施国际中转港战略可以依托中心城市枢纽所具有的条件展开：具有国际物流通道交通枢纽；具有较强的空间经济联系；具有沿陆桥向西发展的区位优势。长安大学、西安国际港务区课题研究认为，西安港是“一带”起始节点，是东联我国经济发达区域、沿海港口的内陆中转枢纽节点，又是国家地理中心，可八方连接周边区域，是国家十八个集装箱编组站之一，设有综合保税区已多年。不久前，陕西成为新设立的7个自贸试验区之一，西安港不仅能够起到内陆型国际中转枢纽港的作用，还可以借国际物流主通道物流量对称平衡形成国际物流全国配送中心。

四、国际中转枢纽功能与中欧班列集成运作验证

（一）国家向西跨境物流量集聚中转枢纽的作用

在"一带一路"倡议指导下，以国际物流集成体主导的国际物流链的组织化形式；国际物流中转（配送）基核引起的产业（产品）集聚的组织形式；过境海关一体化运作的连接键作用。具体到国际物流场线组织可体现为合并西向跨境快速物流网络的中欧班列线路，在其网络主通道起始（中转）枢纽中，以多线路东部货源带西部货源集聚到中转枢纽物流量，形成中欧班列业务规模，谋求规模经济效应（参见图3-3）。

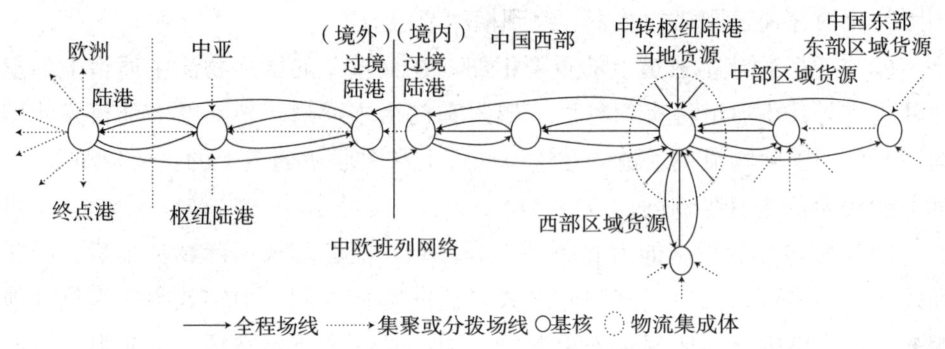

图3-3　基于中转港的中欧班列场线运行示意图

将"一带"的起点枢纽与"一路"的中心枢纽衔接，通过国际物流主通道联结成一个体系，这是内陆型枢纽城市成为国际集散、中转、运输和国内配送相对接的内陆型国际中转枢纽城市的必要条件。在此基础上，境内物流与跨境物流在"一带一路"引导的产业衔接中实现物流对接，形成以亚欧非经济贸易一体化为支撑对象的国际物流快速通道网络及相应的产业联动发展机制。

（二）中欧班列孤立运作与集成运作绩效仿真及比较

（1）中欧班列孤立运作过程。各地政府支持当地开启中欧班列，其孤立运作中欧班列模式具体流程见图3－4，有关仿真绩效指标参见表3－1。

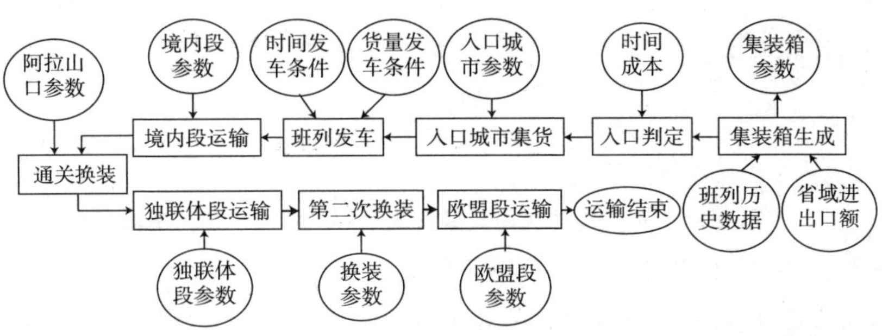

图3－4　各地孤立运营中欧班列仿真逻辑

表3－1　各地孤立运营中欧班列仿真绩效指标

开行城市	开行频次/（班/周）	平均成本/（美元/箱/公里）	平均速率/（公里/小时）	平均用时/小时	平均等待时间/小时	平均运距/公里
重庆	3.52	0.70	29.20	288.90	35.89	8435.43
成都	2.78	0.79	28.50	306.13	54.33	8300.25
郑州	1.87	0.76	27.81	304.75	55.03	7902.04
武汉	1.39	0.76	29.81	316.16	57.17	8792.41
义乌	0.68	0.81	23.12	409.85	141.76	9478.35
厦门	0.43	0.80	19.55	475.48	207.92	9295.30
昆明	0.43	0.85	17.39	500.09	217.63	8697.63
长沙	0.5	0.80	19.06	464.90	192.03	8871.61

数据来源：数据是通过Anylogic软件仿真8760小时（365天）所得到的平均值。

（2）基于西安港中转的中欧班列集成运作过程。以西安港为中转枢纽集货中转的中欧班列集成运作模式逻辑结构与各地独立运营中欧班列的流程逻辑结构见图3－5。

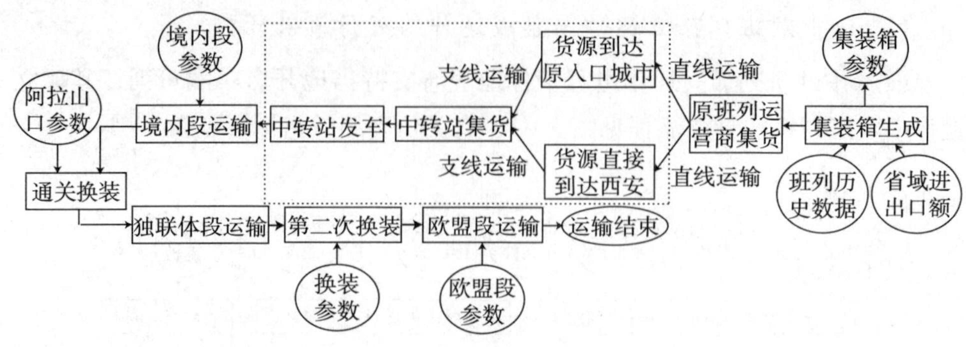

图 3 -5　西安港作为中转港集成运行中欧班列仿真逻辑

图 3 -5 中基于西安港为中转枢纽的集成运作与各地孤立运作的中欧班列主要区别体现在集货、中转部分的业务流程。表 3 -2 为西安陆港中转的 532 列集成运作 8760 小时后所产生的集装箱绩效仿真统计结果。

表 3 -2　基于西安中转枢纽港的中欧班列仿真绩效指标

中转枢纽城市	开行频次/（班/周）	平均成本/（美元/箱/公里）	平均速率/（公里/时）	平均用时/小时	平均等待时间/小时	平均运距/公里
西安	10. 54	0. 60	31. 00	256. 64	29. 17	8619. 52

数据来源：数据是通过 Anylogic 软件仿真 8760 小时（365 天）所得到的平均值

当基于西安中转枢纽港中欧班列大于等于 600 列时，其仿真绩效指标显示中欧班列运行平均成本达到了 0. 55 美元/箱/公里，其原因主要是由于班列开行达到一定的数量后，沿线各铁路承运商给出了相对较低的运输价格。其中所呈现的中欧班列开行数量与单位箱公里成本的关系可参见图 3 -6。

当在西安港中转发车的中欧班列等于或大于 600 列时的主要仿真指标可参见表 3 -3。

表 3 -3　基于西安中转枢纽港中欧班列≥600 列的仿真绩效指标

中转枢纽城市	开行频次/（班/周）	平均成本/（美元/箱/公里）	平均速率/（公里/时）	平均用时/小时	平均等待时间/小时	平均运距/公里
西安	10. 54	0. 55	31. 20	256. 46	29. 17	7976. 11

注：数据是通过 Anylogic 软件仿真 8760 小时（365 天）所得到的平均值

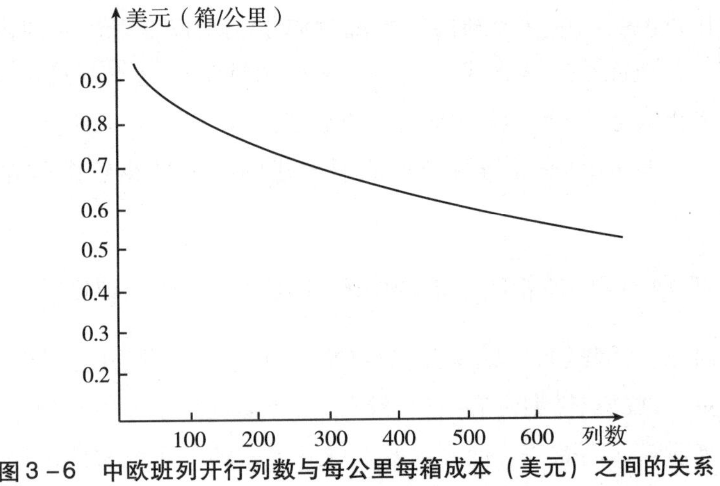

图3-6　中欧班列开行列数与每公里每箱成本（美元）之间的关系

（3）两种运作模式仿真绩效比较分析。

①中欧班列集成运作模式的时间周转量缩短，班列频次大幅增加。在西安港中转集成运作可以达到10.54班/周，其原因在于缩短了班列的集货时间，使集装箱待运时间较重庆、成都、武汉、郑州、厦门、义乌、长沙、昆明分别缩短了19%～87%；集装箱运抵总时间分别降低了11%～49%。西安港中转的中欧班列集成运作相较于各地孤立运作，在轨速率不变的情况下，平均等待时间明显降低，班列运行全过程平均速率有一定提升。

②中欧班列集成运行模式的平均成本降低。在西安中转初期班列运行的平均成本达到0.6美元/箱/公里，较原各班列开行城市重庆、成都、武汉、郑州、厦门、义乌、长沙、昆明，成本分别降低了16%～42%。

③各地中欧班列在西安港中转初期，运行时间绩效获得提升的主要原因是班列集货时间缩短。孤立运行的中欧班列必须集货达到一定数量才能发车，而在西安港中转集成运作方式下，西安港集聚、中转了多地的货源，从而使班列具备发车条件所用的时间缩短。

④西安港中转集成运作模式可以达到每天发车两班，即能在集装箱到达西安12小时内发出。比较孤立运作与集成运作方案，在国际中转型枢纽以西班列密度更大，并能够适应合并运行。可从仿真结果比较及变化趋势观察推测，随着中欧班列开行数量的增加，中欧班列可以增强议价能力，提升班列通过优先等级，进一步提高中欧班列运行时效，降低班列成本。两种运行方

案绩效的比较说明，中欧班列西线出境货源组织难以在较短时间内实现规模经济之前，各地孤立运营方式与基于中转枢纽港集成运作方式相比较，基于中转枢纽港集成运作模式是一种优化的战略选择。通过 Anylogic 仿真软件对两类运行方式进行的系统仿真，验证了构建国际中转枢纽港战略理论的合理性。

五、基于国际中转枢纽功能的中欧班列协同运作实现途径

以上研究告诉我们，以中转港战略指导并通过国际物流中转港功能与中亚、中欧更广域的点轴型发展系统对接，以市场机制主导中欧班列集成运作，可以实现高质量、高效率、低成本融入“一带一路”倡议实践进程。

（一）确立国际中转港地位，建设基核场源功能

自然条件和历史机遇给了西安港成为“一带一路”国际物流境内中转枢纽港的机遇，哪些陆港能否抓得住这一机遇，很大程度取决于中转港战略能否落实、基核（场源）建设能否跟上发展步伐。

（1）明确内陆型国际中转枢纽港在中欧班列的地位与功能。加快中转枢纽港铁路集货、中转、发运能力的提升，尤其是西安铁路枢纽新建铁路综合物流中心工程应加快进度。

（2）构建中欧班列全球统一协调一调度运作监控平台。以中转枢纽作为起始港提高中欧快速通道网络集货、中转和发运效率，合并同线路中欧班列，并为国际商贸在境内全国配送奠定良好的基础。

（3）加强国际中转枢纽港信息及公共服务场源建设。海关通关、口岸验放、物流作业基地功能建设，以及自贸区建设和协调发展，使区域经济发展能够体现于国际商贸、国际物流绩效贡献，形成有利于各区域发展的分配机制。

（4）加强跨境协同、跨境绩效机制建设。做大贸易、大物流、大协调的支持者，真正体现中欧班列对“一带一路”沿线国家和区域经济发展的贡献。

（二）从中转枢纽到全国配送中心实现对称平衡

（1）发挥国家地理中心的作用，真正实现从西安到境内国际中转枢纽、全国配送中心国际物流集聚、中转和配送成本最低。围绕此规划建设相应项目具有理论与实践相结合的意义。

（2）加强基核连接键建设，设立口岸和综合信息平台，提高进出境效率，降低一关两检作业成本，是促进跨境电商物流及其一体化运作的基本前提。

（3）加快国际物流快速通道网络重要节点产业布局建设，为形成国际物流主通道上的物通量对称平衡奠定基础。

（三）应用中转枢纽港功能的中转时效临界值条件

在“一带一路”建设初期各地货源均不足的前提下，可以通过国际中转枢纽港的功能，构建国际物流快速通道网络。其中转时效临界值条件是各地孤立发整列时间周期大于等于各地经中转港发整列时间周期。或具体表达为：

$$T_{\text{某地孤立集货发整列周期}} \geqslant T_{\text{某地集货运至中转港时间}} + T_{\text{各地经中转港集货发整列周期}} \quad (1)$$

式（1）的表达方式也可改写为式（2）：

$$T_{\text{某地孤立集货发整列时间隔期}} \geqslant T_{\text{某地集货运至中转港时间}} + T_{\text{各地经中转港集货发整列时间}} \quad (2)$$

或：

$$T_{\text{某地孤立集货发整列时间隔期}} - T_{\text{某地集货运至中转港时间}} \geqslant T_{\text{各地经中转港集货发整列时间}}$$

符合上述式（1）或式（2）临界条件时，研究结论所形成的中欧班列集成运作良性循环系统成立，可以在集货时间、列车密度、物流效率和物流成本等指标方面发生显著的改变。当随着在国际中转港中转的中欧班列数增大到一定数值时，单位箱运价率可以下降（参见图3－6）。研究结论所形成的中欧班列集成运作良性循环系统，可以在集货时间、列车密度、物流效率和物流成本等方面发生显著的改变（参见图3－7）。

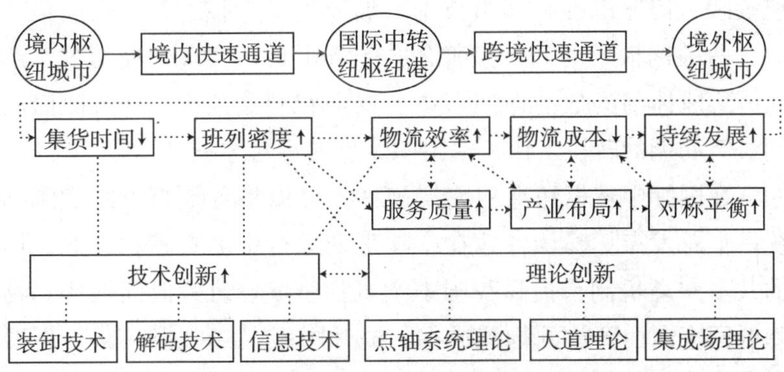

图3－7　中欧班列集成运作形成良性循环系统

（四）国际中转枢纽港功能应用与实现条件

国际中转枢纽港模式应用条件有：定义国际物流快速通道网络，统一协调中欧班列运行图；建立基于市场经济的主动优化机制；由集成体主导国际物流链形成与中欧班列运作；国家发展和改革委员会支持国家中转枢纽港战略制定与规划实施，协调并组织“一带一路”沿线国家和地区相关机构做好国际物流通道中制度连接键等建设工作。

六、主要结论与启示

可以从集成场视角对中转港战略、条件和实现途径得出如下结论与启示。

第一，明确物流集成体是主导国际物流链组织过程的集成商，各地货代等物流企业作为功能商参与货源组织，形成中欧班列统一组织运作机制。中转枢纽港及各地枢纽都应是平台集成体，支持中欧货运班列快速装卸中转的集成物流服务。

第二，采用“各地组织货车、中转枢纽集发、统一联运提单、统一全局调度、市场机制运作、共享价值增值”的中欧班列运作模式，物流集成体统一调度中欧班列在国际中转枢纽港甩挂编组操作，国际物流龙头企业积极组织货源直接参与国际物流业务组织过程。

第三，加强各地集货列车与中转港集中转运的班列及发运信息平台的连接键功能建设，使得各个节点的枢纽城市都能够共享中转港信息，支持中欧班列集成运作。加强提单标准化、信息同步和公铁联运运作；努力提升中欧班列快速装卸、快速甩挂解编组技术，加强集零为整工作，提高集货中转效率；缩短“一关两检”时间，完善公共服务平台，实现快速通关。严格区分集成体间、集成体与集成主体间职责、权限和利益范围，地方政府应做好政策势能到经济动能的转换工作，退出中欧班列运营过程。

第四，在国际中转枢纽港战略实施中，可以将各地组织的货源列车、中转班列统一汇总发布。确认各地在中欧班列运行中的贡献和绩效，形成中转港战略的共享共赢机制，提高我国中欧班列密度、班列时间效率、物流服务质量，降低国家向西开放的物流成本，提升国家在“一带一路”发展中的形象和国际竞争力。

参考文献：

［1］陈玺宇．中欧班列统一品牌发布启用“一带一路”物流运输步入新阶段［EB/OL］．（2016－06－08）［2016－06－08］．http：//finance. cnr. cn/jjgd/20160608/t20160608_ 522349845. shtml.

［2］丁舟洋．中欧班列各自为政恶性竞争建议设立联席会议制度［N/OL］．每日经济新闻，2016－03－04（01）（2016－03－04）［2016－11－08］．http：//www. nbd. com. cn/articles/2016－03－04/988594. htm.

［3］董展，董千里．构建物流集成场的主体思路与基本范畴［J］．物流技术，2012（5）：1－3，10.

［4］王杨堃．中欧班列发展现状、问题及建议［J］．综合运输，2015（增刊第1期）：70－75，89.

［5］李耀华．中欧班列的运行现状与发展对策［J］．对外经贸实务，2015（2）：91－93.

［6］贺丹，李文超．港口城市中欧班列可持续发展机制与对策——基于“甬新欧”班列的个案研究［J］．中国流通经济，2016（10）：105－111.

［7］孙彬．中欧班列国际铁路联运采用多式联运提单对策的研究［J］．铁道运输与经济，2016（4）：68－72.

［8］董千里．“一带一路”背景下国际中转港战略优势及其基核场源建设研究［C］//2016中国工程管理论坛编委会．2016中国工程管理论坛论文集，2016：189－195.

［9］董千里．基于“一带一路”跨境物流网络构建的产业联动发展研讨——集成场理论的顶层设计思路［J］．中国流通经济，2015（10）：34－41.

［10］陆大道．区位论及区域研究方法［M］．北京：科学出版社，1988：3.

［11］陆大道．区域发展及其空间结构［M］．北京：科学出版社，1995：4.

［12］陆大道．东西部差距扩大的原因及西部地区发展之路［J］．中国软科学，1996（7）：38－40.

［13］董千里．高速公路点—轴型区域经济发展理论研究［J］．西安公路交通大学学报，1998（1）：107－112.

［14］董千里．高速路网与区域经济一体化发展研究［M］．北京：人民交通出版社，2007.4：8－9.

［15］董千里．高速公路点—轴型区域经济发展理论研究［J］．西安公

路交通大学学报，1998（1）：107 - 112.

［16］董千里．强化集成体，精铸联接键——基于物流集成场视角的再认识和思考［J］．大陆桥视野，2012（12）（上半月刊）：48 - 53.

［17］江志娟，董千里．丝绸之路经济带省域空间联系与物流枢纽布局［J］．中国流通经济，2016（8）：8 - 13.

［18］长安大学，西安国际港务区课题组．提升西安港内陆型国际中转枢纽港功能研究［R］．西安：长安大学物流与供应链研究所，2013.

［19］常向华．基于西安港中转的 X 新欧班列绩效仿真研究［D］．西安：长安大学，2016.

［20］董千里，杨磊，常向华．基于国际中转港战略理论的中欧班列集成运作研究［J］．科技管理研究，2016（22）：230 - 236.

基金项目：国家社会科学基金项目"基于集成场理论的制造业与物流业联动发展模式研究"（13BJY080）；中央高校基本科研业务费专项资金（人文社科类）"国际物流主通道的基核间物流及关联产业发展研究"（0009-2014G6235035）；西安市科协决策咨询课题"'一带一路'背景下西安港国际中转枢纽战略选择与推进研究"（201611B）

作者简介：董千里（1954—），男，江西省玉山县人，长安大学经济与管理学院教授，博士生导师，物流与供应链研究所所长，博士，主要研究方向为物流与供应链管理。

港口城市中欧班列可持续发展机制与对策

——基于“甬新欧”班列的个案研究

贺　丹　李文超
（江苏大学财经学院，江苏镇江 212013）

摘要： 沿海港口城市在地理上具有优势，其开行和发展中欧班列对于打造海陆联运枢纽、践行国家“一带一路”倡议具有非常重要的意义。“甬新欧”班列作为宁波连接21世纪海上丝绸之路与丝绸之路经济带的重要桥梁，是宁波融入“一带一路”国家战略的重要举措。“甬新欧”班列自开通运行以来，已经由初始的零星运行班列逐步实现了常态化运营，但在运行成本、货源控制、运营管理、区域竞争等方面仍然存在一定的问题。为从根本上解决班列运行中存在的内部瓶颈和外部障碍问题，最终实现班列的可持续运营，须从内外部两方面入手提升“以需求开发求生存、以成本优化增效益、以管理创新促发展”的内部发展机制，协调“跨领域多方合作与同行业有序竞合”的外部发展机制。具体来讲，就是要在充分明确中欧班列开行和发展主要目的和意义的基础上，有效发挥区位与物流优势，合理选择差异化班列发展机制和路径，只有如此才能推动港口城市中欧班列高效健康持续发展。

关键词： 港口城市；中欧班列；“甬新欧”班列；发展机制

经济发展新常态下，习近平主席提出的“一带一路”倡议构想，成为我国构建全方位开放格局的又一重要抓手。为更快争取对外经贸发展的主动权，全国各大城市争相开行中欧班列，截至2016年7月底，全国已有16个城市开行了去往欧洲12个城市的中欧货物班列，累计开行超过2000列。但不难发现，这16个城市（如重庆、郑州、成都、武汉、义乌、苏州等）多为内陆城市，其开行之初的主要目的基本上是从西线走陆路进行货物运输，缩短与欧洲各国间的运输距离和时间，加快融入丝绸之路经济带建设。沿海港口城市作为海陆交通和物流的重要枢纽，在对接国家“一带一路”倡议中具有得天独厚的地理优势，而港口城市所开行的中欧班列则是连接“一带”和“一路”的重要纽带。在区域层面上，这类班列的可持续发展对加快建设集疏运体系、完善国际多式联运格局、打造港口经济圈具有非常重要的作用；在国家层面上，这类班列的可持续发展对建设通畅、安全、高效的运输大通道，打造国家“一带一路”倡议支点城市具有深远的战略意义。本文将以“甬新欧”班列作为个案研究对象，揭示港口城市中欧班列发展现状及所面临的问题，进而分析该班列可持续发展的运行机制及有效对策。

一、“甬新欧”班列发展现状及存在问题

（一）“甬新欧”班列发展现状

宁波作为国家“一带一路”倡议布局的15个重点港口之一，位于长江经济带与大陆沿海东部海岸线的T形交汇处，依托世界级大港——宁波舟山港，在打造“一带一路”倡议支点城市方面具有巨大潜力。“甬新欧”班列就是在这样的背景下应运而生的。该班列向海联通21世纪海上丝绸之路，向陆对接丝绸之路经济带，有效补充了宁波通往“一带一路”沿线国家的陆路运输条件，进一步拓展了宁波国际海铁联运功能，是宁波打造“一带一路”倡议支点城市的必要条件。

“甬新欧”班列于2014年8月正式开通运营，与“渝新欧”班列运行之初一样，是由政府主导运营的班列。“甬新欧”班列的运行线路是从宁波出发，经新疆阿拉山口口岸，途径中亚五国，连接中东欧，止于西欧各国，途经6个国家，全程近5000千米，目前已经形成了每周1班以上的运行频率。与海运和空运相比，“甬新欧”班列在运输时间或运输成本上具有一定优势。相对于海运，“甬新欧”班列由宁波始发经过中亚五国到达西欧，全程约15天左右，比通过海运到达欧洲快了近10天，班列在运输时间上至少能够节约2/5；相对于空运，“甬新欧”班列的运输成本只有空运的三到五成，而且能够享受15%的优惠，以运送100吨货物为例，从宁波到阿拉山口需要运费85250元，可享受到的优惠高达12780元。随着宁波与中东欧国家贸易往来的日益密切，这一便捷安全的运输方式成为不少宁波外贸企业的新选择。

宁波作为外贸大市，与“一带一路”沿线国家及地区的经贸合作由来已久。“甬新欧”班列开通以来，宁波与中亚、中欧沿线各国越来越重视这条国

际运输通道，双边贸易额实现了进一步提升。2015 年，宁波对“一带一路”沿线国家的进出口贸易额达 251.4 亿美元，占宁波市对外贸易总额的 1/4 以上；与中东欧国家的贸易额达 22.33 亿美元，占全国与中东欧贸易额的 1/20。更直接地，可以体现在铁路运输与海铁联运量的增长上，“甬新欧”班列开通运行一年内，宁波口岸发送的中亚和中欧班列集装箱达到 4131 车，近 1 万标准箱。其中铁路宁波北货运站直接发车达 2146 车，宁波发出的国际铁路联运班列集装箱运输量超过了 1.5 万标准箱，2015 年宁波港实现海铁联运量 13.5 万标准箱，同比增长 27.4%，增幅居全国六个海铁联运示范通道之首。同时，宁波与新疆的海铁联运双向列车也实现了百分百运输模式，与敦豪（DHL）公司合作的中亚、欧洲线路集装箱业务也稳步提升。上述事实在一定程度上说明，“甬新欧”班列的集货能力正在不断提升，对提升宁波与“一带一路”沿线国家贸易额具有积极影响。

（二）“甬新欧”班列发展面临的主要问题

“甬新欧”班列开通运行以来，取得了长足的发展，从初始零星运行的班列逐步实现了常态化运营，但仍然存在诸多不足之处。为了更加客观地了解“甬新欧”班列面临的主要问题，笔者深入浙江中外运有限公司宁波物流分公司、太平洋国际货运有限公司、宁波申洲集团等相关企业进行深入调研，从运输价格、运输时间、集装箱分拨和转运情况、服务水平等多方面入手进行问卷调查和访谈，对“甬新欧”班列运行所面临的主要问题进行了梳理。

1.“甬新欧”班列尚不具备充分的成本优势

根据企业调研数据整理而得的“甬新欧”班列运行成本估算结果显示，该班列与海运价格以及客户能够承受的价格之间仍然存在较大差距，见表 3-4。

表 3-4　“甬新欧”班列运行成本估算（以 40 英尺集装箱为例）

成本构成		运行成本
国内运输段	宁波—阿拉山口	20206 元
国外运输段	阿拉山口到汉堡 （每列必须 41 箱，每周 1～2 列）	5100 美元
	阿拉山口到汉堡 （每列必须 41 箱，单列不固定频次）	5350 美元

（续表）

成本构成		运行成本
口岸费用	转关过境	500 元
中铁班列使用费		800 元
集装箱使用费		700 美元
合计（按美元比人民币汇率6.45：1计算）	对外运输段每周1～2列固定频次	9134 美元
	国外运输段不固定频次	9384 美元
客户能够承受的价格		2200 美元
海运价格		2000 美元

数据来源：根据企业调研数据整理而得

由表3－4可知，目前“甬新欧”班列的运行成本仍然偏高，以40英尺的集装箱为例，固定频次的班列全程运行成本达到9134美元。而根据笔者的企业调研结果，目前宁波地区的客户所能承受的价格为2200美元，因此对于一个40英尺的集装箱运输而言，客户所能承受的价格与“甬新欧”班列实际运行价格之间存在近7000美元的差价。如果采用政府补贴来弥补差价，按照每趟班列41个40英尺的集装箱计算，大约需要补贴28.7万美元，折合人民币近200万元，这对当地政府而言是一笔不小的开支。

宁波作为港口城市，其海运通道已经非常成熟，40英尺的集装箱从宁波口岸运至中东欧黑海沿岸国家的综合海运价格仅为2000美元，较“甬新欧”班列运输费用低7134美元。因为国际航运市场运力过剩，海运价格还将继续下跌，所以在运输时间与运输价格的权衡上，“甬新欧”班列还将面临低价海运的激烈竞争，目前尚未表现出充分的成本优势。

2.“甬新欧”班列出口货源尚不稳定，回程货源不足

“甬新欧”班列在货源供应上存在出口货源不稳定、回程货源不足等问题。其具体表现，一是“甬新欧”班列运输的出口货源多以浙江本地的轻工业产品、日用品、机械类产品、电子产品为主，如义乌小商品、帽子、布料、电动工具、家用电器、注塑机、汽配、日用品、电脑、电视机等，这些货物整体价值不高，价格弹性又比较大，沿线国家的经济波动会对出口货源的稳定性产生很大影响；二是“甬新欧”班列目的地消费能力不足，根据世界银行的统计数据，欧洲和中亚地区尚未从全球金融危机的后遗症中恢复过来，这些地区将有可能继续脆弱复苏，从而进一步加大了“甬新欧”班列出口货源的不确定性；三是国内多条中欧班列为争抢货源，采用不规范竞争的手段，主要表现为大幅提高政府补贴力度，导致企业基于运输成本考虑，纷纷将本地货源转移到其他城市，再搭乘其他中欧班列出口，造成了出口货源的大量流失；四是宁波地区与中亚、欧洲尚未建立起稳定的经济与贸易合作关系，宁波与欧洲之间的贸易仍然呈现出显著的顺差。宁波从欧洲进口的主要是废金属和机电产品，在2015年均呈现出下降趋势（较2014年进口额分别下降5.5%和26.1%），且从欧洲进口的其他商品中适合铁路运输的也比较少，导致“甬新欧”班列返程货运需求严重不足，返空成本极高。

3.“甬新欧”班列运营管理尚不成熟，运营环境有待提高

通过与主要客户进行深度访谈了解到，“甬新欧”班列在运营管理和运营环境上也表现出一些问题，主要包括运营主体单一、通关和换轨环节不畅、口岸和铁路基础设施建设不足等。

“甬新欧”班列运行至今，仍由政府主导运营，政府基于宁波战略发展的需要，积极推动“甬新欧”班列的运行，并通过资源的调配，努力为班列发展创造良好环境。然而，“甬新欧”班列逐步进入常态化运营之后，由政府作为班列唯一的运营者就显得有些薄弱，在班列技术改进、管理提升、成本优化、市场推广等方面都显得不够专业。此外，由于“甬新欧”班列出口货流与进口货流不平衡，使得出入境货物的车型、运力难以调配，出境车型不能匹配入境货物，不能卸后利用，仍需长距离大量调配空车确保入境货物运输，增加了物流费用。加之，“甬新欧”班列需要在途中经过两次换轨，也在一定程度上影响了“甬新欧”班列在口岸的滞留和通关时间，平均时长约72小时，班列在口岸的停留时间约占全程运输时间的15%。还有，与其他中欧班列一样，“甬新欧”班列也面临着国外铁路口岸站及后方通道运力不足的问题。例如，哈萨克斯坦的多斯特克口岸站长期以来接运能力和集装箱专用平车严重不足，其后方通道为单线铁路，运力十分紧张，导致出口货物经常在该口岸长时间等待换装挂运。而且，由于“甬新欧”班列相关基础设施仍在建设中，尽管宁波铁路货运北站设施较新，但与“甬新欧”班列相关的甬金铁路尚未开建，北仑支线尚未实现电气化，与口岸监管相关的多式联运监管中心尚未建成。铁路北站相邻高速出口集卡进出尚不能享受优惠通行政策，这些配套基础设施的不够完善也在一定程度上限制了“甬新欧”班列的常态化运行与海铁联运功能的提升。

4."甬新欧"班列面临激烈的区域竞争

为抓住"一带一路"倡议的机遇，各地政府积极兴建各条中欧班列，并通过高额的运输补贴来保障班列的运营，推动班列的发展。宁波与苏州、义乌、武汉等城市距离很近，必然会造成多条运输线路趋同、出口货源争抢等问题，货主为获得较低运价，甚至会将货物运至较远地区搭载中欧班列，而财政补贴更是造成了物流上的倒流现象。根据调研企业的反馈，宁波本地的货源正在不断被其他地区吸引，2015 年宁波的发货总量比 2014 年同期下降了 47%，其中有 25% 左右的货物被通过铁路运送到其他城市发运，有 10% 左右的货物被通过内支线运送到其他地区发运。据相关企业预计，2016 年货源流失比例将持续扩大。

"甬新欧"班列面临的争夺货源的现象，究其根本原因还是在于各地政府竞相开出的高额补贴。由表 3-5 可见，各大城市对中欧班列补贴的程度不尽相同，对于一个 40 英尺的集装箱，有半数的城市政府补贴水平达到了 6000 美元及以上，其中最高的达到 8000 美元。还有一些城市，尽管目前看来补贴水平相对较低，但其在班列开通之初也曾给予过很高的补贴，只是在货源相对稳定之后才下调了补贴额度，比如郑州和重庆，而宁波市政府尚未给予任何补贴。各地政府针对班列的竞相补贴，一方面扰乱了市场正常的竞争秩序，加大了"甬新欧"班列的运营成本；另一方面，也加大了宁波、浙江本地货源流失的风险，直接影响到了"甬新欧"班列的持续运行。

表 3-5 各地开行中亚/中欧班列补贴情况（以 40 英尺集装箱为例）

地点	名称	国境站	开行情况	政府补贴/美元	备注
苏州	苏满欧	满洲里	1 周 2 列	3000	班列补贴
合肥	中亚班列	阿拉山口	1 月 3 列	6000	班列补贴
连云港	中亚班列	阿拉山口	1 月 3 列	4000	班列补贴
南京		阿拉山口	零星开行	4000	均可补贴
义乌	义新欧	阿拉山口	1 周 1 列	6600	均可补贴
西安		阿拉山口	1 周 1 列	6000	均可补贴
武威		阿拉山口	1 周 1 列	8000	均可补贴
重庆	渝新欧	阿拉山口	1 周 1 列	2000～3500	均可补贴

（续表）

地点	名称	国境站	开行情况	政府补贴/美元	备注
武汉		阿拉山口	1周2列	6000	均可补贴，水陆联运再额外针对每个40英尺的集装箱补贴2800元
郑州	郑新欧	阿拉山口	3周2列	2000+短驳费	以各地到郑州的公路或铁路费用再加上2000元作为补贴

数据来源：根据中欧班列相关报道和企业调研数据整理而得

二、“甬新欧”班列发展的内部和外部机制分析

由上文可见，“甬新欧”班列的可持续发展是宁波融入“一带一路”国家战略的重要举措，在运行的一年多时间里，“甬新欧”班列取得了长足的进展，但在运行成本、货源控制、运营管理、区域竞争等方面仍然存在一定的问题。为从根本上解决班列运行过程中的内部瓶颈和外部障碍问题，最终实现顺畅、高效的常态化运营，有必要从内部和外部两个方面入手构建一个相对完备的可持续发展机制。更具体地讲，就是提升“以需求开发求生存、以成本优化增效益、以管理创新促发展”的内部发展机制，协调“跨领域多方合作、同行业有序竞合”的外部发展机制（见图3-8）。

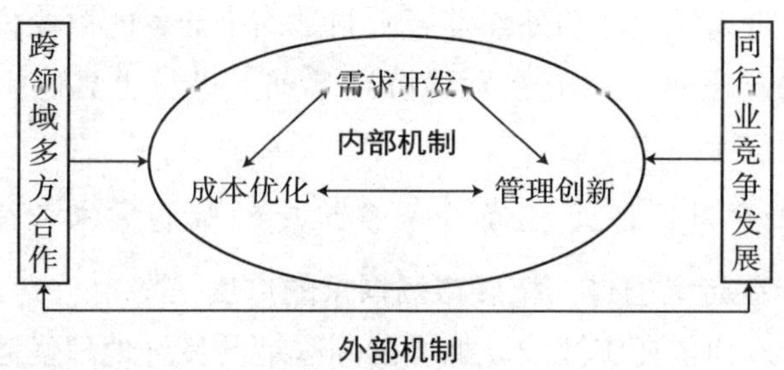

图3-8 “甬新欧”班列可持续发展运行机制

“甬新欧”班列的内部发展机制主要包括需求开发、成本优化、管理创新三个方面。市场需求开发是内部发展机制提升的首要任务，是班列实现可持

续运营的基本要求，市场需求的开发不仅要强调短期效果，更要关注长期效果，不仅要强调数量的增加，更要重视质量的提升；成本优化是内部发展机制提升的关键任务，只有不断进行成本优化，才能有效降低运行价格，最终实现班列的市场化运营；管理创新是内部发展机制提升的根本任务，要通过变革传统铁路运输管理思路，开发新型管理方法，最终提升班列管理效率。在内部发展机制中，需求开发、成本优化、管理创新三者之间并不是相对孤立的，而是相辅相成、互为因果的。不断扩大的市场需求是提升班列运营规模的前提条件，而班列运营成本的优化必须建立在一定的运营规模基础之上，反之运营成本的优化也能进一步扩大班列的市场需求。管理创新是提升“甬新欧”班列核心竞争力的根本要求，管理方式的变革有助于市场需求的开发，管理效率的提升有助于运营成本的进一步优化，反之需求开发和成本优化也能为班列管理创新提供平台和空间。

“甬新欧”班列的外部发展机制主要包括跨领域多方合作与同行业有序竞合两个方面。跨领域多方合作是指实现班列与港口、海关、检验检疫和口岸等相关单位的互联互通，实现各单位之间共赢发展的模式；同行业竞合有度是指“甬新欧”班列作为中欧班列中的一员，有必要与其他班列之间形成一种良好的竞合关系，实现差异化发展。跨领域多方合作与同行业有序竞合可以从多个维度为“甬新欧”班列内部发展机制的运行提供有力保障。

三、“甬新欧”班列可持续发展的对策建议

“甬新欧”班列的内部和外部发展机制是一个抽象的概念模型，为最终实现班列的可持续运营，还需要在发展机制基础上进行更具可操作性的实践指导，具体建议如下：

（一）基于广度、深度、高度等多维度的市场需求开发

1.布局国际联运大通道，拓展市场需求的广度

“甬新欧”班列依托宁波港，拥有国际联运的良好地理优势，所面向的也不仅仅局限于宁波及浙江本地市场。因此，在开发市场需求的广度时，可以打造国际联运格局，延长货物运输线，将宁波港和宁波货运北站作为两大支点，灵活组建更多的运输路线。例如，以宁波港为连接点，将东南亚、中国台湾、日韩地区作为“甬新欧”班列的延伸市场，鼓励这些地区的货源改变传统的海运方式，在到达宁波港之后，搭乘“甬新欧”班列前往中亚和欧洲

地区，从而拓展“甬新欧”班列运行分拨的长度和宽度。

2. 挖掘与沿线国家合作的潜力，拓展市场需求的深度

推动宁波与中亚、欧洲各国经贸合作的市场需求潜力，建立宁波与“一带一路”沿线国家之间更深入的合作关系，包括经贸合作与人文交流。通过“走出去”“引进来”的策略增设各种“常设性”“年度性”经贸平台，维系并加强宁波与各个国家和地区间的沟通合作，重视推动宁波与中亚、欧洲等国家和地区的长期与固定合作项目，特别是一些重大合作项目，稳步提升宁波与“一带一路”沿线各国双向投资水平，提高宁波与沿线国家间的商品贸易往来，并最终拓展“甬新欧”班列市场需求的深度。

3. 优化双程货种品类与结构，拓展市场需求的高度

基于铁路运输的特点，结合“甬新欧”班列所服务区域的产业特色，对该班列的货物商品进行细分，筛选出适合“甬新欧”班列运输的商品，并有针对性地进行货源组织。铁路运输介于海运和空运之间，有必要逐步吸引之前采用海运运输的附加值高且对运输时间要求较高的货物，以及空运中对时间要求不是特别高的货物。可通过运输价格优惠、差异化补贴等手段吸引更多高附加值的货源，如高档服装、鞋帽、皮革制品、电子产品、汽车配件等技术含量较高的商品，实现多品种货源组合运输，增加单位运输成本的货物总价值，提升“甬新欧”班列市场需求的高度。

（二）采用相对灵活的运价定制模式

在中欧班列相对统一的运价基础上，建立相对灵活的运价调整机制。基于运输的货品、运输的量、运输的距离分别确定运价浮动的范围，从而提升“甬新欧”班列的运价竞争力。

1. 运价与运量、运距联动

对“甬新欧”班列全路段制定量价捆绑优惠政策，以量大从优、先定价优的运价方式吸引客户。根据客户的运输量制定相应的折扣优惠，根据运输量制定分段调整的运价，以降低“甬新欧”班列的运输成本，从而实现运量与运价联动的定价模式。对“甬新欧”班列全路段制定距价捆绑优惠政策，以距远从优、主线价优的运价方式吸引客户。首先，根据客户运输距离制定相应的折扣优惠，距离越远，折扣越大，根据运输距离分段调整运价，以吸引远距离运输客户；其次，根据客户运输的目的地来调整运价，“甬新欧”主线上经常到达的目的地，可享受更多优惠，从而提高“甬新欧”班列运输的规模效应，降低运输成本。

2. **分产品设立差异化的运价补贴**

"甬新欧"班列持续运营的实现，要以稳定的市场需求作为保障，这就需要宁波地区与沿线国家和地区在某些领域开展长期稳定的经贸合作，并在此基础上优化进出口商品结构。因此，有必要将宁波进出口商品划分为重点产品、特色产品、普通产品和不鼓励产品，对于高新技术等高附加值产品以及宁波特色机电产品、水海产品等，积极鼓励采用"甬新欧"班列运输方式，给予这些产业较高的运价补贴，使其整体运价与海运价格相比具有明显的优势；对于普通产品，可在初期给予适度的运价补贴；对于低附加值的产品，则不鼓励其采用班列运输方式，避免政府补贴浪费（见表3－6）。通过针对不同进出口产品设立差异化的运价补贴，运用市场化手段，尽快优化班列运输的商品结构，提高班列运营效率，打造班列运输特色。

表3－6　基于产品分类的差异化运价补贴建议

产品分类	出口	进口	补贴建议
重点产品	高新技术产品	高新技术产品	给予较高运价补贴，使"甬新欧"班列运价与海运价格相当
特色产品	机电产品、水海产品	机电产品、各国特色产品	
普通产品	服装及衣着附件、纺织纱线、织物及制品、鞋类、塑料制品、灯具、照明装置及零件、农产品、家具及零配件	纺织纱线、织物及制品、纸浆、农产品、二甲苯、苯乙烯、乙二醇等、资源类产品	给予适度运价补贴
不鼓励产品	资源类产品	废金属	不给予运价补贴

3. **分阶段撤出政府补贴**

"甬新欧"班列运营前期，为尽快拉回本地货源，争取周边货源，稳定班列市场需求，有必要设立政府补贴机制。经初步调查，可对宁波直接发车的中亚、中欧班列，每车补贴3500～6000元，并考虑安排免费起运提货服务，对于零星开行、挂运的不予补贴，以促进集约化经营。待"甬新欧"班列进入常态化运营后，根据班列运营成本与获利情况，逐步撤出政府补贴，依托"甬新欧"班列准时、安全、便利等差异化优势稳定客源，最终实现班列的市场化运营。

（三）班列运营与服务的全程管理创新

1. 优化班列运营组织模式

培育专业的运营主体，借鉴“渝新欧”经验，在宁波本地挑选一家具有运营能力和运营经验的企业，联合沿线各国和地区铁路部门，组建专业的“甬新欧”班列运营主体，为“甬新欧”班列快捷、高效、安全、稳定运营提供有力保障。创新“把你乐”的运营模式，提高信息化技术，对班列的货物调配、配送和运输进行信息化处理；为班列配备相应的客服中心、资源调配中心、配送部和运输部；建立各部门间良好的协调关系，实现信息流和物流的即时传递与连接；加速“甬新欧”班列作业流程，提高班列运营效率。

2. 采用标准化 + 差异化的服务模式

首先，“甬新欧”班列需要建立标准化的服务流程。班列运行中所提供的每一项服务都不应当是孤立的、随机的，而应当是一个系统的、标准化的服务过程。服务系统既需要制定合理的工作流程，也需要借助现代化技术来保障工作流程的实现，从而使得“甬新欧”班列的服务标准有据可循。其次，尽管各条中欧班列已在中国铁路总公司的组织下统一了品牌，但内部竞争仍然在所难免，如果不能提供优质的差异化服务，“甬新欧”班列将在竞争中处于被动地位。因此，“甬新欧”班列不仅要进行产品市场细分，还要进行服务市场细分，为各类产品和客户“量身”提供差异化的服务。

（四）加强多城市多领域的政策合作

为保证“甬新欧”班列外部发展机制的顺利运行，首先需要推出一系列政策，推动宁波市相关部门以及宁波与内陆城市之间的互通合作，优化“甬新欧”班列外部发展环境，包括部门间政策合作与区域间政策合作。

区域内要以发展“甬新欧”班列为核心要义，协调海关、检验检疫、港口等相关部门，建立协同机制，签署合作备忘录。“甬新欧”班列要建立与海关、检验检疫部门、外经贸局、港口间的协同工作机制，及时了解相关信息，统一工作步调。各部门也有必要为“甬新欧”班列量身定制简化的备案手续，缩短办理时限，可借鉴其他中欧班列成功经验，采取设立班列绿色通道、实施预申报放行等监管模式，最终确保“甬新欧”班列全流程的便利化、可控化监管。区域间可选择具有集装箱中心站能力和口岸等经济功能的“X”城市作为“甬新欧”班列中转换装站，签署宁波与“X”城市间的合作备忘录。优化“甬新欧”班列在“X”城市的转关换装流程，加强检验检疫一体化的政策合作，推动“甬新欧”班列国内区域通关一体化改革，实现班列运行在各城市间“一次申报、信息共享”的“零等待”货物通关。

四、结语

以“甬新欧”班列作为个案进行研究的结果显示，相比于内陆城市，港口城市发展中欧班列对区域对外贸易发展与“一带一路”国家战略实践具有更加深远的意义。但是，资料调研与企业访谈结果显示，“甬新欧”班列在运行成本、货源管理、运营管理、区域竞争等方面仍然存在不少问题。宁波作为典型的港口城市，在构建“甬新欧”班列可持续发展机制时应以打造“一带一路”倡议枢纽城市为根本原则，基于此，本文从内部和外部两个层面构建“甬新欧”班列发展机制，进而提出保障机制运行的具体对策。本研究显示，港口城市必须充分明确中欧班列开行和发展的主要目的和意义，有效发挥区位和物流优势，合理选择差异化的班列发展机制和路径，才能最终实现港口城市中欧班列的高效健康与可持续发展。

参考文献：

［1］金娅倩．中欧班列累计开行 2000 列到达欧洲 8 国 12 个以上城市［N］．浙江日报，2016－07－22（6）．

［2］李耀华．中欧班列的运行现状与发展对策［J］．对外经贸实务，2015（2）：91－93.

［3］杜军，鄢波．港口基础设施建设对中国—东盟贸易的影响路径与作用机理——来自水产品贸易的经验证据［J］．中国流通经济，2016（6）：26－33.

［4］国家发展和改革委员会，外交部，商务部．推动共建丝绸之路经济带和 21 世纪海上丝绸之路的愿景与行动［EB/OL］．(2015－03－28)［2015－03－28］. http：//www. mnw. cn/.

［5］赵青松．中欧国际铁路班列运行特点、问题及对策——基于“渝新欧”班列的运行实践［J］．对外经贸实务，2015（3）：33－35.

［6］许英明．“一带一路”倡议视角下中欧班列发展路径探讨［J］．西南金融，2015（10）：70－73.

基金项目：宁波市现代物流规划研究院公开招标项目“‘甬新欧’班列可持续发展的对策研究”（20150250）；教育部人文社会科学研究青年项目“基于区域创新系统结构差异的创新驱动战略实施路径研究”（16YJC790025）；江苏大学高级人才专项资助项目“基于生态经济的产业结构优化路径研究”（12JDG129）

作者简介：贺丹（1983—），女，浙江省宁波市人，江苏大学财经学院教师，博士，主要研究方向为产业发展与优化、技术创新、区域发展。

李文超（1983—），男，湖北省宜昌市人，江苏大学财经学院教师，博士，主要研究方向为能源经济、产业政策。

第四章
企业策略

文化距离对中国企业落实“一带一路”投资战略的影响

孙朋军[1]　于　鹏[2]

（1. 中央财经大学商学院，北京市 100081；

2. 中央财经大学政府管理学院，北京市 100081）

摘要：中国企业对外直接投资存在资源寻求型、战略资产寻求型、市场寻求型三种动因。文化距离负向调节资源寻求型对外直接投资的区位选择，正向调节市场寻求型对外直接投资的区位选择，对战略资产寻求型对外直接投资的区位选择无显著影响。中国企业在“一带一路”沿线国家进行对外直接投资时必须关注文化距离的影响，资源寻求型企业在对外直接投资时，可选择与我国文化差异较小的国家；市场寻求型企业在对外投资时，可选择文化差异较大的发达国家，以获得东道国的市场；而由于文化距离对战略资产寻求型对外直接投资没有显著影响，相关企业应结合行业、国际产业链竞争状况等因素综合决定其投资区域。

关键词：对外直接投资；投资动因；区位选择；文化距离

中国提出“走出去”战略以来，对外直接投资（OFDI）持续高速增长。商务部《2014 年度中国对外直接投资统计公报》显示，2014 年，中国对外直接投资创下 1231.2 亿美元的历史最高值，年度投资额是 2002 年的 45.6 倍；对外直接投资存量 8826.4 亿美元，在全球按国家或地区的对外直接投资存量排名中较上年提高 3 位，位居第 8，首次进入全球前 10 行列；投资区位分布在全球 186 个国家（地区），但集中度较高。2014 年底，中国对外直接投资存量前 20 位的国家或地区存量占总量的 90%。2015 年，中国开始大力实施“一带一路”倡议，“丝绸之路经济带”和“海上丝绸之路”成为中国企业“走出去”的重要区域，可以预见“一带一路”倡议将极大助推中国企业对外直接投资的规模和质量。在此背景下，本文的研究主题——文化距离（国家间文化差异)，对中国企业对外直接投资区位选择的影响具备了更现实的意义，并可对中国企业在“一带一路”沿线国家直接投资提出针对性建议。

作为新兴市场经济国家的中国，在对外直接投资领域的异军突起以及所呈现出来的诸多特征，如中国企业对外直接投资动因、区位选择等问题吸引了学者们的广泛关注。企业对外直接投资区位选择归根结底是企业的微观决策行为，除了考虑宏观层面的经济、地理、文化、政治等因素外，企业对外直接投资的动因是最重要的决策因素，服务于企业的发展战略是对外直接投资的基本目标。寻求资源、寻求战略资产、寻求市场的不同动因影响着中国企业具体的对外直接投资区位选择，而文化距离对不同动因的中国企业对外直接投资势必产生不同的影响。与此同时，文化差异导致文化冲突、交易成本提高、整合困难，给中国企业对外直接投资带来了诸多现实挑战。明基“闪婚”西门子、TCL并购阿尔卡特、上汽整合双龙、中铝参与双拓合并等案例教训不可谓不深，文化距离是中国企业对外直接投资时必须考虑的重要因素。

本文试图研究文化距离对不同动因的中国企业对外直接投资区位选择的影响，进一步研究文化距离对中国企业对外直接投资区位选择的影响机制，并针对“一带一路”沿线国家展开讨论，为中国企业“一带一路”倡议实施的对外直接投资区位选择提供决策参考。

一、文献综述与理论假设

在企业对外直接投资动因研究方面，邓宁（Dunning）在综合发达国家和发展中国家的企业对外直接投资动因研究的基础上，综合诸多理论和实证研究，系统研究跨国企业的对外直接投资行为和动因，提出了企业对外直接投资四种动因类别，即资源寻求型、战略资产寻求型、市场寻求型与效率寻求型。资源寻求型对外直接投资的主要目的是通过对外直接投资获取东道国的自然资源；战略资产寻求型的对外直接投资指企业通过对外直接投资在东道国获取技术、管理、分销网络与品牌等战略资产，补足短板，获取竞争优势；市场寻求型对外直接投资的根本目的是抢占东道国市场，追逐更多的收入和利润，排斥竞争对手，赢取市场份额；效率寻求型是通过在海外进行对外直接投资进而提高生产效率、降低成本，如降低劳动力成本、运输成本等。

理论和实证研究表明，中国企业的对外直接投资动因主要存在资源寻求型、战略资产寻求型、市场寻求型三种类型。巴克利等（Buckleyetal）通过研究2003—2007年中国对48个国家的对外直接投资行为发现，中国企业的对外直接投资行为不存在效率寻求型投资动因。由于中国劳动力成本低廉，对外直接投资的企业在东道国不能形成“协同效应”，而东道国的自然资源、市场规模对于中国对外直接投资具有显著影响，因此中国等新兴经济体国家企业的对外直接投资行为不存在效率寻求型投资动因。邓宁有关中国经验的研究发现，中国企业通过对外直接投资来获取企业发展所需的技术、管理技巧、研发能力、国际化经验、战略方案、营销网络与品牌等战略资产从而强化企业自身的竞争能力，东道国的战略资产越丰富，越能吸引中国对其进行投资。陈岩等研究发现中国企业对外直接投资的主要目的就是为了获取东道国的自然资源。

关于文化距离对企业对外直接投资区位选择的影响，国内外的研究并没有达成一致意见。文化距离指国家间的文化差异，由两国间的文化水平测定，国家间文化差异以文化距离数值的大小来阐释，霍夫斯泰德五维度文化理论模型是测定文化距离（国家间文化差异）全球价值最高、最有影响力的理论。弗洛里斯（Flores）和阿奎莱拉（Aguilera）对美国的研究表明文化距离与区位选择负相关，潘镇、綦建红等对中国的对外直接投资研究得出了同样结论；托马斯（Thomas）和格罗斯（Grosse）对投资于墨西哥的研究表明，文化距离和投资流向正相关。包米克（Bhaumik）和措（Co）认为对外直接投资作为中国软实力的延伸，文化距离与其正相关，文化距离较大的发达国家的市场具有较大的吸引力；康（Kang）和姜（Jiang）通过研究中国对东亚和东南亚的对外直接投资，也发现中国倾向于将文化距离较远的发展中国家作为投资目标国。进一步的研究表明，文化距离和中国企业对外直接投资区位选择存在复杂的线性关系，如S型关系、门槛效应等。总之，文化距离对对外直接投资的投资流向和区位选择影响的研究结果并不一致，存在正相关、负相关、不相关、复杂线性、门槛效应等不同的结论。究其原因，一方面是由于文化距离可能存在“外来者劣势”和“外来者收益”两方面的效应；另一方面，前述研究忽略了“外来者劣势”和“外来者收益”效应对不同企业的不同影响，尤其是对不同对外直接投资动因企业的影响。关于文化距离、中国企业对外直接投资动因、区位选择关系研究较少。张吉鹏、衣长军研究了文化距离在东道国技术禀赋与中国企业对外直接投资区位选择之间的调节作用，研究表明文化距离对寻求技术战略资产型对外直接投资企业的区位选择存在负向调节作用，寻求技术战略资产的中国对外直接投资企业倾向于选择技术禀赋高的国家和地区，而文化距离削弱了这一区位选择倾向。目前，还缺乏对中国企业对外直接投资动因、区位选择、文化距离的全面研究，文化距离对不同动因对外直接投资企业的区位选择影响机制尚不明晰。本文综合文化距离、对外直接投资动因、区位选择研究的相关观点，提出以下研究假设：

H1：文化距离负向调节中国资源寻求型对外直接投资的区位选择（即中国资源寻求型企业外国直接投资倾向于选择文化距离小的东道国和地区）

H2：文化距离负向调节中国战略资产寻求型对外直接投资的区位选择（即中国战略资产寻求型企业外国直接投资倾向于选择文化距离小的东道国和地区）

H3：文化距离负向调节中国市场寻求型对外直接投资的区位选择（即中国市场寻求型企业外国直接投资倾向于选择文化距离小的东道国和地区）

二、研究设计

（一）数据样本

本文关于中国企业对外直接投资的数据来源于英国金融时报集团的 FDI Markets 数据库，它提供全球各个国家外国直接投资（FDI）及跨国绿地投资项目数据，涵盖 189 个国家和地区，外国直接投资项目数据超过 25000 个。其数据已被联合国贸易和发展会议的《世界投资报告》以及诸多国内外学者采用，该数据库按照行业、国家（对内、对外）等维度进行全球外国直接投资监测和统计，中国企业对外直接投资数据具体到各个省和城市。

本文未采用绝大多数研究使用的商务部《中国对外直接投资统计公报》，原因是该公报中统计的中国对外直接投资流向第一目的地并不能正确反映中国对外直接投资的最终目的地。由于避税、会计金融等方面的原因，2003—2014 年，中国大量（平均超过 70%）对外直接投资流向了中国香港、开曼群岛、英属维尔京群岛和卢森堡这些避税港和离岸金融中心（这也是统计公报数据显示中国对外直接投资区位广泛而不平衡的原因），甚至大量协议控制（VIE）结构返回国内投资控制相应经营实体。企业在避税地设立平台企业，并不产生生产、雇佣、本地投资等行为，只是作为投资中转地，最终将资金投向真正的目的地国家和地区。国内学者也认识到了这一问题，王碧珺认为采用这一数据得出的结果会存在较大的谬误。

（二）变量说明

1. 因变量

本研究中的因变量为中国企业对东道国（地区）的对外直接投资年度流量（单位为美元），因变量数据使用 FDI Markets 数据库 2005—2014 年底的对外直接投资数据，中国企业共在 125 个国家和地区累计投资 2256 个项目。

2. 自变量和调节变量

巴克利（Buckleyetal）、邓宁、陈岩等的研究表明，东道国石油和金属产品出口比例（*Ore*）对于自然资源禀赋变量具有较强的代表性，东道国的年度居民专利申请量（*Pat*）对于战略资产变量具有较强的代表性，东道国的绝对市场规模即国内生产总值（*Gdp*）能够较好地代表市场规模变量。本文自然资源禀赋变量采用东道国石油和金属产品出口比例（*Ore*）、战略资产变量采用东道国的年度居民专利申请量（*Pat*）、市场规模变量采用东道国的绝对市场规模即国内生产总值（*Gdp*）。以上自变量数值均取自世界银行和国际货币基金组织的网站。

文化距离变量方面，考古特（Kogut）和辛格（Singh）在霍夫斯泰德的五维度（个人主义与集体主义、权力距离、不确定性规避、男性度与女性度、长期取向和短期取向）文化理论模型基础上提出了文化距离的测算指数 KSI，即：

$$CD_j = \sum_{i=1}^{4} [(I_{ij} - I_{iCH})^2 / V_i] / 4$$

其中，CD_j 指东道国 j 与中国的文化距离值，I_{ij} 是东道国 i 维度的文化值，I_{iCH} 指中国 i 维度的文化值，V_i 是 i 维度文化距离的方差。

文化距离 CD_j 采用 KSI 指数，各个国家文化维度的数值来自霍夫斯泰德的网站。

3. 控制变量

与以往的研究文献保持一致，对外直接投资的区位选择决定因素来自经济、地理、文化和政治等方面，因而本文引入以下控制变量：①地理距离（*Dis*）。本文的地理距离是指北京与各东道国首都（地区中心城市）之间的直线距离，引用 CEPII 距离数据库的各数值。②双边贸易额（*Intrade*）。外国直接投资和贸易是一种互动关系，因此需要将贸易变量加以控制，本文采用中国与东道国双边贸易进出口总额来衡量，数值来自世界银行网站和中国商务部、海关总署、统计局。③经济制度（*Ins*）。经济制度作为重要的经济和政治影响因素，对跨国投资产生直接影响，是影响企业对外直接投资区位选择的重要因素。本文采用美国传统基金会（Heritage Foundation）公布的全球经济自由度综合指数（Economic Freedom Index，EFI）来测量东道国的经济制度质量。

（三）模型设定与计量方法

为了检验本文假设，本文设定如下模型：

$$OFDI_{it} = \beta_0 + \beta_1 Ore + \beta_2 Pat + \beta_3 Gdp + \beta_4 CD_{iCH} + \sum \beta_4 CV_{it} + \varepsilon_{it} \quad (1)$$

模型（1）可以进一步检验在当前时点中国企业对外直接投资的动因，为本研究的文化距离、动因、区位选择的核心假设做前置性检验，相关检验的前置假设如下：

HP1：中国企业对外直接投资区位选择与东道国的自然资源禀赋正相关

HP2：中国企业对外直接投资区位选择与东道国的战略资产正相关

HP3：中国企业对外直接投资区位选择与东道国的市场规模正相关

为了检验假设 H1、H2、H3，本文在模型（1）检验的基础上引入文化距离与各自变量交叉项，设定模型如下：

$$OFDI_{it} = \beta_0 + \beta_1 Ore + \beta_2 CD_{iCH} + \beta_3 Ore \times CD_{iCH} + \sum \beta_4 CV_{it} + \varepsilon_{it} \quad (2)$$

$$OFDI_{it} = \beta_0 + \beta_1 Pat + \beta_2 CD_{iCH} + \beta_3 Pat \times CD_{iCH} + \sum \beta_4 CV_{it} + \varepsilon_{it} \quad (3)$$

$$OFDI_{it} = \beta_0 + \beta_1 Gdp + \beta_2 CD_{iCH} + \beta_3 Gdp \times CD_{iCH} + \sum \beta_4 CV_{it} + \varepsilon_{it} \quad (4)$$

在上述模型中，下标 i 代表第 i 个东道国和地区，下标 CH 代表中国，下标 t 代表时间年份，β_0 为常数项，ε 为随机扰动项，$\beta_1 \sim \beta_4$ 为对应解释变量的回归系数。CV 代表控制变量，包括地理距离、双边贸易额、经济制度三个控制变量。本文采用中国对外直接投资的面板数据进行回归分析。常用的面板数据估算方法有固定效应和随机效应，首先对模型进行豪斯曼（Hausman）检验，结果 P 值拒绝原假设，故本研究应选用固定效应模型。本文采用最小二乘虚拟变量模型（LSDV）进行回归分析，并考虑多重共线性，将解释变量逐步放入模型进行回归。

三、实证结果与分析

本文首先对设定的模型（1）进行样本检验，探讨中国企业对外直接投资的资源寻求型、战略资产寻求型、市场寻求型动因。其次，对设定的模型进行检验，探讨文化距离对不同动因的中国对外直接投资企业的区位选择的影响机制。

（一）对外直接投资动因检验

中国企业对外直接投资动因的检验结果见表4－1。

表4－1　中国企业对外直接投资动因回归分析结果

	变量	模型1	模型2	模型3	模型4	模型5
解释变量	*Ore*	4.331*** (2.186)			5.176*** (3.236)	
	Pat		0.428** (0.512)			0.402*** (0.115)
	Gdp		1.345*** (1.723)	1.369*** (1.308)		
	CD			－1.032*** (－1.572)	－0.197** (－3.006)	
控制变量	*Dis*	－1.209*** (－1.478)	－0.457*** (－0.897)	－0.623*** (－1.003)	－0.501** (－0.934)	－0.691** (－0.943)
	Intrade	0.460** (0.288)	0.553** (0.786)	0.782*** (0.326)	0.653** (0.487)	0.278** (0.012)
	Ins	0.035 (－0.128)	1.231** (0.743)	0.881** (0.612)	1.784* (1.003)	0.727 (0.553)
常数项	*Cons*	－113.202 (－4.756)	－183.110 (－5.054)	－98.367 (－4.405)	－384.127 (－9.927)	－217.663 (－8.812)

注：括号内数字为估计系统t的统计值；***、**、*分别代表变量系数通过1%、5%、10%的显著性检验；此表中模型1~5为文中模型（1）逐次、全部代入解释变量的分析结果

由表4－1的估计结果可以发现，模型1、模型2、模型3、模型5的结果表明，*Ore*、*Pat*、*Gdp* 均通过了1%的显著水平（*Pat* 单变量通过5%显著水平）

检验，其系数分别为5.176、0.402、1.369，表明东道国石油和金属产品出口比例（*Ore*）、东道国的年度居民专利申请量（*Pat*）、东道国的绝对市场规模即国内生产总值（*Gdp*）对中国企业对外直接投资区位选择有正向调节作用，前置性假设HP1、HP2、HP3得到验证。该估计结果与前文提到的各学者研究成果一致，进一步证明了中国企业对外直接投资具有寻求资源、寻求战略资产、寻求市场的动因。

模型4、模型5的结果表明，文化距离（*CD*）通过了5%的显著水平检验，系数为-0.197，说明文化距离对中国企业对外直接投资具有明显的负向调节作用，中国企业对外直接投资的区位选择倾向于文化距离小的东道国和地区。这与潘镇、綦建红等的研究结果一致。

在控制变量方面，估计结果表明，地理距离通过了5%水平的显著性检验，系数为负，表明地理距离对中国企业对外直接投资具有明显的负向调节作用，中国企业对外直接投资倾向于选择地理距离小的东道国和地区。双边贸易额通过了5%水平的显著性检验，系数为正，表明中国企业对外直接投资的区位选择与双边贸易有明显的互相促进作用。经济制度变量未能通过显著性检验，表明中国企业对外直接投资的区位选择较少考虑东道国和地区的经济制度因素。

（二）文化距离调节作用检验

文化距离对不同动因中国企业对外直接投资区位选择影响的检验结果见表4-2。

由表4-2的结果可以发现，在模型1中，文化距离和自然资源禀赋（*Ore*）的交叉项系数为负，并通过了5%的显著性检验，说明文化距离负向调节资源寻求型中国企业对外直接投资的区位选择，资源寻求型中国企业在对外直接投资时倾向于选择文化相近的东道国和地区，假设H1得到验证。

在模型2中，文化距离和战略资产（*Pat*）的交叉项未能通过显著性检验，说明战略资产寻求型中国企业在对外直接投资区位选择时较少考虑文化差异，假设H2未能得到验证。原因一方面可能是东道国的年度居民专利申请量（*Pat*）对于技术性战略资产的代表性不够强；另一方面可能存在"技术无国界"的现象，中国企业在寻求技术资产时较少考虑东道国和地区的文化差异问题。

表 4-2 文化距离调节作用回归分析结果

	变量	模型 1	模型 2	模型 3
解释变量	*CD*	-1.732*** (-1.998)	-2.378** (-3.129)	2.014* (-4.773)
	Ore	2.887*** (1.945)		
	Pat		0.363** (0.212)	
	Gdp			1.128*** (0.975)
	CD × *Ore*	-0.374** (-0.665)		
	CD × *Pat*		-1.028 (-1.581)	
	CD × *Gdp*			1.967* (-2.998)
控制变量	*Dis*	-2.003*** (-3.109)	-0.559*** (-0.631)	-0.423*** (-1.247)
	Intrade	0.781*** (0.641)	0.463** (0.236)	0.838*** (0.626)
	Ins	0.078 (0.018)	1.027* (0.993)	1.285** (1.077)
常数项	*Cons*	-38.117 (-5.631)	-57.348 (-7.108)	-31.884 (-4.072)

注：括号内数字为估计系统 t 的统计值；***、**、* 分别代表变量系数通过 1%、5%、10% 的显著性检验；此表中模型 1~3 分别对应的是文中模型（2）~（4）

在模型 3 中，文化距离和市场规模（*Gdp*）的交叉项系数为正，并通过了 10% 水平的显著性检验，表明文化距离正向调节中国市场寻求型对外直接投资的区位选择，这与本文假设 H3 正好相反。考虑现实因素，市场规模较大的东道国和地区往往是西方发达国家和地区，这些国家和地区本身与中国的文化距离较大，因而寻求市场型的中国对外直接投资企业倾向于选择文化距离大、市场规模大的东道国和地区。

综上所述，中国企业对外直接投资存在资源寻求、战略资产寻求、市场寻求三种动因，假设 HP1、HP2、HP3 得到验证。假设 H1 得到验证，说明文化距离对中国资源寻求型企业对外直接投资的区位选择起到负向调节作用，资源寻求型中国企业倾向于选择文化距离小的东道国和地区进行海外直接投资。实证结果与假设 H3 结论相反，说明文化距离对市场寻求型中国企业的对外直接投资区位选择起到正向调节作用，市场寻求型中国企业倾向于选择文化距离大的东道国和地区进行海外直接投资。假设 H2 未得到验证，说明文化距离对战略资产寻求型（技术为代表）中国企业的对外直接投资区位选择无显著影响。

四、中国企业落实"一带一路"倡议的建议

"一带一路"倡议作为中国首倡、高层推动的国家战略，对我国现代化建设具有深远的战略意义。从全局来看，"一带一路"沿线 65 个国家及两端带动的日本、韩国和欧盟，一端是活跃的东亚经济圈，一端是发达的欧洲经济圈，中间广大腹地国家经济发展潜力巨大。依据霍夫斯泰德的五维度文化理论模型的 KSI 指数，沿线国家与中国文化距离总体上可以分为三组（注：霍夫斯泰德文化评估缺失一些国家数据，可根据地理位置、宗教传统等选取相邻国家估计文化距离值，另将日本、韩国和欧盟代表国家文化距离值放入分组作为参考），见表 4-3。与中国文化差异较小的近距离组主要为东南亚和南亚的中国邻近国家（阿尔巴尼亚除外），中距离和远距离国家主要是西亚和中东欧国家。

由本文实证检验结果可知，资源寻求型中国企业的对外直接投资受到文化距离的负向调节。中国企业倾向于投资文化差异小的国家，而对于自然资源丰富的中亚五国（吉尔吉斯斯坦、哈萨克斯坦、土库曼斯坦、乌兹别克斯坦、塔吉克斯坦）与我国的文化距离为中（霍夫斯泰德 KSI 指数只有吉尔吉斯斯坦的数据，其他四国可参考该数据），沙特阿拉伯等西亚诸国文化距离为中距离和远距离。对于中国资源型企业来说，首选中亚五国是明智的战略决策，对于西亚和中东欧国家应当注意文化距离所带来的经营和管理挑战。与此同时，在资源领域投资近距离 9 国是非常好的战略选择，如中国企业在马来西亚、巴基斯坦等国家的能源领域投资。

表4-3 各国家与中国文化距离远近统计结果

文化距离远近	国家和地区
近距离（9国） CD值：0.4~1.6	新加坡（0.47）、印度尼西亚（0.61）、越南（0.78）、印度（0.91）、阿尔巴尼亚（1.02）、孟加拉国（1.03）、马来西亚（1.23）、尼泊尔（1.24）、巴基斯坦（1.56）
中距离（17+3国） CD值：1.6~2.5	菲律宾（1.61）、捷克（1.69）、保加利亚（1.74）、克罗地亚（1.75）、叙利亚（1.8）、**韩国**（1.8）、不丹（1.9）、斯洛伐克（1.96）、阿联酋（2）、沙特（2.08）、**德国**（2.2）、土耳其（2.24）、罗马尼亚（2.25）、塞尔维亚（2.26）、泰国（2.3）、吉尔吉斯斯阿坦（2.31）、俄罗斯（2.34）、黎巴嫩（2.38）、爱沙尼亚（2.4）、**日本**（2.49）
远距离（13+5国） CD值：2.6~4.5	科威特（2.64）、斯里兰卡（2.65）、**意大利**（2.69）、**西班牙**（2.71）、约旦（2.74）、伊拉克（2.77）、**法国**（2.8）、立陶宛（2.98）、伊朗（3）、波兰（3.13）、斯洛文尼亚（3.15）、乌克兰（3.25）、**英国**（3.25）、匈牙利（3.54）、埃及（3.72）、拉脱维亚（3.93）、**葡萄牙**（4.26）、以色列（4.47）

注：以上国家和地区与中国的文化距离值由低到高排列，数字为CD值，即与中国的文化距离数值。以黑体字标注的国家不是“一带一路”沿线国家，这里仅作为参考

文化距离对市场寻求型中国企业的对外直接投资区位选择起着正向调节作用，中国企业倾向于投资文化差异较大的国家以获得东道国市场（此实证检验结果来自125个国家和地区投资数据，发达国家多为与我国文化距离大的国家）。对中国企业来说，选择文化距离较大的发达国家和地区来开拓市场是正确的战略选择，这种选择来自中国的成本优势、东道国的市场规模、东道国市场特点等诸多因素的共同影响。总体来说，处于中远距离的中东欧16国以及欧盟成员、东亚的日韩是市场寻求型中国企业对外直接投资的优选区域。这些国家和地区东道国市场规模较大、文化距离中远，有利于发挥我国企业在成本、品质等方面的优势；与此同时，较发达的西亚诸国单从文化距离来说是比较合适的目标市场，但企业在该地区的投资应当注意不稳定的政治风险和地区动荡局势。

战略资产寻求型对外直接投资与文化距离并无显著关系，对中国企业来说，需要结合自身产业领域、国际产业链竞争态势等因素来综合选择，文化距离并

不是关键的考虑因素。与此同时，战略资产包括技术、管理技巧、研发能力、国际化经验、战略方案、营销网络与品牌等，"一带一路"沿线国家在诸多产业领域其战略资产并不丰富，远弱于欧盟、美国、日韩等发达国家和地区，战略资产寻求型的中国企业对外直接投资区位选择时应结合具体产业情况而定。

五、结论与展望

本文采用 FDI Markets 数据库 2005—2014 年的中国企业对外直接投资项目数据，采用最小二乘虚拟变量模型（LSDV）方法进行回归分析，实证结果表明：中国企业的对外直接投资具有寻求资源、寻求战略资产、寻求市场的动因。与此同时，文化距离负向调节中国资源寻求型对外直接投资的区位选择、文化距离正向调节中国市场寻求型对外直接投资的区位选择、文化距离对中国战略资产寻求型对外直接投资的区位选择并无显著影响。

本文的研究进一步证实了中国企业对外直接投资的三大动因，即资源寻求型、战略资产寻求型、市场寻求型，同时证明了文化距离对不同动因中国企业对外直接投资区位选择的调节作用。本文研究结果也能很好地从侧面说明前人的研究结论。文化距离负向调节中国资源寻求型对外直接投资的区位选择（即资源寻求型中国企业对外直接投资倾向于选择文化差异小的东道国和地区），正向调节中国市场寻求型对外直接投资的区位选择（即市场寻求型中国企业对外直接投资倾向于选择文化差异大的东道国和地区），但对战略资产寻求型企业影响不显著（即国家间的文化差异对战略资产寻求型中国企业对外直接投资区位选择无明显影响）。从本文研究结果可以看出，不同动因的中国对外直接投资企业对东道国和地区文化差异的考量并不一致，客观上说明了专家学者整体研究结论不一致的现象。

在借鉴前人研究成果的基础上，本文从动因的角度入手，全面分析文化距离对中国企业对外直接投资区位选择的影响机制，进一步拓展了文化距离与区位选择的研究深度，也赋予了本文较强的理论意义。与此同时，对中国企业"走出去"及"一带一路"倡议的实施，进行针对性的分析和讨论，具有一定的现实意义，不同动因的中国企业"走出去"时必须考量东道国和地区与中国间的文化差异问题，本文的研究结论可为中国企业对外投资实践提供一定的参考。

本文的研究重点是考察文化距离对不同动因企业对外直接投资的区位选

择的影响机制，对外直接投资动因具有企业微观层面的视角，下一步的研究可以从行业角度进行深入研究，研究不同行业中国企业的对外直接投资动因，发现不同行业在资源寻求型、战略资产寻求型、市场寻求型三种动因的分布情况，在此基础上检验文化距离对区位选择的影响机制，这种深入研究更加具有现实意义。与此同时，本文采用三个代表性变量（*Ore*、*Pat*、*Gdp*）来考察企业的对外直接投资动因有一定的局限性，下一步深入研究可以增加变量数目，提升研究的全面性、系统性。

参考文献：

[1] Kolstad I., Wiig A.. What Determines Chinese Outward FDI [J]. Journal of World Business, 2010 (2): 124-132.

[2] Zhang X. J., Daly K. The Determinants of China's Outward Foreign Direct Investment [J]. Emerging Markets Review, 2011 (12): 389-398.

[3] Ramasamy Yeung. Do Newly Oligopolistic Reaction and Host Technology Resources Matter for MNC's Location A Study in China' s Technology Industries [J]. Technology and Investment, 2010 (4): 171-183.

[4] Hofstede G.. Culture' s Consequences: International Differencesin Work-related Values [M]. Beverly Hills: Sage Publications, 1980: 1-328.

[5] Schwartz S. H.. Beyond Individualism/Collectivism: New Cultural Dimensions of Values [C] //U. Kim, H. C. Triandis, C. Kagitcibasi, S. C. Choi, & G. Yoon. Individualism and Collectivism: Theory, Methods and Applications [M]. Thousand Oaks: Sage Publications, 1994: 85-119.

[6] Dunning J. H.. Location and the Multinational Enterprise: A Neglected Factor? [J]. Journal of International Business Studies, 1998 (1): 45-66.

[7] Buckley P. J., Clegg L. J., Cross A. R., et al. The Determinants of Chinese outwardforeign Direct Investment [J]. Journal of International Business Studies, 2007 (4): 499-518.

[8] Dunning J. H.. Comment on Dragon Multinationals: New Players in 21st Centuryglobalization [J]. Asia Pacific Journal of Management, 2006(23): 139-141.

[9] 陈岩，马利灵，钟昌标. 中国对非洲投资决定因素：整合资源与制度视角的经验分析 [J]. 世界经济，2012 (10): 91-112.

［10］ Flores R. G.，Aguilera R. V.. Globalization and Location Choice：An Analysis of US Multinational Firms in 1980 and 2000［J］. Journal of International Business Studies，2007（7）：1187－1210.

［11］潘镇. 制度距离与外商直接投资——一项基于中国的经验研究［J］. 财贸经济，2006（6）：44－49.

［12］綦建红，李丽，杨丽. 中国 OFDI 的区位选择：基于文化距离的门槛效应与检验［J］. 国际贸易问题，2012（12）：137－147.

［13］ Thomas D. E.，Grosse R.. Country－of－Origin Determinants of Foreign Direct Investment in an Emerging Market：The Case of Mexico.［J］Journal of International Management，2001（1）：59－79.

［14］ Bhaumik S. K.，Co C. Y.. China's Economic Cooperation Related Investment：An Investigationof Its Direction and Some Implications for Outward Investment［J］. China Economic Review，2011（22）：75－87.

［15］ Kang Y.，Jiang F.. FDI Location Choice of Chinese Multinationals in East and Southeast Asia：Traditional Economic Factors and Institutional Perspective［J］. Journal of World Business，2012（47）：45－53.

［16］殷华方，鲁明泓. 文化距离和国际直接投资流向：S 型曲线假说［J］. 南方经济，2011（1）：26－38.

［17］张吉鹏，衣长军. 东道国技术禀赋与中国企业对外直接投资区位选择——文化距离的调节作用［J］. 工业技术经济，2014（4）：90－97.

［18］王碧珺. 被误读的官方数据：揭示真实的中国对外直接投资模式［J］. 国际经济评论，2013（1）：61－74.

［19］ Kogut B.，Singh H.. The Effect of National Culture on the Choice of Entry Mode［J］. Journal of International Business Studies，1998（3）：411－432.

基金项目：北京高等学校青年英才计划项目（YETP0969）

作者简介：孙朋军（1979—），男，山东省安丘市人，中央财经大学商学院博士研究生，主要研究方向为涉外经济与管理。

于鹏（1979—），男，山东省烟台市人，中央财经大学政府管理学院副教授，副院长，管理学博士，主要研究方向为公共管理。

“一带一路”倡议下中国企业海外投资风险及对策

谭 畅
（西南政法大学国际法学院，重庆市 401120）

摘要： 随着我国经济的发展，加上政策的鼓励，我国企业海外投资规模日益扩大，这些投资项目很多涉及东道国的关键领域，切实关系着东道国的国计民生。但由于投资缺乏项目影响的综合评估，加之我国企业的身份频频遭到质疑，我国企业海外投资遭遇了很多的政治风险，东道国的国家安全因素以及环境保护问题等成为干涉投资的阻力。鉴于此，“一带一路”倡议下我国企业在扩展对外投资时，应充分了解东道国投资环境，在投资中要强调企业的环境意识，构建安全保障综合体系，同时在国际上营造积极舆论，为海外投资保驾护航。

关键词： “一带一路”；海外投资；政治风险；环境保护；安全保障体系

2013 年，习近平总书记提出了共同建设“丝绸之路经济带”和“21 世纪海上丝绸之路”的设想。“一带一路”倡议以中国为中心，影响范围辐射至亚欧非三大洲，涉及 60 多个国家、40 多亿人口，已经成为我国对外开放过程中重要的组成部分。在“一带一路”倡议推动下，我国企业的海外投资计划越来越受到全世界的瞩目。然而，我国企业在海外的投资并非进行得一帆风顺，受政治、经济、环境问题等多种因素交互影响，企业海外投资计划阴霾重重。我国企业海外投资具有怎样的特点，面临怎样的风险，以及应当如何规避、化解这些风险，从而推动企业海外投资更有保障地顺利进行，这是本文所要讨论的主要内容。

一、中国企业海外投资的主要特点

截至目前，中国企业已经在外国的铁路、公路、港口、核电、工业园、油气开发等重大项目中取得了突破和一定的收获。商务部和国家外汇管理局的统计数据表明，2014 年我国共实现全行业对外直接投资 1160 亿美元，其中非金融类投资 1028.9 亿美元，同比增长 14.1%，我国双向投资口径首次接近平衡。我国企业海外投资具有如下特点：

（一）投资项目涉及东道国关键领域

我国企业参与海外投资建设的项目部分涉及铁路、公路、港口、核电、工业园、航空航天、油气开发等关系东道国国计民生的领域，这些项目的性质决定了其必然具有较大的规模，同时意味着项目投入成本高，即便是前期投入成本也不是一个小数目。埃及苏伊士经贸合作区是国家级境外经贸园区，作为合作区项目开发、建设、招商与管理的实施主体，埃及泰达公司注册资本金为 8000 万美元，其中中方持股 80%。近期叫停的中远集团对希腊比雷埃夫斯港的投资计划，可能使中远集团损失掉前期投入的数十亿欧元及未来可通过港口获得的收益。

（二）投资时对项目的综合影响缺乏考虑

长期以来，我国相当一部分企业在拓展海外市场时存在认识上的误区，只重视发展与东道国政府或上层精英的关系，而忽视了反对派、非政府组织或社会舆论的声音，缺乏对东道国国情的全面了解和把握。我国企业海外投资大多集中在亚洲、非洲以及拉美地区，这些地区的国家贫富差距大，民众与政府关系紧张。我国企业海外投资习惯性地照搬国内“上层路线”，投资项目建设收益大多为社会权势所占有，而环境污染、生态破坏、拆迁移民等问题却直接影响普通原住民的生活，导致当地民众将我国企业视为东道国政府攫取社会财富的帮凶。①

（三）中国企业的身份频遭质疑

在进行海外投资的中国企业中，有相当一部分是国有企业，因其具有政府背景，在进行海外投资时屡遭质疑，美国国会中国经济与安全审查委员会②

---

① 缅甸密松电站的坝址属于缅甸政府军管辖范围，而淹没区却处于克钦独立组织控制区域。军政府对密松大坝投资利益的独断分配，令我国投资企业被视为导致不公的共谋和不公行为的受益者，继而成为紧张局势下暴力事件的焦点。

② 美国国会中国经济与安全审查委员会（US China Economic and Security Review Commission）是我国加入世界贸易组织背景下，美国国会为监测中美贸易交往对美国经济与安全影响而于 2001 年特设的机构。

甚至将我国国有企业的投资形容为一匹“潜在的特洛伊木马”。我国国有企业投资外国关键领域（如航空航天、工业、运输等）时，之所以常常失败，其原因无外乎是涉及了国家安全。由于我国企业的身份不能轻易辨认，有些国家甚至认为我国一些大型民营企业也会受到我国政府影响，可能从事超越经济、商务的其他事务。

二、我国企业境外投资面临的风险

我国企业海外投资的主要特点直接或间接导致了我国企业海外投资中可能面临的风险。在我国海外投资规模迅速增长的同时，我国企业海外投资遇挫的情况亦经常出现，[①] 这些被搁置叫停的项目给我国企业带来了巨大的人力和财力损失。

（一）东道国政治风险高

对我国海外投资影响最大的是政治风险。一般认为，政治风险指国际投资中因东道国政局变动、政策不连续、地缘政治冲突、民族主义与宗教意识形态冲突、地区和局部战争、官僚体制、恐怖袭击等因素，以及外国投资者本向行为而给投资企业造成损害的可能性。总体来看，东道国政治风险主要包括政局变动以及发生骚乱、恐怖袭击或武装冲突等情况。

（1）东道国政府换届，领导人更迭。我国第一本企业国际化蓝皮书《中国企业国际化报告（2014）》中的数据显示，2005—2014 年发生的 120 起“走出去”失败案例中，有 25% 系政治原因所致，其中有 17% 是在运营过程中受东道国政治动荡、领导人更迭等影响而遭受损失。2015 年 1 月 27 日，希腊新政府宣誓就职，希腊激进左翼联盟胜选组阁后兑现停止出售国有资产的承诺，主管海运事务的常务副部长兹里察斯称，不会出售比雷埃夫斯港多数股份，新政府将根据希腊人民的利益重新考虑港口的私有化方案。由于希腊各政党政见不同，政府换届后中远集团投资比雷埃夫斯港的计划被搁浅。在亚洲，中国港湾工程有限责任公司在斯里兰卡投资 14 亿美元填海造地，建造科伦坡港口城。但斯里兰卡政府换届后，新政府表示要对该项目进行重新

① 2015 年以来，希腊新政府宣布停止上届政府启动的向中方出售比雷埃夫斯港股权的进程，墨西哥政府以生态环境破坏为由叫停中墨合资的“坎昆龙城”项目。此前，墨西哥政府因反对党质疑招标过程透明性而单方面“无限期”搁置了我国企业本已中标的高铁项目。缅甸政府以环境为由停止了中缅之间的水坝和高铁项目，我国企业成功收购外国公司股权的项目也屡遭争议。

评估。

（2）东道国发生动乱、恐怖袭击或武装冲突。我国企业在海外的投资大多集中在中东、非洲、拉美等经济社会发展程度不高的地区，这些地区政治不稳定因素较多，如政局动荡、宗教矛盾尖锐、恐怖活动频发，甚至存在局部武装冲突等情况。这些不稳定因素一方面对我国务工人员的人身安全造成了严重威胁；另一方面也直接影响着投资的收益以及投资的顺利进行。我国企业及人员在海外投资时面临的安全威胁主要包括以下类型：一是人员遭到反政府武装分子和恐怖分子绑架，有时单纯的求财会转变为人身伤亡案件，甚至涉及政治诉求；二是抢夺物质材料，驻地或工地遭到反政府武装分子和恐怖分子袭击。此外，东道国爆发的武装冲突也严重制约了我国企业在海外投资的发展。2011 年爆发的利比亚武装冲突导致了我国企业近 200 亿美元的损失，由于我国企业的投资集中在基础建设方面，尽管我国外交部门组织的撤侨行动保障了我国在利比亚侨民的人身安全，但各企业的设备、原材料及基建设施在战争中几乎损失殆尽。此外，近年来东南亚等国多次发生的反华暴乱也使我国企业在海外的投资遭受了不小的损失。

（二）东道国国家安全因素

在双边投资协议中设置例外条款是平衡和协调投资者，保护东道国国家安全、公共利益的"安全阀"，《国家安全例外条例》已经为《世界贸易组织协定》及众多双边投资协定所接受。[①] 在经济全球化的今天，国家安全不仅包括传统的军事安全，还包括国家经济安全。鉴于其性质，国家安全条款本质上属于国家自行判断条款，尽管国际习惯法要求国家在履行条约时必须善意，但在缺乏明确标准的情况下，国家安全条款时常被滥用。东道国政府以国家安全考虑为由终止我国企业海外投资项目的情况近年来屡见不鲜，这种风险高发于我国企业对发达国家的投资。

美国曾多次以国家安全为由阻止我国企业的投资和收购。2005 年 6 月，

① 1994 年《关税与贸易总协定》第 21 条、世界贸易组织的《服务贸易总协定》第 14 条均规定有"安全例外"。在双边投资协定实践中，美国等国缔结的双边投资协定采用"根本安全利益"的表述，德国双边投资协定采用"公共安全"的表述，还有国家或地区采用"国际和平与安全"等表述。2009 年，《中华人民共和国政府与秘鲁共和国政府自由贸易协定》中的投资规则采用"实质安全利益""重大安全利益"的表述。2009 年，《中华人民共和国政府与东南亚国家联盟成员国政府全面经济合作框架协议投资协定》中的"安全例外"采用《服务贸易总协定》第 14 条的表述。

中国海洋石油总公司宣布参与竞购美国优尼科公司，该事件引起了美国部分国会议员的反对，称收购计划可能危及美国的能源与安全，在美国政府的干预下，中国海洋石油总公司不得不退出竞购。2008 年 2 月，美国外国投资委员会以危害美国政府信息安全为由，阻止华为技术有限公司收购美国电脑网络设备公司的交易。2011 年 2 月，美国外国投资委员会再次以国家安全隐患为由，要求华为技术有限公司撤销对服务器技术公司的收购计划。2012 年 10 月，美国总统奥巴马签发行政命令阻止中国三一集团有限公司在美国投资建设四个风力发电场，称此举可能威胁或损害美国的国家安全。

（三）东道国的生态环境问题

我国企业对生态环境保护问题缺乏足够的重视。近年来，我国企业在境外的投资因多次造成东道国生态破坏和环境污染而被称为“掠夺性发展”，“中国环境新殖民主义”“中国环境威胁论”“中国生态倾销论”等声音不绝于耳。一方面，我国石油、天然气、矿产、钢铁、电力行业等企业在境外投资的重点领域均为极易造成环境污染的行业；另一方面，我国企业在这些领域的投资大多集中在非洲、拉美等自然资源丰富的地区，而这些地区生态环境系统极其脆弱，环保法律制度不甚健全，环境监督机制也不够完善，再加之我国企业环保意识淡薄，导致很多地区生态环境遭到了不可逆转的破坏。

2015 年 1 月 26 日，墨西哥联邦环境保护署以触犯《生态平衡与环境保护规章》及长期欠缴罚款为由，全面叫停位于该国加勒比海边坎昆市郊的中资商城项目——“坎昆龙城”。我国在缅甸兴建的密松大坝 2007 年动工，计划投资 36 亿美元，但由于没有遵守《环境影响评价报告》书要求，且可能导致生物多样性破坏、江水污染等多种生态环境问题，于 2011 年 9 月被叫停。

三、我国企业应对境外投资风险的对策

（一）充分熟悉海外投资环境

由于世界各国具体国情、政治体制、宗教信仰、经济发展状况等不尽相同，我国企业在实施“走出去”战略时应根据不同类型的国家分别采取不同的境外投资策略和模式。“一带一路”倡议为我国企业“走出去”带来了巨大的机遇，同时也带来了不小的挑战。我国企业对国际投资环境相对陌生，对国际政治风险、金融风险、经营风险、创新风险等把握不够。与国内投资

相比，国际投资影响因素更加复杂且相互叠加，往往会导致投资项目实际收益与预期收益间存在巨大差距，我国企业只有针对不同国家的特点，采取与之相适应的投资模式，才能使投资产生共赢的效果。

我国企业在非洲地区的投资比较多。这是因为我国企业在这些国家能够高效获取行政资源的支持与保护，抓住机遇与其政府展开深入合作，从而取得了巨大的成功。但是，这些国家大多政局动荡，且受国际政治影响较大，我国企业面临的风险较大，投资损失也不少。在多党派国家中，受各方势力影响，议会对投资透明度和生态环境保护等方面的理解以及政府预算支出往往多变，可能导致投资方向与决策力度的不统一。发达国家更重视对国家安全与高端技术的保护，并通过完善的法律制度对我国企业的投资进行限制。

鉴于此，我国企业在“一带一路”倡议下开展海外投资时，既要考虑与东道国文化传统及风俗信仰的对接，也要考虑与东道国政治及法律制度的对接，正视不同社会文化的差异性，全面了解所在国家的历史传统、制度安排、媒体舆论、消费倾向乃至风俗习惯，从而制定灵活的战略。

（二）增强海外投资企业的环境责任感

《国际法》中的环境保护义务属于软法性质，并没有具体规定跨国公司的环境保护义务与环境损害责任，不具备严格的法律约束力。此外，各国环境保护法律制度的发展程度也不太一致，但我国企业在进行海外投资活动时不可借此逃避环境义务的约束，而应主动承担环境保护的责任。

第一，在双边投资协定中加入环境条款。国际投资法发展的趋势表明，随着环境保护意识的增强，越来越多的双边投资协定开始注意平衡东道国与投资者的利益，在重视投资者利益保护的同时，也要注意保障东道国生态环境等社会福祉。在“一带一路”倡议下，我国企业作为资本输出者，一方面要切实履行环境保护责任；另一方面也要意识到环境保护义务有可能成为某些国家设置环境壁垒和实行投资保护主义的手段。为减少其中的利益冲突，可考虑在双边投资协定中加入环境条款，这样既能明确我国企业进行海外投资时履行东道国环境义务的意愿，也能促使东道国环境规制措施符合非歧视、善意等要求。总之，我国企业在对投资国的环境保护义务上升为具有强制约束力的条约义务时一定要审慎，目前阶段仍然应以软法义务为主。

第二，利用我国国内法对境外投资企业的环境损害行为进行规制。在不损害东道国国家主权的前提下，根据《国际法》的规定，母国负有对海外投资者进行监管的权利和义务。韩秀丽从政治、经济、法律三个方面入手，给出了利用我国国内法规制在境外投资的中资企业环境损害行为的具体理由。我国不乏海外投资环境保护的法规和行政规章，[①] 要求我国企业在海外投资应进行核准或备案，遵守东道国法律法规和《国际法》，只是相关规定过于简单和原则化，没有实际可操作性，也缺乏强制性。我国亟须一部具有可操作性的专门针对海外投资环境保护的法规或法律。

（三）构建投资安全保障体系

构建投资安全保障体系是一个国家保障本国企业和公民海外投资利益的重要手段。司法救济是投资纠纷发生之后的一种救济方法，属于事后救济。而构建投资安全保障体系则处在纠纷发生之前，要通过军事或其他武装手段来预防东道国境内可能发生的动乱、恐怖袭击甚至武装冲突。我国企业海外投资过程中面临越来越多的人身和财产安全挑战，为应对这些挑战，迫切需要建立一支适应海外投资保障需求的安全保障力量。第一，积极参与联合国维和行动。我国企业海外投资的区域不乏局势动荡的国家和地区，单纯依靠这些国家和地区当地的执法力量难以保障我国员工和企业的安全。作为联合国常任理事国，我国应积极参与联合国维和行动，这不仅是以身作则的表现，也可借助维和部队来达到稳定当地治安、震慑当地不法分子、保障中资企业与投资项目安全的目的。2014 年 9 月，由于南苏丹局势动荡，我国应联合国邀请派出 700 名步兵营士兵参与联合国在南苏丹的维和任务，这不仅在一定程度上维持了南苏丹局势的和平稳定，也保护了我国员工的安全和石油开采的顺利进行。[②] 第二，中国安保公司积极参与中资企业海外安保工作。雇用安保人员对局势动荡地区的企业和员工进行安全保护，这是欧美国家的一贯做法。相比较而言，我国涉外安保行业起步较晚，发展还不够成熟。非洲是我国企业投资的重点地区，而涉足非洲的国际安保机构不多，这为我国安保公司提供了很大的市场。海外安保业并不是简单的“以暴制暴”，其不仅提供军

---

① 如《国务院关于投资体制改革的决定》（2004 年）、《境外投资项目核准暂行管理办法》（2004 年）、《关于鼓励和规范我国企业对外投资合作的意见》（2006 年）、《境外投资管理办法》（2009 年）、《对外承包工程管理条例》（2008 年）、《对外承包工程行业社会责任指引》（2012 年）等。

② 自 1990 年参加联合国维和行动以来，我国通常只向维和部队派遣工程兵、运输兵、医疗兵等非战斗人员。2013 年，我国派遣了一支近 400 人的安全部队赴马里维和，其中首次包含了安全部队人员。2014 年，在南苏丹维和任务中，我国派遣了首支全部由安全部队人员组成的维和部队。

事力量的支持，还进行安全风险评估、识别、预防和解除等，具体包括海外安全情报收集和分析、海外安全评估调查、安全培训、危险营救等一系列服务。中国安保公司参与中资企业海外安保工作具有一定的优势，不仅在语言沟通和文化认同方面完全没有障碍，而且可大大降低中资企业雇用安保人员的成本支出。当然，由于安保行业的特殊性，中国安保公司应重视与东道国安保机构的合作，遵守东道国法律法规。第三，维护海外投资建设安全必须加强国际军事合作。我国企业在“一带一路”倡议下“走出去”，其安全保障仅仅依赖联合国维和部队或安保公司是远远不够的，应当在建立命运共同体政治主张的前提下，完善军事安全领域的合作。通过“一带一路”倡议下利益各方的团结合作，充分发挥各国安全保障力量在风土人情、地形、文化认同等方面的优势，排除恐怖组织、极端势力、海盗、自然灾害等对经济合作的影响，构建真正的安全保障体系。

（四）营造积极舆论为海外投资保驾护航

随着我国经济实力与综合国力的大幅提升，世界经济格局正在逐步重新规划，由西方国家主导的传统强权利益分配体制客观上受到了挑战。西方媒体经常把我国企业的海外投资与我国的政治、军事战略意图联系起来，鼓吹“中国经济威胁论”“中国经济渗透说”等言论，想方设法遏制我国践行“走出去”战略。“中国高铁威胁论”几乎成了反对派攻击政府与我国投资项目的政论基础。

基于此，在实施“一带一路”倡议时，我国应当在国际上营造积极的舆论，为我国企业海外投资保驾护航。其一，我国企业进行海外投资应落实互利共赢的理念，将投资与东道国的经济和社会发展结合起来，给东道国国家和民众带来看得见的利益；其二，我国应积极耐心地阐释和平发展的意图，我国企业海外投资应将经济效益与政治、军事意图区别开来，树立中国和平崛起、不称霸的大国形象；其三，推动中国“搭便车”理论，欢迎一切愿意参与“一带一路”建设的国家形成整体部局、协调合作、发展互利、团结共赢、睦邻友好、强邻富邻的战略合作伙伴关系，打造命运共同体。

四、结语

随着我国经济的高速发展和“一带一路”倡议的实施，我国海外投资呈高速增长态势，这在客观上挑战了国际传统的强权利益分配格局，既有可能遭到既得利益集团的反对和遏制，也有可能引起其他国家或实体的恐慌和排斥。我国企业海外投资因其固有的特点，面临多方面的风险，需要投资前充分熟悉了解海外投资环境，投资中提高海外投资企业环境意识等社会责任感，构建投资安全保障综合体系。同时，在国际上营造积极舆论，为海外投资保驾护航，通过建设利益共同体，进行互信互利、平等共赢的合作，我国企业海外投资就能在"一带一路"倡议的推动下持续发展。

参考文献：

[1] 2014年中国对外投资和经济合作情况［EB/OL］.（2015-01-26）［2015-05-05］. http://ccn.mofcom.gov.cn/spbg/show.php? id=15904.

[2] 安春英. 浅析中国埃及苏伊士经贸合作区［J］. 亚非纵横，2012（4）：1-6、58.

[3] 陈积敏. 论中国海外投资利益保护的现状与对策［J］. 国际论坛，2014（9）：35-40.

[4] 陈立泰. 我国企业海外直接投资的风险管理策略研究［J］. 中国流通经济，2008（7）：48-51.

[5] 梁静波. 中国企业海外投资的政治风险与对策［J］. 求实，2013（4）：40-44.

[6] 张膑心. 双边投资条约在武装冲突情况下的适用问题研究［J］. 国际经济法学刊，2013（1）：24-43.

[7] 余劲松. 国际投资条约仲裁中投资者与东道国权益保护平衡问题研究［J］. 中国法学，2011（2）：132-143.

[8] 韩秀丽. 中国海外投资中的环境保护问题［J］. 国际问题研究，2013（5）：103-115.

[9] 韩秀丽. 环境保护：海外投资者面临的法律问题［J］. 厦门大学学报（哲学社会科学版），2010（3）：59-66.

[10] 韩秀丽. 中国海外投资地环境保护——母国规制方法［J］. 国际经济法学刊，2010（3）：138-162.

[11] P. W. Singer. Corporate Warriors：The Rise of the Privatized Military Industry［M］. New York：Cornell University Press，2003：81-82.

[12] Lauren Groth. Transforming Accountability：A Proposal for Reconside-

ring How Human Rights Obligations Are Applied to Private Military Security Firms [J]. Hasting International and Comparative Law Review, 2012 (4): 29-89.

作者简介：谭畅（1989—），女，广西壮族自治区桂林市人，西南政法大学国际法学院博士研究生，主要研究方向为国际法学。

“一带一路”国家的智力资本、财务资本与中国策略

邵洪波
（中国人民大学商学院，北京市 100872）

摘要：智力资本是企业家创新性、冒险性和进取性等精神因素的资本化，在企业层面和国家层面的作用将愈发显著。“一带一路”沿线国家所拥有的智力资本、财务资本和资源禀赋存在较大差异。中国企业在实施新一轮“走出去”战略过程中，应立足于中国企业在智力资本和财务资本方面的相对优势与劣势，针对不同国家采取不同策略，以发挥中国企业财务资本的优势，累积并促进中国企业智力资本的成长，并使中国的国企和民企相互配合，实施差异化竞争策略，以智力资本助推中国企业的赶超，最终力争弥补西方理性精神的不足，倡导“平等、开放、共创、共享”精神。

关键词：企业家精神；智力资本；财务资本；一带一路

一、文化精神、智力资本、财务资本与“一带一路”倡议

在现代市场经济中，企业管理的专业知识和企业家能力已成为企业生存与发展最稀缺的生产要素，这使得企业权力转移到经理人和企业家手中成为必然，“企业家主权”时代应运而至。

在精神层面，可将企业家才能与企业家的文化素质、人格并称为企业家精神。企业家精神的具体化即为企业家智力资本，是企业家人力资本、能力资本和社会资本的统一。资本家是财务资本的载体，企业家是具有“企业家精神”的一群人，是文化精神载体，也是智力载体。

企业家精神主要体现为创新性、冒险性和进取性。资本不应仅指物化的有形资本，如货币、不动产、设备等，更应包括非物化的企业家智力资本。企业家智力资本包括人力资本、能力资本和社会资本。其中人力资本涵盖企

业家的智力、知识、技能、经验、健康等因素；能力资本主要体现为企业家在战略和管理等方面的个人知识储备与能力经验；社会资本是企业家人脉网络和社会关系的资本化，如信任、信息、便利等。

企业家精神是企业价值增长的原动力。企业家将资本投资于企业，其核心是进行企业家智力资本的积累与扩张，而经营绩效的提升和可持续发展正是企业家资本尤其是企业家智力资本投资于企业得到的回报。企业的本质是文化精神、智力资本和财务资本的组合，企业发展的本质是在企业家精神驱动下的财务资本、智力资本的积累和扩张。

据统计，1970 年至今，标准普尔 500 公司的市场价值为账面价值的 2 倍至 5 倍。针对众多上市公司存在的账面价值与市场价值的差异，许多学者指出，这种差异是企业拥有的文化精神及其具体化的智力资本价值。从国际化动因的角度看，“企业进行国际化不仅是对于利润的追求，更是由企业家自我实现的价值观和创业精神推动”。

“一带一路”贯穿亚非欧大陆，涉及全球将近三分之二的人口和三分之一的全球 GDP，拥有巨大的市场和发展潜力。“一带一路”倡议作为中国未来十年的重大政策红利，将为中国企业海外投资与发展提供难得的新机遇，为中国企业家提供广阔的展示舞台。

中国企业充分发挥综合实力的前提，是必须有一批具有文化精神及智力资本、能够游刃有余地进入东道国市场的企业家。中国企业家可以分为两类：国有企业家和民营企业家。国有企业家是指随着国企改革的深入及职业经理人制度的建立和深化而形成的职业经理人；民营企业家主要指一般意义上的企业家。“一带一路”倡议能否成功，主要看国有企业家和民营企业家能否带领其企业进行广泛的国际经济技术合作，将中国企业的文化精神、智力资本和财务资本与相关国家的优势资源充分结合起来。

企业家精神、智力资本和财务资本，与企业乃至国家的文化精神、智力资本和财务资本具有同构性，因此，可以将对企业家的分析结构应用于企业和国家层次。由于智力资本的中介性与重要性，以下以智力资本为核心，进行国际贸易乃至“一带一路”倡议的策略分析。

二、智力资本与可持续比较优势

（一）比较优势的形成

国际贸易在形式上是商品和服务的交换，在本质上是比较优势的交换。在不同资源禀赋下，相同成本创造出的产品在数量和质量上具有差异，由此形成的国际贸易利得表现为产品数量上的增加和质量上的提高。

一般情况下，在国际贸易中，产品不发生改变，相应的两国对于产品的偏好也不会发生改变。但如今产品以越来越快的速度发生着翻天覆地的变化，可能顷刻间将资源禀赋与分工积累的比较优势冲击得荡然无存。假设在一个标准的H—O模型中，F国在手机生产上具有比较优势，A国在玉米生产上具有比较优势，按照传统比较优势理论，F国专业化生产手机与A国专业化生产玉米成为最优的选择。但是，如果A国的科技人员设计出了一种全新的手机，这一手机在两国大受欢迎，那么情况就会发生根本改变。即使A国在手机芯片、传输技术上都逊于F国，但A国在手机设计上的比较优势能够顷刻间逆转其在芯片、传输上的劣势，A国重新定义的手机可使消费者的偏好发生根本性改变。芬兰的诺基亚手机与美国的苹果手机在一定程度上就是最好的例子。在变化不那么快的产品领域，一国或许尚可凭借既往的比较优势偏安一隅，而在日新月异的产品领域，资源禀赋和分工积累的比较优势有可能转瞬即逝。

上述分析同样适用于产品内分工，国际贸易双方在具体而微的产品上依据更为精细的比较优势进行交换。就中国与美国苹果手机的贸易而言，中国向美国出售手机的有形产品，而美国则向中国出售手机文化。中国的比较优势来自劳动力的资源禀赋以及部分经由分工带来的生产率提高，而美国的比较优势来自苹果公司定义的手机文化（包括专利等知识投入），其本质又来源于乔布斯所代表的企业家精神。

那么美国这种可持续的比较优势是如何获得的呢？关键在于智力资本。倘若说资源禀赋的比较优势主要作用于生产成本，那么智力资本的比较优势则直接作用于偏好。从另外的角度看，资源禀赋是通过降低生产成本获得收益的，而智力资本则直接通过提高产品价值获得收益。生产成本的降低毕竟存在着界限，但产品价值的提高则几乎无边无界。资源禀赋获取的贸易利得只能在资源上，且资源禀赋优势正逐渐淡出发达国家的国际贸易优势，而智力资本则是目前发达国家国际贸易优势的核心。

（二）智力资本的构成

企业家的智力资本在企业层次上表现为企业的智力资本，根据 H—R—S 范式，企业智力资本由人力资本、关系资本与结构资本三个部分构成。人力资本指组织内成员所具有的知识、才能的总和；结构资本指企业内部的组织架构、制度流程以及在组织运行过程中形成的经验惯例；关系资本指企业与利益相关者的关系所形成的资本，包括企业商誉、客户关系、上下游伙伴关系等。人力资本、结构资本与关系资本之间存在着互动影响。就智力资本对比较优势的影响而言，人力资本居于核心位置，人力资本对于企业的创新能力和组织学习能力具有显著的正向影响，势必会提高产品价值。结构资本对人力资本起支持性作用，企业需要建立适当的管理架构和管理流程，以最大化利用人力资本。关系资本强化了人力资本的优势，企业在合作过程中由于和异质性资源的结合而产生高于独立发挥作用时的价值，为企业带来建立关系资本基础之上的"关系租"。

目前，中国众多企业显然已经认识到智力资本的重要性，但在构建智力资本的比较优势时却存在以下缺失：第一，没有认识到智力资本与资源禀赋的相互影响。智力资本可以视为运用资源禀赋的能力，资源禀赋通过智力资本能够发挥更大的价值，智力资本必须与资源禀赋结合。如苹果公司在手机设计、使用等方面的智力资本必须依附于苹果手机的实体产品，实体产品的质量也制约着苹果公司智力资本的发挥。忽略二者的互动关系使得诸如"情怀"等营销概念很受青睐，却缺乏真正具有竞争力的企业或产品。第二，注重智力资本中的人力资本而忽略其中的结构资本与关系资本。人力资本对于智力优势的构建具有较大影响，但依然受到结构资本与关系资本的影响。中国企业，包括民企与国企，在"走出去"的过程中往往各自为战，没有形成抱团的合力，实际上就是结构资本和关系资本运用的不足。

三、智力资本的评估与区位选择

（一）企业财务资本与智力资本评估

就企业层面而言，智力资本可由 VAIC（Value Added Intellectual Coefficient）评估，VAIC 表示企业智力资本增值系数，具体计算方法如下：

（1）企业价值增值 VA = OUT - IN，其中 OUT 指企业产品与服务的总收入，

IN 指企业扣除人力资本投入后的所有投入。具体计算时可采取 VA = PTP + PC + I,其中 PTP 代表企业税前利润，PC 代表企业支付的工资，I 代表利息费用。

（2）计算 CE、HC、SC，其中 CE 指物质资本，可用企业净资产的账面价值反映；HC 指企业人力资本，可用企业支付的工资反映；SC 指企业的结构资本，可用 VA – HC 反映。

（3）VAIC = HCE + SCE + CCE，其中 HCE = VA/HC，代表企业人力资本增值系数，反映智力资本中人力资本水平；SCE = VA/SC，代表企业结构资本增值系数，反映智力资本中结构资本水平；CCE = VA/CE，代表企业物质资本增值系数，反映财务资本水平与智力资本中关系资本水平。

VAIC 中的 CCE 也可以作为反映企业财务资本水平的指标。

（二）集体财务资本与智力资本评估

可以将一国企业的财务资本与智力资本加总后平均，将其作为集体财务资本与智力资本，但这样的评估过程不仅烦琐，而且在数据获取上也存在一定困难。本文利用企业财务资本与智力资本及集体财务资本与智力资本在概念上的对应关系，建立集体财务资本与智力资本的评估指标。

企业财务资本通常指企业中可用货币度量的资本，企业集体的财务资本往往形成一国的资源禀赋。企业人力资本指企业中人员的知识技能，在集体层面则表现为一国的科技教育水平。企业结构资本指企业的组织架构、运营流程，在集体层面则表现为一国企业运营的制度环境。企业关系资本指企业与外部利益相关者的关系，在集体层面表现为产业上下游之间的联系程度和国际竞争力（参见图 4 – 1）。

在对资源禀赋（含财务资源等）和智力资本进行指标设计的基础上，形成集体财务资本与集体智力资本的可描述的状态（参见表 4 – 4）。

在评价指标选取方面，在能够获得数据的前提下，应遵循最接近、最精简原则。上述二级评价指标及计算方法说明如下：

初级劳动力：以 15 岁以上就业人口比率表示，反映一国劳动力占总人口的比重。该指标未经教育程度、技能水平等因素调整，因此代表初级劳动力。

自然资源：以能源净进口表示，代表一国自然资源相对于经济发展水平的丰富程度。若该值为负，则表示为净出口国，资源储量较丰富；若该值为正，则表示为净进口国，资源不足以支撑其经济发展，属于负向指标。

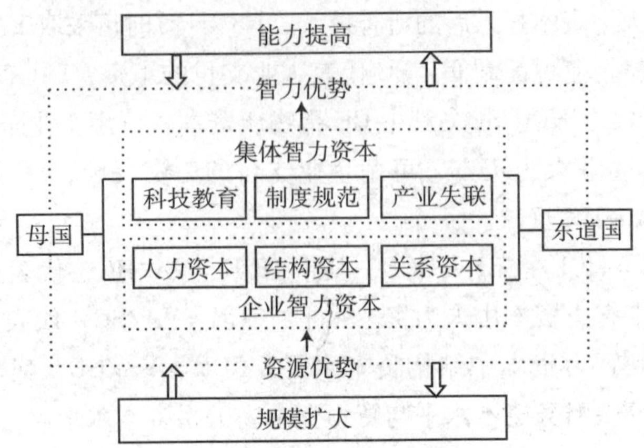

图4－1　企业智力资本与集体智力资本

表4－4　集体财务资本与集体智力资本

一级指标	二级指标	计算方法
资源禀赋	初级劳动力	15岁以上就业人口比率
	自然资源	能源净进口
	基础设施	铁路网密度
	财务资源	总储备①
智力资本	科技教育	高等教育劳动力比例
		R&D经费占比
	制度环境	创办企业所需时间
	产业关联	1000美元GDP能源使用量

注：①总储备是一国官方持有的用于国际结算的金融资产，主要包括货币性黄金、外汇储备、特别提款权和在国际货币基金组织（IMF）的储备头寸

基础设施：以铁路网密度表示，反映交通基础设施建设的完善程度。

财务资源：以总储备表示，反映一国货币与金融体系的稳定性与规模。

科技教育：以高等教育劳动力比例和R&D经费占GDP比例表示。其中，前者以高级劳动力占总人口比例表示，反映教育发展程度；后者反映一国对研发的投入水平。

制度环境：以创办企业所需时间表示，反映一国制度效率和市场化程度的高低。创办企业所需时间越短，制度效率越高。

产业关联：以 1000 美元 GDP 能源使用量表示。在工业化程度较高的国家，能源行业与其他行业联系紧密，单位 GDP 能源用量越高，行业关联性越强。反之在以传统手工业或采掘业为主的国家，行业总体关联性较弱，能源行业对其他行业的支持也较弱，单位 GDP 能源使用量较低。

计算方法如下：

（1）标准化处理。将量纲不同的指标标准化至［0，1］区间，对于正向指标采取如下公式（其中 x^* 代表原始数值，x 代表标准化之后数值）：

$$x = \frac{x^* - x_m in}{(x_{max} - x_{min})}$$

（2）AHP 方法。对三级指标进行平均，得到二级指标数值；对二级指标进行平均，得到一级指标数值。计算公式如下：

$$x = \frac{x_{max} - x^*}{(x_{max} - x_{min})}$$

（三）评估结果

依据评估指标及计算公式，对“一带一路”中包括中国在内的 65 个国家进行评估，评估结果见表 4－5。表 4－5 中数据均来自世界银行发展数据库，采用 2011—2013 年的平均数，各二级指标采取了正向或负向的标准化处理，表 4－5 中数据为标准化后的平均数。

表 4－5　“一带一路”国家财务资本与智力资本评估

国家	资源禀赋	人力资本	结构资本	关系资本	国家	资源禀赋	人力资本	结构资本	关系资本
中国	0.464	0.194	0.762	0.806	西亚	0.204	0.208	0.887	0.573
东南亚	0.219	0.263	0.550	0.537	阿联酋	0.323	0.047	0.939	0.611
文莱	0.331	0.225	0.263	0.621	亚美尼亚	0.162	0.266	0.955	0.647
印尼	0.239	0.378	0.538	0.389	阿塞拜疆	0.372	0.105	0.929	0.388

（续表）

国家	资源禀赋	人力资本	结构资本	关系资本	国家	资源禀赋	人力资本	结构资本	关系资本
柬埔寨	0.260	0.140	0.261	0.627	巴林	0.217	0.216	0.945	0.871
老挝	0.274	0.533	0.022		格鲁吉亚	0.117	0.154	0.982	0.586
马来西亚	0.184	0.196	0.954	0.603	伊朗	0.134	0.331	0.894	0.773
菲律宾	0.159	0.334	0.715	0.177	伊拉克	0.169	0.140	0.776	0.408
缅甸	0.263	0.114	0.240		以色列	0.231	0.400	0.869	0.447
新加坡	0.174		0.953		约旦	0.031	0.279	0.902	0.491
泰国	0.240	0.413	0.794	0.656	科威特	0.353	0.213	0.765	0.623
东帝汶	0.025				黎巴嫩	0.058	0.291	0.919	0.428
越南	0.261	0.291	0.761	0.689	阿曼	0.237	0.149	0.955	0.776
南亚	0.191	0.164	0.826	0.356	卡塔尔	0.336	0.084	0.935	0.662
孟加拉国	0.241	0.177	0.805	0.246	沙特	0.259	0.361	0.850	0.654
印度	0.185	0.178	0.811	0.610	叙利亚	0.126	0.200	0.884	
斯里兰卡	0.114	0.241	0.886	0.005	也门	0.133	0.088	0.689	0.227
马尔代夫	0.164	0.070	0.927		中东欧	0.177	0.341	0.899	0.546
尼泊尔	0.260	0.205	0.839	0.760	阿尔巴尼亚	0.128	0.308	0.947	0.172
巴基斯坦	0.140	0.070	0.855	0.516	保加利亚	0.168	0.365	0.873	0.731
不丹	0.235	0.204	0.655	0.000	波黑	0.067	0.380	0.738	0.797
中亚	0.197	0.172	0.907	0.820	捷克	0.386	0.377	0.858	0.664
阿富汗	0.071	0.025	0.960		爱沙尼亚	0.181	0.430	0.958	0.758
哈萨克斯坦	0.265	0.340	0.897	0.830	克罗地亚	0.168	0.345	0.879	0.382
吉尔吉斯斯坦	0.157	0.252	0.942	0.898	匈牙利	0.261	0.319	0.957	0.475
塔吉克斯坦	0.167	0.158	0.789	0.580	立陶宛	0.158	0.434	0.897	0.476
土库曼斯坦	0.297				拉脱维亚	0.169	0.380	0.890	0.484
乌兹别克斯坦	0.228	0.085	0.948	0.972	马其顿	0.048	0.206	0.983	0.590
独联体	0.176	0.424	0.911	0.867	黑山	0.060	0.032	0.925	0.594
白俄罗斯	0.152	0.517	0.937	0.798	波兰	0.251	0.446	0.770	0.524
摩尔多瓦	0.099	0.225	0.951	0.853	罗马尼亚	0.220	0.291	0.925	0.443
俄罗斯	0.245	0.463	0.897	0.860	塞尔维亚	0.159	0.300	0.918	0.726
乌克兰	0.207	0.490	0.858	0.958	斯洛伐克	0.254	0.316	0.881	0.576
其他					斯洛文尼亚	0.236	0.481	0.953	0.568

（续表）

国家	资源禀赋	人力资本	结构资本	关系资本	国家	资源禀赋	人力资本	结构资本	关系资本
埃及	0.102	0.167	0.927	0.371	土耳其	0.100	0.390	0.940	0.320
蒙古	0.331	0.343	0.917	0.670					

（四）中国国际贸易的区位选择

依据财务资本与智力资本，可将“一带一路”国家分成四类。首先是“发达国家”，主要包括中东欧的大部分国家以及西亚、东南亚的部分国家，如波兰、以色列、新加坡等。这部分国家智力资本具有较大优势，也通常拥有一定的财务资本。其次是“新兴经济体”，主要包括以中国为代表的金砖国家，包括中东欧、独联体和南亚的部分国家，如土耳其、俄罗斯、印度等。这些国家拥有较明显的财务资本优势，也具有一定的智力资本优势，经济发展迅猛，在“一带一路”国家中有较大的影响力。再次是“特殊经济体”，主要集中在西亚、中亚地区。这些国家往往具有特殊的财务资本，如石油、矿产等，但智力资本有限。最后是“其他发展中”国家，集中在东南亚、南亚地区，这些国家经济发展水平较低，财务资本与智力资本都较为匮乏，亟待发展。

中国的优势为财务资本，领先于“一带一路”中绝大多数国家，其中中国的总储备在“一带一路”国家中位列第一。中国的智力资本位列中游，与南亚、东南亚的一些国家相比，中国的智力资本占有优势，但与中东欧、独联体等国家相比，中国的智力资本则存在一定的劣势。

（1）与发达国家的贸易。中国与发达国家的贸易集中在财务资本与智力资本之间，利用中国在财务资本上具有的优势促进智力资本的积累与吸收转化。如以色列拥有强大的科研能力，但市场有限，科研成果的转化及产业化能力有所欠缺，中国可利用自身广阔的市场以及资源禀赋的优势与以色列开展相关贸易。

中国可通过战略联盟、合资并购等形式与发达国家展开国际贸易。发达国家的政治、经济环境较为稳定，国际贸易过程中面临的政治与经济风险相对较小。此外，战略联盟与合资并购更有利于中国在贸易过程中积累智力资本。

（2）与新兴经济体国家的贸易。中国与新兴经济体国家的贸易集中在智力资本的横向交换上。中国智力资本的水平与新兴经济体国家大抵相仿，略高于印度，略低于土耳其和俄罗斯。双方可以就智力资本进行互补合作，并在这一过程中实现智力资本的积累。印度在服务业中的服务外包发展迅速，土耳其工业号称“中国速度、德国品质”，值得中国学习。而俄罗斯的资源丰富，也有很多亮点与合作领域。

中国可以战略联盟为主要形式与相关国家展开国际贸易。新兴经济体国家经济处于上升周期，但抗风险能力较差，国际贸易中面临的经济风险有所增加。采取战略联盟的形式在一定程度上可规避风险，同时也更有利于智力资本的累积。

（3）与特殊经济体的贸易。中国与特殊经济体的贸易集中在财务资本的横向交换上。西亚、中亚等地区石油矿藏资源丰富，这些资源的价值几乎完全体现于有形产品，而在无形产品上表现较弱。中国与这些国家相比虽然具有一定的智力资本优势，但在资源禀赋以及资源战略性定位的影响下，难以利用智力资本与财务资本实现交换，只能凭借自身财务资本的优势与这些国家开展横向交换。

中国可通过产品进出口、合资并购等形式与之展开国际贸易。西亚、中亚等地区政治经济局势常处动荡之中，产品进出口这种形式能够最大限度地规避政治经济风险，同时可实现财务资本的价值；合资并购则有利于确保战略性资源的稳定供应，其考量因素已超越经济层面。

（4）与其他发展中国家的贸易。中国与其他发展中国家的贸易集中在智力资本与财务资本之间。中国与其他发展中国家相比具有财务资本、智力资本的双重优势，但中国经济的快速发展带动了包括劳动力、土地等在内生产要素价格的快速上升，使得财务资本的优势正在逐渐减弱。而智力资本则通过无形产品或是更进一步的文化始终保持优势，中国可通过智力资本优势实现与发展中国家财务资本的交换。“一带一路”倡议的难点和重点都在发展中国家，只要在发展中国家实现突破，“一带一路”倡议就取得了实质性进展。

中国可通过产品进出口、国际工程承包等形式与发展中国家展开国际贸易。发展中国家的政治、经济局势同样不稳定，采取产品进出口这种形式有助于规避政治经济风险；国际工程承包则有助于发挥中国智力资本的优势，通过建设—经营—转让（BOT）、建设—拥有—经营（BOO）等形式，以基础建设和产业转移为主要抓手实现与发展中国家的贸易。

四、结论

当前的国际贸易是文化输出、资本输出与商品交换的结合体。中国经济走向世界，必须通过国际贸易融入世界市场之中。“一带一路”倡议是以文化交流带动经济贸易发展的战略。

（一）以企业家精神引领，国企民企相互配合

中国的国企和民企有巨大的互补性，可以以企业家精神为引领，协同走出去，共同推进中国以“一带一路”为核心的国际化进程。从国企角度来看，世界主要国家都有国企，国企是一种长期的历史性存在，不同的是国企在国民经济结构中的比例。世界主要国家尤其是发达国家，国企占比都比较小，而中国国企的比例较大。由于历史文化等原因，不能完全用一个标准去衡量中国企业。国企和民企都不能偏废，它们体现的是不同的价值和体制。从国企改革的角度讲，随着混合所有制改革和职业经理人制度的深化，将催生更多的企业家，进而促进国企企业家阶层的产生。

从现实来看，我国国企主要是集中于机械制造、资源、能源等传统产业，具有规模优势和资源优势，产品品牌大多是工业品品牌，而非直接面对消费者的产品和品牌。同时，国企企业家精神的发挥受到更多限制，很难出现如民企企业家那样绽放个人光彩的机会。

国企可以利用财务资本优势，以规模化和低成本为核心，对“一带一路”的发展中国家开展国际贸易。而民企可以从智力资本角度，将沿线发达国家以技术为核心的智力资本引入国内，形成以差异化为核心的竞争战略。国企民企的配合，将形成对“一带一路”国家全方位覆盖的局面。

（二）智力资本与财务资本的融合

从“一带一路”国家来说，中国是一个以资源和资本见长的国家，近年来正逐渐由劳动密集型向资本密集型转变。结合“大众创业，万众创新”的国家战略，中国将加速由资本密集型向智力密集型发展。实际上，历经三十多年发展后，中国经济目前已形成了一个完整的工业体系，问题是中国的财务资本尚好，但智力资本不足。

中国下一步的国际化策略需要结合“一带一路”倡议蓝图，通过对如以色列等发达国家科研机构和营销网络的投资，并购具有较高科技水平的公司，使得企业在技术、管理知识等方面快速与发达国家进行交融、沟通和反馈；利用交叉转让、联合研究开发项目等形式，获取最新的高科技，再通过企业内部流动到国内，提高国内技术研发能力和管理类水平，带动国内产业的转型升级和高端化发展。所谓的“创新驱动”，必须通过智力资本的构建，实现“弯道超车”。之后，通过国际贸易、国际经济技术合作与投资，提升“一带一路”其他国家的智力资本。中国一直在奋力追赶发达经济体，在追赶末期势必存在“最后最小差距”。因此，完全借助后发优势赶超先发国家可以说是“一厢情愿”。中国在追赶末期要实现“蛙跳”，必须打造先发优势，通过科技创新在关键产业、支柱产业、主导产业领域实施技术赶超和自主创新。

（三）超越于智力资本的文化精神输出乃至社会转型

本质上，智力资本是文化精神的一部分，文化精神具有智力资本没有包含的内容。中国文化精神的最终本质，体现为既是中华民族的精神，又是人类的精神。这种精神，即理性、仁爱与信仰。

过去的300年中，世界经济的领导者，包括荷兰、英国、德国、美国等，都是来自基督教国家。美国达到西方理性精神的顶点，其核心理念是“己所欲，施于人”，让别的国家认同自己，而在实践中有得有失。中国人的思路是“己所不欲，勿施于人”，对周边国家不强求一致，是自然的吸引，自主发展，各得其所，体现了一种仁爱精神。就像互联网思维所体现的“平等、开放、共创、共享”精神一样，“一带一路”倡议应按照“共商、共建、共享”的原则和“各美其美，美人之美”的方向向前推进。

“当今世界的前锋已经由财力社会向智力社会进化，代表人类社会智慧结晶的现代科学技术早已成为社会历史发展的杠杆。随着20世纪西方世界后现代主义新启蒙运动兴起，科学主义及工具理性万能的弊端日益暴露，老子的道学文化成为世界各国学者研究的热点，全世界出现了从智力社会向德力社会回归的契机。德力社会就是以道学文化为主导意识形态的大同社会。”

参考文献：

［1］王国顺，郑准，杨昆．企业国际化理论的演进［M］．北京：人民出版社，2009：11.

[2] 胡孚琛. 丹道法诀十二讲：上卷［M］. 北京：社会科学文献出版社，2010：120.

作者简介：邵洪波（1972—），男，河北省廊坊市人，中国人民大学商学院经济学博士后，主要研究方向为流通经济。

"一带一路"背景下的中国国际服务贸易发展

宋晓东
（深圳行政学院政治经济学教研部，广东深圳 518040）

摘要：服务业在国民经济中的地位不断上升，服务贸易成为中国国际贸易发展新的增长点，"一带一路"倡议为中国服务贸易发展带来新的机遇。在"一带一路"沿线国家和地区，中国服务贸易尽管规模较大，但还存在开放度不高、贸易竞争力行业差别大等问题，未来在运输服务、旅游服务、建筑服务、通信服务、金融服务、保险服务、计算机和信息服务、技术专利使用费和特许费服务等方面具有广阔的发展前景。当前应着力促进服务贸易优势行业发展；推进中西部服务贸易发展，改善地区发展不平衡状况；加快人民币国际化进程，推动金融服务贸易发展；提升服务贸易竞争力，扩大旅游服务贸易出口。

关键词："一带一路"；服务贸易；贸易竞争力；比较优势

随着中国产业结构的调整和优化，服务业在经济发展中的地位和作用越来越重要，自 2012 年起服务业产值超过制造业产值，在国内生产总值中比重最大。服务业发展与服务贸易的发展紧密相连，世界贸易组织（WTO）的统计数据显示，2015 年中国服务贸易进出口额达到 7130 亿美元，比 2014 年增长了 18.0%；2005 年服务贸易占中国贸易总额的比重不足 10%，2015 年服务贸易占比超过 15%，服务贸易发展良好，总体规模持续扩大。

当前中国经济由高速增长转为中低速增长，下行压力增大，经济增长动力由要素驱动转变为创新驱动，产业结构和贸易结构正在调整和优化中，服务贸易在外贸结构转型中的作用越来越大。服务贸易的迅速发展有利于促进贸易结构优化，为中国对外贸易可持续发展增添新的发展动力。本文基于"一带一路"倡议背景来分析中国国际服务贸易发展状况，剖析自身存在的问题，就中国与“一带一路”沿线国家和地区之间服务贸易发展提出建议，意义重大。

一、“一带一路”沿线国家和地区服务贸易发展现状

“一带一路”沿线国家和地区既包括发达国家也包括发展中国家，涉及60多个亚欧国家，鉴于数据的可得性和篇幅的局限性，本文分别选取了“一带一路”沿线6个亚洲国家与6个欧洲国家进行分析。6个亚洲国家是中国、韩国、哈萨克斯坦、印度、土耳其与马来西亚，6个欧洲国家为意大利、西班牙、荷兰、俄罗斯、德国与英国。

（一）服务贸易规模

表4－6中的数据显示，大多数“一带一路”沿线国家和地区2015年服务贸易额比2014年有所减少，服务贸易占世界服务贸易的比重有所下降。中国服务贸易发展势头良好，总体呈现稳定增长的趋势，贸易规模不断扩大。2015年，服务进出口总额突破7000亿美元，达到7554亿美元，服务贸易额占世界服务贸易额的比重上升到7.91%。印度作为服务贸易大国，2015年服务贸易额接近2790亿美元，占世界服务贸易的比重为2.92%。德国、意大利、西班牙和韩国服务贸易额和服务贸易比重都有所下降。与其他11个“一带一路”沿线国家和地区相比，2015年中国服务贸易额占世界服务贸易额的比重最大，说明中国在世界服务贸易中的地位不断上升。

表4－6　2014—2015年“一带一路”样本国家服务贸易额

国家	出口额/亿美元		进口额/亿美元		贸易额/亿美元		占世界服务贸易比重/%	
	2014年	2015年	2014年	2015年	2014年	2015年	2014年	2015年
中国	2804.771	2865.397	4528.321	4688.959	7333.092	7554.356	7.20	7.91
德国	2777.317	2521.994	3307.573	2910.61	6084.89	5432.604	5.98	5.69
印度	1562.52	1558.395	1276.681	1231.112	2839.201	2789.507	2.79	2.92
意大利	1150.627	996.513	1158.033	1008.761	2308.66	2005.274	2.27	2.10
哈萨克斯坦	63.481	61.809	127.833	117.105	191.314	178.914	0.19	0.19
韩国	1121.059	978.77	1157.844	1135.851	2278.903	2114.621	2.24	2.21
马来西亚	419.482	348.438	453.519	400.438	873.001	748.876	0.86	0.78

（续表）

国家	出口额/亿美元		进口额/亿美元		贸易额/亿美元		占世界服务贸易比重/%	
	2014 年	2015 年	2014 年	2015 年	2014 年	2015 年	2014 年	2015 年
荷兰	1969.550	1801.854	1730.334	1573.932	3699.884	3375.786	3.63	3.53
俄罗斯	657.445	517.907	1210.222	884.016	1867.667	1401.923	1.83	1.47
西班牙	1327.131	1180.441	684.077	649.485	2011.208	1829.926	1.97	1.92
土耳其	518.560	467.360	250.880	227.210	769.440	694.570	0.76	0.73
英国	3654.596	3490.745	2172.196	2116.904	5826.792	5607.649	5.72	5.87

数据来源：根据联合国贸发会议（UNCTAD）数据库整理而得

（二）服务贸易开放度

随着中国服务贸易的迅速发展和服务业对外开放领域的扩大，中国服务贸易开放度不断上升，本文以服务贸易进出口额与国内生产总值之比来衡量服务贸易开放度。2001 年，中国服务贸易开放度为 5.4%，从 2002 年到 2007 年不断提高，受 2008 年全球金融危机影响有所下降，但随着全球经济形势的好转和中国服务贸易的发展，2010 年起持续攀升，2015 年上升到 6.76%（参见表 4－7），服务贸易开放度的提高进一步促进了中国服务贸易的发展。与其他 11 个国家相比，中国服务贸易额占国内生产总值的比重并不高，2015 年荷兰服务贸易开放度最高，为 44.97%，印度服务贸易开放度为 13.46%（参见表 4－7）。

表 4－7　2009—2015 年"一带一路"样本国家服务贸易开放度

国家	2009 年/%	2010 年/%	2011 年/%	2012 年/%	2013 年/%	2014 年/%	2015 年/%
中国	5.24	5.56	5.97	5.63	5.58	6.95	6.76
德国	13.80	14.26	14.52	15.24	15.79	15.66	16.14
印度	12.69	13.57	14.46	15.05	14.75	13.90	13.46
意大利	9.44	10.05	10.06	10.48	10.44	10.78	11.04
哈萨克斯坦	12.30	10.46	7.64	8.15	7.11	8.41	9.70
韩国	17.20	16.52	16.14	17.36	16.39	16.15	15.35
马来西亚	26.69	26.40	25.91	26.69	26.99	25.82	25.28
荷兰	34.59	35.49	36.40	37.51	38.12	41.99	44.97

（续表）

国家	2009 年/%	2010 年/%	2011 年/%	2012 年/%	2013 年/%	2014 年/%	2015 年/%
俄罗斯	8.31	7.59	7.36	7.89	8.90	9.20	10.57
西班牙	12.25	12.65	13.56	13.94	13.84	14.54	15.25
土耳其	8.61	7.68	8.03	8.18	8.84	9.63	9.67
英国	18.89	18.70	19.38	19.73	20.06	19.41	19.62

数据来源：根据联合国贸发会议（UNCTAD）数据库整理而得

（三）服务贸易竞争力

传统服务贸易领域主要包括运输服务、旅游服务等劳动密集型行业，金融、通信、计算机和信息服务等资本、技术和知识密集型行业属于现代服务贸易。

由表4-8可知，在我国服务贸易各行业中，传统贸易包括运输服务、建筑服务和旅游服务的竞争优势比较明显。其中建筑服务的显示性比较优势（RCA）指数大于2.5，说明其非常具有国际竞争力；技术专利使用费和特许费服务、通信服务和金融服务的RCA指数比较小，竞争力比较弱。韩国在建筑服务方面具有明显优势，哈萨克斯坦运输服务的RCA指数较高，俄罗斯、韩国和土耳其在建筑服务方面的RCA指数相对较高。英国的金融服务比较优势非常显著，2015年其金融服务的RCA指数为2.81，保险服务RCA指数为3.11。土耳其和马来西亚在旅游服务方面的比较优势非常明显。荷兰在技术专利使用费和特许费服务方面比较优势大，2015年其技术专利使用费和特许费服务的RCA指数为2.0101。

表4-8　2015年“一带一路”样本国家服务贸易各行业比较优势指数

国家	运输服务	旅游服务	建筑服务	保险服务	金融服务	通信、计算机和信息服务	技术专利使用费和特许费服务
中国	0.7419	1.5620	3.1464	0.6910	0.2935	0.8749	0.0387
德国	1.1378	0.5731	0.4570	1.3483	1.0040	1.1532	0.8645
印度	0.5070	0.5289	0.5163	0.4988	0.3966	3.7784	0.0483
意大利	0.7983	1.5568	0.2953	0.7806	0.4989	0.7941	0.4874
哈萨克斯坦	3.1868	0.9283	1.4358	0.5016	0.0444	0.2400	0.0023

（续表）

国家	运输服务	旅游服务	建筑服务	保险服务	金融服务	通信、计算机和信息服务	技术专利使用费和特许费服务
韩国	1.8385	0.6125	7.4632	0.2739	0.1896	0.3805	1.0283
马来西亚	0.6418	1.9902	1.5719	0.4122	0.1185	0.7826	0.0378
荷兰	1.1053	0.2528	0.9854	0.3786	0.3013	2.4356	2.0101
俄罗斯	1.7898	0.6411	3.8304	0.4166	0.2702	0.7831	0.2277
西班牙	0.7163	1.8746	0.6567	0.6995	0.3440	0.9391	0.2229
土耳其	1.6799	2.2337	0.9059	0.9365	0.1632	0.0454	–
英国	0.6507	0.4817	0.2866	3.1105	2.8137	0.7899	0.7456

数据来源：根据联合国贸发会议（UNCTAD）数据库和经济合作与发展组织（OECD）数据库相关数据计算而得

二、中国服务贸易发展存在的问题

（一）服务贸易竞争优势较弱

从表4－9可以看出，2005—2015年中国的贸易竞争力（TC）指数均小于0，且波动幅度较大；英国历年的TC指数均大于0，说明其服务贸易竞争优势大；韩国的TC指数近年来有所上升，2012年和2013年的TC指数均大于0，说明其服务贸易竞争优势不断上升；日本TC指数虽然小于0，但差距不断缩小，说明其服务贸易竞争优势在不断扩大；印度的TC指数也大于0，总体呈现上升趋势，服务贸易竞争优势明显；德国的TC指数虽然小于0，但也在不断提高，服务贸易竞争力逐步上升；2013年意大利的TC指数大于0，说明其服务贸易竞争力处于上升时期，2015年意大利TC指数有所下降；哈萨克斯坦贸易竞争优势较弱，历年TC指数都小于中国；马来西亚的TC指数呈现“先下降后上升再下降”的趋势。从总体来看，我国服务贸易竞争优势较小，欧洲等发达国家的服务贸易竞争力比较强，与中国同属于发展中国家的印度服务贸易竞争优势比较大。中国的服务贸易竞争优势比较弱，与国际竞争水平仍有较大差距。

表4-9 "一带一路"部分样本国家服务贸易竞争力指数

国家	年份(年)										
	2005	2006	2007	2008	2009	2010	2011	2012	2013	2014	2015
中国	-0.034	-0.035	-0.014	-0.037	-0.087	-0.084	-0.104	-0.165	-0.230	-0.235	-0.241
德国	-0.137	-0.107	-0.101	-0.089	-0.058	-0.078	-0.083	-0.085	-0.100	-0.087	-0.072
印度	0.050	0.085	0.104	0.095	0.072	0.010	0.051	0.058	0.081	0.101	0.117
意大利	-0.015	-0.019	-0.046	-0.063	-0.059	-0.057	-0.037	-0.001	0.004	-0.003	-0.006
哈萨克斯坦	-0.566	-0.534	-0.552	-0.447	-0.421	-0.468	-0.433	-0.451	-0.409	-0.336	-0.309
韩国	-0.083	-0.104	-0.085	-0.035	-0.062	-0.079	-0.063	-0.025	-0.030	-0.016	-0.074
马来西亚	-0.053	-0.057	0.007	0.008	0.015	0.030	0.006	-0.033	-0.035	-0.039	-0.069
荷兰	-	-	-	-	-	0.086	0.077	0.082	0.083	0.065	0.068
俄罗斯	-0.168	-0.129	-0.160	-0.152	-0.161	-0.210	-0.224	-0.272	-0.293	-0.296	-0.261
西班牙	0.201	0.197	0.197	0.201	0.224	0.248	0.293	0.311	0.334	0.320	0.290
土耳其	0.399	0.363	0.307	0.342	0.354	0.298	0.326	0.350	0.326	0.348	0.346
英国	0.150	0.171	0.192	0.170	0.180	0.185	0.217	0.225	0.232	0.254	0.245

注：数据根据经济合作与发展组织（OECD）数据库计算而得

（二）地区和行业结构不合理

我国服务贸易发展良好的区域集中于东部，2015年东部地区服务贸易金额占中国服务贸易总额的85%，服务贸易发展势头较好的省区市集中于京津冀地区与长江经济带，中西部地区服务贸易发展较差。从表4-8中可以看出，中国服务贸易竞争优势集中在传统服务贸易部门，如运输服务、建筑和旅游服务一直占据主导地位，服务贸易结构层次较低，国际竞争力仍然较弱，尤其是现代服务业在国际竞争中还处于劣势地位。

（三）服务贸易占中国总贸易的比重较低

2013年，中国首次超过美国，成为世界第一货物贸易大国。海关总署的统计数据显示，2015年中国仍然是世界第一货物贸易大国，货物贸易长期保持顺差。与货物贸易相比，服务贸易的发展相对落后，在中国贸易总额中的比重一直不高，2000—2014年一直在15%以下，服务贸易处于逆差状态，2015年服务贸易比重上升到约17%。从表4-10中可以看出，英国、印度和美国的服务贸易比重都在20%以上，中国服务贸易比重低于美国、英国、日本等发达国家和印度。

表4－10　服务贸易占各国总贸易比重

年份	国家						
	德国/%	印度/%	日本/%	韩国/%	英国/%	美国/%	中国/%
2000	17.63	26.97	18.65	16.18	26.19	20.14	12.45
2001	18.14	28.05	19.75	17.97	26.66	20.83	12.60
2002	18.46	27.68	19.78	17.74	27.72	21.54	12.33
2003	18.07	27.44	19.04	16.79	29.14	21.23	10.84
2004	17.50	29.88	19.46	16.51	30.02	21.30	10.57
2005	17.52	29.65	19.00	16.67	29.29	20.65	10.14
2006	16.62	30.67	18.02	16.53	28.41	20.64	10.01
2007	16.59	30.33	18.27	17.55	31.56	21.42	10.56
2008	16.78	28.50	17.92	17.79	30.75	21.41	10.82
2009	18.86	29.31	20.97	18.48	33.84	25.28	11.74
2010	17.34	29.40	17.95	17.18	31.04	23.01	11.10
2011	16.29	26.36	16.43	15.48	29.90	21.96	10.54
2012	16.86	26.88	16.66	16.90	29.68	22.10	11.01
2013	17.54	27.06	17.40	16.91	29.85	22.69	11.67
2014	18.29	29.27	19.13	16.17	31.85	22.83	12.94
2015	18.94	29.04	22.75	17.79	34.51	24.08	16.89

数据来源：根据经济合作与发展组织（OECD）数据库和Wind资讯数据库整理而得

三、中国与"一带一路"沿线国家和地区服务贸易发展前景

（一）运输服务

"一带一路"所指的丝绸之路经济带和21世纪海上丝绸之路里程较长，沿线国家和地区众多，随着中国与各国的货物贸易量不断增长，商品流通范围不断扩大，物流、运输服务将迅速发展。国内许多省份和城市如连云港、义乌、重庆等都开通了与"一带一路"沿线国家和地区的运输线路，"一带一路"的建设有利于建立统一的全程运输协调机制，促进商品、货物跨境联合运输。互联互通的推进将促进中西部地区高速公路、铁路建设和运输基础设施改善，带动中国运输服务出口，中国与沿线国家和地区的国际运输业务将

不断扩大，铁路和海路运输服务出口将大大增加，运输服务逆差将逐渐缩小。

（二）旅游服务

中国与丝绸之路经济带沿线国家和地区的经济、文化交流最早源于西汉时期，如今随着国民生活水平的提高，人们对旅游服务的需求日益旺盛，中国公民出国旅游人数越来越多。中国与“一带一路”沿线许多国家和地区签订了旅游协议，老挝、尼泊尔、越南、文莱、东帝汶、埃及、约旦和马尔代夫等国家对中国公民实行免签或落地签，方便了中国公民到这些国家旅游。东南亚国家和马尔代夫旅游服务贸易优势较强，也是中国公民出境旅游的重要目的地之一。“一带一路”沿线的国内省份、沿线国家和地区旅游资源丰富，旅游景点较多，如果能够整合这些旅游资源，形成“一带一路”旅游专线，将会大大促进“一带一路”沿线国家和地区旅游项目开发及旅游服务发展。除了鼓励公民出国旅游之外，还要增强与“一带一路”沿线国家和地区的文化交流，加强国内文化资源保护，加大中国传统文化宣传力度，吸引周边国家消费者到中国旅游，缩小旅游服务贸易逆差。

（三）建筑服务

“一带一路”沿线的许多国家如中亚地区国家基础设施建设落后，不能满足其国内经济发展要求，“一带一路”倡议的提出，有利于沿线国家和地区公路、铁路、港口、航空中心的建设。“一带一路”为中国企业提供了新的发展机遇，中国的建筑服务比较有优势，近年来中国企业积极“走出去”，在其他国家和地区进行工程建设，取得了较大的成就。2015 年，中国企业在“一带一路”沿线 60 多个国家新签工程项目合同金额达到 926.4 亿美元，占同期中国对外承包工程新签合同额的 44.1%，同比增长 7.4%。“一带一路”倡议同时推动了中国高铁、核电“走出去”，如中国能源建设集团在“一带一路”区域实施的工程项目超过 500 个，涉及的领域包括水电、火电、核电、新能源、市政、交通等。

（四）通信服务

“一带一路”区域涉及的国家和地区众多，地理形势各异，各国通信服务水平参差不齐，缺乏统一规划。中国通信卫星技术发展较好，通信技术水平不断提高，通信卫星在国际市场上具有较强的竞争力，“一带一路”建设产生了很大的通信服务需求，从而也增加了对中国通信卫星的需求，有利于中国通信卫星技术水平的进一步提升，并将加快中国通信技术自主创新步伐。政府和相关企业已经认识到“一带一路”倡议为中国通信卫星带来的机遇，正在对“一带一路”区域通信卫星进行规划和研究。通信卫星的开发为通信装备的发展提供了机遇，华为和中兴是中国通信设备产业“走出去”的代表性企业，华为海外收入占总收入的70%，中兴海外收入占比也超过了50%。毋庸置疑，“一带一路”通信基础设施建设将带动中国通信服务的出口。

（五）保险服务

“一带一路”区域既包括发达国家也包括发展中国家，新兴经济体和发展中国家占的比重较大，各国各地区之间经济发展水平不同，政治文化存在较大差异，宗教信仰错综复杂，领土冲突不断，企业进行国际经贸合作时面临着较大风险，需要保险业提供支撑和保障。随着“一带一路”倡议的推进，中国企业境外投资项目不断增多，2014年中国人保集团参与承保的中亚天然气管道C线，中石化哈萨克斯坦KPI石油化工一体化等工程项目，为中国企业跨境项目提供了相应保障。保险服务还可以为企业境外投资项目融资，互联互通建设中需要大量资金支持，保险业可以为港口、航空、园区建设等提供资金支持。

（六）金融服务

中国人民银行的统计数据显示，截至2016年2月，中国人民银行已经与33个国家的中央银行或货币当局签订了本币互换协议，其中“一带一路”沿线国家和地区的比重约为50%。随着“一带一路”倡议的提出，人民币跨境使用和流通的范围将逐渐扩大。《2014年全球企业跨境人民币业务调查报告》显示，人民币国际化程度正在不断提高，法国、美国、英国、加拿大和中国香港、中国台湾对人民币国际化的认同水平都在60%以上，中国香港、新加坡、英国、德国、澳大利亚等离岸人民币市场的发展进一步推动了人民币国际化水平的提高，跨境贸易结算业务量不断增长。2015年人民币跨境贸易结算金额为7.23万亿元，比2014年增长了10.4%。“一带一路”倡议的推进为实现区域金融合作创造了有利条件，有利于加快人民币跨境贸易投资产品的开发，拓宽企业资金来源和渠道，加强与沿途国家的金融合作，扩大人民币跨境使用范围，促进中国金融服务发展。

（七）计算机和信息服务

随着中国信息技术水平的不断提高，作为现代服务业之一的中国计算机和信息服务业迅速发展，涌现出了一大批国际企业。“一带一路”沿线的一些发展中国家信息化基础设施较差，而中国计算机和信息服务优势正在不断扩大，“一带一路”建设为中国计算机和信息服务业提供了良好契机，开拓了新的发展空间，互联互通建设过程中必然会带动计算机和通信服务业的进一步发展，并为相关上下游产业链的发展提供新的机遇。

中国服务外包业务发展迅速。2014 年，中国服务外包企业承接离岸服务外包执行额达到 559 亿美元，占全球服务外包市场的 30%，服务外包业务来源国之前集中于美国、日本、欧洲和中国香港，随着中国服务外包国际地位的上升和“一带一路”的建设，可以预见，来自中亚、中东、东欧等“一带一路”沿线国家和地区的服务外包业务将迅速增加。根据商务部统计数据，2015 年中国企业承接“一带一路”沿线国家和地区服务外包执行金额达到 121.5 亿美元，同比增长 23.4%。2016 年 1 月，合同金额达到 77.4 亿元，同比增长 31.6%，其中承接东南亚国家服务外包合同金额为 44.5 亿元，同比增长 29.5%；承接西亚、北非国家服务外包合同金额 15.6 亿元，同比增长 132.5%。

（八）技术专利使用费和特许费服务

技术专利使用费和特许费服务贸易长期处于逆差状态，这反映出当前我国技术专利使用进口量超过出口量的事实，而这也是中国高新技术发展水平较低的结果。“一带一路”的建设推动国内对技术专利和知识产权的保护，不断完善相关法律法规。“一带一路”建设将促进国内比较劣势产业转移出去，注重提高知识产权和技术专利效益，带动国内产业结构升级，提高国内产业创新和研发水平。中国与中亚国家的农业合作不断增多，因此要增强对农业技术专利和农产品商标的保护和运用，在“一带一路”建设过程中，其他发展中国家对中国先进技术专利的使用将增加技术专利使用费服务出口。

四、借力“一带一路”发展中国服务贸易的对策

（一）加强“一带一路”区域合作，促进服务贸易优势部门发展

服务贸易是服务产业参与国际分工的具体体现。中国服务贸易优势集中在传统服务贸易方面，如运输服务、建筑服务等，中亚国家基础设施不完善，互联互通是“一带一路”建设的重点之一，中国企业需要抓住发展机遇，促

进运输和建筑服务贸易发展。同时，“一带一路”建设拓展了中国服务外包行业的发展空间，为其提供了更广阔的平台和更有利的机遇，“一带一路”沿线省市区尤其是中西部地区应抓住机遇，积极承接服务外包业务，促进服务贸易发展。基础设施互联互通是“一带一路”建设的优选领域，“一带一路”倡议大大促进了中国建筑服务走出去，带动铁路、公路、基建等企业对外承包业务，亚投行为“一带一路”建设调动可用资金，推动储蓄向实体投资转化，丝路基金作为先导基金，可以更快地运作和推进“一带一路”项目建设。

（二）加快中西部服务贸易发展，改善地区服务贸易发展不平衡状况

中国服务贸易发展较好的省份集中于东部地区，中西部地区地理位置偏向内陆，经济基础薄弱，经济发展水平偏低，服务贸易发展缓慢。“一带一路”倡议的实施有助于进一步提高中西部地区的对外开放度，促进中西部地区的跨境合作，推动服务贸易发展，“一带一路”为中西部地区与中亚、东欧国家合作搭建了良好的平台。2016 年 2 月 14 日，国务院决定开展服务贸易创新发展试点，其中包括两江新区、贵安新区和西咸新区三个西部国家级新区，国家和各级政府给予服务贸易创新试点相关政策支持，设立服务贸易创新发展引导基金，为试点地区的中小企业提供资金支持。服务贸易试点有利于促进中国服务贸易发展，为西部服务贸易发展提供便利条件，服务贸易试点与“一带一路”共同推进中西部服务贸易发展进程，改变中西部地区在服务贸易中的弱势地位。

（三）加快人民币国际化进程，推动金融服务贸易发展

2015 年 10 月 8 日，人民币跨境支付系统成功上线运行，进一步推动人民币在世界范围内使用。2015 年 12 月 1 日，人民币加入国际货币基金组织特别提款权（SDR），人民币的国际认同度不断提高，为中国企业跨境投资和货币结算提供了极大便利。人民币国际化程度的提高，有利于国际金融机构的建立，促进金融服务贸易的发展。随着中国金融市场的改革，金融机构在市场准入、业务范围等方面限制的减少，更多的外资银行将进入中国市场，“一带一路”建设有利于促进中国金融市场改革和人民币国际化，自贸区和“一带一路”建设将加快中国金融体系改革，促进金融市场完善，鼓励国内银行为企业跨境贸易与投资提供资金支持，推动中国银行企业“走出去”。

（四）提升服务贸易竞争力，扩大旅游服务贸易出口

中国旅游服务贸易发展迅速，东南亚国家、南亚国家和欧洲国家都是出

国旅游的热门目的国。相比出境旅游，中国吸引的国外入境旅游人数较少，自2009年以来，旅游服务一直呈现逆差状态，2014年旅游服务贸易逆差达到1079.46亿美元，是中国服务贸易逆差的最大来源。事实上，中国历史文化悠久，旅游资源丰富，但由于诸多原因并没有形成优势明显的国际旅游竞争力。因此，中国旅游服务业要形成合力，从提升竞争力角度出发抢抓“一带一路”机遇，从供给侧角度入手完善中西部旅游景点的基础建设，凝练文化历史内涵，提升旅游商品品质，加大“一带一路”沿线景点宣传力度，提高“一带一路”旅游景点的影响力和竞争力，最终吸引更多的国外游客来国内旅游、消费，从而扩大旅游服务贸易出口。

参考文献：

［1］商务部．中国对外贸易形势报告（2016年春季）［EB/OL］．（2016-05-10）［2016-05-15］．http：//zhs.mofcom.gov.cn/article/cbw/201605/20160501314656.shtml.

［2］邹嘉龄，刘春腊，尹国庆，等．中国与“一带一路”沿线国家和地区贸易格局及其经济贡献［J］．地理科学进展，2015（5）：598-605.

［3］郭芳，谢玮．“一带一路”：新全球化时代的经济大动脉［J］．中国经济周刊，2014（32）：56-58.

［4］商务部．2015年与“一带一路”相关国家经贸合作情况［EB/OL］．（2016-01-26）［2016-02-01］．http：//fec.mofcom.gov.cn/article/fwydyl/tjsj/201601/20160101239838.shtml.

［5］程昊，孙九林，董锁成，等．“一带一路”信息化格局及对策［J］．中国科学院院刊，2016（6）：656-661.

［6］商务部．1月份服务外包市场亮点多［EB/OL］．（2016-02-23）［2016-03-07］．http：//tradeinservices.mofcom.gov.cn/a/2016-02-23/285453.shtml

［7］李钢，李俊．中国服务贸易的未来竞争优势——基于比较优势动态的分析［J］．人民论坛学术前沿，2015（5）：64-73.

［8］赵钊．亚投行是“一带一路”倡议的重要支柱［J］．国际融资，2015（5）：24-26.

［9］张建平，刘景睿．丝路基金：“一带一路”建设的启动器［J］．国

际商务财会，2015（3）：9－13.

［10］国务院．国务院关于同意开展服务贸易创新发展试点的批复［EB/OL］．（2016－02－25）［2016－03－10］．http：//www. gov. cn/zhengce/content/2016－02/25/content_ 5046212. htm.

［11］韩玉军，王丽．“一带一路”推进人民币国际化进程［J］．国际贸易，2015（6）：42－47.

基金项目：国家社会科学基金一般项目“海上丝绸之路战略下东南沿海湾区经济发展战略研究”（15BJL113）

作者简介：宋晓东（1972—），男，吉林省长春市人，深圳行政学院副教授，经济学博士，主要研究方向为国际贸易理论与政策。

第五章
金融投资

“一带一路”倡议下的中国对欧投资研究

黄卫平

（中国人民大学经济学院，北京市100872）

摘要：在世界经济普遍增长乏力的情况下，中欧双方各自面临不同的经济增长制约。新常态下中国倡导的“一带一路”与欧盟推出的“容克计划”都是在寻求新的经济增长点，二者具有高度的契合性。其中，产能国际合作是核心，需要从政府对话及企业项目对接两个层面展开，即政府就投资重大事项如市场准入限制、投资审批程序、国家安全审查、项目监管规则、资本流入等达成共识，形成投资合作框架；企业则凭借自身资金、技术、管理等参与其中，形成良性竞争和循环。中国资本结合中国产能，在亚洲基础设施投资银行的引领下，可以形成良好的运行机制，从而转变中国简单的加工贸易出口模式，通过对外投资进一步融入欧洲市场，带动产业升级并实现经济健康发展。

关键词：“一带一路”；容克计划；对欧投资；亚投行

“一带一路”倡议自2013年提出以来，得到沿线多个国家和地区的高度重视与积极响应，形成重大国际影响。旨在落实共建、共荣、共享理念的亚洲基础设施投资银行（简称“亚投行”）云集了除美日之外的众多发达国家，五大洲域内外共57个国家和地区（域内37个，域外20个）成为意向创始成员。亚投行总部设在北京，首任行长将由中国派任，且中国占据26.06%的最大投票份额。尽管“一票否决权”在现实中仅具象征意义，但由此显示了在全球贸易格局混沌之际，“一带一路”倡议所蕴含的中国能量及广阔前景。在亚投行引领下，中国将成为对外净投资国，这对于中国对外贸易格局及中国在国际贸易中的地位将产生重大影响。

一、中国对欧投资发展历程和背景

自1975年中欧建交40年以来，拥有28个成员的欧盟与中国在贸易、投资、人文、教育、文化、政治、能源等多个领域展开了广泛合作与交流，成为中国最大的贸易伙伴。政治互信成为双方加强贸易和投资合作的“压舱石”，2012年，中欧高级人文交流对话机制的建立更是为双方互联互通奠定了坚实基础。

（一）中国对欧投资发展历程

中国加入世界贸易组织后，逐步在世界产业链中取得加工装配优势，依靠人口红利及规模经济一举奠定了“世界工厂”的地位。以加工贸易为主的产业模式，决定了中国在国际贸易中持续顺差，同时，和平稳定的政治、经济及社会局面也使中国成为全球最大的投资地，2003年中国吸引外资530亿美元，超过美国成为全球最大投资净流入国。巨额贸易顺差使世界经济失衡从南北差距转变为中美经常账户严重失衡，2014年中美贸易顺差为2370亿美元，这使世界经济再平衡面临着极大的压力及不确定性。中国同样对于欧盟保持贸易顺差，2008年达到顺差峰值1601.8亿美元，2012年降至1219.4亿美元，2013年为1189亿美元。中欧之间的经济结构矛盾决定了中欧贸易与中美贸易一样存在巨大顺差，由此引发的贸易摩擦也呈现愈演愈烈之势。而贸易顺差的背后则是资本与金融账户同样存在着中国对外的逆差，意即主要是欧美对中国进行大量投资而中国对欧美投资不足。

对外投资既反映一国企业跨国经营能力的强弱，同时也反映一国资本跨境流动及增值的能力。最重要的是，对外投资反映了一国在国际分工及贸易格局中是否作为大国而处于贸易利益分配的有利地位。通常而言，能够控制要素、资源、产出流向的国家，不仅能够控制要素、商品价格，更能够通过制定对自身有利的贸易规则、技术标准从而获得更大贸易利益。中国自2009年成为世界第一大出口国，在2013年成为世界第一大货物贸易国，但在对外投资领域则是不折不扣的小国，处于被支配地位，这与中国作为第二个GDP“10万亿美元俱乐部国家”以及拥有最高达3.99万亿美元的外汇储备严重不相称。

进入21世纪以来，中国以加工贸易为主成为世界制造中心，由此成为大量外商直接投资地。中国专注于吸引外资、承接东南亚金融危机后的制造业转移，但在跨国经营、对外投资领域并未取得同步发展。联合国发布的历年《世界投资报告》显示，中国2005年对外投资仅居世界第17位，2006年升至第13位。2008年，美国次贷危机引发了全球金融动荡，中国产业结构被迫加速转型调整，二者形成了中国对外投资跃升的外部条件和内部动因。2011年，中国成为世界第六大对外投资来源国，而2012年则跃升为仅次于美国、日本的第三大对外投资来源国（当年中国对外投资达840亿美元），这既是中国综合国力、企业实力不断提升的结果，也是中国资本“走出去”的必然选择。千禧年以来，中国与欧盟的合作已经越来越密切，不仅体现在贸易往来频繁，双方直接投资亦呈现逐年增加之势。彼时的中国尚处于经济起飞阶段，更多的是依靠加工贸易和吸引外资，因此，对外投资仅仅充当拾遗补阙的角色。对于中国企业来说，无论是对外投资的意识还是跨国经营的经验，都不具备大规模走向国际市场的条件。在这十年里，双方互有投资，但欧盟对中国的投资远远超过中国对欧盟的投资，这也符合中国在该阶段的经济发展及经济结构特点。

但随着中国综合国力的增强、企业经营实力的增加以及国际国内经济环境的变化，2010年中国对欧盟投资达到59.5亿美元，超过欧盟当年在华投资的总额（55.7亿美元），这种态势一直延续到2012年。中国对欧盟连续三年成为净投资国，这也反映了中国资本在欧盟市场的活跃程度。截至2014年，中国对英国、德国、法国、葡萄牙、意大利等欧盟成员投资总额达447亿美元，投资领域主要集中在租赁、商务服务、金融、制造业和采矿业。中国对欧投资已初步具备了在欧盟市场较大规模快速扩张的基础。

（二）中国亟需加大对欧投资的背景

2008年，美国爆发的次贷危机引起发达国家金融动荡，其后的欧债危机使得欧盟经济发展举步维艰。无论是发达国家还是新兴经济体都面临着经济周期下行的艰难调整，消费无亮点、技术无突破成为世界各国普遍面临的制约。

2014年，中国进入“新常态”时段，突出表现为增速下降和结构调整。传统的依靠要素投入及规模经济的发展模式在世界市场收缩的情形下已经难以为继，更兼资源约束、技术限制及环境问题愈发突出，与美欧主要发达国家的贸易顺差导致的货币循环也日渐艰难。因此，中国经济的首要目标便是通过创新驱动的集约式发展保持经济战车的稳步前进，从而克服中国经济长期的结构性矛盾以及社会与环境的“双赤字”。近六年来中国 GDP 增速下行趋势明显，从 2010 年 10.45% 的两位数增速下降到 2014 年的 7.3%，2015 年预计将跌至 7% 以下（参见图 5-1），甚至遭到西方少数国家“中国经济拖累世界经济”的无端指责，这其实也反映了全球经济低迷态势下，世界对中国经济的关注与期盼，寄望于中国经济能为世界经济注入持续动力。与此同时，居民收入增长则一直明显快于经济增速，基本保持在 8% 左右，这对于扩大再生产明显不利。从 GDP 增速下降到消费者价格指数（CPI）连续 48 个月下降、生产者价格指数（PPI）同比 43 个月下降、进出口贸易数据下滑等诸多重要经济数据来看，中国经济面临着内需不旺、国际市场收缩、政策性调整适应、产能过剩等多种矛盾聚合，亟须改变传统的经济发展模式。显而易见，更深层次地融入世界市场、更大规模地提升对外投资将成为转型调整的必然选择。

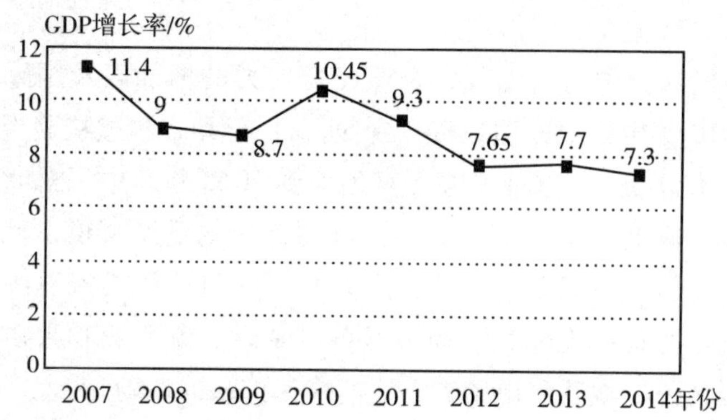

图 5-1　2007—2014 年中国 GDP 增速

数据来源：国家统计局

从欧盟角度而言，区域经济一体化程度是目前区域经济合作最深的融合阶段，经济与货币联盟一体化的形势，使得货物、服务、人员和货币实现四大流通，形成协同效应，从而成为世界第一大经济体。欧盟内部的市场融合、贸易效应不仅促进了该区域各国或地区的经济发展，也促进了政治关系更加友好与紧密。但 2008 年的欧债危机在希腊、意大利、西班牙、爱尔兰、葡萄牙爆发，各国或地区的年度财政赤字超过了欧盟稳定公约的标准，对欧盟体系的稳定带来极大的冲击。希腊甚至需要通过全民公投来决定是否留在欧元区，英国作为非欧元区的一员，认为其在欧盟所处的地位及影响力并未达到自身期望值，也一直扬言要退出欧盟，2014 年发生在乌克兰的内乱及克里米亚事件在一定程度上又影响了欧盟东扩的版图。德法之间的事务分歧及以上各种不利因素，迫使欧盟必须很好地兼顾稳定内部环境与协调成员方经济增长。在世界经济普遍低迷的情况下，欧盟也受到通货紧缩、失业和增长乏力的巨大压力，2014 年 GDP 增速仅为 0.9%，仅英国在改变统计口径后的表现差强人意（增速为 2.6%）。

欧盟的宗旨除了加强政治联系保障和平之外，主要在于稳定与增长。2014 年 11 月，欧盟委员会新任主席容克上任后，致力于经济增长和创造就业，推出了“容克计划”。其通过设立欧洲战略投资基金，在 2015—2017 年吸引来自私营部门总计 3150 亿欧元的资金，选择关键创新领域促进欧盟经济增长。

由此可见，在严峻的经济形势下，中欧均需要做出新的调整，以培育新的增长动力和市场空间。“一带一路”倡议及“容克计划”均在此情形下应运而生，力求形成新的经济增长点。

二、中国对欧投资现状及存在的问题

中国对欧投资从 2012 年以来进入较为迅速的阶段，突出表现为投资额度的增大及投资领域的拓宽，反映了中国资本开始逐步较为深入地融入欧盟市场。

（一）中国对欧投资现状及特点

1. 中国对欧投资额度逐年增加但占比有待提高

鉴于中国以加工贸易为主以及出口导向的国际贸易模式，直至 2014 年才实现对外投资和吸引外资的基本平衡。由于世界市场的饱和及中国内需的不足，中国已经逐渐步入对外大规模投资的轨道。从全球范围看，欧盟、发展中经济体、北美、拉美及加勒比海地区、东亚及东南亚是全球吸引外资最为集中的地区。以欧盟为例，2011 年外商直接投资（FDI）流入量为 4900 亿美元，2012 年、2013 年分别为 2160 亿美元和 2460 亿美元，分别占世界 FDI 总额的 28.8%、16.2% 和 16.9%。这一方面反映了欧盟作为发达经济体在世界经济中的重要位置，另一方面也看出近年来欧盟经济处于经济下行之势。图 5-2 为 2012—2013 年世界各主要国家 FDI 流入量，从中可见欧盟各主要吸引 FDI

东道国。

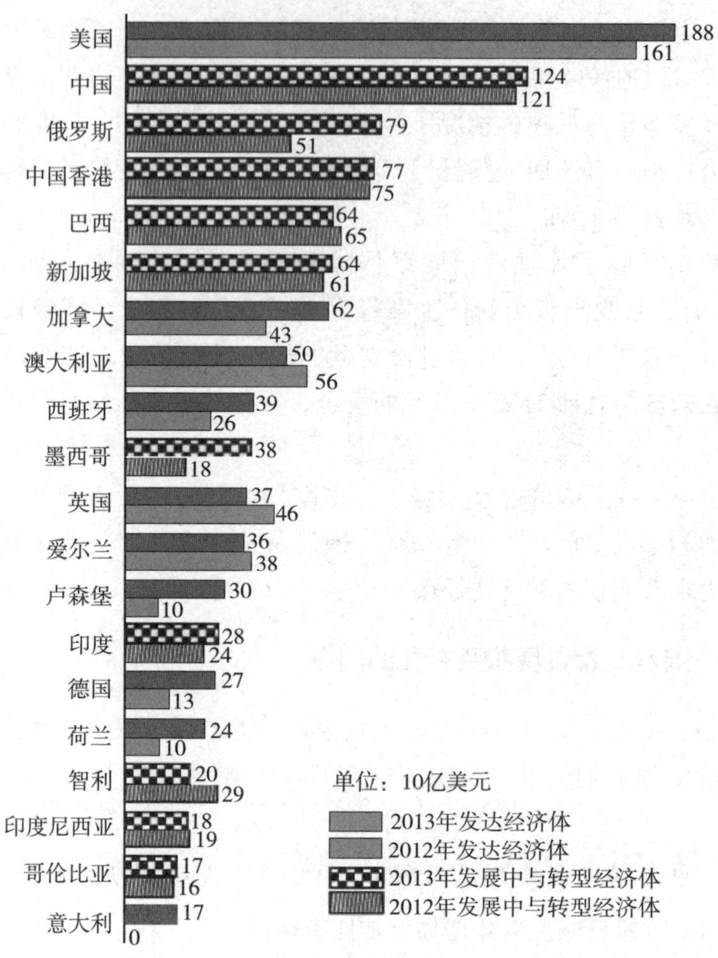

图 5－2　2012—2013 年 FDI 流入量前 20 位东道国/经济体

数据来源：联合国贸易和发展会议信息系统（UNCTAD，FDI-TNC-GVC），FDI/TNC 数据库（www. unctad. org/fdistatistics）

中国在 2014 年对欧投资总计达到 180 亿美元，比 2013 年约增长了 1 倍。进入 2015 年以来，随着“一带一路”倡议的逐步展开，对欧投资进一步加大，与欧盟各国的多领域合作取得广泛成果。如中国化工集团与意大利倍耐力集团的股权并购额达 70 亿欧元，海通证券以 3. 79 亿欧元收购葡萄牙圣灵投资银行等。可以预见，今后中国企业在欧盟多国的多个领域将以更多形式参与其经济发展，投资额度在欧盟 FDI 中的比例也将扩大。

2. 中国对欧投资国别及行业分布

欧盟国家经济发展程度及对外投资环境存在差别，因此，中国对欧投资“因国而异”。经济合作前景及投资政策是影响 FDI 的两大重要因素，从历年我国对欧投资实际情况看，英国、德国、法国、意大利、荷兰、葡萄牙是吸引中国资本流入的主要国家，这也符合以上国家经济体量在欧盟中所占据的重要程度。

从投资行业分布看，中国资本早期集中于非知识密集型的服务型行业，如租赁、批发零售、酒店业等，但随着中国企业跨国经营实力的增强，投资领域逐步扩展到电力通信、制造业、公共产品和公共服务、轨道交通、能源、金融、房地产等多个领域。

3. 中国对欧投资主体多元化

2013 年以前，中国对欧投资主体多为国企，数量占到近八成左右，这与中国经济结构中公有制占据主导地位有很大关系。欧债危机之后，欧盟多国面临资金流动性短缺，这为资本雄厚的中国国企创造了投资条件，促进了中国资本与欧盟市场的融合以及东西方文化和管理经验的交融，从而也加快了近期中国民营企业进军欧盟市场的步伐。如弘毅资本收购英国连锁店比萨快递（Pizza Express）、万达集团以 3 亿英镑收购豪华游艇制造商圣汐国际有限公司（Sunseeker International）等，彰显了中国民营资本在投资领域更为充分的灵活性。与此同时，少部分混合所有制企业和个人也开始投资，对欧投资主体更加多元化。

4. 中国对欧投资主要形式

中国企业对欧投资形式多样，既有绿地投资，也有并购投资。对于一些技术密集型产业多以股权合作为主，通过对一些欧洲领先的技术品牌进行并购。中国企业能够迅速获得技术转让、品牌效应及管理经验，从而将中国资金优势与欧洲技术优势相结合，产生更为良好的市场效应。

（二）中国对欧投资存在的问题

基于多方面的原因，中国扩大对欧投资仍然存在一定的现实困难及客观障碍。

1. **投资政策及制度约束**

欧盟多国具有统一的货币政策，但财政政策、产业政策、投资政策等并不一致。中国企业对欧投资面临各国不同的制度约束，需要妥善应对不同的市场准入制度及国家安全审查，显然这将影响企业对外投资成本、效率及风险评估。

中国目前已同欧盟成员（除爱尔兰之外）达成双边投资协定，但这些协定都在欧盟的约束框架之下，欧盟有权对该协定进行审查并确定是否有效。在中欧双边投资协定谈判达成一致协议之前，缺乏统一的投资市场准入标准及审查制度，会在一定程度上影响中国资本在欧盟市场的扩大化。目前中欧领导人已经意识到双边投资的重要性，并决定加快中欧双边投资协定谈判议程，进一步深化双方战略合作伙伴关系，这无疑会对中方投资主体未来投资提供更大便利。

与此相对应的是，美欧之间的跨大西洋贸易与投资伙伴协议（TTIP）从2013年6月就已启动谈判。美国基于自身战略及利益需要推动的TTIP另一个项目为重返亚太战略的跨太平洋伙伴关系协定一旦达成，其超越世界贸易组织框架之外构建的贸易规则、技术标准及市场准入制度，对于非协议国家或地区将构建一道无形的市场屏障。目前由于协议尚未达成或未进入实施阶段，其对中国的贸易及投资影响尚有待于观察及评估，但很显然，美欧将借助此协议形成新的贸易圈，在世界贸易规则及秩序构建中继续掌握话语权。由此对中国将造成不利影响，在很大层面上加大了中国企业在该地区的投资及贸易竞争难度。

2. **非市场经济地位的负面影响**

中欧建交以来，双方贸易及投资均获得快速发展，互为第一及第二贸易伙伴，双边投资不断增加。但中国并未获得欧盟市场经济地位认可，因而在对欧投资中，容易形成非市场化的行为，诸如人权、政治因素等容易成为对方限制中国企业进入各行业领域的限制条件。

事实上，有中国特色的社会主义市场经济在改革开放以来已经获得巨大成功，中国国民经济总量、整体发展水平和对外开放程度，都已经毋庸置疑地证明了此点。中国已经确立了市场化的运行机制，坚持发挥市场在资源配置中的基础和主导作用，并且明确了进一步深化改革的未来经济发展方向。但西方资本主义国家长期以来形成的意识形态并未消除政治对立，对中国经济和政治体制改革取向并未形成准确认识。受冷战思维的影响及对中国和平崛起的担心，对中国的市场经济体制发出习惯性质疑，不愿意承认中国的市场经济地位，由此也一定程度上影响了双方在投资及其他经济领域的合作。

3. 欧盟经济通缩造成的不利宏观经济环境

欧债危机带给欧盟的不利影响至今尚未消除，经济通缩压力巨大，2014年GDP增速仅为0.9%，部分国家财政赤字严重，失业高企。2015年，第三季度欧盟失业率约为11.2%，部分国家如希腊、西班牙则高达20%。在世界经济整体低迷的背景下，欧盟稳定与增长也面临着极大的考验。宏观经济下行对投资及经济增长带来的风险及困难也是显而易见的，欧盟希望借助新的措施改变自身所面临的不利形势，这也是欧盟推出“容克计划”的主要原因。

中国企业对欧投资需要对欧盟各国具体经济发展做出正确判断。从投资风险、投资领域、项目确定、投资预期收益、各国投资政策等多方面进行审慎判断，在此基础上进行科学决策，从而在经济周期低谷中把握投资良机。

三、“一带一路”倡议与“容克计划”的融合及策略

在世界经济普遍增长乏力的情况下，中欧双方各自面临不同的经济增长制约。“新常态”下中国经济倡导的“一带一路”与欧盟所推出的“容克计划”都是在寻求新的经济增长点，二者具有高度的契合性。

（一）“一带一路”倡议与“容克计划”的内涵

2014年，中国经济进入“新常态”，将无法维持多年来的高速增长。依靠要素及投资驱动的模式也将转变为创新驱动，从而由粗放式发展转为集约式发展。长期以来，依靠“世界工厂”地位，虽然中国经济居于全球价值链的低端，但依靠规模经济及要素投入使得中国仍然可以取得大量利润份额，并进而形成世界对中国制造一定程度的依赖。此种情形在世界市场收缩之下，中国长期以来的加工贸易模式迅即受到世界市场制约及各国贸易保护的限制，同时中国投资驱动带来的产能过剩日渐凸显，转型调整势在必行。

“一带一路”既是写意，又是写实。写意在于通过倡议，向沿线国家和地区表明中国“共建、共荣、共享”的和平发展理念，从而使得各国各地区之间能够将国际经济关系纳入包容互利的合作发展轨道，进一步扩大中国的对外开放。借助“古丝绸之路”的历史符号，中国将悠久的商业古道赋予了新

的内容，希冀焕发出新的时代光彩。写实则在于通过互联互通加强基础设施建设、产能合作、贸易投资、文化交融等，根据沿线国家和地区的市场需求，结合中国优势产能及丰裕资本，进一步加强区域经济一体化及国际合作，构建亚欧共荣圈并进而辐射非洲。

欧盟虽然已经超越美国成为世界第一大经济联合体，但国家之间经济发展不平衡的问题也很突出。除德国依靠工业技术优势保持较为良好的发展局面外，其他国家经济发展可谓步履维艰，希腊全民公决只是其中的一个缩影。东欧、南欧及中欧多数国家和地区因历史原因经济发展相对滞后，其中传统发达国家如西班牙、意大利也处于经济低迷、失业率居高不下的状态。“容克计划”正是在此背景下，欧盟新任领导人为振兴欧盟经济所推出的重大经济举措，寄希望于总额达 3150 亿欧元的重点领域投资计划促进经济增长和就业，从而形成更大的投资乘数效应。其实施以设立欧洲战略投资基金（EFSI）为平台，画定消除投资壁垒路线图，据此采取非歧视的市场化行为进行相关项目的建设。

（二）“一带一路”倡议与“容克计划”的对接可行性分析

欧盟市场的资金与建设需求使得“一带一路”倡议与“容克计划”可以实现优势互补，二者相得益彰，这也符合彼此双方的利益诉求。

1.“容克计划”实施关键领域及要求

“容克计划”确定的重点投资领域包括基础设施如泛欧交通网络、跨境电力与输电、光缆通信等，设立欧洲战略投资基金的目的在于释放私营部门的投资活力。欧盟多个国家的基础设施并不完备，同时也并未有效整合，一些战略性新兴产业如大数据、云计算、电子商务、物联网等也具有很大发展空间。这一方面需要有前期资金启动，另一方面也涉及相应的技术、装备、物资、管理等要求，并且需要欧盟多国之间的相互合作，才能使相应项目得以开展。

2.“一带一路”倡议下的中国制造及资金优势

中国加入世界贸易组织后依靠比较优势奠定了制造业的重要地位，并在此基础上形成了部分产业的绝对优势，这也是今后中国在全球市场竞争合作的基础。在联合国的工业分类中，中国是唯一一个门类齐全的国家，拥有 39 个大类、191 个中类、525 个小类工业体系，这使得我国具有无可比拟的优势，在钢铁、水泥、核电、高铁、平板玻璃、太阳能、风电等多个行业已经居于世界领先地位。不仅体现在产能丰裕，还具备了低成本领先优势。以高铁为例，我国350公里时速高铁的成本约为1.29亿元/公里，而发达国家则高达3亿元/公里；隧道施工成本则为新西兰、美国、澳大利亚等国的1/3到1/4左右。结合“容克计划”的基础设施投资领域，中国的制造能力与装配能力可以在项目建设中发挥作用。

此外，中国巨大的贸易顺差积累了大量的国际储备，一度高达3.99万亿美元（截至2014年6月末），以美债为主、黄金占比仅1.2%（美欧等主要国家黄金在国际储备中多为65%以上）并非最佳选择。囿于投资渠道的缺乏，中国囤积大量美债实际上缺乏良好的增值性，同时易受美联储货币政策影响，一旦美元输出通货膨胀，则极易遭受铸币税损失。

（三）中国对欧投资契合“容克计划”策略

产能国际合作是中国资本契合“容克计划”的核心及要旨，需要从政府对话及企业项目对接两个层面展开。

1. 政府间形成投资合作框架

中欧双方领导人已经意识到双边投资对于各方均存在重大价值，欧盟已经明确表示欢迎中国加入欧洲投资战略计划中。因此，在政府层面就投资重大事项如市场准入限制、投资审批程序、国家安全审查、项目监管规则、资本流入等达成共识，形成条文以便投资方有据可依，将成为中方资本能否进入欧盟市场的关键。一个市场化、无壁垒的投资环境，不仅对于中国企业的投资决策产生重要影响，也对欧洲战略投资基金是否能成功运行进而顺利推动“容克计划”的实施发挥决定性作用。

2. 企业市场化运作机制

市场经济的生命力在于其遵循了经济规律，以市场配置资源可以实现科学发展。对于中欧双方而言，项目建设需要依靠企业的市场化行为进行对接及开展，因此，企业在此过程中将起到主体作用。政府通过建立和维护一个公平公正的市场环境，企业凭借自身资金、技术、管理等参与到市场竞争中去，从而形成良性竞争和循环。

3. 发挥亚投行引领作用

丝路基金、金砖银行、国家开发银行均可以在“一带一路”倡议下发挥重要作用，但亚投行在实现跨国资本流动与配置中，鉴于57个原始成员方的背景，起引领中国资本“走出去”的作用将无可替代。众多参与国中包含德、英、法、意等西方主要国家，一方面可以整合多国金融管理经验及优势，另一方面可以最大限度地规避投资风险，这对于中国企业投资欧盟市场将起到保障作用。

四、结论

中国对欧投资处于良好发展态势且已具备多年基础，“容克计划”体现了欧盟市场的投资需求，与“一带一路”倡议具有高度契合性。中国资本结合中国产能在亚投行的引领作用下可以形成良好的运行机制，从而转变中国简单的加工贸易出口模式，通过对外投资进一步融入欧洲市场，带动产业升级并实现经济健康发展。

*本文受欧盟委员会教育与文化总司让莫内项目办公室让莫内教授资助。

参考文献：

[1] 黄卫平，丁凯，赖明明．深化改革与世界经济［M］．北京：中国人民大学出版社，2015：55－63.

[2] 李慧勇．我看“容克投资计划”［J］．银行家，2015（8）：52－54.

[3] 杨舒．当“一带一路”遇上“容克计划”［N］．国际商报，2015－07－01（A4）．

[4] 王志民．“一带一路”倡议对国际秩序的影响［J］．唯实，2015（7）：87－90.

[5] 张寿林．“容克计划”与“一带一路”寻求对接［J］．中国金融家，2015（8）：78－79.

[6] 黄剑，黄卫平．亚投行引领人民币国际化研究［J］．中国物价，2015（8）：3－5.

基金项目：教育部人文社会科学重点研究基地重大项目“世界经济失衡与中国经济发展的模式选择”（项目编号：10JJD790006）

作者简介：黄卫平（1951—），男，北京市人，中国人民大学校务委员、世界经济研究中心主任，二级教授，博士生导师，享受国务院政府特殊津贴专家，主要研究方向为世界经济、经济发展、国际商务、中国改革与开放。

“丝绸之路”金融法律合作问题

刘少军
（中国政法大学民商经济法学院，北京市 100088）

摘要：“丝绸之路”金融法律合作必须在全球性国际金融组织和相关法规的调整下进行，包括世界贸易组织、国际货币基金组织、巴塞尔银行监管委员会、世界银行等，同时要受相关区域性金融及法律合作组织的规范。“丝绸之路”金融法律合作机制主要包括市场准入法律机制、货币流通法律合作机制、外汇管制法律合作机制、投资开发法律合作机制、证券市场法律合作机制和司法裁判法律合作机制，需要正确处理国内法和全球性金融法律的合作问题、国内法与区域性金融法律的合作问题。

关键词：全球法背景；区域法背景；合作内容；实施途径

一、“丝绸之路”金融法律合作的全球法背景

“丝绸之路”和21世纪海上丝绸之路建设，是我国提出的未来国际战略合作的重要构想和新的国际合作平台，是上海合作组织、欧亚经济联盟、中国东盟合作框架、中日韩自贸区等国际合作的整合升级，也是我国发挥地缘政治优势，推进多边跨境贸易、交流合作的重要平台。“丝绸之路”国际合作体系的建设不可能离开国家金融法律合作，且必须在全球性国际金融组织和相关法规的调整之下。目前，全球性国际金融组织主要包括世界贸易组织、国际货币基金组织、巴塞尔银行监管委员会、世界银行以及国际证券业监管委员会、国际保险监管协会等。

世界贸易组织是独立于联合国的永久性国际组织，也是目前世界影响力最大的国际经济组织。它的基本宗旨是通过实质性削减关税等措施，建立一个完整的、更具活力的、持久的多边贸易体制。在国际金融合作方面，它通

过对各成员国之间有可能阻碍金融服务贸易自由化的金融法律进行协调，以推进金融服务贸易的自由化。目前，世界贸易组织的国际金融合作法规主要包括《金融服务的附件（一）》《金融服务承诺的谅解》《金融服务的附件（二）》和《全球金融服务协议》等，这些文件对各成员国金融服务市场的开放提出了许多具体的要求，使各成员国的金融服务市场开放程度不断提高。

国际货币基金组织是协调成员国之间国际货币金融事务的国际组织，其宗旨是促进成员国在国际货币问题上的协商；促进汇率的稳定与有秩序的汇率安排，避免竞争性的汇率贬值；为经常项目收支建立一个多边支付与汇兑制度，消除不利于世界贸易发展的外汇管制等；在临时性的基础问题和有保障的条件下，向成员国提供资金融通，使他们在无损于本国和国际经济繁荣的措施情况下，纠正国际收支不平衡；争取缩短国际收支不平衡的持续时间和减轻其程度，促进国际贸易的均衡发展，实现就业和国民收入水平的提高及生产能力的扩大。其核心法律文件是《国际货币基金组织协定》，在监督该协定执行的同时，它还向成员国引进、推广巴塞尔委员的金融监管协定。这些国际协定的执行对稳定国际收支、促进成员国之间的金融法律合作发挥着重要作用。

巴塞尔银行监管委员会是协调成员国之间银行审慎监管、促进成员国银行稳健经营的国际合作组织。它开展国际银行监管合作的措施主要包括协调母国与东道国之间在跨国银行及其分支机构的监管责任，防止出现银行监管的国际漏洞；制定统一的银行资本审慎监管标准，防止银行出现系统性金融风险；制定银行业务风险管理的指导原则和方法，这些原则和方法涉及信用风险、国家风险、外汇风险、利率风险、流动性风险、法律风险等方面。这些措施对保障各成员国银行业的健康发展发挥了重要作用。但是，由于巴塞尔银行监管委员会是一个非官方机构，相关文件不具有国际法意义上的实施条件，这些原则、方法、标准等决议和建议不具有强制的约束力，这也影响了其国际金融合作的功能。

世界银行是一个与国际货币基金组织紧密联系、互相配合的国际性金融机构，主要负责成员国的经济复兴与开发，致力于提高人们的生活水平、消除贫困，并向成员国（特别是广大发展中国家）提供发展经济的中、长期贷款。世界银行由三大机构组成，即世界银行、国际开发协会和国际金融公司。后两个组织为世界银行的附属机构，但在法律地位和资金构成方式上它们是独立的金融机构。世界银行与国际货币基金组织提供的资金具有不同的功能，国际货币基金组织主要是解决成员国的贸易收支平衡问题；世界银行的贷款则主要是资助成员国的发展，贷款可广泛用于工业、农业、商业、教育等各个领域。同时，贷款期限较长，平均期限为20年左右。并且，贷款数额不受借款国认缴资金的限制。但是，世界银行基本上只具有资金融通国际合作功能，不具有国际金融法律合作功能。

国际证券业监管委员会是各成员国监管机构的国际论坛，主要作用是监督国际证券市场，防止证券市场金融风险。它的宗旨是通过信息交流促进全球证券市场的健康发展；通过各成员协同制定准则来建立国际证券业的有效监管机制，以保证证券市场的公正和有效率；共同遏制跨国不法交易，促进交易的安全性。国际证券业监管委员会虽然不是一个严格的国际金融合作组织，但它也制定了许多规范性文件，如《多边谅解备忘录》规定证券市场监管的一般性原则和特定领域的监管原则等。此外，还开展了抑制和惩罚证券业欺诈的国际合作等工作。同时，它还通过与国际货币基金组织、巴塞尔银行监管委员会等的合作，共同维护国际金融秩序、防范国际金融风险。

国际保险监管协会是保险业监管的国际组织，它的目标是通过国际合作提高各国国内和国际的保险业整体监管水平，维护一个高效、公平、安全、稳定的保险市场，以确保保单持有人的利益。它以其颁布的《保险监管核心原则》作为所有区域监管者的基本指导原则，并在此基础上进一步制定了《保险监管的新框架：评估保险人偿付能力的通行准则》《评估保险人偿付能力的通行准则：财务要求的基本准则》《评估保险人偿付能力通用准则的路线图》等保险监管准则。这些准则构成了国际保险监管协会以偿付能力和风险管理为核心的监管体系，对规范各成员国保险业的经营发挥了重要作用。

除了上述主要的国际金融监管与合作组织外，还有国际清算银行、离岸银行监管小组等，这些国际金融合作组织都在国际金融合作以及制定和执行相关规范中发挥着一定作用。

二、"丝绸之路"金融法律合作的区域法背景

从总体上来看，全球性国际金融合作组织及其规范性文件是进行区域金融及法律合作的前提。许多区域性金融及法律合作组织的成员同时也是全球性国际金融合作组织的成员，其行为必须受到这些全球性金融组织规范性文

件的约束。但是，目前的全球性金融合作组织和规范性文件，主要是二战以后在以美国为首的西方国家主导下形成的。随着这些国家世界主导力的不断下降以及区域经济互补性、趋同性的不断提高，在全球性国际金融合作组织和规范性文件下，建立和制定联系更加密切与灵活的区域性金融合作组织和规范性文件，能发挥全球性组织和规范不可替代的作用。目前，在同“丝绸之路”金融法律合作联系比较密切的区域性组织及其规范性文件中，同亚洲和东盟相关的主要包括《中国与东盟全面经济合作框架协议》《建立双边货币互换机制（清迈倡议）》《亚洲经济金融稳定行动计划》《提高亚洲地区合作促进金融稳定新框架（马尼拉框架组）》等。

《中国与东盟全面经济合作框架协议》生效以来，各项经济贸易合作得到了全面拓展和深化，初步建成了中国与东盟自由贸易区。各方共同签署了《货物贸易协议》，7000余种产品享受相互优惠关税待遇；共同签署了《服务贸易协议》，放宽了建筑业、运输业、金融业、旅游业等行业的准入标准。此外，还共同签署了《投资协议》等自由贸易区协议。在金融合作方面，东盟与中国、日本、韩国共同签署了《建立双边货币互换机制（清迈倡议）》，建立了双边的货币互换机制，在一国发生外汇流动性短缺或出现国际收支问题时，由其他成员集体提供应急外汇资金，以稳定地区金融市场。在此基础上，建立了共同外汇储备基金，将货币互换由双边扩展到多边体制。同时，达成了《亚洲经济金融稳定行动计划》，倡议建立更健全的金融监测机制、危机应对机制及流动性资金支持体系。另外，还达成了《提高亚洲地区合作促进金融稳定新框架》，旨在提供区域性金融运行监控，以作为国际货币基金组织全球监管的补充，防止发生系统性金融风险。在金融市场合作方面，中国与东盟共同推动区域债券市场的发展，发行了亚洲债券基金，促进亚洲债券市场的发展。此外，各国都互设金融分支机构和开展代理业务，建立了银行双边结算网络。

在同“丝绸之路”金融法律合作联系比较密切的区域性组织和规范性文件中，同中亚相关的主要包括《上海合作组织宪章》《上海合作组织银行联合体理事会工作条例》《上海合作组织银行联合体项目库建立和管理的总原则》《上海合作组织银行联合体成员挑选、审查和执行项目的合作规则》《关于上海合作组织银行联合体成员行间授信的框架原则》《上海合作组织银行联合体关于支持区域经济合作的行动纲要》《上海合作组织银行联合体与欧亚开发银行关系基础备忘录》和《上海合作组织专门账户组建和运行基本原则》等。虽然，我国同中亚地区的区域性金融法律合作起步较晚，但在上海合作组织框架下进展得非常迅速。在2008年金融危机过程中，中国政府先后提供了100多亿美元的优惠贷款，用于帮助其他成员国摆脱危机和恢复经济。同时，各成员国金融机构之间也加强了交流与合作，探讨实施本币结算以及建立区域开放性金融机构的可行性。目前，上海合作组织银行联合体已经为区域内几十个合作项目提供了数百亿美元贷款，涉及基础设施、能源资源、重大产业和民生等多个领域，为开展进一步的金融法律合作奠定了基础。

三、“丝绸之路”金融法律合作的主要内容

建设“丝绸之路”必须在互相尊重主权的条件下，建立相应的金融服务合作机制。同时，为保障这一金融服务机制能够健康、稳定地发展，还必须配套相应的金融法律合作机制，没有法律制度的配合是无法建成可靠的金融服务合作机制的。按照“丝绸之路”对金融服务的客观要求，需要建立相应的金融法律合作机制主要包括市场准入法律合作机制、货币流通法律合作机制、外汇管制法律合作机制、投资开发法律合作机制、证券市场法律合作机制和司法裁判法律合作机制等。

“丝绸之路”的实质是一个特殊的经济贸易区，它是以地缘条件和交通条件为基础，建设一个特殊的经济贸易区。要建设这样一个特殊的经济贸易区，首先必须向对方开放商品服务市场，允许“一带一路”沿线各国商品和服务相对自由地进入各方市场，实现相对自由的市场准入。这就要求“一带一路”沿线各国必须能够达成共同的市场准入法律文件，向“一带一路”沿线各国开放国内市场，实现“一带一路”沿线各国商品服务相对自由地流通，实现在各国相对自由地设立独立企业或分支机构。实现相互市场准入的核心是相互之间关税的减让，并同时按照自由贸易原则、公平竞争原则、非歧视原则等实现各国之间的互联互通。

要实现商品服务的互联互通，就必然存在货币流通法律合作机制。当代社会的国际货币流通采取的是主权货币体系，各国之间的商品服务贸易必须以某个国家的主权货币进行支付结算，这就必然存在主权货币的国际流通问题。主权货币国际流通的法律问题主要包括现钞货币国际流通的法律问题和存款货币国际流通的法律问题。从法律原则上讲，现钞货币是不能在国际上

自由流通的，即使是在国际上，有限制的流通也必须在各国都放弃部分国家货币主权的前提下进行。同时，还存在现钞货币出入国境的监管问题、境外流通的监管问题、货币兑换机制问题等，这些问题的解决都必须依据国际之间的法律合作。存款货币的国际流通虽然没有直接的货币主权问题，但存在存款货币国际流通的经营权问题、监管权问题等，存在各国之间存款货币的经营权和经营监管权的法律合作问题。

特殊经济贸易区的设立不能不考虑某个国家的国际收支平衡问题，各国为解决自己的汇率收支平衡都会采取一定的外汇管制措施。如果“一带一路”沿线各国都完全从自身利益出发制定本国的外汇管理制度，就会严重影响该“一带一路”能够发挥的作用。因此，“一带一路”沿线各国还必须就其外汇管理制度达成基本的法律合作协议，以便既保证各国汇率收支的基本平衡，又能够有利于促进“一带一路”各国经济贸易的发展。外汇管理制度国际法律合作的内容主要包括各成员国之间外汇收支管理制度的协调、汇率管理制度的协调以及外汇收支平衡机制的协调等。在外汇收支管理上，应努力实现贸易项目和资本项目的自由兑换，不断实现资本在国际上流动的相对自由和有秩序的管理。在汇率管理制度上，应逐步实现相对自由的市场汇率制度，避免操纵汇率和出现较大的汇率偏差，避免出现汇率歧视和利用汇率变动转嫁危机。在外汇收支平衡上，应建立合理的外汇借贷机制，建立外汇收支平衡基金，在某国出现暂时性外汇收支不平衡时，给予外汇贷款支持，维护“一带一路”各国外汇收支的基本平衡。

“丝绸之路”各国基本上都属于发展中国家，要使本国经济得到快速发展必须取得外部资金的支持。同时，一些经济发展状况比较好的国家也需要进行对外基础设施建设和工商投资，以实现经济发展的互补。因此，必须建立投资开发法律合作机制，共同设立基础设施建设和投资开发资金供给与需求解决机制，既为投资开发需求国提供资金支持，也为相应的出口国提供对外进行基础设施和产业建设投资的机会，以共同繁荣一路一带上的经济与贸易。解决这一问题比较好的方法是进行国际银行法律合作，共同设立各种类型的投资银行。如目前正在筹建的亚洲基础设施投资银行、金砖国家新开发银行、海上丝绸之路开发银行以及其他类型的投资开发资金融通平台，既为缺少建设资金的国家提供资金，也为投资开发能力的出口创造条件。

“丝绸之路”的建设以及各国向对方企业开放市场准入，必然要求建立统一的证券市场，以股票、债券和其他金融衍生品的形式融通资金，实现外资投资与本国投资之间的互联互通，甚至可以考虑建立多个区域性国际金融中心。以国际金融中心为核心，实现周边国家不同主权货币资金的融通，实现不同主权货币资金借贷市场、股票市场、债券市场和衍生品市场的互联互通。这就需要各国在银行法律、证券法律、会计法律、审计法律等方面的合作，建立共同的存款人保护、投资人保护、证券发行规则、证券上市规则、证券交易规则、信息公开规则等，为“一带一路”的经济贸易提供相应的金融支持。

“丝绸之路”的金融法律合作，最终必然表现为相关金融纠纷的解决，表现为金融司法和裁判法律的合作机制。这方面至少包括以下几个问题：一是“一带一路”合作组织共同规则的司法性质问题；二是各国法律之间的相互协调问题；三是金融法律纠纷的解决机制问题；四是纠纷解决机构的司法管辖问题；五是司法裁判执行中的协调问题。“一带一路”合作组织共同规则的司法性质取决于有关协定是多边协定还是双边协定，是强制性协定还是指导性协定。各国法律之间的协调问题取决于“一带一路”合作协定与国内法的关系以及各国对他国裁判的尊重程度。纠纷解决机制则取决于“一带一路”合作组织是否应设立统一的纠纷解决机制以及统一的纠纷解决机制与各国国内解决机制的关系。纠纷解决机构之间的司法管辖问题取决于纠纷解决机构的设置以及对各国司法管辖权的协定。最终则是司法裁判的执行问题，因为涉及不同国家的执行机构和被执行机构，必须进行法律合作与协调。

四、“丝绸之路”金融法律合作的主要途径

“丝绸之路”的建设离不开金融法律的合作，这不仅包括金融法律的合作内容问题，还包括金融法律合作的途径和方式问题。这些问题主要包括金融法律合作的国际法层次问题、金融法律合作的国内法层次问题以及金融法律合作的步骤问题。首先，从金融法律合作的国际法层次来看，具体包括全球性金融法律合作层次的适用问题、区域性金融法律合作层次的适用问题以及“丝绸之路”金融法律合作层次的适用问题。在全球性层面上，国际金融法律合作体系包括世界贸易体系、国际货币基金体系、巴塞尔银行监管体系、世界银行体系以及国际证券业监管体系和保险业监管体系等。处于“丝绸之路”上的许多国家都是这几大全球性国际金融合作体系的成员国，必须首先遵守

这些国际金融合作体系的相关规定。此外，在区域性金融法律合作体系上，还包括“中国东盟自由贸易区”体系和“上海合作组织”体系等合作体系。“丝绸之路”体系与这些区域性合作体系存在许多重合，必须协调这些合作体系之间的法律合作关系。

就金融法律合作的国内法层次来讲，首先是国内法与全球性金融法律的合作问题，要求各成员国的国内法必须服从全球性国际金融组织的强制性规定，努力促使“丝绸之路”体系成员国的国内法尽快实现与国际金融组织强制性规定的协调性。其次是国内法与区域性金融法律的合作问题，要求各成员国的国内法必须服从区域性国际金融组织的强制性规定，努力促使“丝绸之路”体系成员国的国内法与这些区域性国际金融组织的强制性规定相协调。当然，这些区域性国际金融组织与“丝绸之路”并不是完全重合的，应允许它们在法律合作上有一定的区别。

就国际金融法律合作的步骤来看，应首先协调全球性、区域性和“丝绸之路”国际金融法律合作的关系，既努力促进全球性金融法律合作，也努力促进区域性金融法律合作，并同时促进“丝绸之路”金融法律合作，它们之间既具有一致性又具有差别性。从一致性的角度看，这三类金融法律合作体系是相互促进的，任何一个合作体系的发展都有利于促进其他体系的发展。从差别性的角度看，它们是不同的金融法律合作体系，“丝绸之路”的金融法律合作体系可以同其他合作体系存在差异，如果完全不存在差异也就不成为一个新的合作体系。其次，就“丝绸之路”合作体系自身来看，其金融法律合作应该是渐进性的，可以首先实现双边或几个国家之间的多边金融法律合作，在积累比较丰富的经验后再逐渐推广到所有成员国，以利于合作工作的开展。最后，对于已经具备条件的国际金融法律合作可以直接面向所有成员国；对于暂时还不具备条件的金融法律合作，可以先在双边和几个成员国之间进行，待条件成熟时再推广到所有成员国。

基金项目：2013 年度国家社会科学基金重点项目“国际法视角下的人民币国际化问题研究”（项目编号：13AZD091）（本文系阶段性成果）

作者简介：刘少军（1963—），男，辽宁省朝阳市人，中国政法大学民商经济法学院教授，博士生导师，金融法研究中心主任，中国银行法学研究会副会长、学术委员会主任，主要研究方向为经济法。

“一带一路”沿线国家的投资风险与应对策略

李　锋
（外交学院国际经济学院，北京市 100037）

摘要：在“一带一路”沿线国家的中国企业海外投资中，主要集中于社会动荡、能源矿产资源丰富的国家，中央企业是风险承受主体。“一带一路”沿线国家的投资风险主要缘于地理政治因素，一些国家的局势动荡、政权更迭、战争战乱、恐怖活动等加剧了风险隐患，不良的经营环境使中国企业海外投资面临着诸多未知因素。以采矿业等敏感领域为主要投资行业、以国有企业为投资主体的特征使中国企业海外投资的风险更为明显，而法律观念淡薄、风险意识不强、当地化程度不高、社会责任意识差等使中国企业海外投资的形象受到影响。对此，中国应以经济外交增进战略互信，完善海外投资保险制度；以政策沟通、设施联通、贸易畅通、资金融通、民心相通来改善营商环境；深化改革，强化市场机制的作用，完善政府的公共服务体系；企业要练好内功，积极融入当地，以全球公司和当地企业的标准要求自己。

关键词：一带一路；海外投资风险；经济外交；本地化

推进“一带一路”势在必行，但如何有效规避风险同样刻不容缓。放眼全球，中国企业的海外投资风险概率本身就很高，而“一带一路”沿线国家的区位特征进一步推高了风险的可能性。

一、“一带一路”沿线投资风险的数据解读

根据美国企业研究所和传统基金会的统计数据，2005 年 1 月至 2014 年 6 月（以下以“2005—2014 年”表示），中国企业海外投资失败或受阻的风险案例共 130 起，涉及全球 59 个国家或地区，总金额高达 2359.7 亿美元，每起

案例平均涉案金额18.2亿美元。其中，发生在“一带一路”沿线国家①的风险案例33起（占总数的25.4%），总金额565.2亿美元（占24.0%），涉及20个国家，每起案例平均涉案金额17.1亿美元（参见表5-1）。

表5-1 2005—2014年中国企业海外投资风险案例统计

年份（年）	案例数	涉及金额/亿美元
2005	1（0）	180（0）
2006	9（6）	347.6（218.7）
2007	11（5）	146.1（73.6）
2008	15（1）	366（3）
2009	16（2）	354.9（18.3）
2010	18（4）	176.9（18.3）
2011	22（2）	340.3（40.5）
2012	16（6）	163.4（86.4）
2013	14（4）	213.3（69.5）
2014	8（3）	71.2（36.9）
共计	130（33）	2359.7（565.2）

注：括号内为发生在“一带一路”沿线国家的统计数据；数据来源于美国企业研究所和传统基金会“China Global Investment Tracker”数据库

（一）地区主要集中在社会动荡、能源矿产资源丰富的国家

2005—2014年，发生在“一带一路”沿线的中国企业海外投资风险案例共计33起，涉及20个国家，主要集中在伊朗、俄罗斯等能源、矿产资源丰富的国家以及菲律宾、缅甸、叙利亚、阿富汗、越南等社会动荡国家，尤其集中在伊朗和菲律宾两国（案例数占比27.3%，金额占比56.0%）。发生在伊朗的4起风险案例全部涉及能源行业（包括天然气、石油和水电），发生在菲律宾的5起风险案例涉及农业、金属、运输和科技4个行业（参见表5-2）。

① “一带一路”倡议虽是开放式的，基于但不限于古代丝绸之路的范围，但本文讨论的“一带一路”沿线国家，以64国（不包括中国）为讨论样本，国家清单详见：http：//www.cssn.cn/gj/gj_gwshkx/gj_jj/201504/t20150408_1578096.shtml（访问时间：2015年6月18日）

表 5-2　2005—2014 年“一带一路”沿线中国企业海外投资风险案例的国家分布

国家	案例数	涉及金额/亿美元	金额占比/%
伊朗	4	252	44.6
菲律宾	5	64.4	11.4
缅甸	2	39.1	6.9
叙利亚	2	37.7	6.7
阿富汗	1	28.7	5.1
越南	3	26.8	4.7
俄罗斯	1	25	4.4
新加坡	1	17.5	3.1
印度	1	15	2.7
哈萨克斯坦	1	13.9	2.5
蒙古	2	12.4	2.2
印度尼西亚	2	7.3	1.3
沙特阿拉伯	1	6.2	1.1
波兰	1	4.5	0.8
东帝汶	1	3.5	0.6
巴基斯坦	1	3.3	0.6
泰国	1	3	0.5
保加利亚	1	1.9	0.3
柬埔寨	1	1.9	0.3
乌兹别克斯坦	1	1.1	0.2

（二）行业明显集中于能源矿产领域

从行业分布来看，2005—2014 年发生在“一带一路”沿线的中国企业海外投资风险案例明显集中于能源和金属两个行业（案例数占比 78.8%，金额占比 87.1%），且没有涉及金融和房地产行业（参见表 5-3）。

表 5-3　2005—2014 年“一带一路”沿线中国企业海外投资风险案例的行业分布

行业	案例数	涉及金额/亿美元	金额占比/%
能源	18	409.9	72.52
金属	8	82.2	14.54

（续表）

行业	案例数	涉及金额/亿美元	金额占比/%
运输	5	28.8	5.10
农业	1	41.3	7.31
科技	1	3	0.53

放眼全球，中国企业海外投资风险的行业分布虽相对分散，但也主要集中在能源和金属行业（2005—2014 年案例数占比 59.2%、金额占比 64.5%），具体参见表 5-4。鉴于"一带一路"沿线国家多为发展中经济体，科技、金融、房地产等行业发展相对滞后，我国企业在这些国家投资的行业集中于能源、矿产行业是正常的，海外投资风险也就集中在这些领域。

表 5-4　2005—2014 年中国企业海外投资风险案例的行业分布

行业	"一带一路"沿线国家的风险案例/%	全球发生的所有风险案例/%
能源	72.52	36.8
金属	14.54	27.7
运输	5.10	9.9
农业	7.31	4.0
科技	0.53	6.0
金融		11.6
房地产		3.8
其他		0.2

注：表中数据代表金额占比

（三）中央企业是风险承受主体

在"一带一路"沿线，2005—2014 年中央企业①不仅是对外直接投资的主力军，也是海外投资风险的主要承受者，共发生风险案例 25 起（占

① 中央企业指的是由国务院国资委监管的国有企业，央企名录详见 http://www.sasac.gov.cn/n86114/n86137/c1725422/content.html（阅读时间：2015 年 7 月 2 日）。需要注意的是，中投公司、国家开发银行等并未包括在内，但现实中这些企业海外投资失败受阻的案例屡有发生，在"一带一路"沿线也都有发生。

75.8%)，涉及金额479.9亿美元（占84.9%）。而在中央企业中，“三桶油”（中海油、中石油、中石化）的风险案例尤为突出，9起风险案例涉及金额313.4亿美元，按金额计算占比55.4%（参见表5-5）。

表5-5 2005—2014年“一带一路”沿线中国海外投资十大失败案例（按金额排序）

年份（年）	案例	国家	金额/亿美元
2006	中海油，北帕尔斯气田	伊朗	160
2012	中石油，南帕尔斯气田	伊朗	47
2007	国家开发银行和吉林富华公司，农业投资	菲律宾	41.3
2011	中电投，密松水电站	缅甸	36
2013	中冶和江西铜业，艾娜克铜矿	阿富汗	28.7
2006	中石油，Rosneft	俄罗斯	25
2014	中石油，南阿扎德干油田	伊朗	25
2012	中国水电，巴赫蒂亚里水坝和水电站	伊朗	20
2013	中石化，Oudeh、Tishrine等油田	叙利亚	20
2013	中石油，代尔祖尔油田	叙利亚	17.7

如果将中国海外投资失败案例按金额进行排序，前十大失败案例中，中央企业占九席，① 表明中国企业海外投资的重大风险案例基本上都涉及中央企业。

二、“一带一路”沿线投资风险的成因分析

面对“一带一路”沿线的投资风险，我们有必要深入分析根源所在，从周边环境和自身因素两方面探究风险成因。

（一）地缘政治因素

“一带一路”贯穿亚欧非大陆，地理覆盖范围广，政治、经济、文化、民族、社会差异性大。在如此广袤的区域开展海外投资，必然面临着地缘政治风险，既包括沿线国家的疑虑，又包括域外国家的阻挠，同时还存在不可抗

① 国家开发银行不是国资委监管的中央企业。广义上讲，中央企业根据监管机构的不同可以分为三类：国务院国资委监管的中央企业；银监会、保监会、证监会监管的中央企业；其他部委监管的中央企业。如果将上述不同类型的中央企业都统计在内，那中央企业海外投资的风险问题将更为严重。

力因素，迫使我国企业不得不面对诸多不确定性，导致政治风险居高不下（参见表5-6）。

其中，海外能源供给安全问题十分棘手，局势动荡、政权更迭、战争战乱、恐怖主义等因素加剧了我国能源、矿产行业海外投资的风险隐患。此外，大国博弈也增加了风险的复杂性和可能性，无论是美国的战略围堵、俄罗斯的战略猜疑，还是印度的战略不合作、日本的战略搅局，这些因素都对我国在"一带一路"沿线的海外投资安全提出了严峻的挑战。

表5-6 "一带一路"沿线部分国家的政治风险

极高风险	高风险	中等风险	低风险	极低风险
伊拉克(39.63)	也门(50.00)	越南(60.25)	拉脱维亚(70.08)	文莱(80.13)
叙利亚(41.29)	黎巴嫩(52.79)	阿塞拜疆(60.54)	爱沙尼亚(71.75)	新加坡(83.00)
埃及(46.75)	缅甸(53.71)	菲律宾(62.42)	阿曼(72.50)	
孟加拉国(48.17)	白俄罗斯(53.75)	约旦(62.50)	卡塔尔(72.50)	
巴基斯坦(48.79)	斯里兰卡(54.08)	乌克兰(63.50)	匈牙利(72.75)	
伊朗(49.71)	印度尼西亚(55.63)	巴林(63.88)	马来西亚(72.75)	
	土耳其(55.67)	保加利亚(65.21)	立陶宛(73.54)	
	泰国(57.29)	阿尔巴尼亚(65.67)	斯洛伐克(73.83)	
	俄罗斯(58.04)	哈萨克斯坦(65.92)	捷克(74.21)	
	塞尔维亚(58.50)	罗马尼亚(65.92)	波兰(74.42)	
	摩尔多瓦(58.63)	蒙古(66.71)		
	印度(58.83)	科威特(66.75)		
	亚美尼亚(59.00)	以色列(67.04)		
		沙特阿拉伯(67.58)		
		克罗地亚(69.67)		
		斯洛文尼亚(69.79)		

注：数据来源于PRS集团年度风险评估指南（ICRG）；ICRG仅涵盖"一带一路"47国，但数据统计较为权威，从政府稳定性、社会经济条件、投资执行状况、内部和外部冲突、军队干预政治、腐败、法制、宗教与民族冲突、民主程度、行政效率等方面对全球146个国家以打分的方式综合权衡政治风险，总分100分，并按照不同分数段划分为五个风险级别，分数越高说明政治风险越低；括号中的数字代表2013年各国的政治风险得分

欧美发达国家市场要么几近饱和，要么以"国家安全"为由阻挠中国的对外直接投资，中国企业只能将目光转向政治风险较高的"一带一路"国家，而且中国海外企业投资的目标也几乎是欧美跨国公司眼中的"鸡肋"项目。

结合前面提到的错综复杂的地缘政治因素，我国企业海外投资风险被进一步推高。“一带一路”倡议原本是中国应对美国重返亚太战略的太极招式，但如果处理不好地缘政治因素带来的较高政治风险，结果可能适得其反。

（二）营商环境不佳

“一带一路”沿线多为新兴经济体和发展中国家，这些国家在开放和发展过程中大多面临政治维稳、经济发展、社会转型、政策调整等诸多挑战。除了新加坡、波兰、保加利亚等少数国家外，就“一带一路”沿线国家整体而言，营商环境不容乐观，我国企业海外投资面临着诸多未知风险，可能承受大量未知的损失。

根据世界银行《2015 年全球营商环境报告》的统计数据，营商环境体现在开办企业、执行合同等 10 个方面，而“一带一路”国家在很多方面的表现都不尽人意。缅甸在开办企业方面排名全球倒数第一，需要通过 11 个程序、经过 72 天才能新设一个企业，所需成本和实缴资本下限分别占缅甸人均收入的 155. 9% 和 6190. 1%，耗时费力而且成本极高。东帝汶在登记产权、执行合同和解决破产三个方面均排名全球倒数第一。以执行合同为例，东帝汶司法系统在解决商务纠纷时，从原告提起诉讼到实际付款需耗费 1285 天，成本按索赔额的百分比计算为 163. 2%，共需 51 个流程才能完成执行合同的全过程，耗时费力而且得不偿失。阿富汗在保护投资者方面排名全球倒数第一，在阿富汗的法律框架下公司透明度极差，信息披露程度极低，治理制度极为落后，股东几乎没有任何就官员和董事的不当行为提起诉讼的能力。乌兹别克斯坦的跨境贸易排名全球倒数第一，每出口一批货物需要准备 11 种单证，共需 54 天才能走完所有出口手续，出口成本高达 5090 美元/集装箱；进口则需要 13 种单证、104 天和 6452 美元/集装箱的成本。另外，叙利亚在办理施工许可方面排名全球倒数第一，老挝和伊拉克在解决破产问题方面排名全球倒数第一（参见表 5 –7）。上述糟糕的营商环境无疑加大了我国企业海外投资的成本，增加了我国企业海外投资风险的概率。

表 5 –7 “一带一路”沿线部分国家的营商环境

国家	营商环境总排名	开办企业	办理施工许可	获得电力	登记财产	获得信贷	保护投资者	缴税	跨境贸易	执行合同	解决破产
伊朗	130	62	172	107	161	89	154	124	148	66	138

（续表）

国家	营商环境总排名	开办企业	办理施工许可	获得电力	登记财产	获得信贷	保护投资者	缴税	跨境贸易	执行合同	解决破产
菲律宾	95	161	124	16	108	104	154	127	65	124	50
缅甸	177	189	130	121	151	171	178	116	103	185	160
叙利亚	175	152	189	76	140	165	78	117	146	175	146
阿富汗	183	24	185	141	183	89	189	79	184	183	159
越南	78	125	22	135	33	36	117	173	75	47	104
俄罗斯	62	34	156	143	12	61	100	49	155	14	65
新加坡	1	6	2	11	24	17	3	5	1	1	19
印度	142	158	184	137	121	36	7	156	126	186	137
哈萨克斯坦	77	55	154	97	14	71	25	17	185	30	63
蒙古	72	42	74	142	30	61	17	84	173	24	90
印度尼西亚	114	155	153	78	117	71	43	160	62	172	75
沙特阿拉伯	49	109	21	22	20	71	62	3	92	108	163
波兰	32	85	137	64	39	17	35	87	41	52	32
东帝汶	172	96	115	15	189	160	100	55	94	189	189
巴基斯坦	128	116	125	146	114	131	21	172	108	161	78
泰国	26	75	6	12	28	89	25	62	36	25	45
保加利亚	38	49	101	125	57	23	14	89	57	75	38
柬埔寨	135	184	183	139	100	12	92	90	124	178	84
乌兹别克斯坦	141	65	149	145	143	104	100	118	189	28	77

注：《2015年全球营商环境报告》对全球189个经济体的营商环境进行测评和排名，涵盖"一带一路"64国，此处列举的20个国家为2005—2014年中国企业发生过海外投资风险案例的国家，跟表5-2相对应；表中数字代表全球排名，数字越大说明营商环境越差

（三）中国对外直接投资的特性

中国企业海外投资自身的某些特性在一定程度上也容易招致国外的质疑，继而酿成投资风险事故。具体来讲，中国企业海外投资的地区分布过分集中在发展中国家，行业集中在采矿业等敏感领域，投资主体则以国有企业为主。根据《2013年中国对外直接投资统计公报》，截至2013年底，在国家层面，中国对发展中经济体的对外直接投资存量为5497.2亿美元，占存量总额的

83.2%（对转型经济体的投资存量占2.6%，对发达国家经济体的投资存量占14.2%）；在行业层面，16.1%的投资存量集中于采矿业，主要分布在石油和天然气开采业、黑色金属和有色金属矿采选业（租赁和商业服务业、金融业、采矿业是中国对外直接投资的三大行业，其中29.6%的投资存量集中在租赁和商业服务业；17.7%投资于金融业，但主要投资在发达国家，在“一带一路”沿线投资较少）；企业层面，在非金融类对外直接投资存量中，国有企业占55.2%，占半壁江山（金融类对外直接投资虽然没有统计企业类型，但可以肯定的是，中国工商银行、国家开发银行、中投公司等国有金融机构依然是海外投资的主力军）。地区分布集中、行业分布敏感、投资主体敏感，这三大特征无疑增大了中国企业海外投资风险的发生概率，尤其是在地缘政治因素凸显、营商环境不佳的“一带一路”沿线国家投资风险更为严重。另外，新殖民主义论、国家安全威胁论等负面新闻虽是对中国企业海外投资的误解，但在一定程度上反映了东道国的担忧和疑虑以及中国海外投资面临的尴尬。

（四）中国企业对外直接投资的软肋

中国企业整体而言国际竞争力不强、国际化经验不足，在海外投资过程中暴露出不少问题，如法律观念淡薄、风险意识不强、当地化程度不高、社会责任意识有待提升等。这些问题是中国海外投资企业的软肋，一方面容易招致东道国政府和当地民众的抵触和排斥；另一方面随着个案的累积往往影响中国整体的国际形象，造成对中国更严重的曲解和误读。

举例来说，中电投在缅甸的密松水电站项目，这一造福于民的民生工程本应受到当地政府和民众的一致欢迎，结果却事与愿违，项目于2011年9月被迫中止，缅甸总统吴登盛声称“密松项目破坏当地自然景观、破坏当地人民的生计”。其导致失败的具体原因主要有三点：一是中国企业往往根据两国间政治外交关系决定投资与否，过分倚重政府公关，走上层路线但忽视群众基础，而失去民意支持的项目最终也会招致政府的抛弃。中电投在投资过程中没有照顾到所有人的民生和利益，据报道有超过60个村庄、大约1.5万人在不知情和未经同意的情况下被强行迁移。二是社会责任意识淡薄。中电投自身没有很好地处理与国际非政府组织、当地环保机构的关系，致使问题被不断放大。三是与当地社会相隔绝。中国的海外投资企业大都极少与当地社区民众和新闻媒体进行交流互动，也不像欧美跨国公司那样进行捐助等公益活动，充满神秘感。密松水电站项目反映出中国企业海外投资严重缺失风险防范意识和危机公关能力，更严重的是这一事件带来连锁反应，导致缅甸对中国所有投资企业的歧视和反感，中国企业海外投资受其牵连几乎全都被迫撤出了缅甸市场。

任何一家跨国公司的发展都要经历一段漫长的过程，中国企业海外投资的缺点和不足短期内难以完全克服，这些软肋也是在“一带一路”沿线国家投资所必须面对的消极因素。

三、中国的应对之策

面对“一带一路”的巨大投资空间和诸多潜在风险，我们应当从以下四个方面入手，寻求解决之道。

（一）经济外交增进战略互信

政府间的信任与支持是政治交往和经贸活动的前提与保障。不管是亲诚惠容的外交理念，还是正确的义利观，抑或是利益共同体，中国应当继续宣传并积极践行经济外交，遵守五项原则，坚持求同存异，以互利共赢的原则推进“一带一路”沿线的海外投资，寻求利益契合点，打造命运共同体。通过实际行动消除不必要的误会与分歧，讲好“一带一路”故事，做好“一带一路”实事，从国家层面增进战略互信。

同时，要谨慎对待地缘政治和大国博弈因素，借助现有合作机制加强与域内外大国的沟通交流和务实合作，不争霸但要有军事存在（远洋护航、安全公共产品等），不结盟但一定要有忠实伙伴，有分歧但同样可以谋求共同发展。

此外，针对动乱、战争、政变等不可抗风险，尽快完善海外投资保险制度，借鉴欧美发达国家实践充分发挥政策性金融机构的保障作用，对外积极签订并落实双边投资协定，努力提高双边投资协定的质量和水平（采用准入前国民待遇加负面清单的模式，在保障投资利益的基础上提升投资自由化和便利化水平），通过内外联动防范政治风险、保障投资利益，为企业海外投资铺路搭桥。

（二）改善“一带一路”的投资环境

“五通”既是“一带一路”的内在要求，也是中国企业海外投资的客观需要，“五通”可以改善投资环境继而降低投资风险。在政策沟通层面，加强政府间合作，通过交流机制实现宏观政策的协调性，加强区域合作实现平等共赢，避免将过剩产能和重污染产业简单转移到他国，保证“一带一路”倡议满足各方所需继而减少分歧。在设施联通方面，加强基础设施互联互通，优先发展一批“铁公基”项目。这既能促进中国对外投资和工程承包的协同发展，又能保证海上贸易和投资安全，还能切实改善东道国的硬环境，进一步促进中国的对外投资。在贸易畅通方面，加快投资便利化进程，消除投资壁垒，力促东道国外资政策的稳定性和公平性，协商解决投资争端；同时加强国际监管和沟通互助，尤其是要帮助落后国家改革不合理的投资管理体制、改善监管水平、提升行政效率。在资金融通方面，深化多边金融合作，借力亚投行和丝路基金为海外投资提供强有力的金融支持，优先解决基建行业的融资缺口；同时加强金融监管合作，帮助落后国家完善金融体系、稳定金融市场，避免拉美债务危机、东南亚金融风暴等剪羊毛式灾难的重演。在民心相通方面，弘扬“丝路”精神，广泛开展交流，奠定民意基础，尤其要重视来华留学生的培养以及驻外孔子学院的教育，不仅我们自己要讲好“一带一路”故事，更要让当地人、域外人讲好“一带一路”故事。

（三）深化改革，强化市场机制的作用

深化对外投资体制改革，让市场机制充分发挥配置资源的决定作用，强调市场机制和政府服务定位。通过深化改革简政放权，不断完善《境外投资管理办法》，减少事前审批和行政干预，加强事中事后监管，落实企业投资主体地位和海外投资问责制。要既能服务国家战略布局，又能保证企业自主性和积极性，同时引导企业分散投资，鼓励民营企业的海外投资行为，通过市场机制辅以政府引导，实现地区分布、行业分布和投资主体的多元化。

另外，政府应不断完善公共服务体系。针对过于集中的地区分布，相关部委应加强国别研究，提供国别风险评估、国别投资项目推介等公共服务产品，并通过协调机制避免中国企业之间的内耗，进行空间上的错位投资；针对扎堆的行业分布，引导企业向价值链高端迈进，避免低层次的恶性竞争，提供更为完善的技术指导和产业指引，鼓励企业的创新发展和转型升级，进行行业上的错位发展。针对敏感的投资主体，要进一步简政放权，让企业成为真正的市场主体，减少对企业的直接干预，形成国有企业和民营经济的良性竞争，指引国企、民企、外企的联合投资态势，以此减少东道国的疑虑。

（四）练好内功，积极融入当地

着力打造核心竞争力，积极吸取国际化经验，扎实推进海外投资。“千里之堤，毁于蚁穴”，中国企业海外投资要从小事做起、自纠自查，不断提高风险防范意识、践行东道国的社会责任。对内重视能力提升和经验积累，用发展的眼光做好长远规划，不要过分强调短期经济利益，避免盲目冒进和投机取巧；对外加强交流、取长补短，向发达国家跨国公司学习经验，通过当地化战略赢得民心，并与沿线东道国政府和民众保持良性互动，借助有效公关和企业社会责任战略树立形象、消除民怨。尤其是，中国企业的海外经营要跳出“唐人街”的封闭华人圈，淡化中国色彩和外资身份，努力将自身打造成全球公司和当地企业，尊重当地的法律和习俗，用当地的思维方式和经营理念进行属地管理。

参考文献：

[1] 刘海泉．“一带一路”倡议的安全挑战与中国的选择［J］．太平洋学报，2015（2）：72－79.

[2] 王义桅．“一带一路”机遇与挑战［M］．北京：人民出版社，2015：104－109.

[3] 黄益平．中国经济外交新战略下的“一带一路”［J］．国际经济评论，2015（1）：48－53.

[4] 盛毅，余海燕，岳朝敏．关于“一带一路”倡议内涵、特性及战略重点综述［J］．经济体制改革，2015（1）：24－29.

[5] 李向阳．构建“一带一路”需要优先处理的关系［J］．国际经济评论．2015（1）：54－63.

基金项目：中央高校基本科研业务费专项资金项目“‘一带一路’背景下中国企业海外投资风险防范机制研究”（3162015ZYQB02）

作者简介：李锋（1984—），男，山东省潍坊市人，外交学院国际经济学院教师，经济学博士，主要研究方向为跨国公司与对外直接投资。

“一带一路”倡议下我国外汇期货市场建设研究

刘道云
（复旦大学金融法研究中心，上海市 200438）

摘要：“一带一路”和人民币国际化战略为我国外汇期货市场建设创造了新的机遇。为满足“一带一路”区域内企业的风险对冲需求，促进人民币国际化和资金融通发展，我国有必要建设外汇期货市场。鉴于“一带一路”倡议得到沿线各国和地区的普遍支持；外汇期货的合约设计和制度具有弹性，可以适应不同的外汇管理环境；境内交易所已具备丰富的金融期货交易组织经验，境内外汇期货市场风险可控，我国发展外汇期货市场具有可行性。目前我国可以通过两条产品线建设外汇期货市场：一是建设一个现金交割的交叉汇率期货市场，首先推出欧元兑美元、美元兑韩元等现金交割的外汇期货产品；二是选择合适的国家和交易所，开展人民币兑换该国货币期货的国际合作项目，建设人民币外汇期货市场，首先推出人民币兑卢布、人民币兑韩元等产品。同时，应稳步推进外汇期货市场对外开放，促进“一带一路”区域贸易畅通和资金融通，并通过技术援助和股权合作，建立我国与“一带一路”沿线国家和地区的外汇现货交易平台。

关键词：“一带一路”；外汇期货市场；人民币国际化；外汇避险

2015 年 3 月 28 日，国家发展和改革委员会、外交部、商务部联合发布了《推动共建丝绸之路经济带和 21 世纪海上丝绸之路的愿景与行动》，标志着我国“一带一路”倡议正式全面启动。“一带一路”倡议作为我国改革开放以来又一重大的对外开放战略，已对我国社会经济的多个领域产生重要影响，在为沿线各国和地区创造前所未有的发展机遇的同时，我国外汇期货市场建设也迎来了新的重大契机。

一、我国与“一带一路”沿线国家和地区经贸关系紧密

“一带一路”贯穿亚欧非大陆，一边连接活跃的东亚经济圈，一边连接发达的欧洲经济圈，中间广大腹地国家经济发展潜力巨大。“一带一路”倡议覆盖东南亚 11 国、南亚 7 国、中亚 6 国、西亚 18 国、中东欧 16 国、独联体 4 国及蒙古、埃及、中国在内共 65 个国家，沿线大多是新兴经济体和发展中国家，涉及总人口约 44 亿，经济总量约 21 万亿美元，分别约占全球的 63% 和 29%。“一带一路”倡议开启之后，我国与沿线其他 64 个国家之间的贸易、投资、旅游、文化、体育等方面的合作范围不断扩大，合作深度大幅增加。

（一）“一带一路”沿线国家对华外贸额占我国对外贸易总额约 1/3

“一带一路”倡议开启之后，我国与“一带一路”沿线国家在经贸合作和投资往来等方面取得丰硕成果。目前，我国对“一带一路”区域国家贸易额稳步增长，年均增速达到 20%。商务部统计数据显示，在双边贸易方面，2015 年，我国与相关国家双边贸易总额达 9955 亿美元，占全部国际贸易总额的 25.1%；2016 年 1—2 月，双边贸易总额达 1341 亿美元，占全部国际贸易总额的 26.26%。“一带一路”区域与我国贸易额比较大的国家有韩国、马来西亚、俄罗斯、越南等。东南亚是“一带一路”区域与我国贸易联系最紧密的地区，其次是东亚、西亚和南亚，东欧和中亚与我国的外贸额相对较少（参见表 5 - 8）。

表 5 - 8　2015 年我国与“一带一路”区域主要国家的进出口额

单位：亿美元

总量排名	国家	金额
1	韩国	2905
2	马来西亚	1020
3	俄罗斯	953
4	越南	836
5	新加坡	797
6	泰国	727
7	印度	706
8	沙特阿拉伯	691

（续表）

总量排名	国家	金额
9	印度尼西亚	636
10	阿拉伯联合酋长国	548
11	伊朗	519
12	菲律宾	445
13	波兰	315
14	伊拉克	285
15	阿曼	259
16	缅甸	250
17	土耳其	230
18	哈萨克斯坦	224
19	巴基斯坦	160

注：数据来源于万得资讯

（二）我国与“一带一路”沿线国家的双边投资已初具规模

在双边直接投资方面，商务部统计数据显示，2015 年，我国企业共对“一带一路”沿线的 49 个国家进行了直接投资，投资额合计 148.2 亿美元，相关国家对华投资 84.6 亿美元，同比分别增长 18.2%和 23.8%。2016 年 1—2 月，我国企业对相关国家直接投资达 22.3 亿美元，相关国家对华投资 10.7 亿美元，同比分别增长 41.1%和 5.2%。

（三）我国企业在“一带一路”沿线国家承包工程规模逐渐扩大

“一带一路”倡议的开启，也有利于我国企业“走出去”、增加利润、转型升级和扩大规模，同时也使我国企业面临着巨大的外汇风险敞口。商务部统计数据显示，2015 年，在对外承包工程方面，我国企业在“一带一路”相关的 60 个国家新签对外承包工程项目合同 3987 份，新签合同额 926.4 亿美元，占同期我国对外承包工程新签合同额的 44.1%，同比增长 7.4%，完成营业额 692.6 亿美元，占同期总额的 45%。2016 年 1—2 月，我国企业在“一带一路”相关的 60 个国家新签对外承包工程项目合同 421 份，新签合同额 154.6 亿美元，占同期我国对外承包工程新签合同额的 49%，同比增长 53.2%，完成营业额 79.7 亿美元，占同期总额的 42.9%。

（四）我国在"一带一路"沿线国家的境外经贸合作区发展势头良好

我国在"一带一路"沿线国家的境外经贸合作区不断发展，对增加就业、带动经济发展、提高产值发挥着重要作用。商务部统计数据显示，目前，我国在"一带一路"沿线国家共有70多个在建合作区项目，建区企业基础设施投资超过80亿美元，将带动入区企业投资近100亿美元，预计年产值超过200亿美元，可为当地创造20万个就业机会。如泰国泰中罗勇工业园自开工建设以来，已实现产值37.5亿美元，向当地政府累计缴纳税收逾7000万美元，目前吸纳当地从业人员超过3000人；柬埔寨西哈努克港经济特区借助柬埔寨服装行业在国际上享有较优惠贸易政策的有利条件，吸引中国超过50家纺织和轻工企业入驻，成为柬埔寨重要的纺织轻工产品出口生产基地，为当地近万人提供了就业岗位。

二、"一带一路"倡议下外汇期货市场建设的必要性

（一）外汇期货有助于满足"一带一路"区域内企业对冲汇率风险

"一带一路"区域涉及众多国家，汇率风险复杂，并且显著影响我国对"一带一路"区域内国家的外贸规模。外汇期货将为参与"一带一路"建设的企业提供汇率风险管理工具，降低汇率波动给企业带来的冲击和不确定性，促进贸易稳定增长。

1."一带一路"区域的货币普遍波动较大，企业面临较大的外汇风险

美元兑人民币汇率的年波动率约为3%，而"一带一路"沿线国家货币的波动率显著大于人民币。比如，美元对俄罗斯卢布的年波动率甚至达到20%，土耳其里拉的年波动率约为15%，其他货币的年波动率大约介于5%~15%，都远远大于人民币。而我国企业的利润率普遍较低，仅为5%左右，"一带一路"沿线国家和地区货币的巨大波动率显著影响了我国企业的外贸业务。我国与"一带一路"区域内部分国家的贸易额和该国货币波动率，见图5-3。

美元是我国与"一带一路"区域国家之间的主要贸易结算货币。然而，除了美元兑人民币，这些国家货币兑美元的交叉汇率也显著影响我国对该区域的进出口贸易。因为我国商品在该国销售或采购均采用该国货币计价，这样，该国货币兑美元的汇率必然影响我国商品的美元价格，进而影响我国企

业的进出口贸易业务。

2.“一带一路”区域多数国家的场外外汇衍生品市场不发达或不完善

除了新加坡、中国香港和迪拜之外，“一带一路”区域没有发达的金融中心，多数国家的金融市场以及外汇衍生品市场还不发达。国际清算银行 2013 年的统计数据显示，除了地区金融中心，“一带一路”区域内的韩国、印度、马来西亚、俄罗斯、泰国和土耳其等国拥有相对较好的场外外汇衍生品市场。其外汇远期的日均成交额超过 10 亿美元，其他国家的外汇衍生品市场均非常小，难以为企业提供低成本的风险对冲工具。

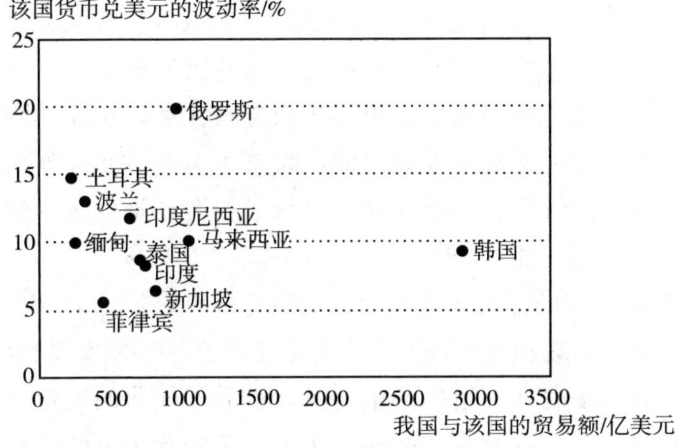

图 5－3　我国与“一带一路”区域部分国家贸易额和该国货币波动率

数据来源：路透社

3. 境外人民币外汇期货市场难以满足“一带一路”区域企业的外汇避险需求

新加坡、中国香港和迪拜是地区金融中心，仅仅限于满足周边地区或国际化企业的金融服务。新加坡和中国香港都推出了离岸人民币外汇期货产品，但其市场参与者主要是本地企业和金融机构，“一带一路”区域内其他国家的企业极少。多数“一带一路”区域的国家缺乏必要的金融基础设施，离岸金融中心的现代化金融服务难以覆盖，也难以满足该区域内企业的避险服务。

上海建立外汇期货市场，并且通过制度创新连接“一带一路”区域内的各国银行和金融机构，可以在一定程度上解决区域内企业的避险问题，从而促进我国“一带一路”倡议实施。

（二）外汇期货有助于推进“一带一路”区域的人民币国际化

2008 年，金融危机全面爆发之后，以美元本位为特征的现行国际货币体系受到巨大冲击。国际货币体系多极化趋势进一步凸显，人民币国际化既是中国经济崛起的必然结果，也是国际货币多元化的客观要求。

（1）外汇期货市场将有利于“一带一路”区域的人民币汇率风险管理，从而促进“一带一路”沿线企业接受人民币。外汇期货提供了统一的价格信息，有利于“一带一路”地区的企业拥有相同的价格参考，促进其接受人民币。场外外汇市场分散于全球各地，某些地区价格信号不强或价差很大，而外汇期货市场的价格将为这些投资者提供统一的风险管理服务，促进人民币更广泛地在世界各地使用。即使我国银行在某些落后地区开设分支机构，但由于交易规模小，银行为当地企业提供的服务往往难以快速达到高质量，远期汇率差价也会远远大于流动性充足的成熟市场地区。而外汇期货市场则不会区分哪个地区，能够为“一带一路”区域的投资者提供统一的服务，从而促进人民币在“一带一路”区域广泛使用。

（2）外汇期货市场有助于快速增加我国金融市场的深度，从而促进人民币国际化。从金融市场和金融资产定价的角度看，一个高度发达的金融市场，尤其是一个富有深度的外汇衍生品市场是人民币国际化的决定性因素。美国哈佛大学教授杰佛里·富兰克在分析了美元、英镑等货币的历史发展后，认为国际货币地位有三个决定性因素，分别是经济规模、对币值的信心和金融市场深度，并指出境内金融市场规模已经成为影响人民币未来国际地位的最大短板。外汇期货是我国唯一没有推出的重要外汇衍生品。建设外汇期货市场，并逐步推出交叉汇率期货和人民币外汇期货，必然可以大幅提高外汇市场深度，从而促进人民币国际化。

（3）外汇期货有助于确立“一带一路”区域的锚货币地位，提高人民币的国际影响力。根据相关研究，人民币对东南亚等地区货币的影响力已经超过美元。外汇期货由于其公开、透明和场内交易的特点，容易形成一体化的市场架构。有利于打造以人民币为核心的“一带一路”经济体，有利于降低该地区相关国家对美元的过度依赖，减轻受美元剧烈波动的巨大冲击，增强“一带一路”沿线国家经济的抗风险能力，并让“一带一路”沿线更多的国家选择人民币作为锚货币。

（三）外汇期货有助于促进“一带一路”区域内资金融通，打造相对统一的金融市场

资金融通也是“一带一路”倡议的重要目标之一。当前，中国香港、新加坡等离岸金融中心是资金融通的重要枢纽。然而，受限于比较封闭的金融市场，这些金融中心还没有辐射到“一带一路”地区。建设外汇期货市场有助于上海成为辐射“一带一路”区域的金融中心，促进资金融通。

（1）外汇期货为跨境投融资提供避险工具，促进“一带一路”区域内投融资一体化。近年来，我国与众多沿线国家扩大了双边本币互换、结算的范围。配套“一带一路”发展战略，我国牵头搭建了金砖国家新开发银行、亚洲基础设施投资银行、丝路基金等战略性平台，大力推进资金融通。金融平台将促进我国同沿线国家和地区的经贸与投资往来，帮助我国企业和资本走出去，促进人民币在跨境投融资等方面的应用。然而，这些跨境投融资缺乏必要的避险工具。外汇期货为这些跨境投融资提供方便的避险渠道，可以促进“一带一路”区域的跨境资本流动和资金融通。

（2）外汇期货市场本身也是一个投资市场，有利于吸引世界各地的投资者。在经贸畅通和交通联通的基础上，伴随着我国股票、债券、外汇等金融市场对外开放程度的进一步提高，外汇期货市场也将逐步向各国投资者开放。一旦我国建立起“一带一路”沿线国家都参与的外汇期货市场，这本身将成为巨大的投资场所，吸引大量跨境投资资本，促进资金融通，并且各国汇率的变化也将成为该国经济的晴雨表。

三、“一带一路”倡议下外汇期货市场建设的可行性

（一）“一带一路”倡议得到沿线各国的大力支持

自2013年习近平总书记提出共建“一带一路”倡议构想以来，中国与沿线国家和地区达成了一系列务实合作的初步意向。2015年3月28日，国家发展和改革委员会、外交部、商务部联合发布了《推动共建丝绸之路经济带和21世纪海上丝绸之路的愿景与行动》，宣告“一带一路”进入了全面推进阶段，也标志着该战略正式上升到国家层面。我国与“一带一路”区域多数国家都保持了良好的政治合作关系，这有助于我国与这些国家共同建设外汇期货市场。

（二）外汇期货市场可以适应不同的外汇管理环境

“一带一路”沿线仅三分之一国家实行了浮动汇率制度和货币自由兑换，

其他国家都存在较大程度的外汇管制。同时，“一带一路”区域普遍缺少汇率避险工具。外汇期货可以较好地适应不同的外汇管理情况，比如，不可兑换的货币可以采用现金交割的外汇期货产品设计，为沿线国家提供避险产品；可兑换货币可以考虑采取实物交割等方式。

（三）风险可控，不会出现系统性风险

境内金融期货交易所已经具备组织金融期货交易的丰富经验。2010 年以来，金融期货市场运行平稳，没有发生大的风险性事件，也没有出现会员结算风险。借鉴六年来金融期货平稳运行的经验，外汇期货推出后，境内金融期货交易所也完全有能力控制外汇期货市场的风险，保证市场安全平稳运行。此外，2008 年国际金融危机表明，一个透明程度很高的外汇期货市场可以降低系统性金融风险。外汇期货实行撮合交易，交易量和持仓量信息透明，可以较好地防范风险。

（四）交叉汇率期货完全可行，境内人民币外汇期货尚需部分突破实需原则

“一带一路”倡议下的外汇期货市场建设，可以分成交叉汇率期货和人民币外汇期货两条线。前者指美元兑“一带一路”区域内的货币期货；后者指人民币兑“一带一路”区域内的货币期货。交叉汇率期货不涉及人民币定价权、人民币汇率市场化，与相应国家的货币当局沟通之后，已经完全具备推出条件；境内交易的人民币外汇期货产品尚需部分突破我国的实需原则，而境外交易的人民币外汇期货产品已经完全具备推出条件。

四、良好的期货法治环境为外汇期货市场建设提供了有力保障

期货市场本质上是法治市场和规则导向型市场，完备的期货法制体系是推动市场各方主体归位尽责、实现市场监管转型、促进市场功能进一步发挥、持续健康稳定发展的关键。我国自 1990 年期货市场建立以来，十分重视期货法治建设，经过 20 余年的发展，目前已颁布与期货市场相关的行政法规、法规性文件 8 件，司法解释 11 件，中国证券监督管理委员会（简称“证监会”）规章 60 余件，其他部委发布的相关规章（规范性文件）30 余件，期货交易所、期货业协会的业务规则 100 多件，形成了以《期货交易管理条例》为核心，规章和规范性文件为主体，自律机构业务规则为重要补充，相关司法解

释为支持的期货市场法规制度体系。期货法治环境的不断完善，成为外汇期货市场建设的有力保障。

（一）国务院《期货交易管理条例》为外汇期货市场建设奠定了基本制度基础

期货市场是涉及国计民生的重要新兴经济领域，市场敏感度高，社会影响面较广，规范期货市场秩序、维护市场各方权益、发挥市场服务实体经济的作用需要健全、完备的期货法制体系。为适应期货市场的发展，规范期货交易行为，加强对期货交易的监管，保护市场参与者的合法权益，国务院于1999年颁布了《期货交易管理暂行条例》。随着期货市场的不断壮大，新问题和新情况不断涌现，我国于2007年出台了《期货交易管理条例》（以下简称《条例》），并在2012年进行了修订。《条例》较为全面地建立了覆盖期货交易、结算、交割、违规违约处理等各个环节的基本制度体系，包括期货交易所、期货公司、期货保证金安全存管监控机构等期货市场主体制度；保证金、涨跌停板、持仓限额、大户报告、风险准备金等期货交易风险管理制度；当日无负债结算、违约处理等期货结算制度；期货交易所集中履约担保、期货投资者保障基金等期货交易者保护制度；欺诈、内幕交易、操纵期货交易价格、编造和传播虚假信息、损害客户利益等违法违规行为法律责任制度等。外汇期货交易作为期货交易的一类，同样遵循期货交易机制，存在违规违约风险，外汇期货市场建成后亦将由证监会监管。《条例》不仅确立了现有期货市场的基本制度架构，同时也为我国外汇期货市场建设奠定了法规层面的基本制度基础。

（二）证监会规章和规范性文件、期货市场自律机构的业务规则为外汇期货市场建设提供了具体制度支持

为了贯彻落实《条例》，证监会出台了《期货交易所管理办法》《期货公司管理办法》《期货从业人员管理办法》《期货市场客户开户管理规定》《期货公司风险监管指标管理办法》等配套规章及规范性文件。其涉及的制度类别广泛，涵盖期货交易所会员管理，基本业务规则，期货公司经纪业务规则，客户资产保护，期货市场开户，期货投资者保障基金的筹集、管理和使用等方面，对期货市场主体及其行为规定明确，内容具体细致、可操作性强，为现有期货市场健康有序发展及外汇期货市场建设提供了部委规范性文件层面的制度支持。期货交易所、期货业协会等期货市场自律机构制定的业务规则

亦是期货市场具体制度的重要补充。业务规则设定了各类市场参与者的具体权利与义务，对期货交易运维方方面面涉及的细节进行了更加详尽细致的规定，为外汇期货市场建设提供了实践操作层面的制度支持。

（三）最高人民法院、最高人民检察院、公安部发布的期货相关规范为外汇期货市场建设提供了司法制度保障

我国期货市场之所以能够保持快速、健康发展态势，离不开司法机关出台的一系列发挥职能作用、支持期货市场监管的重要制度。其主要包括最高人民法院先后于2003年和2011年发布的《关于审理期货纠纷案件若干问题的规定》《最高人民法院、最高人民检察院关于办理内幕交易、泄露内幕信息刑事案件具体应用法律若干问题的解释》《最高人民法院、最高人民检察院、公安部、中国证监会关于办理证券期货违法犯罪案件工作若干问题的意见》《最高人民检察院、公安部关于公安机关管辖的刑事案件立案追诉标准的规定》等。上述规定在处理期货纠纷、打击期货市场违法犯罪行为、强化市场监管等方面发挥了重要作用，不仅为维护持续发展中的期货市场秩序、保护交易者合法权益提供了司法制度支持，也为我国外汇期货市场建设提供了司法制度保障，可以有效防范和化解外汇期货市场建设过程中可能产生的风险。

（四）正在制定的期货法将为外汇期货市场建设创造更加完善的法治环境

我国期货市场经过20多年的建设与发展，期货法治建设也取得了长足进展，以《条例》为核心的期货法规体系为外汇期货市场建设提供了良好的法治保障，正在制定中的期货法将为外汇期货市场未来健康有序地发展创造更加完善的法治环境。1994年和2007年，全国人大财经委会同证监会两度共同起草了《期货法（草案）》，由于全球金融危机等多方面原因最终未将草案提交审议，但前期的立法工作为期货法的出台奠定了坚实的立法基础。2013年12月10日，全国人大财经委期货法起草组成立，期货法立法工作再次启动，2014年5月完成《期货法（草案）》第一稿，2014年11月完成《期货法（草案）》第二稿。《期货法（草案）》全面梳理了现有期货法规、规章、司法解释和自律组织业务规则，结合我国期货市场发展实际和需要，吸收借鉴境外先进立法，对期货交易的各个环节进行了更加全面、系统的规范，将保证金交易、委托交易、持仓限额、强行平仓、强制减仓、交易适当性、当日无

负债结算、违约处理等基本交易、结算和交割制度上升至法律层面。新增关于高频交易和程序化交易、错单交易、期货结算机构、跨境管辖与协作的规定，建立关于期货交易中央对手方、交易者分类和区分保护、交易冷静期、行政和解、期货违法行为民事责任等制度性规定。即将出台的期货法将为我国现有期货市场及外汇期货市场建设创造更加完善的法治环境，更好地保护交易者的合法权益，保障和促进外汇期货市场功能的有效发挥。

五、健全的外汇期货市场将在“一带一路”建设中发挥积极作用

与历史上的丝绸之路相比，如今交通、基本建设等基础设施互通优先，将提高运输效率，促进贸易畅通；纸币和电子支付媒介代替传统的金银货币，便利了贸易结算和投资者交易，为资金融通提供了条件。正如货物运输需要购买保险来抵御运输和货物损失风险一样，在贸易结算、跨境投融资领域同样需要建设配套的汇率风险管理市场等金融基础设施为贸易、投资保驾护航。国际市场实践证明，外汇期货市场是金融市场基础设施的重要组成部分，然而国内仍是空白。

我国建设外汇期货市场，能够在“一带一路”建设中发挥其保障跨境贸易发展、促进跨境投融资、助力人民币国际化等方面的积极作用。

（一）规避跨境贸易结算风险，促进贸易畅通

“一带一路”沿线将成为中国外贸新的增长极。海关最新数据显示，2014年我国与“一带一路”沿线国家或地区进出口双边贸易值接近7万亿元人民币，增长7%左右，占同期我国外贸进出口总值的四分之一。在美国、欧洲等发达经济体陷入危机、复苏乏力之际，随着“一带一路”共建的不断深入，贸易畅通将会为“一带一路”沿线国家和地区的农业、渔业、矿业、新能源、新生物医药、新材料等行业带来巨大的商机，推动双边经贸发展再攀高峰。

外汇期货市场有助于沿线国家和地区规避贸易结算风险，促进贸易畅通。2008年全球金融危机以来，为了规避美元、欧元等中介货币的波动风险，很多国家采用了对外贸易本币结算的方法。目前，人民币跨境收支占全部本外币收支的比重接近25%，接受人民币跨境结算的主要是“一带一路”沿线国家和地区，因人民币与其他新兴国家货币相比，币值相对坚挺，人民币在东南亚、中亚、西亚和部分欧洲地区接受度较高。因此，建立人民币兑沿线国

家和地区货币的外汇期货市场（例如人民币兑卢布、人民币兑南非兰特、人民币兑坚戈等），有助于亚洲、欧洲和非洲本土贸易商规避本币兑人民币汇率风险，促进沿线贸易发展和人民币本币结算。

（二）保护跨境投融资安全，促进资金融通

近年来，中国与众多“一带一路”沿线国家和地区在扩大双边本币互换、结算范围和规模的基础上，配套“一带一路”发展战略，牵头搭建了金砖国家新开发银行、亚洲基础设施投资银行、丝路基金等战略性平台，大力推进资金融通。金融平台将促进中国同沿线国家和地区的经贸、投资往来，帮助中国企业和资本走出去，促进人民币在跨境投融资等方面的应用。“一带一路”沿线国家和地区将涌现出类似于中国香港、新加坡、伦敦的离岸人民币市场，配合信用体系建设，人民币债券市场、股票市场的开放和发展，将深化亚洲金融合作，推进货币体系稳定。

在经贸畅通和交通联通的基础上，伴随着我国股票、债券、外汇等资本市场对外开放程度的进一步提高，沿线国家和地区的企业利用期货、期权等工具对冲风险的需求随之而来。建设外汇期货风险管理市场，将有利于实现企业跨境投融资，以及各国在资本项下的本币兑换和结算，交叉持有对方货币进行对外投资和充当国家外汇储备，扩大人民币在“一带一路”沿线国家和地区的跨境使用，进一步提升人民币区域硬通货的地位。

（三）促进境内外监管合作，便利政策沟通

伴随着人民币国际化进程的不断加快，建设人民币外汇期货市场，对接“一带一路”沿线的金融衍生品市场，加强双方在人民币现货、衍生品市场监管方面的合作，推动境内外交易所签署双边监管合作谅解备忘录，逐步在区域内建立高效监管协调机制。完善风险应对和危机处置制度安排，构建区域性金融风险预警系统，形成应对跨境风险和危机处置的交流合作机制，为人民币和“一带一路”沿线国家货币的功能发挥和风险防范做好预案，确保人民币国际化的顺利推进。

六、“一带一路”倡议下外汇期货市场的建设路径

建议我国通过两条产品线建设外汇期货市场，服务于“一带一路”倡议。

其一，建议交叉汇率期货市场，比如欧元兑美元、美元兑韩元等现金交割的外汇期货产品；其二，建设人民币外汇期货市场，比如人民币兑卢布、人民币兑韩元等期货产品。我国应就每个具体的期货产品开展广泛调研，进行详细论证，逐步推出外汇期货产品。此外，我国还应稳步推进外汇期货市场的对外开放，服务于“一带一路”区域的企业和金融机构。

（一）建设境内现金交割的交叉汇率期货市场，服务“一带一路”区域内的企业和金融机构

“一带一路”区域的一些货币是离岸境内现金交割的交叉汇率期货（NDF）市场的主要交易对象，比如韩元、印度卢比。交叉汇率期货市场源于跨国公司对于不可兑换货币的风险对冲需求，当前已经形成众多银行、非银行金融机构和企业等广泛参与的外汇衍生品市场，人民币也是离岸交叉汇率期货市场的重要交易货币。

我国境内也有必要建设一个现金交割的交叉汇率期货市场，满足企业在“一带一路”区域内贸易和投资等外汇避险需求。交叉汇率期货不涉及人民币，并且采用现金交割，交易和结算机制非常类似于交叉汇率期货。交叉汇率波动较大，企业对这类风险对冲工具有较大的需求。随着我国企业“走出去”步伐加快，跨国公司越来越多，企业的交叉外汇避险需求将越来越强烈。需要避险的货币对包括欧元兑美元、澳元兑美元、美元兑日元、美元兑韩元、美元兑印度卢比等，可选择上述外币对优先推出相关外汇期货产品。

我国推出交叉汇率期货也完全具备可行性。交叉汇率期货不涉及人民币定价权，与人民币汇率市场化无关，并且外币对（交叉外汇）都是国际市场上成熟交易的外汇产品，采用市场化的价格形成机制。即使一些不可兑换货币没有完全市场化，我国也可以推出美元兑这些货币的期货，其定价不一定按照利率平价，但是交叉汇率期货以很低的成本来管理外汇风险，可以给企业提供一种市场化的风险管理工具。

（二）选择合适的国家和交易所，开展人民币兑该国货币期货的国际合作项目

“一带一路”区域内国家多数都建立了证券交易所，但建立金融期货市场的国家或交易所却不多。表 5 -9 列出了“一带一路”区域内已经推出金融期

货的交易所。选择合作国家或者交易所的考量因素如下：一是我国与该国的进出口贸易情况；二是我国与该国的政治关系；三是我国与该国的直接投资情况；四是该国交易所的发展状况；五是该国金融市场的发展情况。

表5－9　“一带一路”区域内已经推出金融期货的交易所

交易所	权益类期货	利率类期货	汇率类期货
韩国证券交易所	√	√	√
泰国期货交易所	√	√	√
马来西亚证券交易所	√	√	
印度尼西亚证券交易所	√		
印度国家证券交易所	√	√	√
俄罗斯莫斯科证券交易所	√	√	√
新加坡证券交易所	√	√	√
土耳其伊斯坦布尔证券交易所	√		√
阿拉伯联合酋长国迪拜黄金商品交易所			√
以色列特拉维夫证券交易所	√	√	√
巴基斯坦卡拉奇证券交易所	√		
波兰华沙证券交易所	√	√	√

注：资料来源于各交易所网站；√表示已经上市该类金融期货产品

综合贸易、投资等标准，识别出下列“一带一路”区域内比较可行的外汇期货市场国际合作项目：

1. 与莫斯科证券交易所共同推出人民币兑卢布期货

2015年3月，莫斯科证券交易所已经推出人民币兑卢布期货，并且，莫斯科证券交易所也表示有兴趣与我国以“托管交易”的模式开展人民币兑卢布期货的国际合作。目前，我国人民币兑卢布现货市场日均交易约100亿卢布。人民币兑卢布也基本完成了汇率市场化形成机制改革。同时，我国与俄罗斯的进出口贸易额达到953亿美元，人民币兑卢布年波动率达到20%，企业面临显著的汇率风险，而我国银行没有提供卢布汇率避险工具。因此，我国有必要推出人民币兑卢布的期货产品。

2. 与韩国证券交易所合作推出人民币兑韩元期货

韩国是“一带一路”区域我国最主要的贸易伙伴，并且据前期了解，韩国证券交易所将推出人民币兑韩元期货产品，同时也表现出与我国交易所合作的意愿。人民币兑韩元汇率的年波动率达到10%，我国有必要推出该期货产品，促进我国与韩国贸易的稳定增长。

3. 与马来西亚证券交易所合作研发人民币兑林吉特期货

马来西亚是“一带一路”区域内与我国进出口贸易居第二位的国家，2015年贸易额达1020亿美元，并且人民币兑林吉特已经在我国银行间市场进行交易。马来西亚证券交易所还没有推出外汇期货，我国期货交易所可以与其探讨推出人民币兑林吉特期货产品的必要性、可行性以及可能的合作模式。

4. 与泰国期货交易所合作人民币兑泰铢期货

泰国与我国一直有良好的政治关系，并且也是“一带一路”区域内我国的第六大贸易伙伴。泰国期货交易所已经推出美元兑泰铢期货，但交易量还很小。

（三）扩大外汇期货市场的对外开放，促进“一带一路”区域贸易畅通和资金融通

交叉汇率期货和人民币外汇期货都需要逐步向“一带一路”沿线国家和地区乃至全世界开放，以便更好地服务于“一带一路”区域内的企业和投资者，整合“一带一路”外汇衍生品市场。

（1）向“一带一路”区域的企业和金融机构开放我国可以与“一带一路”相关国家和地区的监管。机构协商金融市场双向开放，并鼓励我国期货公司在“一带一路”区域内开展外汇期货的经纪业务，吸引该国企业和金融机构参与上海外汇期货市场，或者参考沪港通模式，与该国交易所合作，通过交易所之间的合作双向开放两国的金融市场。

（2）向“一带一路”区域内的离岸金融中心开放新加坡、中国香港和迪拜是“一带一路”区域内的重要金融中心。按照我国资本项目开放的计划，外汇期货市场可以向这些金融中心开放，吸引更多的投资者，提高市场的流动性。

（四）通过技术援助和股权合作，尝试建立我国与“一带一路”沿线国家的外汇现货交易平台

外汇现货是外汇期货的基础。如果一个平台同时推出外汇现货和外汇期货交易，将极大地提高市场的竞争力。我国可以通过技术援建、股权合作等多种方法尝试与相关国家建立外汇现货交易平台，取得部分控制权，为未来开展人民币兑该国货币的衍生品交易奠定基础。

合作建设外汇电子交易平台具有一定的可行性。我国金融期货交易所已经建成国际上较为先进的电子交易系统，并且拥有完全的知识产权。而“一带一路”区域诸多欠发达国家还没有成型的金融市场，缺乏建设现代化金融市场的技术和资金。我国金融期货交易所可以按照技术援建或者股权合作的方式帮助这些国家建成外汇现货和衍生品电子交易系统，促进“一带一路”区域贸易、投资和融资的便利化。同时，这些欠发达地区的电子交易系统全部与上海相连，可以助推我国建成全球性人民币外汇和风险管理产品中心，并推动上海国际金融中心建设。

参考文献：

［1］陈晗，刘道云．我国中小企业避险难、避险贵问题成因及对策［J］．清华金融评论，2015（3）：41－44.

［2］尹中卿．我国期货市场法治化的前景［N］．人民日报，2014－06－04(13).

［3］刘道云．我国应加快期货法制定步伐［C］//王保树．中国商法年刊．北京：法律出版社，2014：365－369.

［4］中国金融期货交易所外汇事业部．外汇期货：国际经验与国内市场设计［M］．北京：中国财政经济出版社，2015：317.

［5］刘道云．汇率制度改革与外汇期货市场建设：印度经验及对我国的启示［J］．南方金融，2016（4）：60－64.

［6］温建东．推出交叉汇率期货丰富外汇避险工具［J］．清华金融评论，2015（1）：67－68.

作者简介：刘道云（1984—），男，安徽省郎溪县人，复旦大学金融法研究中心特别研究员，法学博士，中国金融期货交易所法律部经理，主要研究方向为金融法、金融期货。

海上丝绸之路支点港口城市金融创新路径探索

周爱民　宋　暄
（南开大学金融学院，天津市 300350）

摘要：在共建 21 世纪海上丝绸之路的愿景下，日趋紧密的经贸合作对于沿线支点港口城市的金融服务水平及创新能力提出了更高要求。通过构建莱文（Levine）指标，分析我国 16 个海上丝绸之路支点港口城市的金融创新能力，并进一步引入工具变量，构建动态面板模型，探究金融环境、金融制度和金融人才因素对样本港口城市金融活跃度和金融规模的影响。结果表明，支点港口城市的金融创新能力大小呈梭形分布，南北差异明显。提高支点港口城市的金融创新能力，应重点促进金融制度双向互补式改革，吸引金融人才落户。同时，支点城市应建设智慧港口，发展港口导向型金融创新，调整产业结构，提高资源配置效率，在新兴产业领域扩大外商合作规模，实现经济平稳健康发展。

关键词：海上丝绸之路；支点港口城市；金融创新能力；动态面板模型

一、引言

作为国家层面的发展构想，“一带一路”倡议在近几年来受到广泛关注。该设想立足于中国经济建设新形势，赋予古丝绸之路新的时代意义。除了多极世界下政治的求同存异，通过建设海陆经济走廊，实现沿线经济体协同发展是 21 世纪全球化大格局下的必然要求。建设“一带一路”有利于实现地区经贸共赢，促进我国优势产能输出，辅助经济结构性改革软着陆，推进人民币国际化。同时，作为对《跨太平洋伙伴关系协定》《国际服务贸易协定》等协议的应对，“一带一路”设想能够维护中国在亚太地区的战略地位，提升我国的空间发展格局，促进与亚洲、欧洲、非洲以及更广泛区域内国家和地区的合作。

2015 年 3 月，国家多部委联合发布了《推动共建丝绸之路经济带和 21 世纪海上丝绸之路的愿景与行动》，圈定深圳、上海、厦门、大连等 16 个沿海城市为海上丝绸之路支点港口城市。作为海陆交汇要塞，支点港口城市需加强港口配套设施建设，满足频繁的货运中转服务需求，积极向海陆空综合性枢纽城市转变。把支点港口城市作为对外开放的窗口，并以此为契机推进渐进式改革，建立更具活力的开放型经济体制，淘汰港口内落后产能，推进人民币国际化和金融服务创新，确保更广泛的国际合作的顺利开展。同时，日趋加深的贸易合作也使跨境金融风险不断增多，严重威胁着金融市场的稳定，因此，积极探索支点港口城市金融创新路径意义重大。目前，海上丝绸之路支点港口城市在金融发展水平和创新能力方面存在着较大的差异，成为制约海上丝绸之路经贸往来的短板。

二、海上丝绸之路支点港口城市金融创新能力分析

（一）金融创新能力指标构建

衡量金融创新能力的指标主要分为单项评价指标、综合评价指标和投入产出效率指标等。就单项评价指标来看，例如，运用多元非线性模型中的平滑转换自回归模型（STAR），将财政金融创新细分为信贷产品创新指标、金融服务效率创新指标和融资担保创新指标等单项评价指标，探究不同指标对于经济增加值的影响。就综合评价指标来看，例如，使用因子分析法来构建我国大陆 31 个省市的金融创新能力综合评价体系，探究各省市金融创新发展存在的不平衡现象。也有学者运用熵权法、灰色关联分析法、主成分分析法对比分析了上海、南京等 21 个城市的金融竞争力，并根据各城市的优势和不足提出了针对性建议，但该评价体系内的金融创新指标构建主观性太强。就投入产出效率指标来看，例如，运用三阶段数据包络分析（DEA）模型测度区域金融创新效率，寻找影响决策单元投入冗余的环境因素，分析外在环境因素对于区域金融创新效率的影响。

就已有研究成果而言，虽然学者们对城市金融创新能力的衡量方法尚未达成共识，但许多研究表明，金融发展水平的高低对一个地区宏观经济的影响可以体现该地区的金融创新能力。莱文在 2002 年构建了一系列指标，包含金融规模和金融活跃度等。该指标也被相关学者用于分析中国金融服务业的

创新情况，探究中国2000—2007年金融创新的主要特征。本文将这一指标运用到对港口城市金融创新能力的分析中，具体计算公式为：

$$总交易比例 = 股市交易量/GDP \tag{1}$$

$$市场资本化比例 = \{0.5 \times [M(t)/P_e(t) + M(t-1)/P_e(t-1)]\}/[GDP(t)/P_e(t)] \tag{2}$$

$$贷款比例 = \{0.5 \times [F(t-1)/P_e(t-1)]\}/[GDP(t)/P_e(t)] \tag{3}$$

$$金融活跃度 = ln(总交易比例 \times 贷款比例) \tag{4}$$

$$金融规模 = ln(市场资本化比例 \times 贷款比例) \tag{5}$$

其中，$M(t)$、$P_e(t)$ 分别表示第 t 年末该城市的上市公司流通市值、平均消费价格指数。本文采用城市金融机构本外币各项贷款余额来代替原贷款比例中的城市私人贷款余额，用 $F(t)$ 表示。金融活跃度越高，金融规模越大，金融系统越发达，金融创新能力就越强。

（二）金融创新能力影响因素指标选取

影响金融创新能力的因素是多方面的。有学者构建了评价中国6个城市国际金融中心潜力的综合体系，包括规模、环境、聚集度、国际化程度、风险防御、金融创新、金融效率、金融人才、金融科技及金融制度。结果显示，金融创新的基础是金融环境、金融制度和金融人才，良好的金融环境和完善的金融制度有助于推动金融国际化的进程，增强金融风险防御能力。提升金融创新能力的有效措施很多，例如，完善相关法律法规，改革金融制度，增加税率优惠，优化金融机构的公司治理，提高金融从业人员的收入水平和受教育程度，合理运用先行优势和声誉优势以及控制成本等。

本文从金融环境、金融制度和金融人才三个角度，选取了五个指标来探究影响样本港口城市金融创新能力的因素。金融环境因素主要包括城市生产总值、港口总货物吞吐量和城市对外资的依存度。城市生产总值代表地区总体经济发展状况，港口总货物吞吐量则反映了地区港口的规模扩张力度。城市对外开放程度采用外资依存度表示，即辖区内实际利用外资额与GDP的比值，反映了外商投资对于当地经济的贡献度或是对于国际资本的依赖程度。

金融制度因素可以理解为政府税收等制度改革或是风险管理的一系列措施，长期以来，我国银行贷款的发放常与政策目标捆绑，信贷配额制度是中央银行在不同省域间调配资金的重要手段。本文借鉴相关研究的方法，采用贷款与存款的比率作为政府信贷干预程度的衡量指标，反映各地不同的金融制度和金融风险管理的松紧程度，贷存比越高，地方政府对于风险的管控力度越小，信用越宽松；反之则管控较严格，信用收紧。金融人才因素使用地区金融从业人员密度来表示。

（三）动态面板模型构建

为了探究影响支点港口城市金融创新能力的因素，将构建的城市金融活跃度和金融规模作为被解释变量，选取城市金融业发展的相关指标作为解释变量，构建面板模型。静态面板模型的基本设定为：

$$y = \beta X'_{it} + \gamma_t + \delta_i + \varepsilon_{it} \tag{6}$$

其中，i 代表港口城市截面单元（$i = 1,2,\cdots,16$），t 表示样本年份，y_{it} 表示被解释变量，X'_{it} 表示解释变量，γ_t 表示时间非观测效应，δ_i 表示城市非观测效应，ε_{it} 则是随机误差项。

由于各城市经济建设和金融发展的起点各不相同，金融创新能力有可能会受已有发展水平的影响。构建影响因素的动态面板模型将提高模型分析的稳健性，具体公式如下：

$$y_{it} = \alpha + \rho y_{i,t-1} + \beta X'_{i,t} + \mu_i + \varepsilon_{it} \tag{7}$$

本文采用的是差分广义矩（GMM）估计方法。对于式（7）进行一阶差分消去个体效应后得到：

$$\Delta y_{it} = \rho \Delta y_{i,t-1} + \rho \Delta X'_{it} + \Delta \varepsilon_{it} \tag{8}$$

动态差分模型能够较好地降低模型的反向因果关系，并能够消除部分非时变因素和个体因素，极大地提高构建模型的稳健性。但在选取代表金融环境的三个指标时，地区生产总值指标可能会造成模型的内生性。因此，采用该指标的滞后阶变量作为工具变量。拟合被解释变量的工具变量滞后阶数根据汉森检验以及阿雷拉诺检验情况进行调整。

三、数据来源

（一）金融创新能力指标数据来源

本文选取海上丝绸之路16个支点港口城市2000—2015年的年度数据。其中各城市国内生产总值、本外币各项贷款余额和平均消费价格指数均来源于国家统计局及各城市统计公报，各城市上市公司股票流通总市值和股票交易量数据来源于万得（Wind）资讯金融终端，经整理计算后获得。

（二）面板模型指标数据来源

各港口城市生产总值数据及存贷款数据来源于2000—2016年中国统计年鉴及各城市统计公报；各港口城市总货物吞吐量数据来源于2002—2016年中国港口年鉴；实际利用外资额数据来源于2001—2015年各城市统计局统计公报和2002—2016年中国城市统计年鉴。各城市金融从业人员和地区单位就业人员数据来源于2002—2016年中国城市统计年鉴。①

四、支点港口城市金融创新能力实证分析

（一）数据的平稳性检验

各解释变量的缩写及相应数据的单位根检验参见表5－10，结果均拒绝原假设，各指标数据不存在单位根，满足平稳性。数据的平稳性说明相关经济指标不存在共同变化趋势，排除了在构建金融创新能力影响因素面板模型中存在虚假回归的可能性，保证了回归结果的可信度。

表5－10　指标单位根检验

指标名称	指标代码	不分截面	分截面	
		Levin, Lin & Chu（t LLC）	ADF	PP
金融活跃度	*finact*	－4.9731***	59.2221***	64.7987***

① 作者整理相关数据，并用地区金融从业人员除以地区单位就业人员计算得到地区金融从业人员密度。由于受部分数据发布时间滞后的限制，各年度港口年鉴和城市统计年鉴所发布的内容为上一年度的数据和信息，因此摘取2002—2016年的中国港口年鉴和中国城市统计年鉴内相关信息，整理得到2001—2015年的数据用于面板模型的构建和分析。为了保证数据的平稳性，对生产总值和货物吞吐量进行了对数化处理。

（续表）

指标名称	指标代码	不分截面	分截面	
		Levin, Lin & Chu (t LLC)	ADF	PP
金融规模	*finsca*	-4.9662***	55.9139***	64.3755***
城市生产总值	*lngdp*	-8.269***	43.7751*	71.4424***
港口货物吞吐量	*lnport*	-10.0172***	70.0681***	137.973***
外资依存度	*forcade*	-7.4315***	52.2069***	46.2943**
存贷比	*dltod*	-7.9034***	78.5163***	151.498***
金融人才密度	*finden*	-4.7499***	64.4146***	65.0221***

注：1. 表格中数值为各检验的统计量数值。2. Levin, Lin & Chu（t LLC）表示 Levin et al 检验，ADF 表示 Dickey and Fuller 检验，PP 表示 Phillips and Perron 检验。3. ***表示统计量满足1%的显著性水平，**表示满足5%的显著性水平，*表示满足10%的显著性水平。4. 存贷比指标使用的是原始数据的一阶差分形式，用 dltod 来表示

（二）支点港口城市金融创新能力比较

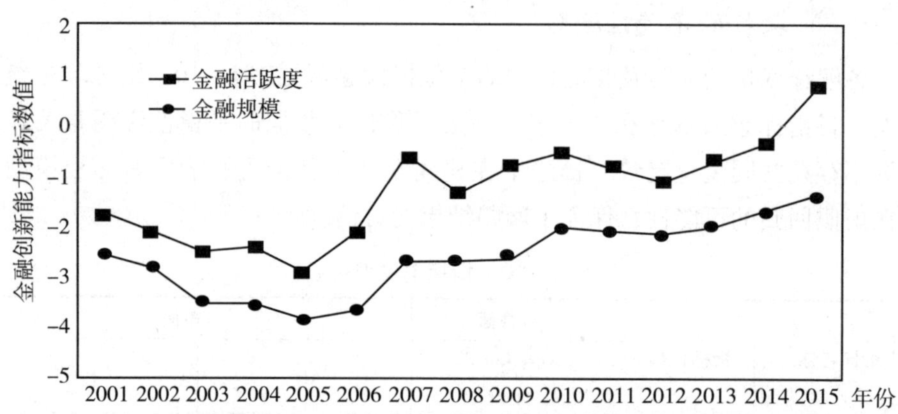

图5-4　海上丝绸之路支点港口城市平均金融活跃度及金融规模

2001—2015 年，海上丝绸之路支点港口城市的平均金融活跃度和金融规模如图 5-4 所示，总体呈现小幅波动中稳步提升的态势。数据表明，2001—2005 年，除海口、上海、深圳外其他港口城市的金融活跃度均有所下滑，其中以三亚、湛江降幅最为明显。2005 年，我国实行汇率改革之后，各城市的

金融活跃度均有显著提升。2008 年的金融危机对我国港口城市的金融活跃度有所冲击，但在经过 2 ~4 年的波动调整之后，各城市的金融活跃度回暖并实现了不同程度的增长。港口城市金融规模的走势与金融活跃度相似，但对制度变革和宏观经济冲击的敏感度低于金融活跃度指标，明显受到城市原有经济发展水平的限制，存在一定的滞后性，变化也更为平缓。在过去 15 年中，城市金融活跃度指标略高于金融规模指标，体现出 16 个支点港口城市较为稳健的金融创新发展态势，保持了“夯实基础，兼顾创新”的发展方针。同时，金融活跃度指标增长速度快于金融规模指标，说明 16 个支点港口城市总体金融创新效率在逐年提升，金融市场的资金配置在不断优化，金融自由化变革初见成效。

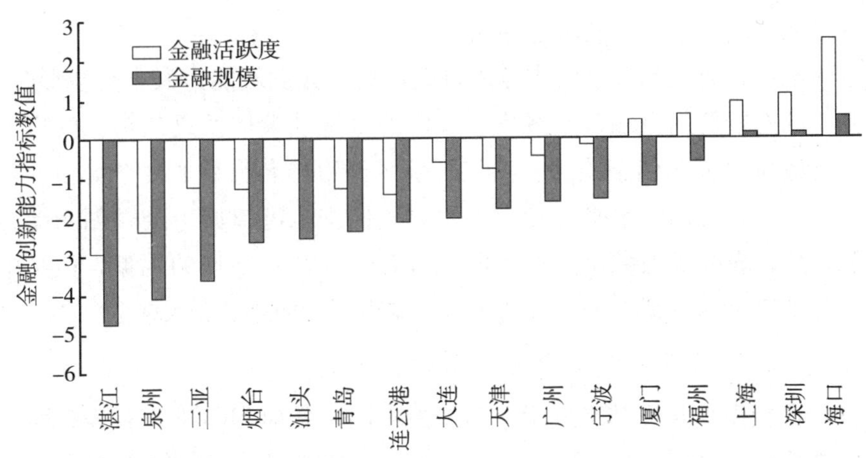

图 5 -5　2010—2015 年海上丝绸之路支点港口城市金融创新能力年均水平

图 5 -5 描绘了 2010—2015 年各支点港口城市金融活跃度和金融规模的年平均水平，按照金融规模递增的顺序自左至右排列。就城市间比较而言，海口、深圳、上海、福州、厦门在活跃度和规模方面均排在样本城市的前列，可以在“一带一路”的金融创新领域起到核心示范作用；湛江、泉州在金融活跃度和规模两个指标方面均处在末位。湛江毗邻南海海域，船舶产业发展较好，而泉州则是古代海上丝绸之路的起点，选择这两个城市作为支点城市战略意义大于经济意义。排名位于中间的城市中，汕头、三亚、大连金融规模较小，但是相对其他城市有较高的金融活跃度；天津、连云港、青岛和烟

台在金融规模方面表现较好，但是金融活跃度略显不足。就城市自身发展水平而言，金融活跃度与金融规模的相对大小体现了城市金融创新效率。天津、青岛、连云港、烟台、湛江及泉州的金融规模和金融活跃度均为负值，活跃度与规模的比值接近1，说明以上港口属于保守型金融创新城市，金融创新效率较低，需要改变金融发展思路，调整城市经济发展结构；三亚、大连、汕头、广州及宁波的金融活跃度和金融规模也均为负值，但活跃度与规模的比值接近0，说明这些城市属于潜力型金融创新城市，在未来能够成为领衔区域金融创新的地区核心，结合区位优势发展相关金融产业；厦门和福州的金融规模为负值，但金融活跃度为正值，这两个城市为优质型金融创新城市；而海口、上海及深圳的金融活跃度及金融规模均为正值，活跃度与规模的比值接近0，说明这些港口城市为激进型金融创新城市，金融创新效率较高，在推广创新经验的同时应注意防范金融风险。

总体来看，海上丝绸之路支点港口城市的金融创新能力大小呈梭形分布。海口由于拥有较低的金融改革成本、灵活的金融政策以及迅速扩张的房地产业而具有较高的金融创新能力。湛江、泉州作为排名最后的两个城市，与其他样本城市的金融创新水平有较大差距。其他支点港口城市金融创新能力存在南北差异，表明我国城市金融资源配置存在地区不平衡的现象，但是中间水平的各城市指标差距不大，有利于未来城市间的协同合作发展。

（三）金融创新能力影响因素分析

（1）面板模型实证结果显示，初步建立固定效应和随机效应静态面板模型后，进行豪斯曼检验（Hausman Test）及似然比检验（Likelihood Ratio Test），结果均拒绝原假设，因此，采用固定效应面板模型。通过查阅DW临界值表，发现面板模型存在较明显的一阶自相关现象，进一步建立动态面板模型。根据格兰杰因果检验（Granger Causality Test）结果，城市生产总值与货物吞吐量、外商投资的内在关联性较高。因此，引入滞后期工具变量来降低模型的内生性。动态面板模型的估计结果见表5-11。

在以金融活跃度为被解释变量的模型中，所有指标的系数均为正值，但只有金融制度和金融人才指标在5%的显著性水平下显著为正。可见，实施金融改革，同时大力引进金融人才并提高金融从业人员的整体素质，是提高支点港口城市金融活跃度的最有效途径。在以金融规模为被解释变量的模型中，所有指标的系数均为正值，除了支点港口的总货物吞吐量外，其他指标均满足 1% 的显著性水平。两个模型均通过了 Hansen J 检验和 Arellano Bond 检验，接受不存在序列相关和无效过度约束的原假设，进一步说明了模型的稳健性。

（2）数据结果分析面板分析的结果显示，提高支点港口城市金融创新能力，应有侧重性地改善金融环境，提高城市金融人才的聚集度及专业素养，同时需要对现有金融制度进行改革，增强支点港口城市的金融软实力。金融活跃度与金融规模相比更多地受现期地方政策和金融人才流动影响，而金融规模除了受制度及人才因素的影响外，还与城市发展起点、经济总量和外商投资等有关。

表 5－11　金融创新能力影响因素动态面板分析

指标代码	金融活跃度		金融规模	
	系数值	标准差	系数值	标准差
lngdp	1.2872	0.8937	1.015***	0.2422
lnport	0.3301	0.7504	0.0486	0.1323
forcade	75.3024	68.2126	93.7117***	19.959
dltod	8.3769***	2.4518	1.7002***	0.5773
finden	20.7398**	8.6158	14.7732***	5.9923
finac(*t*－1)	0.0483	0.1465		
finsca(－1)			0.3564***	0.0535
样本数量	174		188	
J－Sta p－value	0.1232		0.1541	
AR（2）Test p－value	0.2519		0.8146	

注：1. 表中列举了分别以金融活跃度和金融规模为解释变量构建的动态面板模型的数据结果，括号中的数值为 White period 标准差。2. *** 表示统计量满足 1% 的显著性水平，** 表示满足 5% 的显著性水平，* 表示满足 10% 的显著性水平

数据表明，无论是金融活跃度还是金融规模，港口货物吞吐量的增长会为这两个指标的变化带来正向效应，但不显著。可见，单纯的港口货物总量增长不能为港口城市的金融创新带来明显的促进作用，这说明我国支点港口城市的资源利用效率较低。港口货物吞吐量的增长是港口规模扩大的体现，经济资源集中在规模的扩大而不是港口产品及运营流程的创新，将会降低金融资源配置的效率。目前，支点港口经营模式单一，同质化现象较为严重，产业发展附加值低，产业结构不合理。另外，支点港口城市的金融服务体系

还不完善，金融支持系统自调节性不足，缺乏创新的金融工具和服务来调节港口建设的供需平衡，不能将多余资金合理分流以实现高效利用。同时，港口建设大多为规模大、期限长的项目，这也为港口投融资带来巨大压力，限制了港口经济及金融服务的进一步发展。

经济总量和外商投资的增长能够显著地扩大地区的金融规模，却不能使地区金融活跃度有实质性的飞跃。由于部分支点港口城市的产业结构不合理，金融业增加值占地区生产总值比例低，导致在扩大金融业发展规模时忽略了城市金融业内在竞争力的提升，同时地区缺乏金融工具创新，不能有效地满足私营企业的投融资要求。外商投资为国内企业带来了较为先进的生产技术和公司治理经验，但在延续早期投资模式的影响下，投资主要集中在产业链低端的加工制造业，资源能耗高，对环境污染严重。同时，外商投资借助“三免两减”等政策优惠，对国内企业形成了一定的挤出效应，也对地区金融活跃度产生了一定程度的负面影响。

对支点港口城市金融创新能力提高作用较为明显的是，加大金融制度改革力度以及大力引进金融专业人才。伴随中国经济步入新常态，改革成为发展的最大红利。借助“一带一路”等国家战略循序渐进地推动地区金融改革，能释放更大的金融服务空间，理性的信贷宽松政策也为区域城镇化建设提供了充足的流动性。人口红利的逐渐消失，对于我国制造业等产业发展形成了一定冲击，但金融从业人员的需求仍然十分旺盛，并且高素质高技能的专门型人才资源十分稀缺。上海、深圳的金融人才密度大，且相对整体素质较高，而其他港口城市与一线城市相比金融人才的数量明显不足，从业技能也有待提高。金融人才分布存在地区不均衡、供需不平衡的现象。

（3）支点港口城市金融创新路径探索在未来更加频繁的经贸往来中，海上丝绸之路支点港口城市金融创新应保证效率优先，主辅明确，把制度创新和人才培养放在港口城市金融创新的核心位置，着重调整产业结构而避免单纯追求经济规模的扩张。

①在制度创新方面，采用双向互补式的创新路径。国家职能部门制定具有统筹指导意义的政策及法规，各支点港口城市监管部门因地制宜，细化具体措施，再由港口企业和金融机构开展微观层面上的创新活动，实现制度创新从国家到经济个体的具体化；可以通过设立自由港、自贸区、金融自主创新实验区等方法来提高港口城市金融市场化的程度，增强港口城市对于自主

型金融创新产品的吸纳能力，从创新终端的需求出发，倒逼国家金融体制改革，实现制度创新从个体到国家的升华。金融创新的活力来源于成本更低、更规范且更自由的金融市场，因此，金融制度创新的重点是提高我国金融市场自由化的程度，降低交易成本，同时给予“一带一路”涉外企业和金融机构政策性担保、补贴等合理的风险补偿。引导支点港口城市在区域经贸发展中发挥核心辐射作用，促进区域经济一体化，而不是垄断地区经济资源。加快人民币资本项目可兑换进程，建立更完善的人民币境外流动体系，防范离岸市场风险输入。同时，各支点港口城市在进行金融制度改革时应有所侧重。上海、深圳、海口、厦门等城市可以在资本账户开放、海事金融机构股权改革、新型港口金融工具发行及流通等领域进行创新，而其他支点港口城市则应重点推进涉外企业融资渠道改革、港口企业准入改革及地方债务和信用管理改革等。

②强化支点港口城市区域金融人才高地的职能。人才是驱动金融创新的重要力量，也是城市内在竞争力的核心。针对目前支点港口城市金融人才分布的地区失衡现象，在上海、深圳之外的支点港口城市，应通过提高金融业基层从业人员收入、加大各类经济补贴力度等方式吸引人才落户。借助区域一体化，临近支点港口城市可以承接北京、上海、深圳的金融人才，同时也需要设立更多的金融分支机构来为金融人才提供就业。从长远角度出发，应该在二线港口城市设立更多开设经济金融专业的高等教育学府和专业化的培训机构，并积极促进毕业生在当地就业。另外，也需要通过中外合作办学、引进海外精英等方式加强与贸易合作国的人才交流。而针对上海、深圳等金融人才较集中的港口城市，应调控人才就业结构，引导人才从业方向的多样化，着力引进新型金融业务从业人才，尤其需要培养更多从事海事金融服务的专业人才。

③建设资源效率型的产业集群化智慧港口。首先要改变单一的港口经营模式，为多样化金融服务提供适宜的经济土壤。例如，上海港采用了多元化经营策略，大力发展融资租赁业务，开发多功能一体化的商业地产，同时配备游轮、游艇会等港口衍生旅游业务，使得港口经济更具包容性，最大限度地实现了港口资源的有效利用，港口经济兼容化发展的做法值得借鉴。天津港将启用复式航道，实现不同货物快速分类入港，提高港口吞吐货物效率；同时在东疆港引入多家从事海事金融上下游服务的企业项目，大力发展金融

租赁业。广东省通过了《粤东港口群发展规划（2016—2030）》，整合港口资源，引领一体化发展，并制订了高铁经济带及互联网金融创新对港口经济带动作用的相关研究计划。港口应做好产业经营管理、服务流程管理和信息管理，建立网络化信息服务平台，及时发布港内贸易物流信息，提高运营的效率。

④金融产品和流程创新要以港口产业发展为导向，而不能脱离实体经济和信用基础。港口的国有组织构架以及银行主导式的金融体系使得港口建设融资渠道过于狭窄，同时带来了资金配置的供需失衡。多元化的金融产品和服务流程能够提高资金运用的效率。在防范金融风险的基础上，金融产品应更多地满足涉外中小企业的融资需求，立足于促进贸易畅通，推动诸如商业股权投资、自保险、保付代理、企业债券、企业还贷周转金、小额票据贴现等产品的运用，建立透明的企业征信系统，同时鼓励金融机构根据港口周转货物的特点来合理设计期货、期权、外汇等对冲工具，帮助涉外企业缩小风险敞口，同时开展多币种结算业务，降低跨境贸易外汇风险损失。上海、深圳及海口等金融创新能力较高的城市可以着重开展港口金融衍生工具的创新，而其他支点港口城市则应最大限度地从中小企业融资工具着手开展金融创新，并实现金融产品及流程创新“从离岸到在岸”“从试验区到城市”“从一线城市到二线城市”的推广模式。

⑤实现经济稳步增长，控制外商投资结构。经济的平稳增长是金融制度改革及金融服务创新顺利进行的保证。未来支点港口城市经济建设应避免过度追求 GDP 的增长，根据经济“新常态”理性划定经济目标，改善产业结构，着重开展基础设施建设、社区医疗普惠、素质教育普及、生态环境保护等方面的建设工作，同时要警惕收入差距的扩大，逐渐消除贫富不均。地方政府应调整外商在华投资产业结构，淘汰落后产业，促进新兴科技产业的资金投入和技术合作。

⑥明确城市定位，实现差异化的协调发展。支点港口城市应因地制宜，合理地选择城市发展方向，扬长避短。针对连云港、天津等金融创新效率较低的城市应适度转变经济发展模式，提高服务业的生产比重，大力推行民生工程，实现经济的可持续发展。上海、深圳、福州和厦门等城市可以在支点港口城市中起到示范作用，福州、厦门、宁波可以尝试疏散上海的金融从业人才，而汕头可以尝试疏散深圳、广州的金融从业人才，同时吸引高等教育

机构设立分校，进一步提升城市的金融竞争力。青岛、烟台等港口城市可以适当缩小贸易辐射范围，专注于针对东北亚的贸易往来，细化金融服务的种类。广东、福建两省的支点港口分布较为密集，尤其应注意避免港口发展同质化，合理配置资源，力求差异化发展。海口在金融活跃度和金融规模方面均优于其他城市，这与该市较低的金融改革成本以及包容、灵活的金融发展模式有关，可以作为全国性的"一带一路"金融创新试点城市，为港口创新金融业务的推广提供经验借鉴，汕头、大连和三亚则可以在区域内开展小范围的金融创新试点工作。

五、结论

本文通过建立莱文指标，分析了我国16个海上丝绸之路支点港口城市的金融创新能力，并通过建立带有工具变量的动态面板模型，进一步探究了影响支点港口城市金融创新能力的因素。结果显示，海上丝绸之路支点港口城市的金融创新能力呈梭形分布，提高支点港口城市金融创新能力，应重点进行双向互补式的金融制度改革，并吸引金融人才落户；通过建设信息化智慧港口，提高港口运营的效率。同时，应改善经济发展质量，控制外商投资结构，建立新型城市贸易合作关系。本文从宏观角度探究了海上丝绸之路支点港口城市的金融创新路径，而城市内企业创新外汇操作模式、金融产品的设计与风险防范、城市金融产业最优化结构设计等领域的金融创新还有待进一步探索。

参考文献：

［1］王建威，何国钦．城镇化发展与财政金融支持机制协同创新的效率分析［J］．上海金融，2012（6）：94－96，118.

［2］朱尔茜．基于因子分析的中国区域金融创新能力评价［J］．武汉大学学报（哲学社会科学版），2013（3）：85－89.

［3］梁小珍，杨丰梅，部慧，等．基于城市金融竞争力评价的我国多层次金融中心体系［J］．系统工程理论与实践，2011（10）：1847－1857.

［4］蒋岳祥，蒋瑞波．区域金融创新：效率评价、环境影响与差异分析［J］．浙江大学学报（人文社会科学版），2013（4）：52－65.

［5］LEVINER. Bank－based or market－based financialsys tems：which is better? [J]. Journal of financial intermediation, 2002 (4): 398 -428.

[6] 张维，喻颖，张永杰，等. 中国金融服务业的创新：新世纪的观察 [J]. 系统工程理论与实践，2008 (8): 159 -170.

[7] 陆红军. 国际金融中心竞争力评估研究 [J]. 财经研究，2007 (3): 47 -56.

[8] FRAMES, WHITEJ. Empirical studies of financial innovation: Lots of talk, little action [J]. Journal of economic literature, 2004 (1): 116 -144.

[9] 赵勇，雷达. 金融发展与经济增长：生产率促进抑或资本形成 [J]. 世界经济，2010 (2): 37 -50.

[10] 谢家智，王文涛. 金融发展的经济增长效率：影响因素与传递机理 [J]. 财贸经济，2013 (7): 59 -67.

作者简介：周爱民（1961—），男，天津市人，南开大学金融学院教授，博士生导师，经济学博士，主要研究方向为宏观经济政策、金融工程。

宋暄（1990—），女，山东省招远市人，南开大学金融学院博士，主要研究方向为宏观经济政策、区域金融创新。

中国开发性金融经验在“一带一路”建设中的互鉴性

姜安印　郑博文
（兰州大学丝绸之路经济带建设研究中心，甘肃兰州 730000）

摘要：中国开发性金融取得了举世瞩目的成绩，为中国经济发展注入了强大动力。总结中国开发性金融的实践经验，不仅有助于重新认识开发性金融在中国金融市场中助力实体经济发展的作用机理，同时也是“一带一路”沿线国家充分借鉴中国开发性金融的经验，实现共赢发展的现实需要。中国开发性金融的实践经验，一是创新了基础设施建设投融资机制；二是弥补了产业升级和民生社会事业发展中的“市场失灵”和“政府失灵”；三是利用规划理念为金融支持区域发展和国际合作提供科学路径。“一带一路”沿线国家可借鉴和应用中国开发性金融在基础设施建设领域形成的投融资机制、开发性金融的市场培育模式等。

关键词：“一带一路”；开发性金融；中国经验；互鉴

一、引言

2015 年 6 月，习近平总书记在《亚洲基础设施投资银行协定》签署仪式上发表主旨演讲，在祝贺亚洲基础设施投资银行协定签署的同时，充分肯定了世界银行、亚洲开发银行等多边开发银行在中国改革开放过程中对中国经济社会发展的支持，并表示中国随着综合国力的增强，也愿意在国际舞台上发挥更大的作用。其既肯定了国际开发性金融机构在过去 30 多年中利用自身融资优势对中国经济社会发展所做出的贡献，同时也向世界说明，中国在获得国际支持的同时，已经探索和总结出一整套不仅适用于中国，同时可以向世界各国展示和利用的经济发展理念和模式。开发性金融（Development Financing）在中国产业成长和体制成长中的独特作用，不仅是这些经济发展理念的代表之一，而且作为连接政府和市场的重要桥梁，也为后发国家的经济发展带来一定的启示。

近年来，在金融危机的影响下，各国政府在推进一系列关键性战略目标中，对开发性金融的重视程度不断提高，这其中包括利用开发性金融维持金融体系稳定，推进产业结构升级、技术换代升级，筹集中长期融资，培育各类产业的前沿市场等。但开发性金融作为一种较为先进的金融工具，各个国家对其金融运作的原理和主要功能的认识还存在差异。过去几十年曾经出现过部分国家开发性金融机构在政府支持的背景下，主动与他国开发性金融机构进行资金实力比拼，谋求官方信用支持以提升信贷额度，忽视债务人、债权人经济实力和政治风险的情况，造成金融领域的“军备竞赛”。中国的开发性金融也走过了一个逐步探索运作方式、赢利模式和风险管理制度的过程。国家开发银行从1994年成立至今，在为“两基一支”（即基础设施、基础产业和支柱产业）提供长期建设资金支持的同时，建立起一整套完整的投融资体制机制。通过市场化运作不仅缓解了中国经济社会发展的一些瓶颈制约因素，而且还帮助完成了一些发展中国家基础设施建设和重点产业的市场培育，加深了同周边地区的经济合作，获得了部分发展中国家的理解和认同。

“一带一路”发展倡议提出至今已经取得了一定成果，目前已经有100多个国家和国际组织参与其中，30多个沿线国家签署了共建“一带一路”合作协议，20多个国家已经开展国际产能合作。以亚洲基础设施投资银行、丝路基金为代表的金融合作不断深入，“一带一路”发展倡议进入实质性的落实阶段。要真正实现政策沟通、设施联通、贸易畅通、资金融通、民心相通，在具体的操作层面，既需要考虑不同国家之间包括政治、经济、社会、民情等在内的各种地缘性差异，同时还需要找到能被沿线国家普遍接受和认同的开发模式及合作途径。作为中国发展经验的典型代表，开发性金融在国内国际的实践经验和特点是否能够成为满足这些普适性要求的金融形式，并转化为这些国家可实际操作的模式，需要对中国开发性金融的特点和运作机理加以深入分析。

鉴于此，本文拟在对开发性金融理论研究进行梳理总结的基础上，通过对中国开发性金融支持中国基础设施建设、推动产业转型升级、统筹区域协调发展、实现国际合作互利共赢等方面发挥作用的体制机制及其原因进行总结，进而探讨“一带一路”沿线国家在中国开发性金融模式中可以借鉴的经验。

二、开发性金融研究文献述评

纵观国内外开发性金融理论研究的轨迹，开发性金融的研究基本来源于对政策性金融研究的不断演化和深入，研究内容主要集中于两个方面：一是开发性金融与政策性金融、商业性金融的关系，由此对开发性金融的概念进行界定。二是开发性金融的功能作用，即开发性金融如何通过自身的准公共性特征，在推动工业化、城市化、社会经济发展以及平抑经济周期波动等方面发挥作用。

从国外学者的研究来看，目前还没有对政策性金融和开发性金融的内涵和外延等内容进行比较分析的文献。从现有文献看，国外学者大都将政策性金融和开发性金融合并成一个概念进行分析研究。他们的研究主要侧重于从产业转移、信息经济学、交易成本理论等领域出发论述政策性金融（开发性金融）存在的原因及其作用和效果。例如，美国学者查莫斯·约翰逊（Chalmers Johnson）和齐斯曼（John Zysman）通过研究一致认为，政策性金融是一个国家经济发展的重要战略工具。而齐斯曼在约翰逊的基础上通过研究认为，一个国家的政府凭借政策性金融机构，在国家战略高度上可以将资金连续地从传统部门向新兴部门进行配置转移。还有一些学者从信息经济学理论出发，对政策性金融存在的必要性进行分析。斯蒂格利茨和维斯（Joseph Eugene Stiglitz & Andrew Weiss）站在“逆向选择”角度进行讨论，发现由于金融市场上信息不对称，自由竞争市场上的“信贷配给”可能成为一种长期均衡现象，造成一些市场上的主体很难得到融资机会。因此，需要政府进行介入引导，而政策性金融恰好是政府介入引导金融市场的一种重要形式。威廉姆森（Oliver Eaton Williamson）则从“道德风险”的角度加以分析，认为在降低市场交易成本、缓解信息不对称和帮助提高社会福利等方面，政策性金融有特殊优势。此外，许多日本学者对二战后日本经济快速增长背后财政投融资的功效进行了实证分析，认为政策性金融可以分为直接功效和间接功效。直接功效是指借助政策性金融贷款，可以提高企业获得资金的可能性，同时通过政策性金融的低利率带来的补助功效；间接功效是指政策性金融的贷款行为所产生的诱导效应。在直接功效方面，小椋正立、吉野直行提出的以日本开发银行为代表的政策性银行，在 20 世纪 60 年代日本经济高速增长时期，为日本基础产业提供大量资金扶持的同时，也对农业、中小企业等弱质行业进行了补助和保护。在间接功效方面，东京大学的日向野、崛内大原等认为，因为信贷市场中的信息不对称现象，开发性金融机构凭借不以利润最大化为行动原则介入金融市场后，就可以缓解这种信息不对称现象，提高整个金融市场的资金配置效率，同时通过对民间金融机构融资的诱导作用，促进主导产业的发展。

从国内学者的研究来看，近 20 年对开发性金融研究的理论成果不断得到丰富。其中在开发性金融与政策性金融、商业性金融关系的研究上，理论界有三种认识。一种主要分析开发性金融与政策性金融的关系，例如，陈元和其当时所领导的国家开发银行认为，政策性金融是较为低级的开发性金融，开发性金融是对传统政策性金融的发展；而李扬、林勇和张宗益认为，开发性金融是政策性金融的有机组成部分，政府参与本身就说明开发性金融具有明显的政策倾向性，应当属于政策性金融范畴。另一种着力于开发性金融、政策性金融和商业性金融三者之间的关系分析，例如，以白钦先、王伟为代表的学者认为，开发性金融以性质区分，应分为开发性政策性金融和开发性商业性金融；张朝方、武海峰则认为，开发性金融是两个集合即政策性金融范畴和商业性金融范畴之间的交集部分，是政策性金融和商业性金融之间相互融合产生的金融形式。第三种则完全不同于以上两种观点，李志辉、王永伟认为，开发性金融是一种独立的金融形态，它不同于政策性金融。开发性金融会利用融资推动制度和市场建设，从而达到一国政府希望实现的特定经济和社会发展目标的资金融通方式。陈元在总结开发性金融与中国经济社会发展的关系时，对之前的认识进行了深化，认为开发性金融不是政策性、商业性的机构属性问题，而是一种金融方法。袁乐平、陈森将以上三种观点总结为三种金融形式间的包含与被包含关系、交叉关系和并列关系，提出在理论上应跳出政策性金融框架思维，在投融资期限结构上重新考虑开发性金融和传统金融之间的互补关系。尽管对这三种关系的研究理论界尚未达成一致，但随着国家开发银行金融实践活动的不断深入，尤其是自 2008 年以后，整个理论界对于开发性金融的内涵和外延的认识开始逐步向国家开发银行定义的内容靠拢。这一概念包含三个核心要素，即特定的主体、特定的任务和特定的目标。所谓特定的主体，即在一个国家或者某个国家联合体中建立的某些具有国家信用特征的金融机构；特定的任务就是在金融市场上，不仅要为某些特定需求者提供中长期融资，而且还要凭借建设市场和健全制度的方式，同时推动市场主体和自身业务的发展；特定的目标就是加快经济发展，促进经济长期增长，实现其他政府目标的一种特殊金融形式。

在开发性金融的功效研究方面，部分研究者如温守义、高媛媛、何江等通过对开发性金融和商业性金融的关系分析，认为开发性金融实际上是在延续政策性金融的扶植功能、逆向选择功能、诱导性功能、扩张性功能、补充性功能和专业性服务与协调功能。还有一部分专家学者从开发性金融具有的独特性角度出发进行分析，认为除了具有上述功能外，开发性金融还具有弥补政策性金融缺陷功能、有效运用和放大政府信用在市场建设中的功能、连接政府和市场的桥梁功能、规划指导功能、平抑经济周期波动功能以及风险防范功能等。还有众多学者针对开发性金融的这些功能在推进城市化建设、国家高新产业区发展、中小企业发展以及政策性金融机构转型升级等方面具体的运作机理进行了研究。近期的研究文献主要集中在开发性金融在“一带一路”建设中如何发挥作用、建设的重点合作等领域。

通过对已有文献的梳理，开发性金融作为我国经济发展领域一项重要的金融形式，其独特作用已经得到了理论界的广泛认可。但针对开发性金融理论和实践的研究仍在不断深入，尤其是开发性金融在国际合作和开发中的作用以及在区域合作中的可借鉴模式仍需不断探索。

三、中国开发性金融取得的成果

中国开发性金融发展的历史，从实践来看，实际上就是国家开发银行在政策性银行的基础上不断改革，逐步向开发性银行转变的历史。1998 年之前，国家开发银行同中国农业发展银行、中国进出口银行同属国家政策性银行。由于宏观经济、自身管理体制以及成立时承接的政策性项目效益较低等问题，其 1997 年的不良贷款率一度高达 40%。1998 年以后，国家开发银行通过三次信贷改革、重组接收以及探索建立市场机制等一系列举措，逐步开始向开发性金融机构转变，自身实力不断增强。到 2015 年底，已经发展成为总资产超过 12.62 万亿元、净利润达到 1027.88 亿元、发行债券余额超过 6.69 万亿元、不良贷款率仅为 0.81% 的全球最大的开发性金融机构。[①] 更值得关注的是，国家开发银行在开发性金融领域的不断探索和实践，不仅为化解中国城市化

① 本文关于国家开发银行的相关数据除特别标注外，均来源于 2013 年至 2015 年国家开发银行年度报告。

发展、产业发展、区域协调发展等领域存在的瓶颈因素提供了解决路径，同时也逐步形成了具有中国特色的开发性金融理论和实践模式。

（一）为城镇化建设提供大量资金，助推重大基础设施建设

国家开发银行第一个使用开发性金融支持城市化建设的项目始于安徽芜湖。1998年，国家开发银行与安徽省政府签署投融资合作协议，为芜湖建投提供10.8亿元十年期贷款，用于包括公路建设、城市供水系统改善和废物处理填埋场建设等在内的6个基础设施建设项目。经过13年的资金运作，芜湖市基础设施完备的区域从1998年的38平方公里扩展到2012年的150平方公里，形成了“四纵十横”的交通网络，跃升为安徽省经济、文化、交通的次中心。这种将国家开发银行融资优势与地方组织协调优势结合起来推进城市化建设的模式成为国家开发银行推动城市化建设的“芜湖模式”。之后，国家开发银行开始与多个城市合作，全力推进各地城镇化建设，围绕轨道交通、机场建设等传统行业，拓展市政管网、医疗健康、智慧城市等领域，促进城镇化发展模式提升。截至2015年末，国家开发银行公共基础设施行业贷款余额达到人民币1.19万亿元，为完善城市服务功能、提升城市承载能力、推动新型城镇化发展提供了充足的资金支持。同时，国家开发银行为铁路、公路、电力、农林、水利等关系国计民生的重大项目提供了充足的资金保障。截至2015年末，国家开发银行铁路行业贷款余额达到人民币7209亿元；公路行业贷款余额达到人民币1.56万亿元；电力行业贷款余额达到人民币7831亿元；水利行业贷款余额达到人民币3112亿元。庞大的资金投入，不仅带动了中国不同区域之间基础设施的互联互通，同时也带动了相关产业的转型升级。

（二）为产业转型升级提供资金保障，助推经济发展方式转变

产业结构调整与优化升级是加快经济发展方式转变的重要途径和主要内容，国家开发银行围绕中国产业转型升级的重点行业、重点领域，发挥开发性金融的独特作用，为自主创新产业、绿色环保产业、节能减排产业、高新技术产业、文化产业等提供了大量的资金支持。在包括奇瑞汽车、比亚迪电动汽车、国家集成电路产业基金、敦煌月牙泉治理工程、太湖水污染治理、苏州河治理、三峡工程、生物制药、移动通信4G标准研制、文化产业基地、电影院线建设，以及广东、福建、辽宁的核电工程在内的多个项目中，国家开发银行投资金额均超过千亿元，为推动中国经济发展方式转变发挥了重要

作用。仅2015年，国家开发银行就发放战略性新兴产业贷款2530亿元。截至2015年末，绿色信贷贷款余额人民币1.57万亿元，节约标准煤7188万吨，减排二氧化碳1.8亿吨、二氧化硫204万吨，节水5亿吨。

（三）推进区域经济协调发展，支持民生社会事业发展

基础设施、基础产业和支柱产业发展水平滞后是制约中国中西部地区经济发展的因素之一。国家开发银行在业务重点上，将大量融资投向中西部“两基一支”项目，拉动中西部地区经济发展，缩小其与东部地区的差异。仅2015年，新增中西部贷款人民币5494亿元；新增东北老工业基地贷款人民币774亿元；新增西藏和4个省份藏区贷款人民币160亿元；新增新疆贷款人民币228亿元。在丝绸之路经济带、柴达木循环经济试验区、陕西西咸新区、贵州贵安新区等西部重点建设项目上贷款金额逐年增加。同时，国家开发银行充分发挥在促进社会和谐稳定发展中的作用，将大量资金用以保障和改善民生项目。仅2015年就发放棚户区改造贷款人民币7509亿元，同比增长近1.84倍。截至2015年底，国家开发银行发放助学贷款余额累计562亿元，占全国助学贷款市场份额的80%以上。服务中小企业贷款余额达2.82万亿元，其中小微企业贷款余额1.12万亿元，惠及中小微企业、个体工商户、农户、创业青年、城市下岗职工等各类社会群体，覆盖制造业、农林牧渔业等近20个行业。

（四）开展国际投资合作，探索开发性金融国际互利共赢模式

国家开发银行在重点支持“两基一支”项目和民生金融的同时，还进行了开发性金融的国际合作，与多个国家在基础设施、装备制造、金融、农业、民生、能源等领域进行了项目合作。通过解决合作国的难点问题，探索开发性金融在国外更有效的合作共赢方式，先后合作设立了中非基金、中葡基金、丝路基金等多个投资平台。另外，国家开发银行将已经在中国运行较为成熟的开发性金融理念和方法通过各种合作方式在海外进行扩展，借助规划合作和市场化的原则，针对合作国经济发展的特点挖掘项目，设计适合当地金融市场特点的金融产品和金融工具，为中国开发性金融的国际实践积累了大量经验。截至2015年末，国家开发银行外币贷款余额2760亿美元，跨境人民币贷款余额690亿元，成为中国银行业对外投融资的主力。境外代理行网络进一步发展，国际业务代理行全球分布初具规模，已与104个国家和地区的747家银行建立代理行关系。

四、中国开发性金融实践的理论意义

（一）创新基础设施建设投融资机制

从世界各国的发展经验看，具有公共产品特性的基础设施项目，本身对资金需求量特别巨大，具有建设周期长、沉淀成本高、需求弹性小等特点。在私人资本、商业信贷和政府投资等投资主体中，私人资本在基础设施具有共享性且缺乏有效的投资风险防范条件下，逐利目标无法在短期内实现，因而主动投资的动力不足；而商业信贷在短期获利与基础设施运营成本要求长期摊销的目标不一致，以及基础设施投资担保体系不完善的情况下，也会动力不足。在私人资本和商业信贷都不愿介入的背景下，只能由政府通过发行市政债券或者通过财政资金进行投资。但从中国的实际情况看，市政债券发行尚处于探索研究阶段，而不同地区和区域基础设施建设所需的财政资金极大地依赖于政府税收实力的支撑，如果没有充足的财政税收保障，基础设施建设将会明显滞后。在这种情况下，中国开发性金融在对传统政策性金融改造升级的基础上，将政府信用和市场机制紧密结合，建立起一种在国家信用基础上进行市场绩效考量的新型基础设施建设投融资模式。即在风险控制方面，充分发挥地方政府的组织优势、政治优势和信用优势，在地方政府信用基础上通过引导建立基础设施建设融资平台，推进基础设施项目建设，达到降低成本、控制风险的目的；在投融资总量控制方面，在地方政府部门对基础设施建设每年预算支出基础上，对未来3～5年现金流进行预测，计算贷款金额，控制贷款总体规模。这种完整的风险控制、项目筛选、投资扶持和盈利共享的投融资模式，成为社会信用制度落后条件下促进基础设施建设和经济社会发展非常有效的一种金融形式。

（二）弥补产业升级和民生社会事业发展中的“市场失灵”和“政府失灵”

一个国家或地区在产业发展升级和民生事业发展过程中，都可能遇到两种情况：一方面，产业和民生事业对国家经济和社会发展有重大影响，但社会资本受制于规模和短期逐利的影响，无力将资源有效足额配置到这些项目中，同时，国家财政手段也无力或无法满足这些项目发展的需求；另一方面，国家财政在行政权力的介入下，引导大量财政资金投入风险较高的产业领域和回报较低的民生项目。但由于政府对于产业运行状况的敏感度较低，同时也缺乏对民生社会事业发展持续“造血”的相应机制，尤其是在信用缺失和制度落后的情况下很容易产生资源浪费，同时还有可能进一步削弱对社会资本的吸引力，导致产业升级和民生改进项目的停滞。在这种情况下，开发性金融通过市场化原则和信用、制度建设等，有效地弥补了我国产业转型升级和民生社会事业项目建设中的两种“失灵”。在弥补“市场失灵”方面，按照经济和社会发展目标总体要求，开发性金融首先向“市场失灵”领域配置金融资源，然后通过培育市场贷款主体，引入政府协调和增信等手段，不断增强金融信息和金融资源的获得性。通过信息溢出效应，引导社会资本的流向，实现资本在市场中的优化配置，降低了市场信息成本和交易成本，促进了金融市场的完善，推动了社会资本向重点产业和领域的聚集。在弥补“政府失灵”方面，开发性金融采取推动信用建设的方式，利用组织增信将政府信用运用于重大项目融资中，项目风险通过政府进行过滤，降低了投资项目的成本和不确定性因素，提高资金利用效率和成功获得投资回报的可能性。同时开发性金融通过市场机制所建立的政府、银行、企业和市场为一体的融资平台，可以降低商业银行可能面临的信用风险和不同产业内企业面临的贷款门槛，充分调动社会资本参与产业发展的积极性，促进金融交易。这些做法不但提高了地方政府和企业对信用建设的认同度，同时也促进了产业升级和民生事业发展中投融资体制的畅通与完善。

（三）规划理念为金融支持区域发展和国际合作提供科学路径

从世界各国发展历程来看，经济发展和社会进步要想具有较为长远且具有操作性的目标和步骤，都进行过科学规划。一个科学性和实践性很强的规划能够在经济活动中，合理配置生产要素、提高资金使用效率，防止出现盲目投资和重复建设，有效进行风险防范。从 2003 年开始，中国开发性金融的主要机构——国家开发银行开始运行通过融资启动规划的模式，即在进行项目投融资之前，将前期规划作为国家开发银行与资金需求方进行合作的突破口，通过规划确立项目融资最终实现的全局目标，在规划中对各种要素资源进行统筹配置。在促进国内区域协调发展中，国家开发银行将自身的融资规划与不同区域经济社会发展规划进行对接，确保双方合作能够既满足合作方经济社会发展趋势，又使融资项目的实施具有规划保证，最大限度地减少盲目投资和重复建设，确保融资项目的成功实施。在国际项目合作中，国家开发银行通过建立与合作国政府及有关部门的长期规划合作，按照合作国经济发展的不同阶段挖掘项目，并有针对性地设计适合这些国家金融市场的产品和工具，在推动双方项目合作成功的基础上，充分调动起当地政府和企业的积极性，顺利实现合作共赢。在规划过程中，国家开发银行通过完善规划专门机构和工作体制机制，在培养自有规划人才队伍的同时，建立覆盖经济社会发展主要行业和领域的专家库，保证了规划的科学性和可操作性。从这个意义上讲，国家开发银行成为这一方面的融智银行，不仅为经济社会的发展提供了融资服务，同时也为经济社会发展提供了高度专业化的知识服务。规划先行也成为发现制约经济发展瓶颈问题、制定各种创新性战略、推动融资项目发挥积极作用、促进区域协调发展和国际合作共赢的一条有效的科学路径。

五、中国开发性金融的借鉴性

“一带一路”发展战略的目标是通过政策沟通、设施联通、贸易畅通、资金融通和民心相通，激发各国的发展潜力，最终实现经济发展的互利共赢和共同繁荣。从目前许多对“一带一路”沿线国家的研究结果来看，这些国家经济发展有几个特点。一是基础设施较为落后。一些学者按照因子分析法对“一带一路”60多个沿线国家和地区的基础设施建设情况进行了分级评价，分数越高，基础设施越完善。从分级结果看，新加坡在这60多个国家中指数评级最高，达到100，其他国家和地区有一半以上基础设施指数还不到60。二是产业基础较为薄弱。一些学者对“一带一路”沿线的东南亚、中亚、南亚、西亚和非洲地区的经济特点进行分析，认为这些地区经济上的主要劣势在于工业基础薄弱、产业结构形式单一，发展基础技术、高新技术的能力很弱。三是区域合作和经济转型缺乏资金支持。全世界目前31个低收入国家中，大部分为“一带一路”沿线的非洲国家和个别亚洲国家，这些国家在经济开始逐步起飞、摆脱贫困的过程中，一方面有可能不再满足多边援助机构进行软贷款和资金补贴的限定条件，另一方面它们仍然不具备通过全球资本市场建立可靠融资渠道的能力。任何谋求区域合作和加速工业化、城市化进程的愿望，都会由于巨大的资金缺口而被迫中止。

“一带一路”沿线国家遇到的问题，在中国改革开放的历程中也不同程度地出现，而开发性金融模式在推进中国基础设施建设和公共服务的改观、促进产业转型升级和区域协调发展等方面发挥了积极作用，极大地帮助中国解决了这些领域存在的问题。这一模式所总结出来的经验和做法成为推动“一带一路”沿线国家解决上述问题可以借鉴的思路之一。

（一）借鉴中国开发性金融在基础设施建设领域形成的投融资机制

目前，世界上主要的开发性金融机构有 30 家，其中多边开发机构 8 家，国家开发银行 18 家，另外还有 4 家具有中国因素的开发性金融机构。从 18 家国家银行所处的地理位置来看，基本属于“一带一路”沿线国家，这些国家的开发银行资金来源、商业模式、治理结构并不完全相同。从近几年的发展成果看，这些单一开发性金融机构的总权益和总贷款都出现了快速增长，但无论从数量还是增长速度来看，中国的国家开发银行总资产和总权益都增长最快，这与其建立了较为先进的投融资理念密不可分。因此，在“一带一路”建设过程中，各个国家都可以在现有模式的基础上，结合本国开发性金融业务特点，充分借鉴和吸收中国开发性金融在融资领域的做法和经验，为基础设施建设迅速积累资金。同时，随着中国参与和主导的亚洲基础设施投资银行、金砖国家银行和丝路基金的正式运转，中国在开发性金融中积累的经验也将逐步渗入这些组织的政策体系、运作方式和发展远景目标当中。在“一带一路”沿线国家基础设施建设项目的建设、组织和实施中，为项目实施国建立起完善、多元化、可持续的资金保障机制。通过各个国家内部开发性金融的经验借鉴和外部国际性开发性金融组织的协同发展，可以有效地形成适应“一带一路”沿线国家和地区实际的基础设施建设投融资新的体制机制。

（二）借鉴开发性金融的市场培育模式

发展中国家转型过程中的一个重要约束条件是市场机制不成熟、不健全，“一带一路”沿线大部分国家也不例外，这将严重阻碍这些国家产业的转型升级进程。建立成熟健全的市场机制需要对市场进行培育，而市场培育的核心是对融资主体的信用进行培育，同时完善风险管控制度。从中国开发性金融的经验来看，国家开发银行担当了市场先行者的角色，通过承担风险、厘清误解，突破了产业发展的低迷状态，降低了不成熟市场中的风险，推动了前沿市场的发展，为社会资本的投资建立起信心。在国家开发银行先行先试的努力中，改善了融资方的信用状况和项目运作的治理结构，超越了商业银行的局限，实现了市场培育。在“一带一路”沿线国家发展中，完全可以通过开发性金融机构搭建起政府和市场的桥梁，凭借本国的主权信用，降低融资成本，并依托开发性金融搭建政府与市场、公共部门和私营部门间合作的平台，以较小规模的投资带动更大规模的投资，推动本国产业转型升级获得充足的资金支持。

（三）借鉴开发性金融的融智优势

从中国开发性金融的实践成果来看，中国国家开发银行通过10多年的“规划先行”理念，系统推动了区域、行业、战略客户的国内规划工作，探索出国家规划咨询合作、国家规划编制、双边合作规划等国际规划形式，搭建起业务发展规划编制与实施的初步框架，形成了涵盖国际国内、行业内外的规划体系。国家开发银行通过系统规划，按照区域和城镇规划、产业规划、社会规划、市场规划、融资规划和富民规划等分层次、多角度的规划，推动了各方资金对项目可行性和成本收益可靠性的重新认识，帮助国际和国内多个项目获得了融资。与此同时，最大程度地利用了行业内专业人员和关键领域专家学者的智慧为国家开发银行的中长期投融资提供了前瞻性、主动性的目标和方向。“一带一路”沿线国家的开发性金融可以利用国内和国际开发性金融机构的专业人员和专家学者，通过前期规划，为本国重要产业、重要区域和重要融资开展充分论证和研究，建立具有一定赢利模式的项目架构。在推动国际和国内开发性金融机构和组织帮助解决各国经济发展获得软贷款与资金补贴限定条件的同时，通过可行性项目吸引全球资本进行投融资活动，逐步建立起长期的可依赖的融资渠道。运用开发性金融机构的融智优势，最终实现“一带一路”国家经济繁荣和国家之间的互利共赢。

参考文献：

［1］中国开发性金融促进会．全球开发性金融发展报告（2015）［M］．北京：中信出版集团，2016：205.

［2］JOHNSON C. Miti and the japanese miracle：the growth of the industrial policy［M］. Pale Alto：Stanford University，1982：36 –78.

［3］ZYSMAN J. Government，market and growth：financial system and the politics of industrial change［M］. Ithaca：Cornell University Press，1983：23 –65.

［4］STIGLITZ J，WEISS A. Credit rationing in markets with imperfect information［J］. American economic review，1981（77）：228 –231.

[5] WILLIAMSON. Costly monitoring, financial intermediation and equilibrium credit rationing [J]. Journal of monetary economics, 1986 (18): 159-179.

[6] 瞿强. 经济发展中的政策性金融——若干案例研究 [M]. 北京: 中国人民大学出版社, 2000: 62-65.

[7] 小椋正立, 吉野直行. 税制与财政投融资 [M]. 东京: 东京大学出版社, 1984: 105-131.

[8] 日向野, 崛内大原. 政策性金融资源配置问题研究 [M]. 东京: 亚洲经济研究所, 1987: 72-79.

[9] 陈元. 开发性金融与中国经济社会发展 [J]. 经济科学, 2009 (4): 11.

[10] 国家开发银行, 中国人民大学联合课题组. 开发性金融论纲 [M]. 北京: 中国人民大学出版社, 2006: 140-152.

[11] 李扬. 国家目标、政府信用、市场运作——我国政策性金融机构改革探讨 [J]. 经济社会体制比较, 2006 (1): 14-19.

[12] 林勇, 张宗益. 论现代金融体系下的开发性金融的理论定位 [J]. 重庆大学学报 (社会科学版), 2007 (5): 16-18.

[13] 白钦先, 王伟. 开发性政策性金融的理论与实践探析 [J]. 财贸经济, 2002 (4): 56-59.

[14] 张朝方, 武海峰. 政策性金融、商业性金融和开发性金融的关系 [J]. 商场现代化, 2007 (12): 272-273.

[15] 李志辉, 王永伟. 开发性金融理论问题研究——弥补政策性金融的开发性金融 [J]. 南开经济研究, 2008 (4): 6.

[16] 袁乐平, 陈森, 袁振华. 开发性金融: 新的内涵、理论定位及改革方向 [J]. 江西社会科学, 2012 (1): 96-97.

[17] 温守义. 开发性金融对经济增长的影响分析 [D]. 北京: 对外经济贸易大学, 2006: 16-17.

[18] 高媛媛. 基于政策目标的中国开发性金融模式研究 [D]. 大连: 东北财经大学, 2007: 16-17.

[19] 何江. 我国开发性金融可持续发展研究 [D]. 重庆: 重庆师范大学, 2011: 11-12.

[20] 陈元. 政府与市场之间 [M]. 北京: 中信出版集团, 2012.

[21] 姜安印．“一带一路”建设中中国发展经验的互鉴性——以基础设施建设为例［J］．中国流通经济，2015（12）：88.

[22] 陈元．开发性金融与中国城市化发展［J］．经济研究，2010（7）：7-8.

[23] 严华．开发性金融支持产业升级的效应分析［J］．浙江金融，2011（6）：22.

[24] 钟飞腾．对外投资新空间——“一带一路”国别投资价值排行榜［M］．北京：社会科学文献出版社，2015：89-91.

[25] 李绍荣．对“一带一路”发展战略的经济学分析［J］．学术前沿，2016（3）：45-46.

基金项目：2015年度中央高校基本科研业务费专项资金项目“一带一路”专项之“丝绸之路产业合作机制研究”（15LZUJBWZX013）

作者简介：姜安印（1961—），男，甘肃省会宁县人，兰州大学丝绸之路经济带建设研究中心副主任，教授，博士生导师，主要研究方向为经济转型与产业成长。

郑博文（1979—），男，甘肃省天水市人，兰州大学经济学院产业经济学博士研究生，主要研究方向为产业组织理论和循环经济产业发展。